Python et SQL Bible : Du Débutant à l'Expert Mondial

Première édition

Copyright © 2025 Cuantum Technologies

Première édition : Novembre 2025

Publié par Cuantum Technologies LLC

Plano, Texas (États-Unis)

ISBN: 979-8-90046-539-5

"Artificial intelligence is the new electricity."

- Andrew Ng, Co-founder of Coursera and Adjunct Professor at Stanford University

Qui nous sommes

Bienvenue dans ce livre créé par Cuantum Technologies. Nous sommes une équipe de développeurs passionnés, déterminés à créer des logiciels offrant des expériences créatives et résolvant des problèmes concrets. Notre objectif est de développer des applications web de haute qualité qui offrent une expérience utilisateur fluide et répondent aux besoins de nos clients.

Dans notre entreprise, nous croyons que la programmation ne se limite pas à écrire du code. Il s'agit de résoudre des problèmes et de créer des solutions qui ont un impact réel sur la vie des gens. Nous explorons en permanence de nouvelles technologies et techniques afin de rester à la pointe de l'industrie, et nous sommes ravis de partager nos connaissances et notre expérience avec vous à travers ce livre.

Notre approche du développement logiciel repose sur la collaboration et la créativité. Nous travaillons en étroite collaboration avec nos clients afin de comprendre leurs besoins et de créer des solutions adaptées à leurs exigences spécifiques. Nous pensons qu'un logiciel doit être intuitif, facile à utiliser et visuellement attrayant, et nous nous efforçons de créer des applications qui répondent à ces critères.

Ce livre vise à proposer une approche pratique et concrète pour débuter dans la **maîtrise du pouvoir créatif de l'IA**. Que vous soyez un débutant sans expérience en programmation ou un développeur expérimenté souhaitant élargir ses compétences, ce livre est conçu pour vous aider à développer vos aptitudes et à construire une base **solide en apprentissage profond génératif avec Python**.

Notre philosophie

Au cœur de Cuantum, nous croyons que la meilleure façon de créer des logiciels passe par la collaboration et la créativité. Nous valorisons les contributions de nos clients, et nous travaillons en étroite collaboration avec eux pour créer des solutions qui répondent à leurs besoins. Nous pensons également qu'un logiciel doit être intuitif, simple à utiliser et esthétiquement plaisant, et nous nous efforçons de créer des applications conformes à ces principes.

Nous croyons également que la programmation est une compétence qui peut s'apprendre et se développer avec le temps. Nous encourageons nos développeurs à explorer de nouvelles technologies et techniques, et nous leur fournissons les outils et les ressources nécessaires pour rester à l'avant-garde de l'industrie. Nous pensons aussi que programmer doit être une activité plaisante et gratifiante, et nous nous efforçons de créer un environnement de travail stimulant la créativité et l'innovation.

Notre expertise

Dans notre entreprise de logiciels, nous sommes spécialisés dans le développement d'applications web qui offrent des expériences créatives et résolvent des problèmes réels. Nos développeurs possèdent une expertise dans un large éventail de langages et de frameworks, notamment Python, l'intelligence artificielle, ChatGPT, Django, React, Three.js et Vue.js, entre autres. Nous explorons sans cesse de nouvelles technologies pour rester à la pointe de l'innovation et nous sommes fiers de notre capacité à créer des solutions adaptées aux besoins de nos clients.

Nous avons également une grande expérience dans l'analyse et la visualisation de données, l'apprentissage automatique et l'intelligence artificielle. Nous croyons que ces technologies ont le potentiel de transformer notre façon de vivre et de travailler, et nous sommes fiers de faire partie de cette révolution.

En conclusion, notre entreprise est dédiée à la création de logiciels web favorisant des expériences créatives et apportant des solutions concrètes. Nous privilégions la collaboration et la créativité, et nous nous engageons à développer des solutions intuitives, accessibles et visuellement attractives. Nous sommes passionnés par la programmation et impatients de partager avec vous nos connaissances et notre expérience à travers ce livre. Que vous soyez débutant ou développeur confirmé, nous espérons que ce livre sera pour vous une ressource précieuse dans votre parcours vers la maîtrise de votre domaine.

YOUR JOURNEY STARTS HERE...

Here are your free repository codes :D

You might also find these books interesting

Here, you can access free chapters, obtain additional information, or purchase any of our published books.

Get access to all the benefits of being one of our valuable readers through our new **eLearning Platform:**

1. Free code repository of this book

2. Access to a **free example chapter** of any of our books.

3. Access to the **free repository code** of any of our books.

4. Premium customer support by writing to **books@cuantum.tech**

And much more...

HERE IS YOUR
FREE ACCESS

www.cuantum.tech/books/python-sql-bible/code/

TABLE DES MATIÈRES

Introduction

Bienvenue dans un voyage passionnant d'apprentissage, d'exploration et de découverte. Ce livre est votre guide vers le monde fantastique de Python et SQL, deux piliers de la science des données et de la programmation moderne. Dans un monde de plus en plus axé sur les données, la capacité de comprendre, manipuler et analyser les données n'est pas seulement bénéfique, elle est essentielle. Que vous soyez étudiant, professionnel ou simplement curieux de la programmation et des données, ce livre est conçu pour vous doter des compétences et connaissances nécessaires pour naviguer dans le monde des données avec Python et SQL.

Python est connu pour sa simplicité, sa polyvalence et sa puissance. Sa syntaxe est facile à comprendre, ce qui en fait un langage idéal pour les débutants. Cependant, ses capacités sont vastes. Du développement web à l'intelligence artificielle, des scripts d'automatisation à l'analyse de données complexes, Python a trouvé sa place dans tous les domaines. La simplicité de Python n'en fait pas un langage simpliste ; au contraire, c'est une porte d'entrée vers un univers incroyablement diversifié et complexe de possibilités.

SQL, ou Structured Query Language, est un langage spécifique à un domaine utilisé pour interagir avec les bases de données. Bien qu'il ait été développé au début des années 1970, SQL est resté la référence absolue pour gérer, interroger et manipuler les bases de données relationnelles. Comprendre SQL vous permet de débloquer la puissance des données stockées dans les bases de données relationnelles. Si les données sont le nouveau pétrole, SQL est la plateforme de forage qui vous permet d'extraire, de raffiner et d'utiliser ce pétrole.

Le livre commence par présenter Python, en commençant par les bases comme les variables, les types de données et les opérateurs, et en progressant graduellement vers des sujets plus avancés comme les structures de contrôle, les fonctions, la programmation orientée objet et les modules. Nous explorerons également la bibliothèque standard de Python, qui étend les fonctionnalités de Python et en fait un outil puissant pour une grande variété de tâches.

Ensuite, nous plongeons dans SQL, en explorant sa syntaxe et ses commandes, et en apprenant comment créer, manipuler et interroger des bases de données. Nous explorerons comment créer des tables, insérer, mettre à jour et supprimer des données, et comment écrire des requêtes complexes qui peuvent extraire des informations utiles à partir de données brutes.

Mais le livre ne se limite pas à enseigner Python et SQL de manière isolée. La véritable magie se produit lorsque vous combinez ces deux outils puissants, et c'est précisément ce que nous ferons. Nous apprendrons comment utiliser Python pour interagir avec des bases de données, comment écrire des requêtes SQL dans des programmes Python et comment utiliser la puissance et la flexibilité de Python pour manipuler et analyser les données extraites des bases de données.

Le livre regorge d'exemples, d'études de cas et d'exercices qui non seulement illustrent les concepts, mais vous offrent également une expérience pratique et concrète. À la fin de ce livre, vous ne comprendrez pas seulement Python et SQL, mais vous pourrez également les utiliser efficacement pour résoudre des problèmes du monde réel.

Que vous envisagiez de vous lancer dans la science des données, d'augmenter votre productivité grâce à l'automatisation ou de vous embarquer dans tout autre voyage dans le vaste paysage de la programmation, les compétences que vous apprendrez dans ce livre seront inestimables. Ce livre ne se résume pas à apprendre un langage de programmation ou un langage de requête ; il s'agit de développer une nouvelle façon de penser, une nouvelle façon de résoudre les problèmes, une nouvelle façon de transformer les idées en réalité.

Cependant, rappelez-vous ceci : lire ce livre n'est pas une activité passive. Il ne suffit pas de lire les explications et de comprendre les exemples de code. Pour vraiment apprendre Python et SQL, vous devez coder. Vous devez écrire les programmes, exécuter les requêtes, déboguer les erreurs et trouver les solutions. Ce livre vous fournit les connaissances et les outils, mais c'est à vous de développer les compétences par la pratique.

Dans ce voyage, vous rencontrerez probablement des défis, vous ferez des erreurs et, parfois, vous vous sentirez bloqué. Mais cela fait partie du processus d'apprentissage. Chaque défi est une opportunité d'apprendre, chaque erreur une opportunité de grandir et chaque problème un casse-tête qui attend d'être résolu. Acceptez le processus, persévérez et rappelez-vous que chaque grand programmeur a un jour été débutant.

Alors, êtes-vous prêt à plonger dans le monde passionnant de Python et SQL ? Êtes-vous prêt à vous embarquer dans un voyage qui vous dotera de compétences et de connaissances qui sont de plus en plus cruciales dans le monde d'aujourd'hui ? Êtes-vous prêt à apprendre, à grandir et à découvrir de quoi vous êtes capable ? Si la réponse est oui, alors tournez la page et commençons ce voyage ensemble.

Bienvenue dans le monde de Python et SQL. Commençons à coder !

Partie I : Maîtriser Python

Chapitre 1 : Python : Une Introduction

Bienvenue dans le voyage passionnant de Python. La polyvalence de ce langage de programmation de haut niveau est évidente dans son utilisation dans divers domaines, tels que le développement web, l'intelligence artificielle, l'apprentissage automatique, l'automatisation et la science des données, pour n'en nommer que quelques-uns. Ce chapitre vise à vous aider à acquérir une compréhension solide de Python, y compris son histoire, les avantages uniques qu'il offre et le large éventail de ses applications. Pour comprendre l'importance de Python, nous explorons d'abord sa genèse et comment il a évolué au fil des ans.

1.1 Bref Historique de Python

Python a été conceptualisé à la fin des années 1980, en mettant l'accent sur la lisibilité du code et la simplicité. Guido van Rossum, un programmeur néerlandais, a commencé son implémentation en décembre 1989, pendant ses vacances de Noël. Il travaillait sur un projet appelé « Amoeba » au CWI (Centrum Wiskunde & Informatica) aux Pays-Bas. Amoeba était un système d'exploitation distribué, et il cherchait un langage de script avec une syntaxe similaire à ABC mais avec accès aux appels système d'Amoeba. Ce fut le point de départ pour créer Python.

Le nom « Python » ne provient pas du reptile, mais d'une série comique de la BBC des années 70, « Monty Python's Flying Circus », dont van Rossum était fan. Il voulait un nom court, unique et légèrement mystérieux, alors il a décidé d'appeler le langage Python.

Python 1.0 a été lancé en janvier 1994. Les caractéristiques clés incluses dans cette version étaient les outils de programmation fonctionnelle tels que lambda, reduce, filter et map. La capacité de gérer les exceptions avec try-except a également été introduite.

La version majeure suivante, Python 2.0, a été lancée le 16 octobre 2000. Elle incluait de nombreuses fonctionnalités importantes, notamment un ramasse-miettes pour la gestion de la mémoire et la prise en charge d'Unicode. L'une des fonctionnalités les plus remarquables a été l'introduction des compréhensions de listes, ce qui a permis la manipulation puissante et concise des listes.

Python 3.0, également connu sous le nom de « Python 3000 » ou « Py3K », a été lancé le 3 décembre 2008. Il a été conçu pour rectifier les défauts de conception fondamentaux du langage. Le changement le plus radical a été que l'instruction d'impression est devenue une fonction. Il s'agissait d'une version incompatible avec les versions précédentes. La communauté Python continue de prendre en charge et de mettre à jour les versions Python 2.x, mais Python 2.7 (lancé en 2010) a été officiellement la dernière version de Python 2.x. Depuis lors, le développement du langage s'est poursuivi avec les versions Python 3.x.

À la date de rédaction de ce livre, la version stable la plus récente est Python 3.9, lancée en octobre 2020. Elle comprend une série de nouvelles fonctionnalités et optimisations, notamment des annotations de fonctions et de variables plus flexibles, une nouvelle méthode d'analyse de chaînes et de nouvelles fonctionnalités de syntaxe.

Python a gagné en popularité au fil des ans en raison de sa polyvalence, sa lisibilité et une grande bibliothèque standard qui prend en charge de nombreuses tâches de programmation courantes. Il dispose également d'un vaste écosystème de bibliothèques et de frameworks, ce qui en fait le langage de choix pour de nombreux développeurs à travers le monde. Sa simplicité et sa puissance en font un excellent langage tant pour les débutants que pour les experts.

1.2 Avantages de Python

Python a connu une ascension fulgurante en popularité au cours de la dernière décennie, consolidant sa position parmi les principaux langages de programmation. Cela peut être attribué en grande partie aux nombreux avantages qu'il offre. Nous explorerons certains de ces avantages.

Tout d'abord, la syntaxe de Python est simple et facile à lire, ce qui facilite l'apprentissage pour les nouveaux programmeurs. Il est également très polyvalent et peut être utilisé pour un large éventail d'applications, du développement web à l'analyse de données.

De plus, Python dispose d'une vaste bibliothèque de modules et de paquets qui peuvent être facilement importés dans votre code, ce qui fait gagner du temps et des efforts. En outre, Python possède une solide communauté de développeurs qui créent constamment de nouveaux outils et ressources, ce qui facilite le suivi des dernières avancées dans le domaine.

Enfin, la popularité de Python a conduit à une abondance de ressources en ligne, telles que des tutoriels, des forums et des cours en ligne, ce qui facilite encore davantage l'apprentissage et l'amélioration de vos compétences. En général, la simplicité, la polyvalence, la solide communauté et l'abondance de ressources de Python en font un langage idéal tant pour les débutants que pour les programmeurs expérimentés.

1.2.1 Lisibilité et Simplicité

Python a été spécifiquement conçu pour être facile à lire et à comprendre. Cela est réalisé grâce à sa syntaxe unique, qui est claire et concise. Pour rendre le code Python aussi lisible que possible, le langage met l'accent sur l'indentation, les espaces blancs et les déclarations claires et concises. Cette approche permet même aux débutants de comprendre rapidement les concepts de base de la programmation en Python, ce qui en fait un langage idéal pour ceux qui débutent.

Mais l'accent mis par Python sur la lisibilité n'est pas seulement utile pour les débutants. Il en fait également un excellent choix pour les environnements de travail collaboratifs. Lorsque l'on travaille avec d'autres sur un projet, il est important que tout le monde puisse facilement comprendre le code des autres. La syntaxe claire et l'accent mis sur la lisibilité de Python facilitent la participation des autres et la compréhension de ce qui se passe, même s'ils n'ont pas travaillé avec le code auparavant. Cela peut faire gagner beaucoup de temps et éviter bien des maux de tête lors du travail sur des projets complexes avec plusieurs collaborateurs.

De plus, la lisibilité de Python ne rend pas seulement le code plus facile à comprendre, mais aussi plus facile à maintenir. Lorsque le code est facile à lire, il est également plus facile de repérer les erreurs et d'apporter des modifications. Cela peut être particulièrement important lors du travail sur de grands projets avec de nombreuses pièces mobiles. En rendant le code facile à comprendre et à maintenir, Python aide à garantir que les projets continuent d'avancer et que les erreurs sont détectées et corrigées rapidement et efficacement.

Exemple :

Voici un exemple de la façon de définir et d'appeler une fonction en Python :

```python
def greet(name):
    """This function greets the person passed in as a parameter"""
    print(f"Hello, {name}. Good morning!")

greet("Alice")
```

Lorsque vous exécutez ce code, il affiche : **Bonjour, Alice. Bonjour !**

1.2.2 Langage de Haut Niveau

Python est un langage de programmation de haut niveau largement utilisé par les développeurs du monde entier. Cela s'explique par sa facilité d'utilisation et d'apprentissage. L'un des principaux avantages de Python est que les programmeurs n'ont pas besoin de mémoriser l'architecture du système ni de gérer la mémoire. Cela permet aux développeurs de se concentrer davantage sur la logique de leur application plutôt que sur les détails fastidieux du matériel sous-jacent. En conséquence, les développeurs peuvent construire des applications complexes avec facilité, sans avoir à se soucier des détails de bas niveau.

Python dispose d'une communauté large et active de développeurs qui contribuent à son développement et à sa maintenance. Cela signifie qu'il y a toujours de nouvelles bibliothèques et de nouveaux outils en développement qui rendent la programmation en Python encore plus facile et efficace. Tous ces facteurs font de Python un excellent choix pour les développeurs qui cherchent à construire des applications robustes et évolutives.

1.2.3 Bibliothèques Étendues

La bibliothèque standard de Python est une vaste collection de code pré-écrit qui fait de Python un langage puissant dès le départ. Non seulement elle réduit le besoin pour les développeurs d'écrire chaque ligne de code à partir de zéro, mais elle leur fait également gagner beaucoup de temps et d'efforts. Les bibliothèques de Python couvrent un large éventail de tâches, garantissant que les développeurs peuvent trouver une bibliothèque appropriée pour presque toutes les tâches qu'ils doivent accomplir.

Par exemple, les développeurs web peuvent tirer parti des bibliothèques Django et Flask, qui facilitent la construction d'applications web robustes avec un effort minimal. Le calcul scientifique est également plus facile avec des bibliothèques comme NumPy et SciPy, qui fournissent un large éventail de fonctions et d'algorithmes mathématiques. L'apprentissage automatique, un domaine en pleine croissance, dispose de bibliothèques comme TensorFlow et scikit-learn à sa disposition, permettant aux développeurs de construire des modèles sophistiqués avec facilité.

L'analyse de données est également facile avec Python, grâce à la bibliothèque pandas. Cette bibliothèque fournit un large éventail d'outils pour travailler avec des données, de l'importation et du nettoyage des données à leur visualisation et leur analyse. Et ces exemples ne sont que la partie émergée de l'iceberg : Python possède d'innombrables bibliothèques et paquets, chacun conçu pour rendre une tâche spécifique plus facile et plus efficace. Par conséquent, si vous êtes un développeur qui cherche à faire les choses rapidement et efficacement, Python est définitivement le langage pour vous.

1.2.4 Compatibilité Multiplateforme

Python est l'un des langages de programmation les plus populaires au monde, connu pour sa simplicité et sa polyvalence. L'un des principaux avantages de Python est sa portabilité et son indépendance vis-à-vis de la plateforme, ce qui signifie que les programmes Python peuvent être développés et exécutés sur une large gamme de systèmes d'exploitation, notamment Windows, Linux, Unix et Mac, sans qu'il soit nécessaire d'apporter des modifications au code Python.

Cela fait de Python un choix idéal pour les développeurs qui ont besoin de créer des applications pouvant être déployées sur plusieurs plateformes. De plus, Python dispose d'une communauté large et active de développeurs qui travaillent constamment à améliorer le langage et ses diverses bibliothèques et frameworks, ce qui en fait un choix attrayant tant pour les débutants que pour les programmeurs expérimentés.

1.2.5 Typage Dynamique

Python est un langage de programmation connu pour son typage dynamique, ce qui peut rendre le code plus facile à écrire et à développer plus rapidement. Plutôt que d'exiger que le programmeur spécifie le type d'une variable, Python le déduit à l'exécution, ce qui permet une itération plus rapide et un code plus flexible.

Bien que le typage dynamique puisse être un avantage pour la productivité, il comporte également certains risques. Sans les protections d'un système de types statiques, il est possible d'introduire des erreurs qui ne sont détectées qu'à l'exécution. Par conséquent, les tests deviennent encore plus importants dans un langage à typage dynamique comme Python, car il incombe au développeur de s'assurer que son code fonctionne comme prévu.

Exemple :

```
a = 5
print(type(a))

a = "Hello, World!"
print(type(a))
```

Dans ce code Python, la variable 'a' se voit d'abord attribuer un entier puis une chaîne de caractères. Lorsque vous exécutez ce code, il affiche d'abord **<class 'int'>**, puis **<class 'str'>**, montrant que le type de 'a' a changé dynamiquement.

1.2.6 Support de Multiples Paradigmes de Programmation

Python est un langage de programmation qui peut être utilisé pour une large gamme de tâches. Il est connu pour son support de multiples paradigmes de programmation, y compris la programmation procédurale, orientée objet et fonctionnelle. Cela signifie que les développeurs peuvent choisir l'approche la plus appropriée pour leur tâche spécifique, faisant de Python un langage hautement flexible qui peut être utilisé dans une variété d'applications.

Python dispose d'une large gamme de bibliothèques et de frameworks disponibles, ce qui le rend encore plus polyvalent et puissant. De plus, la syntaxe simple de Python facilite l'apprentissage pour les programmeurs débutants, tandis que ses capacités puissantes en font un favori parmi les développeurs expérimentés. En général, Python est un langage qui offre beaucoup de flexibilité et de puissance, ce qui en fait un choix populaire pour une large gamme de tâches de programmation.

Exemple :

```
# Procedural
def add_numbers(a, b):
    return a + b

result = add_numbers(5, 10)
print(result)

# Object-Oriented
class Rectangle:
    def __init__(self, length, breadth):
        self.length = length
        self.breadth = breadth
```

```
    def area(self):
        return self.length * self.breadth

r = Rectangle(5, 10)
print(r.area())

# Functional
numbers = [1, 2, 3, 4, 5]
squared = map(lambda x: x ** 2, numbers)
print(list(squared))
```

Chacun de ces scripts affichera **15**, mais chacun aborde le problème selon un paradigme de programmation différent.

1.2.7 Communauté Forte et Adoption Généralisée

Python bénéficie d'une communauté vaste et dynamique d'utilisateurs et de développeurs qui contribuent activement à améliorer le langage. Cette vaste communauté est une ressource inestimable pour l'apprentissage et la résolution de problèmes. Il existe de nombreuses communautés Python sur le web, telles que le Forum Python, StackOverflow et Reddit, où des développeurs de tous niveaux partagent leurs connaissances, leurs expériences et s'entraident pour résoudre leurs problèmes. De plus, Python dispose d'une documentation complète, d'une multitude de tutoriels et d'une grande quantité de textes tiers disponibles.

L'adoption généralisée de Python dans l'industrie est un autre atout majeur. Des petites start-ups aux géants technologiques comme Google, la NASA et Netflix, Python est utilisé pour créer une variété d'applications. Cette utilisation répandue de Python dans l'industrie renforce sa pertinence et sa valeur pour les développeurs.

1.2.8 Intégration avec D'autres Langages

Python est un langage de programmation incroyablement polyvalent qui peut être utilisé dans une variété de contextes. L'une de ses forces est sa capacité à s'intégrer facilement avec d'autres langages comme C, C++ ou Java, ce qui augmente encore davantage son utilité.

Cela peut être particulièrement bénéfique lorsque la performance est une préoccupation, car les parties critiques d'un programme peuvent être écrites dans des langages comme C ou C++, qui peuvent s'exécuter plus rapidement que Python. En tirant parti de l'implémentation CPython de Python, les développeurs peuvent créer une interopérabilité transparente entre différents langages, ce qui leur permet de construire des systèmes complexes qui intègrent les forces de chaque langage.

Par exemple, un développeur pourrait utiliser Python pour construire le frontend d'une application web, tout en utilisant C++ pour construire la logique de traitement du backend. Cette combinaison de langages peut aider à créer un système plus robuste et efficace. De plus, la flexibilité et la facilité d'utilisation de Python en font un choix idéal pour les applications d'analyse de données et d'apprentissage automatique, où les développeurs peuvent tirer parti du riche écosystème de bibliothèques et d'outils disponibles pour ces tâches.

Dans l'ensemble, la capacité de Python à s'intégrer avec d'autres langages et sa large gamme de capacités en font un choix idéal pour une grande variété de domaines d'application.

1.2.9 Polyvalence

Python est un langage de programmation incroyablement polyvalent qui offre une large gamme d'avantages pour les développeurs en général. Sa flexibilité, sa simplicité et sa syntaxe élégante en font un choix populaire pour construire des applications web en utilisant Django ou Flask, effectuer des analyses de données complexes avec pandas et NumPy, automatiser des tâches système ou même développer des jeux. Avec Python, il n'y a pas de limite à ce que vous pouvez créer et accomplir.

En ce qui concerne les bibliothèques et les frameworks, Python possède un ensemble incroyablement riche d'options qui répondent à presque tous les besoins. Des frameworks de développement web comme Django et Flask aux bibliothèques de visualisation de données comme Matplotlib et Seaborn, il existe un outil pour chaque tâche. Et, avec sa compatibilité multiplateforme, Python peut être utilisé sur presque n'importe quel système d'exploitation, ce qui en fait un choix populaire pour les développeurs du monde entier.

En conclusion, Python est un langage qui offre une combinaison imbattable de lisibilité, simplicité, bibliothèques étendues, compatibilité multiplateforme et communauté solide. Son adaptabilité et sa polyvalence en font un outil puissant pour tout développeur, que vous débutiez ou que vous ayez des années d'expérience. Avec Python, les possibilités sont infinies et la seule limite est votre imagination.

Dans la prochaine section, nous approfondirons la vaste gamme d'applications de Python et verrons comment ce langage polyvalent est utilisé dans divers domaines.

1.3 Applications de Python

Python est un langage hautement polyvalent qui peut être utilisé dans divers domaines tels que le développement web, l'analyse de données, le calcul scientifique, l'apprentissage automatique et l'intelligence artificielle. Il est largement utilisé dans l'industrie en raison de sa syntaxe simple et intuitive, qui le rend facile à lire et à écrire.

Python possède une vaste collection de bibliothèques qui fournissent des fonctionnalités étendues. Il est également connu pour sa capacité à s'intégrer avec d'autres langages de programmation et outils, ce qui en fait un excellent choix pour construire des systèmes complexes. Avec sa popularité croissante, Python est devenu le langage de prédilection pour de nombreux développeurs et est largement reconnu comme une compétence essentielle dans l'industrie.

Voici quelques applications notables de Python :

1.3.1 Développement Web

Python est un langage de programmation polyvalent qui peut être utilisé pour une variété de tâches, comme le développement web. En matière de développement web, il existe un certain nombre de frameworks disponibles en Python, chacun avec ses propres forces et faiblesses. Parmi les frameworks les plus populaires, on trouve Django, Flask, Pyramid et bien d'autres.

Ces frameworks fournissent beaucoup de fonctionnalités prêtes à l'emploi, ce qui facilite la création d'applications web robustes. Django, par exemple, est un framework web Python de haut niveau qui encourage le développement rapide et une conception propre et pragmatique. Construit par des développeurs expérimentés, il prend en charge une grande partie des tracas du développement web, afin que vous puissiez vous concentrer sur l'écriture de votre application sans avoir besoin de réinventer la roue.

En plus de ses fonctionnalités puissantes, Django dispose d'une communauté vaste et active de développeurs qui contribuent à son développement et son support continus. Cela signifie que vous pouvez toujours trouver de l'aide et des conseils quand vous en avez besoin, que vous soyez un développeur expérimenté ou que vous débutiez.

Les frameworks de développement web de Python offrent un ensemble d'outils puissant et flexible pour créer des applications web de toutes tailles et de tous types. Que vous construisiez un petit site personnel ou une application web à grande échelle, il existe un framework Python qui peut vous aider à faire le travail rapidement et efficacement.

Exemple :

Voici un exemple d'une vue Django basique :

```
from django.http import HttpResponse

def hello_world(request):
    return HttpResponse("Hello, World!")
```

1.3.2 Analyse de Données et Visualisation de Données

Python est un langage incroyablement puissant et polyvalent qui est devenu l'outil de prédilection pour l'analyse de données. L'une des raisons de sa popularité est la vaste gamme de bibliothèques disponibles pour la manipulation et la visualisation de données.

En particulier, des bibliothèques comme pandas, NumPy et SciPy sont devenues essentielles pour les analystes de données. Pandas fournit un ensemble riche de structures de données et de fonctions qui sont conçues pour travailler avec des données structurées. NumPy, quant à lui, est indispensable pour gérer les tableaux et les matrices, qui constituent une partie fondamentale de l'analyse de données. SciPy est utilisé pour les calculs techniques et scientifiques, ce qui en fait un outil indispensable pour les ingénieurs, les scientifiques et les analystes de données.

En ce qui concerne la visualisation de données, Python a également beaucoup à offrir. Deux des bibliothèques les plus populaires pour créer des visualisations sont Matplotlib et Seaborn. Ces bibliothèques vous permettent de créer une vaste gamme de graphiques statiques, animés et interactifs en Python. Avec Matplotlib, vous pouvez créer une large gamme de graphiques, y compris des graphiques linéaires, des nuages de points, des histogrammes et bien plus encore. Seaborn, en revanche, est une bibliothèque qui est conçue spécifiquement pour la visualisation de données statistiques. Elle fournit une interface de haut niveau pour créer des graphiques statistiques attrayants et informatifs.

Dans l'ensemble, Python est un excellent choix pour l'analyse de données en raison de sa vaste gamme d'outils et de bibliothèques. Que vous travailliez avec des données structurées, des tableaux et des matrices, ou des calculs scientifiques, Python a tout ce qu'il vous faut. Et avec des bibliothèques comme Matplotlib et Seaborn, vous pouvez créer de magnifiques visualisations informatives pour vous aider à raconter l'histoire de vos données.

Exemple :

Voici un exemple simple de comment utiliser pandas et matplotlib ensemble :

```
import pandas as pd
import matplotlib.pyplot as plt

# Creating a simple dataframe
data = {
    'Year': [2015, 2016, 2017, 2018, 2019],
    'Sales': [2000, 3000, 4000, 3500, 6000]
}
df = pd.DataFrame(data)

# Plotting data
plt.plot(df['Year'], df['Sales'])
plt.xlabel('Year')
plt.ylabel('Sales')
plt.show()
```

1.3.3 Apprentissage Automatique et Intelligence Artificielle

Python est un langage de programmation de plus en plus populaire pour l'apprentissage automatique et l'intelligence artificielle. Il est largement utilisé en raison de ses bibliothèques étendues comme scikit-learn, TensorFlow et PyTorch.

Ces bibliothèques ont rendu possible la réalisation d'analyses de données et de modélisations complexes avec facilité. Scikit-learn est reconnu pour fournir des outils simples et efficaces pour l'analyse prédictive de données, ce qui permet aux développeurs de construire des modèles rapidement. TensorFlow et PyTorch, quant à eux, sont connus pour leurs capacités avancées en réseaux de neurones et en apprentissage profond.

Ces bibliothèques offrent une vaste gamme de fonctionnalités, allant des modèles préconstruits aux modèles personnalisables, ce qui permet aux développeurs de construire des modèles qui s'adaptent à leurs besoins.

Exemple :

Voici un exemple de comment utiliser scikit-learn pour effectuer une régression linéaire :

```python
from sklearn.model_selection import train_test_split
from sklearn.linear_model import LinearRegression
from sklearn import metrics
import pandas as pd

# Load dataset
url = "<http://bit.ly/w-data>"
dataset = pd.read_csv(url)
X = dataset.iloc[:, :-1].values
y = dataset.iloc[:, 1].values

# Split data into training and test sets
X_train, X_test, y_train, y_test = train_test_split(X, y, test_size=0.2,
random_state=0)

# Train the algorithm
regressor = LinearRegression()
regressor.fit(X_train, y_train)

# Make predictions using the test set
y_pred = regressor.predict(X_test)
```

1.3.4 Développement de Jeux

Python est un langage de programmation de haut niveau qui n'est pas seulement utilisé pour l'analyse de données et le développement web, mais aussi pour le développement de jeux. En fait, il est devenu l'un des langages les plus populaires dans l'industrie du jeu vidéo.

L'une des raisons à cela est la bibliothèque Pygame, qui est un ensemble de modules Python conçus spécifiquement pour créer des jeux vidéo. Avec son interface facile à utiliser et une documentation étendue, Pygame fournit aux développeurs de jeux les outils nécessaires pour donner vie à leurs idées.

Que vous créiez un jeu en 2D ou 3D, Pygame possède la fonctionnalité dont vous avez besoin pour y parvenir. Des animations simples de sprites aux simulations physiques complexes, Pygame s'est avéré être un outil fiable et efficace pour le développement de jeux. Alors, si vous cherchez à créer votre propre jeu vidéo, essayez Python et Pygame : vous ne serez pas déçu !

1.3.5 Automatisation et Scripting

Python est un excellent langage de programmation qui a gagné en popularité ces dernières années en raison de sa facilité d'utilisation et de sa polyvalence. Il est particulièrement adapté aux tâches d'automatisation et de scripting, car il offre une large gamme de bibliothèques et d'outils qui facilitent l'écriture de code capable d'automatiser des tâches répétitives ou complexes.

L'un des principaux avantages de Python est sa syntaxe simple et intuitive. Cela permet aux programmeurs de tous niveaux d'écrire et de comprendre le code rapidement, sans avoir à se soucier de règles de syntaxe complexes ou de concepts de programmation obscurs.

En plus de sa syntaxe simple, Python dispose également d'une vaste bibliothèque standard qui peut être utilisée pour une large gamme de tâches, du web scraping et de l'analyse de données à l'intelligence artificielle et à l'apprentissage automatique. Cette bibliothèque fournit aux développeurs un large éventail de fonctions et de modules préconstruits qui peuvent être utilisés pour implémenter rapidement des fonctionnalités complexes dans leurs applications.

En résumé, Python est un langage incroyablement puissant qui convient à une large gamme de tâches, des scripts simples à l'analyse de données complexes et à l'apprentissage automatique. Sa simplicité et sa polyvalence en font un choix idéal pour les programmeurs de tous niveaux, qu'ils débutent ou qu'ils aient des années d'expérience.

Exemple :

Par exemple, voici un script simple qui renomme tous les fichiers d'un répertoire avec l'extension ".txt" :

```python
import os

folder_path = '/path/to/folder'

for filename in os.listdir(folder_path):
    if filename.endswith('.txt'):
        new_filename = filename.replace('.txt', '.text')
        os.rename(os.path.join(folder_path, filename), os.path.join(folder_path,
new_filename))
```

1.3.6 Cybersécurité

Python connaît une popularité croissante rapide dans le domaine de la cybersécurité en raison de sa syntaxe facile à écrire et de sa vaste gamme de bibliothèques. Il ne se limite pas uniquement à l'analyse de logiciels malveillants, aux tests de pénétration et à l'analyse de réseaux, mais peut également être utilisé pour une grande variété d'autres tâches de sécurité, telles que le craquage de mots de passe, le web scraping et l'analyse de données.

En raison de sa polyvalence et de sa nature conviviale, Python est souvent un choix privilégié tant pour les débutants que pour les experts du domaine. De plus, Python dispose d'une communauté vaste et active de développeurs qui contribuent régulièrement au développement de nouvelles bibliothèques et outils. Cela garantit que Python reste à jour avec les dernières tendances et exigences en matière de cybersécurité, ce qui en fait un outil inestimable pour tout professionnel de la cybersécurité.

1.3.7 Internet des Objets (IoT)

Python est l'un des langages de programmation les plus utilisés pour développer des dispositifs IoT. Cela s'explique par plusieurs facteurs, notamment sa simplicité et sa polyvalence. De plus, Python dispose d'une série de bibliothèques puissantes qui en font un choix idéal pour les applications IoT.

Par exemple, la bibliothèque MQTT facilite la connectivité machine à machine, permettant aux dispositifs IoT de communiquer entre eux de manière fluide. De même, la bibliothèque gpiozero fournit une interface conviviale pour le contrôle des dispositifs, ce qui permet aux développeurs d'interagir facilement avec les composants matériels. Et pour les applications plus avancées, la bibliothèque OpenCV offre des capacités sophistiquées de reconnaissance d'images et de visages.

Tous ces facteurs font de Python un choix populaire pour le développement IoT, et ses bibliothèques en sont une raison clé. En exploitant la puissance de ces bibliothèques, les développeurs peuvent créer des applications IoT sophistiquées avec facilité, ce qui fait de Python un outil essentiel dans le monde de l'IoT.

1.3.8 Robotique

Python est un langage populaire dans le domaine de la robotique et pour de bonnes raisons. Il est utilisé pour bon nombre des mêmes raisons qu'en IoT, notamment sa facilité d'utilisation et sa polyvalence. L'un des nombreux avantages de l'utilisation de Python en robotique est la disponibilité de bibliothèques telles que ROSPy.

Ces bibliothèques permettent à Python de s'interfacer avec le système d'exploitation Robot (ROS), qui est un cadre flexible et puissant pour l'écriture de logiciels robotiques. En utilisant Python avec ROS, les développeurs peuvent créer des applications robotiques complexes et sophistiquées qui peuvent être utilisées dans une variété d'industries.

De plus, la simplicité et la lisibilité de Python en font un choix idéal pour programmer des robots, car elles permettent aux développeurs d'itérer rapidement et d'expérimenter avec différentes idées et approches. Dans l'ensemble, Python est un outil vital pour quiconque travaille dans le domaine de la robotique et souhaite créer des applications de pointe qui repoussent les limites du possible.

1.3.9 Bioinformatique et Biologie Computationnelle

Python est largement utilisé en bioinformatique et en biologie computationnelle. Cela s'explique par le fait qu'il fournit une grande quantité de bibliothèques et de cadres qui facilitent la réalisation de calculs complexes dans le domaine de la biologie. Par exemple, BioPython est une bibliothèque populaire utilisée par les biologistes pour effectuer diverses tâches computationnelles.

Il existe de nombreuses autres bibliothèques telles que SciPy, NumPy et d'autres qui fournissent des outils d'apprentissage automatique et d'analyse de données utiles pour analyser les données biologiques. Ces outils permettent aux chercheurs d'analyser de vastes quantités de données biologiques et d'extraire des informations significatives qui peuvent les aider à mieux comprendre les processus biologiques.

De plus, la flexibilité et la facilité d'utilisation de Python en font un langage idéal pour les chercheurs qui souhaitent effectuer des analyses computationnelles complexes sans avoir à passer beaucoup de temps à écrire du code.

1.3.10 Éducation

La simplicité et la lisibilité de Python en font un excellent langage pour enseigner la programmation aux débutants. Sa syntaxe claire et concise permet une compréhension facile des concepts de programmation, ce qui en fait un point de départ idéal pour les développeurs en herbe.

De plus, l'écosystème expansif de Python et sa facilité d'apprentissage en font un outil précieux dans de nombreux secteurs. Par exemple, les développeurs web utilisent Python pour créer des applications web dynamiques et interactives. Les analystes de données l'utilisent pour traiter et analyser de grands ensembles de données de manière efficace. Les ingénieurs en apprentissage automatique l'utilisent pour créer des systèmes intelligents et des modèles prédictifs. La polyvalence des nombreuses applications de Python en fait un outil précieux dans la boîte à outils d'un programmeur.

De plus, le solide support de bibliothèques de Python permet aux développeurs d'économiser du temps et des efforts dans la création d'applications complexes. Des bibliothèques comme NumPy, Pandas et Matplotlib fournissent des outils puissants pour la manipulation, l'analyse et la visualisation de données, respectivement. De plus, les capacités d'intégration de Python avec d'autres langages et plateformes tels que C, Java et .NET élargissent encore davantage ses applications potentielles.

En conclusion, Python est un langage polyvalent avec une variété infinie d'applications dans divers domaines. Sa simplicité, sa polyvalence et son solide support de bibliothèques en font un ajout précieux à toute boîte à outils de développeur, que ce soit pour les débutants ou les professionnels expérimentés.

1.4 Configuration de l'Environnement Python et Écrire Votre Premier Programme Python

Python est un langage de programmation extrêmement populaire qui est largement utilisé dans de nombreuses applications différentes. Il est connu pour sa facilité d'utilisation, sa polyvalence et sa flexibilité. L'une des caractéristiques clés de Python est qu'il s'agit d'un langage interprété, ce qui signifie qu'il nécessite un interpréteur pour traduire votre code dans un langage que votre ordinateur peut comprendre. C'est en réalité un grand avantage, car cela rend l'écriture et le débogage du code beaucoup plus faciles.

De plus, configurer Python sur votre machine est un processus simple qui peut être accompli rapidement et facilement, même si vous êtes nouveau dans la programmation. En fait, il existe de nombreuses ressources disponibles en ligne qui peuvent vous aider à démarrer avec Python, des tutoriels et cours en ligne aux forums et groupes d'utilisateurs. Donc, si vous êtes intéressé par l'apprentissage de la programmation, Python est définitivement un langage qui mérite d'être considéré.

1.4.1 Configuration de l'Environnement Python

Télécharger et Installer Python

La première étape pour configurer votre environnement Python est de télécharger et d'installer Python. Visitez le site web officiel de Python à l'adresse **www.python.org** et accédez à la section « Téléchargements ». Vous y trouverez la dernière version de Python. Choisissez la version qui convient à votre système d'exploitation (Windows, MacOS, Linux).

Pendant le processus d'installation, assurez-vous de cocher la case qui dit « Ajouter Python au PATH » avant de cliquer sur « Installer maintenant ». Cette étape est cruciale car elle vous permet d'exécuter Python à partir de la ligne de commande.

Introduction à Python IDLE

Une fois que vous avez installé Python, vous pourrez accéder à un programme appelé IDLE dans votre dossier Python. IDLE est l'Environnement de Développement Intégré et d'Apprentissage de Python, et il fournit une plateforme pratique pour coder.

Vous pouvez commencer à coder en Python en entrant votre code directement dans la fenêtre d'IDLE. Alternativement, vous pouvez enregistrer votre code dans un fichier **.py** séparé et l'exécuter depuis la fenêtre d'IDLE. Créer un nouveau fichier **.py** est facile : naviguez simplement vers le menu « Fichier » et sélectionnez « Nouveau fichier ». Une fois cela fait, vous pouvez commencer à écrire votre script Python.

Il est important de noter qu'IDLE offre une variété de fonctions utiles qui peuvent vous aider à optimiser votre processus de codage. Par exemple, vous pouvez utiliser la fonction « vérifier le module » pour identifier et corriger rapidement toute erreur dans votre code. De plus, IDLE vous permet d'accéder facilement à la vaste documentation de Python, ce qui peut être inestimable lorsque vous apprenez à coder.

En résumé, IDLE est un excellent outil pour quiconque souhaite apprendre Python. Que vous soyez débutant ou programmeur expérimenté, vous trouverez certainement l'interface intuitive et les fonctionnalités riches d'IDLE incroyablement utiles dans votre parcours de codage.

Introduction à l'Interface de Ligne de Commande et au Shell Python

La ligne de commande est une interface basée sur le texte au sein du système d'exploitation qui transmet les commandes de l'utilisateur au système d'exploitation. C'est un outil puissant et apprendre à l'utiliser est essentiel pour la programmation en Python.

Pour accéder à Python depuis la ligne de commande, ouvrez simplement votre terminal et tapez **python** (ou **python3** sur certains systèmes). Cette commande démarre l'interpréteur Python, qui vous permet d'écrire du Python directement dans votre terminal.

Utilisation des Éditeurs de Texte et des Environnements de Développement Intégrés (IDE)

Bien qu'IDLE soit un excellent outil pour les débutants, à mesure que vous commencez à travailler sur des projets plus avancés, vous constaterez peut-être que vous avez besoin d'outils plus sophistiqués et puissants pour vous aider à accomplir le travail efficacement. C'est là qu'interviennent les éditeurs de texte et les Environnements de Développement Intégrés (IDE).

Des éditeurs de texte comme Sublime Text, Atom et Visual Studio Code, ou des IDE comme PyCharm ou les notebooks Jupyter, offrent une large gamme de caractéristiques et de fonctionnalités qui peuvent rendre votre expérience de codage plus fluide, efficace et agréable. Par exemple, avec la coloration syntaxique, vous pouvez facilement identifier des parties spécifiques de votre code et effectuer les modifications nécessaires. La complétion de code peut vous faire gagner beaucoup de temps et d'efforts en suggérant les fragments de code les plus probables. Les outils de débogage, quant à eux, peuvent vous aider à identifier et corriger rapidement les erreurs dans votre code, réduisant ainsi le temps que vous passez au débogage.

La plupart des développeurs Python utilisent un éditeur de texte ou un IDE pour créer leurs projets. Ces outils peuvent améliorer considérablement votre productivité et vous aider à écrire un meilleur code. De plus, ils fournissent une plateforme pour apprendre de nouveaux concepts et techniques de codage, ce qui est toujours bénéfique. Donc, si vous êtes déterminé à porter vos compétences en codage Python au niveau supérieur, envisagez d'explorer les différents éditeurs de texte et IDE disponibles et choisissez celui qui convient le mieux à vos besoins et préférences.

Introduction aux Environnements Virtuels

Les environnements virtuels en Python sont un outil essentiel pour gérer les dépendances et les paquets lors du travail sur des projets Python. Ces environnements fournissent des espaces isolés où vous pouvez expérimenter avec différents paquets et versions sans affecter d'autres projets Python sur votre système. Cela est particulièrement utile lorsque différents projets nécessitent différentes versions du même paquet ou lorsque vous travaillez avec des paquets qui ont des dépendances conflictuelles.

Python fournit un outil intégré pour créer des environnements virtuels appelé venv. Pour créer un environnement virtuel, accédez à votre répertoire de projet dans le terminal et exécutez **python -m venv nom_environnement**. Une fois l'environnement virtuel créé, vous pouvez l'activer en exécutant **source nom_environnement/bin/activate**. Désormais, tout paquet que vous installerez sera spécifique à cet environnement virtuel et vous pouvez basculer entre les environnements selon vos besoins.

En plus de l'outil intégré, il existe également des outils tiers comme virtualenv et pipenv qui fournissent des fonctionnalités supplémentaires. Ces outils offrent des fonctionnalités telles que la résolution et la gestion automatiques des dépendances, ce qui facilite encore davantage la gestion des dépendances de votre projet.

Dans l'ensemble, l'utilisation d'environnements virtuels en Python est une pratique recommandée qui garantit que vous travaillez avec les bons paquets et versions et évite les conflits avec d'autres projets. En créant et en gérant des environnements virtuels, vous pouvez optimiser votre processus de développement et garantir que vos projets sont stables et fiables.

1.4.2 Votre Premier Programme Python

Maintenant que vous avez configuré votre environnement, écrivons votre premier programme Python.

Écrire un programme simple « Bonjour, Monde ! »

Ouvrez votre Python IDLE ou votre éditeur de texte et tapez le code suivant :

```
print("Hello, World!")
```

Il s'agit du programme classique « Bonjour, le monde ! », le premier programme traditionnel pour de nombreux nouveaux programmeurs.

Explication de la structure d'un programme Python

Les scripts Python sont composés d'instructions et d'expressions. Dans notre programme « Bonjour, le monde ! », **print("Bonjour, le monde !")** est une instruction. Plus précisément, il s'agit d'un appel de fonction où **print** est la fonction et **"Bonjour, le monde !"** est un argument que nous passons à la fonction.

Exécution d'un programme Python depuis IDLE Python, la ligne de commande et au sein d'un IDE

Pour exécuter ce programme dans IDLE, appuyez simplement sur la touche F5 (ou naviguez vers « Exécuter » -> « Exécuter le module »). Si vous utilisez un éditeur de texte ou un IDE, il y aura un bouton ou une option « exécuter » dans l'un des menus.

Alternativement, vous pouvez enregistrer votre programme, naviguer jusqu'à son emplacement dans le terminal et exécuter **python nom_du_fichier.py**, où **nom_du_fichier.py** est le nom de votre fichier Python.

Félicitations ! Vous avez écrit et exécuté votre premier programme Python.

Dans le prochain chapitre, nous commencerons à approfondir davantage la syntaxe Python et nous commencerons à découvrir les variables, les types de données, les structures de contrôle, les fonctions et bien plus encore. Restez à l'écoute !

Conclusion du Chapitre 1

En arrivant à la fin de notre premier chapitre, nous avons couvert un large éventail de ce qui fait de Python un langage de programmation si convaincant et largement adopté. Nous n'avons fait qu'effleurer la surface, mais nous espérons que vous avez une meilleure compréhension de la riche histoire du langage, de ses nombreux avantages et de la vaste gamme de ses applications.

Nous avons commencé notre voyage en plongeant dans l'histoire de Python. Nous avons appris qu'il a été conçu à la fin des années 1980 par Guido van Rossum en tant que successeur du langage ABC. Le développement de Python en tant que langage s'est concentré sur la lisibilité et la simplicité, ce qui explique sa syntaxe élégante et son haut niveau d'abstraction. Cette simplicité ne compromet pas la puissance de Python ; c'est un témoignage de la philosophie de conception de van Rossum selon laquelle la simplicité et la puissance peuvent et doivent coexister dans un langage de programmation.

Après avoir compris les racines de Python, nous avons examiné les nombreux avantages qu'offre le langage. Python n'est pas seulement facile à lire et à écrire, mais il est également puissant et polyvalent. Il fournit des structures de données de haut niveau et encourage la modularité du programme et la réutilisation du code, ce qui en fait un choix idéal pour les débutants comme pour les programmeurs expérimentés. La compatibilité multiplateforme de Python signifie que les applications Python peuvent s'exécuter sur divers systèmes d'exploitation avec des modifications minimes ou nulles. Son typage dynamique et sa gestion automatique de la mémoire améliorent encore davantage l'expérience du développeur.

Nous avons ensuite exploré la vaste gamme d'applications de Python, du développement web, de l'analyse de données, de l'apprentissage automatique, au développement de jeux, à l'automatisation, au scripting, à la cybersécurité, à l'IoT, à la robotique, à la bioinformatique et à l'éducation. Chaque application bénéficie du vaste support de bibliothèques de Python, des contributions de la communauté et de sa lisibilité et simplicité inhérentes. Cette gamme diversifiée d'applications démontre l'adaptabilité et la capacité de Python à gérer les défis et les besoins de divers domaines.

Enfin, nous vous avons guidé à travers la configuration de votre environnement de développement Python et nous avons écrit votre premier programme Python. Nous avons parcouru les étapes pour télécharger et installer Python, nous avons présenté IDLE Python, l'interface de ligne de commande et le concept d'environnements virtuels. Nous avons également exploré le rôle des éditeurs de texte et des Environnements de Développement Intégrés (IDE) dans la programmation Python. Nous avons conclu le chapitre en écrivant et en exécutant un simple programme « Bonjour, le monde ! », marquant une étape passionnante dans votre parcours avec Python.

En concluant ce chapitre, il convient de souligner que Python est bien plus qu'un simple langage de programmation. C'est un outil qui peut vous permettre de résoudre des problèmes, d'analyser des données, d'automatiser des tâches et même de contribuer aux avancées technologiques. La popularité croissante de Python et sa communauté active de développeurs dans le monde entier en font un excellent choix pour quiconque souhaite se plonger dans le monde de la programmation ou élargir son ensemble de compétences existant.

Notre voyage dans le monde de Python ne fait que commencer. Dans le prochain chapitre, nous approfondirons davantage la syntaxe Python, où vous commencerez à apprendre les variables, les types de données, les structures de contrôle et bien plus encore. Armé des connaissances de ce chapitre et de ce qui est à venir, vous êtes en bonne voie de devenir un programmeur Python compétent. Bon codage !

Chapitre 2 : Les Blocs de Construction de Python

Dans le chapitre précédent, nous avons couvert l'essentiel de Python, incluant son histoire, ses caractéristiques clés, et comment configurer votre environnement et créer votre premier programme en Python. Cependant, il reste encore beaucoup à apprendre sur ce puissant langage de programmation !

Dans ce chapitre, nous examinerons de plus près les blocs de construction de Python. Nous commencerons par présenter la syntaxe et la sémantique de Python, ce qui vous donnera une meilleure compréhension du fonctionnement du langage. À partir de là, nous approfondirons les variables et les types de données, en explorant les différents types de données avec lesquels vous pouvez travailler en Python, et comment manipuler et transformer ces données.

Mais ce n'est pas tout ! Nous examinerons également les structures de contrôle, qui sont essentielles pour contrôler le flux de votre programme et prendre des décisions basées sur certaines conditions. Nous expliquerons comment utiliser des instructions conditionnelles comme « if » et « else » pour écrire des programmes plus complexes qui peuvent répondre à la saisie de l'utilisateur.

Et, bien sûr, nous ne pouvons pas oublier les fonctions et les modules ! Ce sont les blocs de construction de programmes plus grands, qui vous permettent de diviser votre code en morceaux plus petits et gérables. Nous vous montrerons comment définir vos propres fonctions et modules, ainsi que comment utiliser des modules prédéfinis pour ajouter de nouvelles fonctionnalités à vos programmes.

Tout au long de chaque section, nous fournirons des explications détaillées et des exemples pour vous aider à comprendre les concepts et à les appliquer à des scénarios du monde réel. À la fin de ce chapitre, vous aurez une base solide dans les éléments fondamentaux de Python, ce qui vous mettra sur la voie pour devenir un programmeur Python compétent. Alors, commençons !

2.1 Syntaxe et Sémantique de Python

En programmation, la syntaxe est un élément crucial qui définit la structure du code. Elle englobe les règles, conventions et principes qui dictent comment les symboles et les mots-clés doivent être combinés pour créer un programme cohérent et fonctionnel. La sémantique, en revanche, traite de la signification du code. Elle s'occupe de l'interprétation du comportement du programme, des fonctions qu'il réalise et des résultats qu'il produit.

Python, étant un langage de programmation de haut niveau, possède une syntaxe robuste qui est facile à lire et à écrire. En respectant les règles et conventions de la syntaxe de Python, vous pouvez créer des programmes bien structurés et organisés qui sont faciles à maintenir et à déboguer. De plus, la sémantique de Python est conçue pour être intuitive et directe, ce qui facilite la compréhension et le raisonnement sur votre code.

Tout au long de cette section, nous approfondirons la syntaxe et la sémantique de Python, en explorant les divers éléments qui composent le langage. Nous couvrirons tout, des types de données de base et des variables aux concepts plus complexes comme le flux de contrôle et les fonctions. À la fin de cette section, vous aurez une compréhension solide de la syntaxe et de la sémantique de Python, ce qui vous permettra de créer des programmes puissants et significatifs avec facilité.

2.1.1 Syntaxe de Python

Python est un langage de programmation largement populaire, et sa syntaxe claire et simple est l'une des raisons pour lesquelles il est un choix privilégié tant pour les débutants que pour les programmeurs expérimentés. La popularité de Python peut être attribuée à sa polyvalence et à sa flexibilité, ce qui permet aux développeurs de construire une large gamme d'applications, depuis de simples scripts jusqu'à des applications web complexes.

De plus, Python dispose d'une vaste bibliothèque de modules et d'outils qui peuvent être facilement intégrés dans n'importe quel projet, ce qui en fait un langage de programmation hautement efficace. Dans l'ensemble, la facilité d'utilisation, la polyvalence et la communauté solide de Python en font un excellent choix pour toute personne cherchant à apprendre à programmer ou à développer de nouvelles applications.

Indentation

L'une des caractéristiques les plus distinctives de la syntaxe de Python est l'utilisation de l'indentation pour définir des blocs de code. La plupart des autres langages de programmation utilisent des accolades **{}** ou des mots-clés pour définir ces blocs. Python, cependant, utilise l'indentation, ce qui rend le code facile à lire et à comprendre. En Python, vous devez indenter votre code en utilisant quatre espaces ou une tabulation (bien que quatre espaces soient recommandés selon le guide de style de Python, PEP 8).

Exemple :

Voici un exemple :

```python
if 5 > 2:
    print("Five is greater than two!")
```

Dans cet exemple, l'instruction **print** fait partie du bloc **if** parce qu'elle est indentée sous l'instruction **if**.

Commentaires

Les commentaires sont cruciaux en programmation car ils vous permettent de décrire ce que fait votre code. En Python, tout texte précédé d'un **#** est un commentaire et est ignoré par l'interpréteur Python. Par exemple :

```
# This is a comment
print("Hello, World!")  # This is a comment too
```

Variables et Affectation

Les variables sont utilisées pour stocker des données dans un programme. Elles sont comme des conteneurs qui contiennent des informations qui peuvent être utilisées et manipulées tout au long du programme. En Python, vous affectez une valeur à une variable en utilisant l'opérateur **=**. Cela signifie que vous pouvez créer une variable et lui affecter une valeur en une seule ligne de code.

Python est à typage dynamique, ce qui signifie que vous n'avez pas besoin de déclarer le type de données d'une variable lorsque vous la créez. Cela facilite l'écriture de code rapidement et sans trop se soucier des détails des types de données. Cependant, cela peut aussi conduire à des erreurs si vous n'êtes pas prudent, car Python vous permettra d'affecter des valeurs de différents types à la même variable.

Pour éviter cela, il est important de suivre les types de données avec lesquels vous travaillez et de vous assurer que votre code est cohérent.

Exemple :

```
x = 5
y = "Hello, World!"
```

Dans cet exemple, nous créons une variable **x** et lui affectons la valeur entière **5**. Nous créons également une variable **y** et lui affectons la valeur de chaîne **"Hello, World!"**.

Opérateurs de Base

Python inclut une grande quantité d'opérateurs, qui sont des symboles qui effectuent des calculs arithmétiques ou logiques. Ces opérateurs sont une partie essentielle de la programmation, car ils nous permettent de manipuler des données pour produire les résultats souhaités.

En plus des opérateurs arithmétiques standard (+, -, *, /), Python inclut également une série d'autres opérateurs, comme l'opérateur modulo (%), qui renvoie le reste lorsqu'un nombre est divisé par un autre, et l'opérateur d'exponentiation (**), qui élève un nombre à une certaine puissance.

Lors de l'utilisation d'opérateurs, il est important de tenir compte de l'ordre des opérations, qui détermine l'ordre dans lequel les opérateurs sont appliqués aux opérandes. En maîtrisant l'utilisation des opérateurs en Python, vous pouvez considérablement élargir vos capacités de programmation et créer des programmes plus complexes et sophistiqués.

Exemple

Voici quelques exemples :

```
# Arithmetic Operators
x = 10
y = 5

print(x + y)   # Output: 15
print(x - y)   # Output: 5
print(x * y)   # Output: 50
print(x / y)   # Output: 2.0

# Comparison Operators
print(x > y)   # Output: True
print(x < y)   # Output: False
print(x == y) # Output: False
```

Chaînes de caractères

Une chaîne de caractères est une séquence de caractères en Python, qui peut être créée en encadrant les caractères entre guillemets. Il existe deux types de guillemets qui peuvent être utilisés pour définir une chaîne de caractères : les guillemets simples (' ') et les guillemets doubles (" ").

L'utilisation de l'un ou l'autre type de guillemets n'affecte pas la fonctionnalité de la chaîne de caractères. Cependant, il est important de noter que le choix des guillemets doit être cohérent dans tout le code pour des raisons de lisibilité et de cohérence.

Il existe diverses méthodes de manipulation de chaînes qui peuvent être utilisées pour traiter et manipuler des chaînes de caractères en Python. Ces méthodes peuvent être utilisées pour effectuer des tâches telles que rechercher des caractères ou des sous-chaînes spécifiques dans une chaîne de caractères, remplacer des caractères dans une chaîne et diviser une chaîne en sous-chaînes plus petites.

Exemple :

```
s1 = 'Hello, World!'
s2 = "Hello, World!"

print(s1)   # Output: Hello, World!
```

```
print(s2)  # Output: Hello, World!
```

Vous pouvez également effectuer des opérations sur les chaînes de caractères, comme la concaténation et la répétition :

```
s1 = 'Hello, '
s2 = 'World!'

print(s1 + s2)  # Output: Hello, World!
print(s1 * 3)   # Output: Hello, Hello, Hello,
```

Listes

En Python, une liste est une structure de données polyvalente et puissante qui est utilisée pour stocker une collection d'éléments. C'est une collection ordonnée d'éléments qui peuvent être de n'importe quel type, y compris des entiers, des nombres flottants, des chaînes de caractères et même d'autres listes. Les listes sont créées en plaçant les éléments entre crochets [] séparés par des virgules.

Les listes en Python ont plusieurs propriétés utiles. Par exemple, elles sont mutables, ce qui signifie que les éléments peuvent être modifiés après que la liste ait été créée. De plus, les listes peuvent être découpées en sections, ce qui vous permet de créer de nouvelles listes qui ne contiennent qu'un sous-ensemble des éléments d'origine. Vous pouvez également concaténer deux listes ou plus ensemble en utilisant l'opérateur +.

L'une des caractéristiques les plus puissantes des listes en Python est leur capacité à être imbriquées. Cela signifie que vous pouvez créer une liste de listes, où chaque élément de la liste extérieure contient une autre liste. Cela peut être très utile pour représenter des données hiérarchiques, comme une structure arborescente.

Dans l'ensemble, les listes sont une structure de données fondamentale et essentielle dans la programmation Python qui vous permet de stocker et de manipuler des collections d'éléments de manière flexible et efficace.

Exemple :

```
list1 = [1, 2, 3, 4, 5]
list2 = ['apple', 'banana', 'cherry']

print(list1)  # Output: [1, 2, 3, 4, 5]
print(list2)  # Output: ['apple', 'banana', 'cherry']
```

Vous pouvez accéder aux éléments d'une liste en vous référant à leur numéro d'index. Notez que les indices de liste en Python commencent à 0.

```
print(list1[0])  # Output: 1
```

```
print(list2[1])  # Output: banana
```

Instructions Conditionnelles

Python est un langage de programmation polyvalent qui fournit une large gamme d'outils et de techniques aux développeurs. L'une des fonctionnalités les plus importantes de Python est la capacité d'utiliser des instructions conditionnelles.

Une instruction conditionnelle est un fragment de code qui permet au programme d'exécuter certains blocs de code selon qu'une condition est vraie ou non. En Python, le mot-clé **if** est utilisé à cette fin. De plus, le mot-clé **elif** peut être utilisé pour fournir des conditions supplémentaires à vérifier.

Enfin, le mot-clé **else** peut être utilisé pour fournir une option de repli au cas où aucune des conditions ne serait remplie. En utilisant des instructions conditionnelles, les programmeurs peuvent créer des programmes puissants et flexibles qui peuvent s'adapter à différentes situations et scénarios.

Exemple :

```
x = 10
y = 5

if x > y:
    print("x is greater than y")
elif x < y:
    print("x is less than y")
else:
    print("x and y are equal")
```

Dans cet exemple, l'instruction **print** sous la condition **if** sera exécutée car **x** est effectivement supérieur à **y**.

Boucles

Les boucles sont un concept fondamental en programmation. Elles nous permettent d'exécuter un bloc de code plusieurs fois, ce qui est fréquemment nécessaire pour des tâches complexes. En Python, il existe deux types de boucles : **while** et **for**.

La boucle **while** est utilisée lorsque nous voulons exécuter un bloc de code jusqu'à ce qu'une certaine condition soit remplie. Par exemple, nous pourrions utiliser une boucle **while** pour demander de manière répétée à l'utilisateur une saisie jusqu'à ce qu'il entre une réponse valide.

La boucle **for**, quant à elle, est utilisée lorsque nous voulons exécuter un bloc de code un nombre spécifique de fois. Nous pouvons utiliser une boucle **for** pour itérer sur une séquence de valeurs, comme une liste ou une plage de nombres.

Utiliser les boucles de manière efficace est une compétence essentielle pour tout programmeur. En maîtrisant l'utilisation des boucles, nous pouvons écrire du code plus efficace et puissant qui peut résoudre des problèmes complexes.

Exemple :

```
# while loop
i = 0
while i < 5:
    print(i)
    i += 1

# for loop
for i in range(5):
    print(i)
```

Dans les deux boucles, les nombres de 0 à 4 seront affichés.

Fonctions

Les fonctions sont l'un des concepts les plus importants en programmation. Ce sont des morceaux de code réutilisables qui aident à rendre vos programmes plus organisés et efficaces. Les fonctions ne s'exécutent que lorsqu'elles sont appelées, ce qui signifie qu'elles n'utilisent pas de ressources précieuses lorsqu'elles ne sont pas nécessaires.

En plus d'être réutilisables, les fonctions peuvent également recevoir des données en entrée, appelées arguments, ce qui leur permet d'effectuer différentes tâches selon les données spécifiques qu'elles reçoivent. Cela rend les fonctions incroyablement flexibles et puissantes.

Une autre caractéristique importante des fonctions est leur capacité à renvoyer des données en résultat. Cela signifie qu'elles peuvent prendre des données en entrée, effectuer des calculs ou des opérations sur celles-ci, puis renvoyer les résultats à l'appelant. Cette fonctionnalité est essentielle pour construire des programmes complexes qui nécessitent beaucoup de traitement de données.

Dans l'ensemble, les fonctions sont une pierre angulaire de la programmation moderne et sont essentielles pour construire des logiciels de haute qualité. En utilisant des fonctions dans votre code, vous pouvez rendre vos programmes plus modulaires, plus faciles à comprendre et plus efficaces.

Exemple :

```
def greet(name):
    return f"Hello, {name}!"

print(greet("Alice"))  # Output: Hello, Alice!
```

Dans cet exemple, **greet** est une fonction qui prend **name** comme argument et renvoie une chaîne de salutation.

Nous avons couvert beaucoup de choses dans cette section, et vous devriez maintenant avoir une compréhension solide de la syntaxe de Python. Dans la section suivante, nous passerons à la sémantique de Python pour compléter notre aperçu de la structure et de la signification de Python.

2.1.2 Sémantique de Python

Python est un langage de programmation de haut niveau connu pour sa syntaxe facile à apprendre et sa sémantique puissante. Alors que la syntaxe de Python définit les règles de structuration des programmes Python, la sémantique de Python fournit les règles d'interprétation de ces structures. Essentiellement, la sémantique est la signification derrière la syntaxe, fournissant les instructions qui indiquent à l'interpréteur Python quoi faire lorsqu'il rencontre diverses déclarations dans votre code. La sémantique des expressions simples, des structures de contrôle et des fonctions sont tous des aspects importants de la programmation Python dont les programmeurs doivent être conscients.

Les expressions simples sont les éléments constitutifs des programmes Python. Elles se composent de littéraux, de variables et d'opérateurs, et sont utilisées pour effectuer des calculs et des opérations de base. Les structures de contrôle, quant à elles, sont utilisées pour contrôler le flux d'un programme. Elles incluent les instructions conditionnelles, comme les instructions « if », et les boucles, comme les boucles « for » et « while ». Les fonctions sont des blocs de code réutilisables qui accomplissent une tâche spécifique. Elles prennent une entrée, effectuent certaines opérations sur celle-ci et renvoient une sortie.

En comprenant la sémantique de Python, les programmeurs peuvent écrire du code plus efficace et performant. La sémantique de Python fournit un ensemble de règles qui garantissent l'interprétation correcte de la syntaxe d'un programme. Cela aide à éviter les erreurs courantes et les bugs qui peuvent survenir lorsque la syntaxe et la sémantique d'un programme ne sont pas alignées. De plus, comprendre la sémantique de Python permet aux programmeurs d'écrire des programmes plus complexes et sophistiqués qui peuvent accomplir une large gamme de tâches. Ainsi, que vous soyez débutant ou programmeur Python expérimenté, il est important d'avoir une solide compréhension de la sémantique de Python pour écrire du code de haute qualité qui soit à la fois efficace et performant.

Sémantique des Expressions Simples

En Python, il existe différents types d'expressions qui peuvent être utilisées pour écrire des programmes. Les expressions simples en font partie et incluent les littéraux, les références de variables, les opérateurs et les appels de fonctions. Ces expressions sont les éléments constitutifs d'expressions plus complexes et sont utilisées pour effectuer des opérations spécifiques sur les données.

Par exemple, les littéraux sont des valeurs qui se représentent elles-mêmes et peuvent être utilisées pour attribuer une valeur spécifique à une variable. Les références de variables sont utilisées pour accéder à la valeur attribuée à une variable et nous permettent de réutiliser cette valeur dans différentes parties du programme. Les opérateurs sont des symboles qui représentent des opérations mathématiques et logiques, comme l'addition, la soustraction, la comparaison et la négation logique. Enfin, les appels de fonctions sont utilisés pour exécuter un ensemble prédéfini d'instructions qui accomplissent une tâche spécifique.

La sémantique de ces expressions est déterminée par les valeurs sur lesquelles elles opèrent. Par exemple, l'opérateur d'addition peut être utilisé pour additionner deux nombres ou pour concaténer deux chaînes de caractères, selon les types des opérandes. De même, le comportement d'un appel de fonction dépend de ses arguments et de l'implémentation de la fonction elle-même. Comprendre la sémantique des expressions est crucial pour écrire des programmes Python corrects et efficaces.

Exemple :

Par exemple, considérez les exemples suivants :

```
x = 5          # Variable assignment
y = x + 2      # Addition operation
print(y)       # Function call
```

Ici, **x = 5** assigne la valeur **5** à la variable **x**. À la ligne suivante, l'opérateur + additionne **x** et **2**, et le résultat est assigné à **y**. Finalement, la fonction **print()** est appelée avec l'argument **y**, et la valeur de **y** est affichée.

Sémantique des Structures de Contrôle

En Python, les structures de contrôle jouent un rôle crucial dans la direction du flux du programme. Ces structures, qui incluent les instructions conditionnelles et les boucles, aident le programme à déterminer quel chemin suivre en fonction de la logique et des conditions établies par le programmeur.

Par exemple, si une certaine condition est remplie, le programme exécutera un ensemble spécifique d'instructions, tandis que si une autre condition est remplie, il exécutera un ensemble différent d'instructions. Cette capacité à modifier le chemin d'exécution du programme en fonction d'un ensemble de règles et de conditions fait des structures de contrôle un outil puissant en programmation.

Les structures de contrôle de Python sont très polyvalentes et peuvent être utilisées dans une grande variété d'applications, depuis les scripts simples jusqu'aux systèmes logiciels complexes.

Exemple :

Par exemple, considérez une simple instruction **if** :

```
x = 10

if x > 5:
    print("x is greater than 5")
```

Le mot-clé **if** indique à Python de tester la condition **x > 5**. Si la condition est vraie, Python exécutera le bloc de code indenté qui suit. Si la condition est fausse, Python ignorera ce bloc.

Sémantique des Fonctions

Une fonction en Python est un bloc de code réutilisable qui effectue une tâche spécifique. Cela signifie que vous pouvez écrire une fonction une fois et l'utiliser plusieurs fois tout au long de votre programme. Lorsque vous définissez une fonction en utilisant le mot-clé **def**, vous indiquez à Python de se souvenir de ce bloc de code et de l'exécuter chaque fois que la fonction est appelée.

Cela peut être très utile pour réduire la répétition de code et rendre votre programme plus modulaire. Les fonctions peuvent recevoir des arguments, qui sont des valeurs que vous passez à la fonction lorsque vous l'appelez. Ces arguments peuvent être utilisés à l'intérieur de la fonction pour effectuer différentes tâches en fonction de la valeur de l'argument.

De plus, les fonctions peuvent également renvoyer des valeurs, ce qui vous permet de stocker le résultat de la fonction dans une variable et de l'utiliser ailleurs dans votre programme. Dans l'ensemble, les fonctions sont un outil puissant en Python qui peuvent vous aider à écrire du code plus efficace et performant.

Exemple :

Par exemple :

```
def greet(name):
    return f"Hello, {name}!"

print(greet("Alice"))  # Outputs: Hello, Alice!
```

Dans cet exemple, le mot-clé **def** indique à Python qu'une fonction **greet** est en cours de définition, laquelle prend un argument **name**. Chaque fois que **greet** est appelée avec un argument, Python substituera cet argument à la place de **name** et exécutera le bloc de code dans la fonction.

La syntaxe et la sémantique de Python fonctionnent ensemble pour définir la structure et le comportement des programmes Python. En comprenant les deux, vous êtes sur la bonne voie pour maîtriser la programmation en Python.

Gestion des Erreurs

Pendant la programmation, il est courant de rencontrer des erreurs. Ces erreurs peuvent survenir pour diverses raisons, comme une entrée incorrecte, des problèmes de réseau ou des erreurs dans le code. Python, étant un langage de haut niveau, fournit des mécanismes pour gérer ces erreurs de manière élégante. Deux de ces mécanismes sont les exceptions et les assertions.

Les exceptions sont un moyen de gérer les erreurs d'exécution qui peuvent se produire pendant l'exécution du programme. Lorsqu'une exception se produit, elle interrompt le flux normal du programme et saute vers un gestionnaire d'exceptions prédéfini. Ce gestionnaire peut prendre les mesures appropriées, comme enregistrer l'erreur, réessayer l'opération échouée ou afficher un message d'erreur convivial à l'utilisateur.

D'autre part, les assertions sont un moyen de vérifier les conditions attendues dans votre programme. Elles sont utilisées pour vérifier que certaines hypothèses sur l'état du programme sont vraies à un point particulier du code. Si une assertion échoue, une AssertionError est générée et l'exécution du programme s'arrête. Les assertions peuvent être utilisées à des fins de débogage, ainsi que pour faire respecter les pré et postconditions dans vos fonctions ou méthodes.

En résumé, les mécanismes d'exception et d'assertion de Python fournissent un moyen robuste de gérer les erreurs et de garantir la correction du programme. En utilisant ces fonctionnalités, vous pouvez rendre vos programmes Python plus fiables et plus faciles à maintenir à long terme.

Exceptions

Les exceptions sont des anomalies ou des conditions inhabituelles pendant l'exécution d'un script. Il peut s'agir d'erreurs comme la division par zéro, la tentative d'ouverture d'un fichier qui n'existe pas, une panne de connexion réseau, et ainsi de suite.

Il est important de gérer les exceptions dans les programmes Python pour éviter qu'ils ne se terminent brusquement. Lorsqu'une exception se produit, l'interpréteur Python arrête le processus en cours et le transmet au processus appelant jusqu'à ce que l'exception soit gérée. Si l'exception n'est pas gérée, le programme plantera.

Il existe plusieurs façons de gérer les exceptions en Python, comme l'utilisation du bloc try-except. Le bloc try est utilisé pour enfermer le code qui pourrait générer une exception, tandis que le bloc except est utilisé pour gérer l'exception. De plus, le bloc except peut être utilisé pour capturer des types spécifiques d'exceptions ou pour capturer toutes les exceptions.

Une autre façon de gérer les exceptions en Python est d'utiliser le bloc finally. Ce bloc s'exécute toujours, qu'une exception se soit produite ou non. Il peut être utilisé pour nettoyer les ressources ou pour s'assurer qu'un certain code s'exécute toujours, même si une exception se produit.

En résumé, gérer les exceptions est une partie importante de l'écriture de programmes Python robustes. En gérant les exceptions, nous pouvons éviter que nos programmes ne plantent et offrir une meilleure expérience utilisateur.

Voici un exemple simple :

```
try:
    x = 1 / 0
except ZeroDivisionError:
    x = 0
    print("Divided by zero, setting x to 0")

print(x)  # Outputs: 0
```

Dans cet exemple, nous tentons d'effectuer une opération qui génèrerait une exception **ZeroDivisionError**. Cependant, nous capturons cette exception en utilisant un bloc **try/except**, et au lieu de planter, notre programme a géré l'erreur correctement en définissant **x** à 0 et en affichant un message.

Assertions

Une assertion est une vérification de cohérence que vous pouvez activer ou désactiver après avoir fini de tester le programme. C'est un outil qui aide le programmeur à vérifier que le programme fonctionne comme prévu. En général, une assertion est une déclaration sur l'état du programme. Si l'assertion est vraie, alors le programme est dans un état valide. Si l'assertion est fausse, alors le programme a une erreur qui doit être corrigée.

D'autre part, une expression est un fragment de code qui est évalué et produit un résultat. Dans le contexte des tests, une expression peut être utilisée pour vérifier si une certaine condition est vraie ou non. Si l'expression s'évalue à faux, une exception est générée.

Les exceptions sont utiles car elles permettent au programme de gérer les erreurs de manière structurée. En générant une exception, le programme peut signaler une erreur à l'utilisateur et tenter de s'en remettre.

Exemple :

Les assertions sont effectuées en utilisant l'instruction **assert** en Python. Voici un exemple :

```
x = 1
assert x > 0, "Invalid value"

x = -1
assert x > 0, "Invalid value"  # This will raise an AssertionError
```

Dans l'exemple, nous affirmons d'abord que **x** est supérieur à 0, ce qui est vrai, donc rien ne se passe. Mais lorsque nous affirmons que **-1** est supérieur à 0, ce qui est faux, une **AssertionError** est générée avec le message "Valeur invalide".

Ramasse-miettes La gestion de la mémoire de Python est un concept important à comprendre pour écrire du code efficace. Un aspect clé de la gestion de la mémoire de Python est son allocation automatique de mémoire pour les objets tels que les listes, les chaînes de caractères et les objets définis par l'utilisateur. Cela signifie que lorsque vous créez un objet en Python, l'interpréteur Python alloue automatiquement la mémoire nécessaire pour le stocker. Bien que cela puisse sembler un petit détail, cela peut avoir un impact significatif sur les performances de votre code.

Contrairement à de nombreux autres langages de programmation, où les développeurs doivent gérer manuellement la mémoire, Python dispose d'un ramasse-miettes intégré qui s'occupe de cette tâche. Le ramasse-miettes garde une trace de tous les objets dans votre code et vérifie périodiquement lesquels sont encore utilisés. S'il trouve un objet qui n'est plus référencé dans votre code, il libère la mémoire qu'il utilisait. Cela signifie que vous n'avez pas à vous soucier de désallouer manuellement la mémoire, ce qui fait de Python un langage plus convivial pour les débutants.

De plus, comprendre comment fonctionne le ramasse-miettes de Python peut vous aider à écrire du code plus efficace en termes d'utilisation de la mémoire. Par exemple, si vous savez qu'un objet particulier ne sera plus nécessaire après un certain point dans votre code, vous pouvez le supprimer explicitement pour libérer de la mémoire. Cela peut être particulièrement important lors du travail avec de grands ensembles de données ou des algorithmes complexes.

En résumé, bien que la gestion automatique de la mémoire de Python puisse sembler un petit détail, c'est un concept important à comprendre pour écrire du code efficace et performant.

Exemple :

Voici un exemple simplifié :

```
def create_data():
    # Inside this function, we create a list and populate it with some numbers.
    x = list(range(1000000))

# We call the function:
create_data()

# After the function call, 'x' is no longer accessible. The list it was pointing to
is now useless.
# Python's garbage collector will automatically free up the memory used by that list.
```

Le ramasse-miettes automatique de Python aide à prévenir les fuites de mémoire et fait de Python un langage plus facile à utiliser pour les développeurs. Néanmoins, il est bon d'être conscient de son fonctionnement pour mieux optimiser votre code, en particulier lorsque vous travaillez avec de grandes structures de données ou dans des environnements aux ressources limitées.

Avec cela, nous concluons notre discussion sur la syntaxe et la sémantique de Python. Vous avez maintenant une compréhension de la structure de Python, de ses blocs de construction de base et de la façon dont il gère la gestion de la mémoire. À mesure que nous avancerons davantage dans les blocs de construction de Python dans les sections suivantes, ces connaissances fondamentales vous aideront à écrire des programmes Python efficaces et performants.

2.2 Variables et Types de Données

Python, un langage de programmation de haut niveau, est connu pour son utilisation de variables. Les variables permettent aux programmeurs de stocker et de manipuler des données dans un programme. Chaque variable en Python est un emplacement spécifique dans la mémoire de l'ordinateur qui contient une valeur.

Pour assigner des valeurs aux variables, Python utilise le signe égal (=), qui est également connu comme l'opérateur d'affectation. Il est important de noter que les variables peuvent contenir différents types de données, tels que des chaînes de caractères, des entiers et des nombres à virgule flottante. En utilisant des variables, les programmeurs peuvent écrire du code de manière efficace qui est facile à lire, à comprendre et à modifier.

Exemple :

```
x = 10         # Integer variable
y = 20.5       # Floating point variable
z = "Hello"    # String variable
```

Dans l'exemple ci-dessus, nous avons créé trois variables : x, y et z. Elles contiennent un entier, un flottant et une chaîne de caractères, respectivement.

Python prend en charge plusieurs types de données par défaut, notamment :

2.2.1 Entiers

Ce sont des nombres entiers sans virgule décimale. Ils sont couramment utilisés en mathématiques et en programmation informatique pour représenter des quantités qui ne peuvent pas être exprimées en fractions ou en décimales.

En plus des entiers positifs comme 10 et 1000, nous avons également des entiers négatifs comme -1. Les entiers peuvent être utilisés pour décrire une variété de situations du monde réel, comme le nombre de personnes assistant à un événement ou le montant d'argent dans un compte bancaire.

Bien qu'ils ne soient pas aussi précis que les fractions ou les décimales, ils restent un outil important pour représenter des données numériques.

Exemple :

```
x = 10
print(type(x))  # Output: <class 'int'>
```

2.2.2 Nombres à Virgule Flottante

Également connus sous le nom de « flottants », ce sont des nombres réels qui incluent un point décimal. Les flottants sont largement utilisés dans les calculs scientifiques et d'ingénierie, où la précision du résultat final est critique. La norme IEEE 754 définit plusieurs formats pour les nombres à virgule flottante, notamment la simple précision (32 bits) et la double précision (64 bits).

Les nombres à virgule flottante peuvent représenter des valeurs non numériques (NaN) et l'infini, qui peuvent être utilisés pour gérer des cas exceptionnels dans les calculs. Par exemple, NaN peut être utilisé pour indiquer qu'un résultat est indéfini, tandis que l'infini peut être utilisé pour représenter une valeur illimitée.

Malgré leur utilité, les nombres à virgule flottante peuvent également introduire des erreurs d'arrondi et d'autres problèmes numériques, en particulier lors de l'exécution d'opérations sur des nombres ayant des magnitudes très différentes. Par conséquent, il est important d'utiliser des méthodes et des algorithmes numériques appropriés lors du travail avec des flottants.

Exemple :

```
y = 20.5
print(type(y))  # Output: <class 'float'>
```

2.2.3 Chaînes de caractères

En programmation informatique, les chaînes de caractères sont un type de données fondamental qui représente des séquences de caractères. Les chaînes peuvent être délimitées de plusieurs façons, comme des guillemets simples (' '), des guillemets doubles (" "), ou des guillemets triples ("'' ''" ou """ """) pour les chaînes multilignes.

Par exemple, 'Bonjour', "Monde" et '"Bonjour, Monde !"' sont tous des exemples de chaînes de caractères. Les chaînes sont utilisées dans de nombreuses tâches de programmation, comme le stockage et la manipulation de données textuelles, et constituent une partie essentielle de nombreux langages de programmation.

De plus, les chaînes peuvent être concaténées, ou combinées, en utilisant des opérateurs comme le signe plus (+). Cela permet la création de chaînes plus complexes qui peuvent être utilisées dans un large éventail d'applications. En résumé, les chaînes sont une partie cruciale de la programmation informatique et sont utilisées de manière extensive dans une variété de tâches de programmation pour stocker et manipuler des données textuelles.

Exemple :

```
z = "Hello"
print(type(z))  # Output: <class 'str'>
```

2.2.4 Booléens

Ce sont des valeurs de vérité et peuvent être Vrai (True) ou Faux (False), fournissant une représentation binaire de la logique. En programmation, les booléens sont couramment utilisés dans les instructions conditionnelles pour exécuter certaines lignes de code selon qu'une condition donnée est vraie ou fausse.

Par exemple, si le mot de passe d'un utilisateur est correct, le programme pourrait exécuter une action spécifique, tandis que si le mot de passe est incorrect, le programme pourrait exécuter une action différente. Les booléens sont également utiles dans les opérations mathématiques qui nécessitent une réponse simple de « oui » ou « non », comme les requêtes qui renvoient si un article particulier est en stock ou non.

En général, les booléens sont un concept fondamental en programmation et sont utilisés dans un large éventail d'applications.

Exemple :

```
a = True
b = False
print(type(a))  # Output: <class 'bool'>
```

2.2.5 Listes

Les listes sont une fonctionnalité extrêmement utile et polyvalente dans les langages de programmation. Ce sont des collections ordonnées d'éléments, qui peuvent être de différents types, encadrés par des crochets [ ]. Les listes peuvent être utilisées de diverses manières, comme stocker et organiser des données, itérer à travers les données pour effectuer des opérations et bien plus encore. En fait, beaucoup des structures de données les plus couramment utilisées en programmation sont basées sur les concepts sous-jacents des listes.

De nombreux langages de programmation offrent une large gamme de fonctions et d'opérations intégrées qui peuvent être effectuées sur les listes, ce qui en fait un outil essentiel pour tout programmeur. Donc, que vous soyez un développeur expérimenté ou que vous débutiez, comprendre comment utiliser efficacement les listes est une étape importante vers la maîtrise de la programmation.

Exemple :

```
my_list = [1, 2, 'three', True]
```

```
print(type(my_list))  # Output: <class 'list'>
```

2.2.6 Tuples

Les tuples sont similaires aux listes mais sont immuables, ce qui signifie qu'une fois qu'un tuple est créé, il ne peut pas être modifié. Les tuples sont délimités par des parenthèses ( ).

Souvent, en Python, les tuples sont utilisés pour regrouper des informations liées. Par exemple, un tuple pourrait être utilisé pour représenter un point 2D dans l'espace, où le premier élément du tuple représente la coordonnée x et le second élément représente la coordonnée y. Les tuples peuvent également être utilisés pour retourner plusieurs valeurs depuis une fonction.

De plus, les tuples peuvent être imbriqués les uns dans les autres pour créer des structures de données plus complexes. Par exemple, un tuple de tuples peut être utilisé pour représenter une matrice.

En résumé, les tuples sont une structure de données utile en Python en raison de leur immuabilité et de leur flexibilité pour représenter des informations liées.

Exemple :

```
my_tuple = (1, 2, 'three', True)
print(type(my_tuple))  # Output: <class 'tuple'>
```

2.2.7 Dictionnaires

Les dictionnaires sont une structure de données fondamentale en informatique. Ce sont des collections de paires clé-valeur qui sont délimitées par des accolades { }.

L'une des caractéristiques clés des dictionnaires est que les clés doivent être uniques, ce qui permet des recherches efficaces et la récupération de valeurs. En plus de leur utilisation en informatique, les dictionnaires ont un large éventail d'applications dans le monde réel.

Par exemple, ils peuvent être utilisés pour stocker et organiser des informations dans des domaines tels que la finance, la médecine et la linguistique. De plus, les dictionnaires fournissent une manière flexible et puissante de représenter des structures de données complexes, ce qui en fait un outil essentiel pour tout programmeur ou scientifique des données.

Exemple :

```
my_dict = {'name': 'Alice', 'age': 25}
print(type(my_dict))  # Output: <class 'dict'>
```

Il est crucial de comprendre les différents types de données en Python et comment les utiliser de manière efficace. Cette connaissance est essentielle car elle vous permet de représenter et de manipuler avec précision les données requises par votre programme.

En représentant les données avec précision, vous pouvez vous assurer que votre programme fonctionne sans accroc, de manière efficace et sans erreurs. De plus, pouvoir manipuler les données de manière efficace vous permet de créer des programmes complexes qui peuvent accomplir des tâches complexes. Par conséquent, il est impératif d'avoir une bonne maîtrise des types de données et de leurs utilisations dans la programmation Python.

Maintenant, pour améliorer la compréhension des variables et des types de données en Python, il peut être utile d'introduire la conversion de types et le typage dynamique :

2.2.8 Conversion de Types

En Python, vous pouvez facilement convertir un type de données en un autre. Cela s'appelle la conversion de types ou le casting de types. La conversion de types est un outil très utile dans la programmation Python car elle vous permet de modifier la façon dont les données sont stockées afin que vous puissiez effectuer des opérations sur elles que vous ne pourriez pas faire autrement.

Par exemple, si vous avez une chaîne qui représente un nombre, vous pouvez utiliser la fonction int() pour la convertir en un entier afin de pouvoir effectuer des opérations mathématiques sur elle. De même, si vous avez une liste de nombres, vous pouvez utiliser la fonction str() pour la convertir en une chaîne afin de pouvoir l'imprimer ou l'écrire dans un fichier.

Les fonctions suivantes peuvent être utilisées pour convertir les types de données en Python :

- int() : convertit un nombre en un entier

- float() : convertit un nombre en un flottant

- str() : convertit une valeur en une chaîne

- list() : convertit une séquence en une liste

- tuple() : convertit une séquence en un tuple

- dict() : crée un dictionnaire à partir d'une séquence de paires clé-valeur

- bool() : convertit une valeur en un booléen (True ou False)

Comme vous pouvez le voir, la conversion de types est un outil puissant qui vous permet de travailler avec des données de nombreuses façons différentes. En utilisant ces fonctions, vous pouvez facilement manipuler les données pour les adapter à vos besoins et effectuer des opérations complexes qui seraient autrement difficiles ou impossibles à réaliser.

Exemple :

Voici quelques exemples :

```
# converting integer to float
x = 10
print(float(x))  # Output: 10.0
```

```
# converting float to integer
y = 20.5
print(int(y))  # Output: 20

# converting integer to string
z = 100
print(str(z))  # Output: '100'
```

2.2.9 Typage Dynamique

Python est un langage de programmation à typage dynamique, ce qui vous permet de réassigner des variables à différents types de données tout au long du code. Ce niveau de flexibilité fait de Python un choix populaire parmi les développeurs, en particulier lorsqu'on le compare aux langages à typage statique qui exigent qu'un type de données spécifique soit déclaré pour chaque variable au moment de la création.

Cette caractéristique de Python est également bénéfique lors du travail avec des programmes complexes, car elle permet une plus grande adaptabilité et facilité d'utilisation. De plus, Python est souvent salué pour sa lisibilité et sa simplicité, ce qui peut le rendre plus facile à apprendre et à utiliser tant pour les débutants que pour les programmeurs expérimentés.

Exemple :

Voici un exemple :

```
x = 10
print(x)  # Output: 10

x = "Hello, World!"
print(x)  # Output: Hello, World!
```

Dans l'exemple ci-dessus, **x** se voit d'abord attribuer la valeur entière **10**. Plus tard, **x** est réaffecté à la valeur de chaîne **"Bonjour, le monde !"**. Les deux affectations sont parfaitement valides.

Bien que le typage dynamique en Python offre de la flexibilité, il pourrait entraîner des erreurs liées au type dans votre code, il est donc essentiel d'être conscient des changements de type lors de la réaffectation de variables.

Comprendre comment Python gère les variables et les types de données est fondamental pour devenir compétent dans le langage. Cette connaissance constitue la base de toute manipulation de données en Python et est cruciale tant dans les scripts simples que dans les tâches complexes d'analyse de données.

Maintenant, pour conclure notre discussion sur les variables et les types de données en Python, il vaut la peine d'aborder l'approche de Python concernant la portée des variables. Cela peut sembler un sujet avancé, mais avoir une compréhension fondamentale dès le début sera très bénéfique au fur et à mesure que vous vous plongerez davantage dans la programmation Python.

2.2.10 Portée des Variables

La portée d'une variable fait référence aux différents points de votre code où une variable peut être accessible. C'est un concept important à comprendre lors de l'écriture de code, car il peut grandement affecter la fonctionnalité de votre programme.

Pour définir la portée d'une variable, vous devez considérer où elle est déclarée, ainsi que toute fonction ou bloc dans lequel elle est imbriquée. En contrôlant la portée de vos variables, vous pouvez vous assurer qu'elles ne sont accessibles que quand et où elles sont nécessaires, ce qui peut aider à prévenir les conflits et à améliorer l'efficacité globale de votre code.

Python a deux portées de base :

Portée globale : La variable est définie en dehors de toute fonction et peut être accessible n'importe où dans le code.

Lorsque nous parlons de portée globale, nous faisons référence à une variable qui est définie en dehors de toute fonction et qui peut être accessible depuis n'importe quelle partie du code. Cela signifie que la variable n'est pas limitée à une fonction spécifique et peut être utilisée plusieurs fois dans tout le code.

Cela peut être utile dans des situations où vous devez accéder à une variable depuis différentes parties de votre programme ou lorsque vous souhaitez maintenir la valeur d'une variable cohérente à travers différentes fonctions. En utilisant la portée globale, vous pouvez vous assurer qu'une variable est disponible toujours et partout où elle est nécessaire, sans avoir à vous soucier de problèmes de portée.

Exemple :

```
x = 10  # Global variable

def func():
    print(x)  # Accessing the global variable inside a function

func()  # Output: 10
```

Portée locale : La variable est définie à l'intérieur d'une fonction et ne peut être accessible qu'à l'intérieur de cette fonction. Cela signifie que la variable a une portée limitée et ne peut pas être accessible depuis l'extérieur de la fonction. Ceci est utile pour maintenir les variables séparées et organisées, et peut aider à prévenir les conflits de noms avec des variables dans d'autres parties du code.

Cependant, il est important de se rappeler que les variables locales sont détruites lorsque la fonction dans laquelle elles sont définies termine son exécution, elles ne peuvent donc pas être accessibles ni modifiées en dehors de cette fonction. Si vous devez accéder à une variable en dehors d'une fonction, vous pouvez utiliser une variable globale à la place, laquelle peut être accessible depuis n'importe quelle partie du code.

Exemple :

```
def func():
    y = 5  # Local variable
    print(y)

func()  # Output: 5
print(y)  # Raises NameError: name 'y' is not defined
```

Dans le premier exemple, **x** est une variable globale, elle est donc accessible à la fois à l'extérieur et à l'intérieur des fonctions. Dans le deuxième exemple, **y** est une variable locale à **func()**, donc essayer d'imprimer **y** en dehors de **func()** génère une **NameError**.

En comprenant la portée des variables, vous pouvez éviter certains types d'erreurs et écrire un code plus structuré et maintenable. Cela, combiné à la compréhension du typage dynamique et de la conversion de types en Python, forme une base solide pour votre parcours de programmation Python. Ce sont quelques-uns des aspects fondamentaux de Python qui sont essentiels pour maîtriser le langage.

Cela conclut notre description détaillée des variables et des types de données en Python. Dans les prochaines sections, nous continuerons à explorer les blocs de construction de Python, en commençant par les opérateurs et les structures de contrôle, et en progressant graduellement vers des sujets plus complexes.

2.3 Opérateurs de Base

Les opérateurs sont très importants en Python. Ce sont des symboles spéciaux qui sont utilisés pour effectuer une variété de tâches importantes, telles que des opérations arithmétiques, des calculs logiques ou des comparaisons. Par exemple, vous pouvez utiliser des opérateurs pour additionner ou soustraire des nombres, comparer deux valeurs ou effectuer des opérations logiques comme "et" ou "ou".

Ces opérateurs sont utilisés pour manipuler les valeurs ou variables sur lesquelles ils opèrent, qui sont appelées opérandes. En Python, il existe une grande variété d'opérateurs parmi lesquels choisir, chacun avec son propre ensemble unique de caractéristiques et de capacités. En maîtrisant l'utilisation des opérateurs, vous pouvez considérablement améliorer votre capacité à écrire du code Python efficace et efficient.

Voici quelques-uns des opérateurs de base en Python :

2.3.1 Opérateurs Arithmétiques

Les opérateurs arithmétiques sont un outil essentiel en programmation informatique, car ils nous permettent d'effectuer des opérations mathématiques avec facilité. En fait, les opérations mathématiques sont au cœur de nombreux programmes informatiques, des simples calculatrices aux simulations complexes.

En utilisant des opérateurs arithmétiques, nous pouvons additionner, soustraire, multiplier et diviser des nombres, ainsi qu'effectuer des opérations plus avancées comme l'exponentiation et l'arithmétique modulaire. Ces opérateurs sont largement utilisés dans les langages de programmation tels que Java, Python et C++, et sont un concept fondamental avec lequel tout programmeur en herbe devrait être familiarisé.

En comprenant comment fonctionnent les opérateurs arithmétiques, nous pouvons construire des programmes plus sophistiqués et puissants qui peuvent gérer des calculs mathématiques complexes avec facilité.

Exemple :

```
x = 10
y = 5

print(x + y)  # Addition, Output: 15
print(x - y)  # Subtraction, Output: 5
print(x * y)  # Multiplication, Output: 50
print(x / y)  # Division, Output: 2.0
print(x % y)  # Modulus (remainder of x/y), Output: 0
print(x ** y)  # Exponentiation (x to the power y), Output: 100000
print(x // y)  # Floor division (division that results into whole number), Output: 2
```

2.3.1 Opérateurs de Comparaison

Les opérateurs de comparaison sont fréquemment utilisés en programmation pour comparer différentes valeurs. Ils sont un composant essentiel de nombreux langages de programmation et sont utilisés pour évaluer des expressions. En évaluant des expressions, les programmeurs peuvent déterminer si une certaine condition est remplie. Par exemple, si une certaine variable est égale à zéro, un opérateur de comparaison peut déterminer si cela est vrai ou faux.

Il existe de nombreux types différents d'opérateurs de comparaison, chacun avec son propre objectif spécifique. Les opérateurs de comparaison les plus couramment utilisés incluent l'opérateur d'égalité (==), l'opérateur d'inégalité (!=), l'opérateur inférieur à (<), l'opérateur inférieur ou égal à (<=), l'opérateur supérieur à (>), et l'opérateur supérieur ou égal à (>=).

Lors de l'utilisation d'opérateurs de comparaison, il est important de prendre en compte les types de données qui sont comparés. Par exemple, comparer une chaîne de caractères et un entier peut ne pas produire le résultat attendu. Les langages de programmation ont souvent des règles spécifiques pour comparer différents types de données.

En conclusion, les opérateurs de comparaison sont un composant critique de la programmation et sont utilisés pour évaluer des expressions et déterminer si certaines conditions sont remplies. Comprendre les différents types d'opérateurs de comparaison et leurs objectifs spécifiques est essentiel pour tout programmeur.

Exemple :

```
x = 10
y = 5

print(x == y)  # Equal to, Output: False
print(x != y)  # Not equal to, Output: True
print(x > y)   # Greater than, Output: True
print(x < y)   # Less than, Output: False
print(x >= y)  # Greater than or equal to, Output: True
print(x <= y)  # Less than or equal to, Output: False
```

2.3.2 Opérateurs Logiques

Les opérateurs logiques sont un composant important en programmation informatique. Les programmeurs utilisent les opérateurs logiques pour combiner des déclarations conditionnelles. En Python, il existe trois opérateurs logiques couramment utilisés : and, or, et not.

Ces opérateurs permettent aux programmeurs de créer des conditions complexes qui doivent être remplies pour que certaines actions soient entreprises dans un programme. Par exemple, l'opérateur and peut être utilisé pour vérifier si deux conditions sont vraies en même temps, tandis que l'opérateur or peut être utilisé pour vérifier si l'une ou l'autre de deux conditions est vraie.

L'opérateur not, quant à lui, peut être utilisé pour inverser la valeur d'une expression booléenne. En utilisant ces opérateurs logiques, les programmeurs peuvent écrire du code plus robuste et sophistiqué capable de gérer une plus grande variété de situations.

Exemple :

```
x = True
y = False

print(x and y)  # Logical AND, Output: False
print(x or y)   # Logical OR, Output: True
print(not x)    # Logical NOT, Output: False
```

2.3.3 Opérateurs d'Affectation

Les opérateurs d'affectation sont utilisés pour attribuer des valeurs aux variables. L'opérateur d'affectation de base est =. En Python, il existe également des opérateurs d'affectation composés qui effectuent une opération et une affectation en une seule étape. Ceux-ci incluent **+=, -=** et ***=** entre autres.

Les opérateurs d'affectation sont un aspect essentiel de la programmation en Python, car ils permettent aux développeurs d'attribuer des valeurs aux variables avec facilité. Cela est particulièrement utile lorsqu'il s'agit de programmes complexes qui nécessitent de nombreuses variables avec des valeurs changeantes. En utilisant des opérateurs d'affectation, les développeurs peuvent attribuer des valeurs aux variables de manière rapide et efficace.

En plus des opérateurs d'affectation de base et composés, Python fournit également des opérateurs d'affectation augmentée. Ces opérateurs sont similaires aux opérateurs d'affectation composés, mais modifient l'opérande de gauche sur place. Quelques exemples d'opérateurs d'affectation augmentée incluent **|=, &=** et **^=**, entre autres.

En résumé, les opérateurs d'affectation sont un aspect crucial de la programmation en Python. En les utilisant, les développeurs peuvent attribuer des valeurs aux variables de manière rapide et efficace, ce qui rend leur code plus lisible et facile à maintenir.

Exemple :

```
x = 10      # Assign 10 to x
x += 5      # Add 5 to x and assign the result to x (equivalent to x = x + 5)
x -= 5      # Subtract 5 from x and assign the result to x (equivalent to x = x - 5)
x *= 5      # Multiply x by 5 and assign the result to x (equivalent to x = x * 5)
x /= 5      # Divide x by 5 and assign the result to x (equivalent to x = x / 5)
```

Comprendre ces opérateurs de base est crucial pour écrire du code en Python, car ils forment la base de divers calculs et de la logique dans les programmes Python. Ces opérateurs nous permettent d'effectuer des opérations arithmétiques, de comparer des valeurs, de faire des affectations et de manipuler des expressions logiques. Ils servent de blocs de construction fondamentaux de la programmation en Python.

En plus des opérateurs arithmétiques, de comparaison, logiques et d'affectation, Python prend également en charge plusieurs autres types d'opérateurs qui sont utiles dans divers contextes. En voici quelques-uns :

2.3.4 Opérateurs Bitwise

Les opérateurs bitwise sont un type d'opérateur qui travaillent sur les opérandes comme s'ils étaient des chaînes de chiffres binaires. Cela signifie qu'ils opèrent sur chaque bit individuellement, plutôt que sur la valeur complète de chaque opérande.

Cela permet de réaliser une large gamme d'opérations, incluant des opérations logiques comme AND, OR et NOT, ainsi que des opérations arithmétiques comme l'addition et la soustraction. En travaillant au niveau des bits, les opérateurs bitwise peuvent être utilisés pour manipuler les données de manière plus efficace, ce qui peut être particulièrement utile dans certaines applications comme la cryptographie et le traitement des signaux numériques.

Par conséquent, bien qu'ils puissent sembler être une partie petite et spécialisée de la programmation informatique, les opérateurs bitwise sont en réalité un outil puissant qui peut être utilisé pour effectuer une large gamme de tâches.

Exemple :

```
x = 10  # binary: 1010
y = 4   # binary: 0100

print(x & y)  # Bitwise AND, Output: 0 (0000)
print(x | y)  # Bitwise OR, Output: 14 (1110)
print(~x)     # Bitwise NOT, Output: -11 (-1011)
print(x ^ y)  # Bitwise XOR, Output: 14 (1110)
print(x >> y) # Bitwise right shift, Output: 0 (0000)
print(x << y) # Bitwise left shift, Output: 160 (10100000)
```

2.3.5 Opérateurs d'Appartenance

Les opérateurs d'appartenance sont fréquemment utilisés en Python pour tester si une valeur ou une variable fait partie d'une séquence (chaîne, liste, tuple, ensemble, dictionnaire). Ces opérateurs incluent 'in' et 'not in'. En utilisant 'in', vous pouvez vérifier si une valeur est présente dans une séquence, et en utilisant 'not in', vous pouvez vérifier si une valeur est absente d'une séquence.

En plus de leur fonctionnalité de base, les opérateurs d'appartenance peuvent être utilisés dans des expressions plus complexes, comme des instructions 'if' imbriquées. De cette manière, ils peuvent être un outil puissant pour les programmeurs qui ont besoin de rechercher des valeurs spécifiques dans de grands ensembles de données ou d'effectuer d'autres opérations sur des séquences.

Exemple :

```
list = [1, 2, 3, 4, 5]

print(1 in list)      # Output: True
print(6 in list)      # Output: False
print(6 not in list)  # Output: True
```

2.3.6 Opérateurs d'Identité

Les opérateurs d'identité sont utilisés en Python pour comparer si deux objets sont la même instance d'une classe. Cela signifie qu'ils comparent les emplacements mémoire de deux objets. Les deux principaux opérateurs d'identité sont **is** et **is not**.

Lorsque l'opérateur **is** est utilisé, il vérifie si deux objets ont le même emplacement mémoire, ce qui signifie qu'ils sont exactement le même objet. Si l'opérateur **is not** est utilisé, il vérifie si deux objets n'ont pas le même emplacement mémoire, ce qui signifie qu'ils ne sont pas le même objet.

Il est important de noter que la comparaison d'identité est différente de la comparaison de valeur. La comparaison de valeur vérifie si deux objets ont la même valeur, tandis que la comparaison d'identité vérifie si deux objets sont la même instance d'une classe.

En général, les opérateurs d'identité sont un outil utile en Python pour vérifier si deux objets sont la même instance d'une classe, et ils peuvent être utilisés dans une variété de scénarios pour garantir qu'un programme s'exécute comme prévu.

Exemple :

```
x = 5
y = 5
z = '5'

print(x is y)       # Output: True
print(x is z)       # Output: False
print(x is not z)   # Output: True
```

2.3.6 Précédence des Opérateurs

La précédence des opérateurs fait référence à l'ordre dans lequel les opérations sont effectuées, par exemple, si la multiplication est effectuée avant l'addition. L'ordre dans lequel les opérations sont effectuées peut avoir un impact significatif sur le résultat du calcul. En Python, les opérateurs avec la précédence la plus élevée sont évalués en premier, suivis des opérateurs avec une précédence plus faible. Si les opérateurs ont la même précédence, ils sont évalués de gauche à droite.

Il est important de comprendre les règles de précédence des opérateurs pour écrire du code correct et efficace. Par exemple, si nous voulons effectuer l'addition avant la multiplication, nous pouvons utiliser des parenthèses pour regrouper les opérations d'addition ensemble. Cela garantit que les opérations d'addition sont effectuées avant les opérations de multiplication.

En plus de la précédence des opérateurs, Python a également des règles pour l'associativité des opérateurs. Cela détermine l'ordre dans lequel les opérations avec la même précédence sont effectuées. Par exemple, l'opérateur d'addition a une associativité à gauche, ce qui signifie que les opérations sont effectuées de gauche à droite. Cela signifie que dans l'expression **1 + 2 + 3**, les opérations sont effectuées dans l'ordre **1 + 2** d'abord, suivi de **3 + (1 + 2)**.

Comprendre la précédence des opérateurs et l'associativité est un aspect important pour écrire du code Python correct et efficace. En suivant ces règles, nous pouvons nous assurer que notre code effectue les calculs prévus dans l'ordre attendu, ce qui conduit à des résultats corrects et à une performance efficace.

Voici l'ordre de précédence des opérateurs en Python, du plus élevé au plus faible :

1.   Parenthèses **()**

2.   Exponentiation *****

3.   NON bit à bit **~**

4.   Multiplication, division, modulo et division entière **, /, %, //**

5.   Addition et soustraction **+, -**

6.   Opérateurs de décalage de bits **>>, <<**

7.   ET bit à bit **&**

8.   XOR bit à bit **^**

9.   OU bit à bit **|**

10.   Opérateurs de comparaison **==, !=, >, >=, <, <=**

11.   Opérateurs d'affectation **=, +=, -=, *=, /=, %=, //=, **=, &=, ^=, >>=, <<=, |=**

12.   Opérateurs d'identité **is, is not**

13.   Opérateurs d'appartenance **in, not in**

14.   NON logique **not**

15.   ET logique **and**

16.   OU logique **or**

Par exemple :

```
x = 5 + 2 * 3  # multiplication has higher precedence, so 2*3 is evaluated first
print(x)  # Output: 11

y = (5 + 2) * 3  # parentheses have the highest precedence, so 5+2 is evaluated first
print(y)  # Output: 21
```

Comprendre la précédence des opérateurs vous permet d'écrire des expressions plus complexes et précises en Python. C'est un concept essentiel qui vous aidera à écrire du code clair et correct.

Cela complète notre discussion sur les opérateurs de base de Python et leur utilisation dans l'écriture de programmes en Python. Comprendre ces concepts forme une base solide pour la programmation en Python et vous permet d'effectuer une large gamme d'opérations en Python. Ensuite, nous explorerons les structures de contrôle en Python, y compris les instructions conditionnelles et les boucles, qui sont des outils essentiels pour contrôler le flux de votre programme.

2.4 Exercices Pratiques

Pour renforcer les concepts que nous avons discutés dans ce chapitre, essayez les exercices suivants. Les solutions sont fournies après chaque question, mais essayez de compléter les exercices par vous-même avant de consulter les réponses.

Exercice 1 :

Créez un programme en Python qui prend deux nombres comme entrées de l'utilisateur, effectue toutes les opérations arithmétiques de base avec ces nombres et affiche les résultats.

Solution :

```python
# taking two numbers as inputs from the user
num1 = float(input("Enter first number: "))
num2 = float(input("Enter second number: "))

# performing arithmetic operations
add = num1 + num2
subtract = num1 - num2
multiply = num1 * num2
divide = num1 / num2

# printing the results
print(f"The sum of {num1} and {num2} is: {add}")
print(f"The difference between {num1} and {num2} is: {subtract}")
print(f"The product of {num1} and {num2} is: {multiply}")
print(f"The quotient of {num1} and {num2} is: {divide}")
```

Exercice 2 :

Créez un programme en Python qui demande à l'utilisateur un nombre, puis affiche si le nombre est pair ou impair.

Solution :

```python
# asking the user for a number
num = int(input("Enter a number: "))

# checking whether the number is even or odd
if num % 2 == 0:
    print(f"{num} is an even number.")
else:
    print(f"{num} is an odd number.")
```

Exercice 3 :

Créez un programme en Python qui utilise des opérateurs de comparaison pour comparer deux nombres fournis par l'utilisateur et affiche s'ils sont égaux et, s'ils ne le sont pas, lequel est le plus grand.

Solution :

```
# taking two numbers as inputs from the user
num1 = float(input("Enter first number: "))
num2 = float(input("Enter second number: "))

# using comparison operators to compare the numbers
if num1 == num2:
    print("The numbers are equal.")
elif num1 > num2:
    print(f"The number {num1} is larger.")
else:
    print(f"The number {num2} is larger.")
```

Exercice 4 :

Créez un programme en Python qui utilise des opérateurs logiques pour déterminer si un nombre saisi par l'utilisateur se trouve dans une plage spécifique.

Solution :

```
# taking a number as input from the user
num = float(input("Enter a number: "))

# specifying the range
lower_bound = 10
upper_bound = 20

# checking whether the number is within the range
if num >= lower_bound and num <= upper_bound:
    print(f"The number {num} is within the range of {lower_bound} and {upper_bound}.")
else:
    print(f"The number {num} is outside the range of {lower_bound} and {upper_bound}.")
```

Ces exercices vous aideront à pratiquer la syntaxe de Python, à travailler avec des variables et différents types de données, et à utiliser les opérateurs de base de Python. Rappelez-vous toujours que la pratique est la clé lors de l'apprentissage d'un nouveau langage de programmation.

Si vous souhaitez pratiquer Python et éventuellement devenir un expert, nous vous recommandons notre livre, **"Python Practice Makes a Master: 120 'Real World' Python Exercises with more than 220 Concepts Explained."** Ce sera un excellent ajout à votre parcours. Vous pouvez le trouver sur Amazon.

https://www.amazon.com/dp/B0BZF8R4BZ

Conclusion du Chapitre 2

Dans ce chapitre, nous avons approfondi les blocs de construction fondamentaux de Python, y compris la syntaxe du langage, la sémantique et les principales constructions de programmation. Nous avons examiné l'intuitivité de Python et sa conception conviviale, qui ont tous deux contribué à sa rapide montée en popularité parmi les débutants et les professionnels.

En commençant par une exploration de la syntaxe et de la sémantique de Python, nous avons observé les règles fondamentales qui guident la structure des programmes Python. La syntaxe claire et lisible de Python en fait un langage hautement expressif, permettant aux développeurs d'accomplir des tâches complexes avec un nombre comparativement minimal de lignes de code. Comprendre les concepts d'indentation et l'importance des espaces blancs, l'utilisation des commentaires et le placement correct des deux-points est crucial pour écrire du code Python correct et fonctionnel. De plus, en plongeant dans la sémantique de Python, nous avons appris comment Python exécute les commandes et les subtilités du système de typage dynamique, démontrant la flexibilité de Python.

Ensuite, nous avons exploré les différents types de variables et de types de données en Python. Les variables sont fondamentales pour tout langage de programmation, et Python offre une variété de types de données pour s'adapter à différents besoins. Nous avons examiné plusieurs types de données de base, notamment les nombres (entiers et flottants), les booléens, les chaînes de caractères et None, et nous avons également observé des types plus complexes comme les listes, les tuples, les dictionnaires et les ensembles. Chaque type a ses propriétés et utilisations uniques, soulignant la capacité de Python à gérer une large gamme de tâches de manipulation de données.

Dans les sections suivantes, nous avons approfondi notre compréhension de Python en explorant les divers opérateurs qu'il offre. Nous avons couvert les opérateurs arithmétiques de base pour effectuer des calculs mathématiques et les opérateurs de comparaison pour faire des comparaisons entre valeurs. Nous avons également examiné les opérateurs logiques qui nous permettent de créer des conditions logiques complexes. En outre, nous nous sommes plongés dans des concepts plus avancés comme les opérateurs au niveau des bits, d'appartenance et d'identité. Comprendre ces opérateurs est essentiel pour exploiter pleinement le potentiel de Python dans la manipulation de données et les processus de prise de décision.

Enfin, nous avons conclu le chapitre avec une série d'exercices pratiques conçus pour appliquer et consolider votre compréhension des concepts appris. En expérimentant et en testant différents fragments de code, vous avez sans doute expérimenté de première main la puissance et la simplicité de Python. Cette approche pratique est essentielle pour apprendre et se familiariser avec un nouveau langage de programmation.

En concluant ce chapitre, il est important de se rappeler que bien que nous ayons couvert de nombreux aspects fondamentaux de Python, il y a toujours plus à apprendre. Python est un langage dynamique et en constante évolution avec un riche écosystème de bibliothèques et de frameworks qui étendent ses capacités. Au fur et à mesure que vous continuerez votre parcours avec Python, vous découvrirez de nouvelles fonctionnalités et techniques qui rendront votre code plus efficace et performant.

Dans les prochains chapitres, nous construirons sur cette base, en explorant des sujets plus avancés comme les structures de contrôle, les fonctions et la programmation orientée objet en Python. Nous plongerons également dans les puissantes bibliothèques de Python pour des tâches telles que l'analyse de données, l'apprentissage automatique et le développement web. Alors, continuez à pratiquer, restez curieux et profitez de votre parcours pour maîtriser Python.

Chapitre 3 : Contrôler le flux

Dans le domaine de la programmation, les structures de contrôle sont essentielles pour dicter le flux d'exécution d'un programme. Sans elles, un programme s'exécuterait simplement ligne par ligne de haut en bas, ce qui n'est pas particulièrement utile dans le monde dynamique et complexe du développement logiciel. Les structures de contrôle permettent à un programme de décider quoi faire en fonction de diverses conditions, de répéter des opérations et de sauter d'une section de code à une autre. Elles permettent à un programme de réagir et de se comporter de manière intelligente, en ajustant ses actions en fonction des circonstances spécifiques qu'il rencontre.

De plus, l'utilisation de structures de contrôle peut améliorer considérablement la fonctionnalité et l'efficacité d'un programme. En incorporant des instructions conditionnelles, des boucles et des appels de fonctions, un programmeur peut créer des programmes capables de prendre des décisions complexes, d'effectuer des tâches répétitives et d'organiser le code en blocs réutilisables. Cela peut conduire au développement d'applications logicielles plus robustes et évolutives capables de gérer divers scénarios du monde réel.

Dans ce chapitre, nous explorerons en profondeur les diverses structures de contrôle fournies par Python. Nous couvrirons les instructions conditionnelles, qui permettent à un programme d'effectuer des actions basées sur des conditions spécifiques, et les boucles, qui permettent à un programme de répéter un bloc de code spécifique plusieurs fois. De plus, nous nous plongerons dans les appels de fonctions, qui permettent à un programme d'exécuter un ensemble spécifique d'instructions lorsqu'il est appelé. À travers des exemples pratiques, nous comprendrons la syntaxe et la sémantique de ces constructions et explorerons comment elles peuvent être utilisées dans des scénarios de programmation du monde réel.

Alors, plongeons dans notre premier sujet : les structures de contrôle en Python, et apprenons comment créer des programmes efficaces, flexibles et intelligents.

3.1 Structures de contrôle en Python

Python est un langage polyvalent qui offre une variété de structures de contrôle utiles. Ses structures de contrôle incluent les instructions conditionnelles, les boucles et le mécanisme d'appel de fonctions. Ces structures sont essentielles pour la programmation et jouent un rôle important dans la création de programmes complexes.

Les instructions conditionnelles sont un aspect crucial des structures de contrôle de Python. Elles permettent aux programmeurs d'exécuter des blocs de code spécifiques selon qu'une condition est vraie ou fausse. Cela est accompli en utilisant les instructions if, elif et else. Une instruction if est utilisée pour vérifier si une condition est vraie, et si c'est le cas, le bloc de code correspondant est exécuté. Une instruction elif est utilisée pour vérifier des conditions supplémentaires si la première condition est fausse. Enfin, une instruction else est utilisée pour exécuter un bloc de code si toutes les conditions précédentes sont fausses.

Les boucles sont une autre structure de contrôle importante en Python. Elles permettent aux programmeurs d'exécuter un bloc de code de manière répétée jusqu'à ce qu'une certaine condition soit remplie. Il existe deux types de boucles en Python : les boucles for et les boucles while. Une boucle for est utilisée pour itérer sur une séquence d'éléments, tandis qu'une boucle while est utilisée pour exécuter un bloc de code tant qu'une condition spécifiée est remplie.

Le mécanisme d'appel de fonctions est un autre aspect clé des structures de contrôle de Python. Il permet aux programmeurs de définir des blocs de code réutilisables qui peuvent être appelés depuis diverses parties d'un programme. Les fonctions sont définies en utilisant le mot-clé def, suivi du nom de la fonction et de tous les paramètres requis par la fonction. Une fois qu'une fonction a été définie, elle peut être appelée depuis n'importe quelle partie du programme en utilisant son nom et en passant les arguments requis.

En conclusion, les structures de contrôle de Python sont essentielles pour la programmation et permettent aux programmeurs de créer des programmes complexes. Elles incluent les instructions conditionnelles, les boucles et le mécanisme d'appel de fonctions. En maîtrisant ces structures, les programmeurs peuvent créer des programmes efficaces et performants.

3.1.1 Instructions conditionnelles (if, elif, else)

L'instruction **if** est un composant fondamental de la programmation en Python. Elle sert de structure de contrôle qui permet à un programme d'effectuer diverses actions selon qu'une condition particulière est vraie ou fausse. Cette caractéristique fait des instructions **if** un outil essentiel pour créer des programmes dynamiques et réactifs.

En utilisant les instructions **if**, les programmeurs peuvent créer des algorithmes de prise de décision qui permettent à leurs programmes d'effectuer différentes tâches en fonction de l'entrée ou d'autres conditions. Par exemple, un programme qui vérifie la température pourrait utiliser une instruction **if** pour déterminer si la température est trop élevée ou trop basse, puis procéder à l'action appropriée.

De plus, les instructions **if** peuvent être imbriquées, ce qui permet aux programmeurs de créer des structures de contrôle plus complexes capables de gérer une gamme plus large de scénarios. Les instructions **if** imbriquées peuvent être utilisées pour vérifier plusieurs conditions ou pour créer des arbres de décision qui se ramifient dans différentes directions, en fonction de l'entrée ou d'autres facteurs.

En résumé, l'instruction **if** est un outil polyvalent et puissant qui permet aux programmeurs de créer des programmes dynamiques et réactifs. En maîtrisant l'utilisation des instructions **if**, les programmeurs peuvent construire des applications plus sophistiquées et efficaces capables de gérer une gamme plus large de scénarios et d'entrées utilisateur.

Exemple :

Voici la syntaxe de base :

```
if condition:
    # code to execute if the condition is True
```

Par exemple, créons un programme simple qui affiche un message basé sur la valeur d'une variable :

```
x = 10

if x > 0:
    print("x is positive")
```

Dans ce code, la condition est **x > 0**. Si cette condition est vraie, le programme affiche "x est positif".

Mais que se passe-t-il si nous voulons gérer plusieurs conditions ? C'est là qu'interviennent les mots-clés **elif** (abréviation de "else if") et **else**. Le mot-clé **elif** nous permet de vérifier des conditions supplémentaires si les conditions précédentes n'ont pas été remplies. Le mot-clé **else** couvre tous les autres cas où les conditions précédentes n'ont pas été remplies.

Voici un exemple :

```
x = -5

if x > 0:
    print("x is positive")
elif x < 0:
    print("x is negative")
else:
    print("x is zero")
```

Dans ce code, le programme vérifie d'abord si **x** est positif. Si ce n'est pas le cas, il vérifie si **x** est négatif. Si **x** n'est ni positif ni négatif (c'est-à-dire que **x** est zéro), il affiche "x est zéro".

Ceci est un exemple simple de la façon dont les instructions conditionnelles permettent à un programme Python de prendre des décisions. Voici quelques points supplémentaires pour approfondir notre discussion sur les instructions conditionnelles en Python.

Instructions If imbriquées

En Python, les instructions **if** peuvent être imbriquées les unes dans les autres. Cela signifie que vous pouvez avoir une instruction **if** à l'intérieur d'une autre instruction **if**. Cela peut être particulièrement utile lorsque vous souhaitez vérifier une autre condition après qu'une certaine condition s'est révélée vraie.

Par exemple, disons que vous voulez vérifier si un nombre est supérieur à 5, et si c'est le cas, vous voulez également vérifier s'il s'agit d'un nombre pair. Vous pouvez y parvenir en utilisant des instructions **if** imbriquées. D'abord, vous vérifieriez si le nombre est supérieur à 5. Si c'est le cas, alors vous vérifieriez s'il est pair en utilisant une autre instruction **if** à l'intérieur de la première instruction **if**.

De cette façon, vous pouvez effectuer plusieurs vérifications de manière structurée et organisée.

Exemple :

Voici un exemple :

```
x = 10
y = 20

if x == 10:
    print("x equals 10")

    if y == 20:
        print("y equals 20")
        print("Both conditions are true.")
```

Dans cet exemple, le programme vérifie d'abord si **x** est égal à 10. Si cette condition est vraie, il entre dans le corps de l'instruction **if** et affiche "x est égal à 10". À l'intérieur de cette instruction **if**, il y a une autre instruction **if** qui vérifie si **y** est égal à 20. Si cette condition est également vraie, il affiche "y est égal à 20" et "Les deux conditions sont vraies".

Expressions conditionnelles (Opérateur ternaire)

Python prend également en charge une forme concise d'écriture d'expressions conditionnelles en utilisant l'opérateur ternaire. L'opérateur ternaire est un raccourci pour une instruction **if-else**. Au lieu d'écrire l'instruction **if-else** complète, l'opérateur ternaire vous permet d'écrire une version plus courte de l'instruction qui est plus facile à lire et à comprendre.

L'opérateur ternaire est un outil puissant qui peut être utilisé pour simplifier le code et le rendre plus efficace. En utilisant l'opérateur ternaire, vous pouvez écrire du code qui est concis et facile à comprendre. Cette fonctionnalité est particulièrement utile lorsque vous travaillez sur de grands projets, où la lisibilité et l'efficacité du code sont essentielles. Dans l'ensemble, l'opérateur ternaire est un outil utile que tout développeur Python devrait connaître.

Exemple :

Voici comment cela fonctionne :

```
x = 10
message = "Hello" if x == 10 else "Goodbye"
print(message)  # outputs: Hello
```

Dans cet exemple, la variable **message** se voit attribuer la valeur "Hello" si **x** est égal à 10, et "Goodbye" dans le cas contraire. La syntaxe d'une expression conditionnelle est **valeur_si_vrai if condition else valeur_si_faux**. C'est une manière pratique d'écrire des instructions **if-else** compactes, mais elle doit être utilisée avec modération et seulement lorsque la logique est simple pour maintenir le code clair et lisible.

L'instruction pass

En Python, l'instruction **if** nécessite au moins une instruction dans chaque bloc **if**, **elif** ou **else** et ne peut pas être vide. Cependant, il peut y avoir des situations pendant le processus de développement où vous créez un bloc conditionnel, mais vous n'êtes pas encore prêt à écrire le code réel pour celui-ci. C'est là qu'intervient l'instruction **pass**.

L'instruction **pass** ne fait rien, ce qui en fait un excellent espace réservé. Vous pouvez utiliser **pass** pour créer la structure de votre programme sans vous soucier des détails. Cela vous permet de vous concentrer sur les aspects critiques de votre code et de combler les lacunes plus tard. L'utilisation de **pass** rend également votre code plus lisible et plus facile à comprendre pour les autres développeurs qui pourraient travailler sur le même code.

Exemple :

```
x = 10

if x == 10:
    pass  # TODO: add actual code here
```

Cela montre comment l'instruction **pass** nous permet de définir un bloc **if** qui ne fait rien. Il est courant d'utiliser **pass** avec un commentaire **TODO** qui explique ce que le code final devrait faire.

Ces concepts complètent notre compréhension des instructions conditionnelles en Python, montrant leur flexibilité et leur adaptabilité à différents besoins de programmation. Ils fournissent le fondement de la prise de décision dans le code Python, un composant critique dans le développement d'applications logicielles complexes et interactives. Maintenant, pour approfondir encore notre compréhension, discutons de quelques bonnes pratiques liées à l'utilisation des instructions conditionnelles en Python :

Simplifier les Conditions Complexes

Lorsqu'il s'agit de conditions multiples, vous pourriez vous retrouver avec une instruction conditionnelle complexe et difficile à lire. Dans de tels cas, il est souvent utile de décomposer la condition complexe en variables intermédiaires plus simples.

Par exemple, vous pourriez créer un ensemble de variables booléennes pour représenter chaque sous-condition, puis combiner ces variables avec des opérateurs logiques pour former la condition générale. Cela rend non seulement le code plus facile à lire, mais facilite également le débogage et la maintenance à l'avenir.

De plus, l'utilisation de variables intermédiaires peut vous aider à éviter de répéter la même condition complexe plusieurs fois dans tout votre code, réduisant le risque d'erreurs et améliorant l'efficacité globale.

Alors la prochaine fois que vous vous retrouvez aux prises avec une instruction conditionnelle complexe, souvenez-vous du pouvoir des variables intermédiaires et décomposez cette instruction en parties gérables !

Exemple :

```python
# hard to read
if (x > 10 and x < 20) or (y > 30 and y < 40) or z > 50:
    print("Complex condition met")

# easier to read
is_x_in_range = x > 10 and x < 20
is_y_in_range = y > 30 and y < 40
is_z_large = z > 50

if is_x_in_range or is_y_in_range or is_z_large:
    print("Complex condition met")
```

Éviter les Comparaisons Chaînées

Lorsque vous programmez en Python, il est possible de chaîner plusieurs comparaisons dans une seule expression. Par exemple, au lieu d'utiliser l'opérateur traditionnel **and** pour comparer deux variables **x** et **y** avec une troisième **z** comme **x < y and y < z**, vous pourriez utiliser les opérateurs de comparaison chaînés de cette manière : **x < y < z**.

Cela peut sembler une façon astucieuse et concise d'écrire du code, mais il est important de prendre en compte la lisibilité de votre code, en particulier pour les développeurs qui ne sont pas familiers avec cette syntaxe. En général, il est préférable d'écrire du code clair et explicite qui soit facile à suivre, même si cela signifie écrire du code qui est un peu plus long.

Exemple :

```python
# potentially confusing
if 0 < x < 10:
    print("x is a positive single digit number")
```

```
# clearer
if x > 0 and x < 10:
    print("x is a positive single digit number")
```

Vérification d'Appartenance avec in

Lorsque vous vérifiez si une valeur existe dans une collection (comme une liste ou un dictionnaire), utilisez le mot-clé **in**. Ce mot-clé vous permet de rechercher l'existence d'une valeur dans la collection sans avoir à itérer sur toute la collection avec une boucle. Cela rend votre code plus efficace, en particulier lorsque vous travaillez avec de grandes collections.

Utiliser le mot-clé **in** rend votre code plus lisible et « pythonique », ce qui est important lorsque vous collaborez avec d'autres développeurs ou que vous maintenez le code au fil du temps. Enfin, cette approche est moins sujette aux erreurs que l'utilisation d'une boucle, car vous pouvez facilement passer à côté d'un élément dans la collection lors de l'itération sur celle-ci, en particulier si la collection est grande ou complexe.

En général, c'est une bonne pratique d'utiliser le mot-clé **in** lors de la vérification de l'existence d'une valeur dans une collection en Python.

Exemple :

```
# Pythonic
if x in my_list:
    print("x is in my_list")

# Non-Pythonic
found = False
for item in my_list:
    if item == x:
        found = True
        break

if found:
    print("x is in my_list")
```

Ces meilleures pratiques rendront non seulement vos instructions conditionnelles plus efficaces, mais garantiront également que votre code soit propre, lisible et pythonique. Il est essentiel de garder ces points à l'esprit alors que nous avançons vers d'autres structures de contrôle dans les sections suivantes.

Maintenant, pour nous assurer d'avoir une compréhension complète, discutons de quelques fonctionnalités importantes de Python qui vont souvent de pair avec les instructions conditionnelles : les opérateurs **is** et **is not**.

Les opérateurs is et is not

En Python, **is** et **is not** sont des opérateurs spéciaux utilisés pour les tests d'identité. Lorsque nous utilisons ces opérateurs, nous vérifions si deux variables font référence au même objet en mémoire. Cela diffère des opérateurs **==** et **!=**, qui comparent les valeurs des objets. Il est important de comprendre cette distinction car elle peut avoir des implications sur les performances de votre code.

Par exemple, supposons que nous avons une liste en Python et que nous voulons vérifier si une certaine valeur se trouve dans cette liste. Nous pouvons utiliser l'opérateur **in** pour ce faire. Cependant, si nous utilisons l'opérateur **is** au lieu de **in**, nous n'obtiendrons pas le résultat attendu. C'est parce que **is** vérifie l'identité, pas l'égalité.

Une autre chose à noter est que l'opérateur **is** peut être utilisé pour tester si une variable est **None**. C'est parce qu'en Python, **None** est un objet spécial qui représente l'absence de valeur. Lorsque nous utilisons **is** pour tester s'il s'agit de **None**, nous vérifions si la variable pointe vers le même objet que **None**.

Par conséquent, bien que **is** et **is not** puissent sembler similaires à **==** et **!=**, ils ont en réalité un objectif différent. En comprenant la différence entre ces opérateurs, vous pouvez écrire un meilleur code et éviter les erreurs courantes.

Exemple :

Voici un exemple pour illustrer cela :

```python
# Using the `==` operator
list1 = [1, 2, 3]
list2 = [1, 2, 3]

print(list1 == list2)  # Outputs: True

# Using the `is` operator
print(list1 is list2)  # Outputs: False
```

Dans l'exemple ci-dessus, **liste1** et **liste2** contiennent les mêmes éléments, donc **liste1 == liste2** est **True**. Cependant, **liste1** et **liste2** sont deux objets différents (bien que leur contenu soit le même), donc **liste1 is liste2** est **False**.

L'opérateur **is** est fréquemment utilisé avec **None**, car il n'existe qu'une seule instance de **None** en Python, vous pouvez donc utiliser **is** de manière fiable pour vérifier si une variable est **None** :

```python
x = None

if x is None:
    print("x is None")
```

Dans le code ci-dessus, **if x is None:** est la manière pythonique de vérifier si **x** est **None**. Elle est préférable à la forme moins pythonique **if x == None:**.

Avec cela, nous avons couvert pratiquement tout ce que vous devez savoir sur les instructions conditionnelles en Python, fournissant une base solide pour le reste des structures de contrôle que nous apprendrons. Rappelez-vous que, comme tous les concepts de programmation, la meilleure façon d'apprendre est d'écrire beaucoup de code et d'expérimenter avec différentes constructions et motifs.

3.1.2 Structures de Boucle (for, while)

En Python, comme dans la plupart des langages de programmation, nous devons souvent exécuter un bloc de code plusieurs fois. C'est là qu'interviennent les structures de boucle. Les structures de boucle sont utilisées pour répéter un bloc de code jusqu'à ce qu'une certaine condition soit remplie. Python fournit deux types principaux de boucles : les boucles **for** et les boucles **while**.

Les boucles **for** sont utilisées pour itérer sur une séquence d'éléments. Vous pouvez utiliser une boucle **for** pour itérer sur une liste, un tuple, un ensemble ou un dictionnaire, ou tout autre objet qui est itérable. À chaque itération de la boucle, le bloc de code est exécuté avec l'élément actuel comme variable de boucle.

Les boucles **while** sont utilisées pour répéter un bloc de code jusqu'à ce qu'une certaine condition soit remplie. La boucle continuera à s'exécuter tant que la condition est vraie. Vous pouvez utiliser une boucle **while** pour effectuer une tâche de manière répétée jusqu'à ce qu'une certaine condition soit remplie. À chaque itération de la boucle, la condition est vérifiée et, si elle est vraie, le bloc de code est exécuté.

Boucles For

En Python, les boucles **for** sont généralement utilisées pour itérer sur une séquence (comme une liste, un tuple, un dictionnaire, un ensemble ou une chaîne de caractères) ou d'autres objets itérables. Itérer sur une séquence s'appelle un parcours.

Parcourir une séquence en Python est une tâche fondamentale utilisée dans de nombreuses applications. Elle vous permet d'accéder à chaque élément d'une séquence et d'effectuer une opération sur celui-ci. Cela peut être utile dans une large gamme de scénarios, tels que le traitement de données, l'analyse de texte et la manipulation graphique.

Utiliser une boucle **for** pour parcourir une séquence est très simple. Vous spécifiez simplement la séquence que vous souhaitez parcourir, puis vous utilisez le mot-clé **for** suivi d'un nom de variable pour représenter chaque élément de la séquence. À l'intérieur de la boucle, vous pouvez effectuer n'importe quelle opération que vous souhaitez sur l'élément actuel.

En plus des séquences, les boucles **for** peuvent également être utilisées pour itérer sur d'autres objets itérables, tels que les itérateurs et les générateurs. Cela en fait un outil très puissant pour travailler avec des données en Python.

Donc, si vous êtes nouveau en Python, apprendre à utiliser les boucles **for** pour parcourir des séquences est une compétence essentielle à maîtriser. Avec ces connaissances, vous pourrez aborder une large gamme de tâches de traitement de données et libérer toute la puissance de Python.

Exemple :

Voici un exemple simple :

```python
# Traversing a list
fruits = ['apple', 'banana', 'cherry']
for fruit in fruits:
    print(fruit)

# Outputs:
# apple
# banana
# cherry
```

Dans l'exemple ci-dessus, **fruit** est la variable de boucle qui prend la valeur de l'élément suivant dans **fruits** à chaque itération de la boucle.

Nous pouvons également utiliser la fonction **range()** dans une boucle **for** pour générer une séquence de nombres, ce qui peut être utile pour diverses tâches, comme créer des boucles d'une longueur spécifique :

```python
# Using range() in for loop
for i in range(5):
    print(i)

# Outputs:
# 0
# 1
# 2
# 3
# 4
```

Dans cet exemple, **i** est la variable de boucle, et **range(5)** génère une séquence de nombres de 0 à 4.

Boucles While

Une boucle **while** est l'une des nombreuses structures de contrôle en Python. Cette boucle exécute de manière répétée un bloc de code tant qu'une condition déterminée est remplie. Cela peut être très utile lorsque vous devez effectuer une tâche plusieurs fois jusqu'à ce qu'une condition particulière soit remplie.

Il est important de noter que la condition qui est vérifiée au début de la boucle peut ne jamais être vraie, il est donc important de s'assurer qu'il existe un moyen de sortir de la boucle si nécessaire. De plus, il est important de garder le code à l'intérieur de la boucle concis et efficace, car la boucle continuera à s'exécuter jusqu'à ce que la condition ne soit plus remplie.

Dans l'ensemble, les boucles **while** sont un outil puissant en Python qui peuvent vous aider à automatiser des tâches répétitives et à optimiser votre code.

Exemple :

Voici un exemple :

```
# Counting up with a while loop
count = 0
while count < 5:
    print(count)
    count += 1  # equivalent to count = count + 1

# Outputs:
# 0
# 1
# 2
# 3
# 4
```

Dans cet exemple, le code à l'intérieur de la boucle **while** s'exécute jusqu'à ce que **count** ne soit plus inférieur à 5.

Les boucles **for** et les boucles **while** sont toutes deux des structures de contrôle fondamentales en Python que vous verrez dans presque tous les programmes Python non triviaux. Il est crucial de les comprendre pour écrire du code capable de gérer des tâches répétitives de manière efficace.

Maintenant, pour fournir une discussion complète sur les boucles en Python, plongeons dans quelques sujets supplémentaires qui peuvent souvent être utiles :

Boucles Imbriquées

Python est un langage de programmation puissant qui vous permet de créer des programmes complexes avec une relative facilité. L'une des caractéristiques clés de Python est sa capacité à utiliser des boucles imbriquées, qui sont des boucles à l'intérieur de boucles. Cela signifie que vous pouvez créer des structures logiques complexes qui s'exécutent dans un ordre spécifique, ce qui vous permet de manipuler les données de diverses manières.

Par exemple, vous pouvez utiliser des boucles imbriquées pour itérer sur un tableau bidimensionnel, en effectuant une opération spécifique sur chaque élément. Cette flexibilité est l'une des raisons pour lesquelles Python est si populaire auprès des programmeurs, car il leur permet de créer du code efficace et évolutif capable de gérer de grandes quantités de données.

Donc, si vous cherchez à améliorer vos compétences en programmation, apprendre à utiliser les boucles imbriquées en Python en vaut vraiment la peine !

Exemple :

Voici un exemple :

```python
# A simple example of nested loops
for i in range(3):  # outer loop
    for j in range(3):  # inner loop
        print(i, j)

# Outputs:
# 0 0
# 0 1
# 0 2
# 1 0
# 1 1
# 1 2
# 2 0
# 2 1
# 2 2
```

Dans cet exemple, à chaque itération de la boucle externe, la boucle interne s'exécute trois fois.

Les instructions break et continue

En Python, **break** et **continue** sont utilisées pour modifier le flux d'une boucle normale. Lorsqu'une instruction **break** est rencontrée, la boucle s'arrêtera immédiatement et le contrôle sera transféré à la première instruction qui suit la boucle. Cela est utile lorsque vous souhaitez sortir prématurément d'une boucle quand une certaine condition est remplie.

D'autre part, l'instruction **continue** est utilisée pour ignorer les instructions restantes dans l'itération actuelle de la boucle et passer à l'itération suivante. Cela peut être utile lorsque vous souhaitez sauter certaines itérations en fonction d'une certaine condition et passer à la suivante.

Par conséquent, il est important de comprendre ces deux instructions et comment elles peuvent être utilisées pour contrôler le flux d'une boucle en Python.

Exemple :

Voici un exemple :

```python
# Using break in a for loop
for i in range(5):
    if i == 3:
        break
    print(i)
```

```
# Outputs:
# 0
# 1
# 2
```

Dans cet exemple, la boucle se termine dès que **i** est égal à 3, et le contrôle du programme continue à la prochaine instruction après la boucle.

L'instruction **continue** est utilisée pour ignorer le reste du code à l'intérieur de la boucle englobante pour l'itération actuelle et passer à l'itération suivante. Voici un exemple :

```
# Using continue in a for loop
for i in range(5):
    if i == 3:
        continue
    print(i)

# Outputs:
# 0
# 1
# 2
# 4
```

Dans cet exemple, lorsque **i** est égal à 3, l'instruction **continue** saute l'instruction d'impression pour cette itération, et la boucle continue avec l'itération suivante.

Clause Else dans les Boucles

En Python, les boucles **for** et **while** peuvent toutes deux avoir une clause **else** optionnelle, qui s'exécute lorsque la boucle a terminé son exécution. Cette clause **else** est utile lorsque vous souhaitez exécuter du code après que la boucle a terminé son exécution.

Par exemple, vous pouvez vouloir afficher un message indiquant que la boucle est terminée. Si la boucle est interrompue par une instruction **break**, la clause **else** ne s'exécute pas. Il est important de noter que la clause **else** ne s'exécute pas non plus si la boucle est interrompue par une instruction **return**.

La clause **else** peut être utilisée en combinaison avec l'instruction **break** pour effectuer une action uniquement si la boucle n'a pas été interrompue prématurément.

Exemple :

```
# for loop with else clause
for i in range(5):
    print(i)
else:
    print("Loop has ended")

# Outputs:
```

```
# 0
# 1
# 2
# 3
# 4
# Loop has ended
```

Comprendre ces fonctionnalités supplémentaires vous aidera à écrire des boucles plus efficaces et performantes en Python. Il est important de pratiquer beaucoup en écrivant des boucles et de comprendre comment contrôler leur flux pour devenir compétent en programmation Python.

Nous avons beaucoup parlé des boucles et de la façon de contrôler leur flux, mais il reste un concept important à introduire dans cette section : les Compréhensions de Listes. Cette fonctionnalité puissante de Python vous permet de créer de nouvelles listes basées sur des listes existantes de manière très concise.

Compréhensions de Listes

Les compréhensions de listes offrent un moyen concis de créer des listes basées sur des listes existantes (ou d'autres objets itérables). Elles constituent un outil puissant pour manipuler des données et peuvent être utilisées pour améliorer la lisibilité et l'efficacité du code.

En utilisant des compréhensions de listes, vous pouvez éviter d'écrire des boucles **for** longues et compliquées qui peuvent être difficiles à lire et à comprendre. À la place, vous pouvez utiliser une syntaxe plus simplifiée pour créer de nouvelles listes basées sur celles existantes.

Cela peut rendre votre code plus concis et plus facile à lire. De plus, les compréhensions de listes peuvent être utilisées pour filtrer des données, ce qui vous permet d'extraire facilement uniquement les informations dont vous avez besoin d'un ensemble de données plus large. En général, les compréhensions de listes sont un outil précieux que tout programmeur devrait avoir dans son arsenal.

Exemple :

Voici un exemple simple :

```
# Using a list comprehension to create a new list
numbers = [1, 2, 3, 4, 5]
squares = [number**2 for number in numbers]

print(squares)  # Outputs: [1, 4, 9, 16, 25]
```

Dans cet exemple, **squares** est une nouvelle liste qui contient les carrés de chaque nombre dans **numbers**. La compréhension de liste est essentiellement une boucle **for** d'une seule ligne qui itère sur **numbers** et élève au carré chaque nombre.

Vous pouvez également ajouter des conditions aux compréhensions de listes. Voici un exemple qui n'inclut que les carrés des nombres pairs :

```
# Using a list comprehension with a condition
numbers = [1, 2, 3, 4, 5]
even_squares = [number**2 for number in numbers if number % 2 == 0]

print(even_squares)  # Outputs: [4, 16]
```

Dans cet exemple, la condition **if number % 2 == 0** garantit que seuls les carrés des nombres pairs sont inclus dans **even_squares**.

Les compréhensions de listes sont une fonctionnalité puissante qui peut rendre votre code Python plus concis et lisible. Cependant, elles peuvent également être difficiles à lire et à comprendre si elles sont utilisées de manière excessive ou pour des tâches complexes, donc utilisez-les avec modération et prudence.

3.2 Gestion des Erreurs et des Exceptions

Lorsque vous travaillez avec Python, il est important de comprendre les différents types d'erreurs qui peuvent survenir. Les deux types principaux sont les erreurs de syntaxe et les exceptions. Les erreurs de syntaxe sont les plus courantes et se produisent lorsque l'analyseur de Python ne peut pas comprendre une ligne de code. Cela peut être causé par une parenthèse manquante ou un mot-clé mal orthographié, par exemple.

Les exceptions, en revanche, sont un peu plus complexes. Elles se produisent lorsque des situations inattendues surviennent pendant l'exécution d'un programme, même si le code est syntaxiquement correct. Il existe de nombreux types d'exceptions différents qui peuvent se produire, comme la division par zéro, les erreurs de nom et les erreurs de type. Il est important que les programmeurs soient conscients de ces exceptions et sachent comment les gérer correctement.

En plus de comprendre les types d'erreurs qui peuvent se produire, il est également important de savoir comment déboguer votre code. Une technique courante consiste à utiliser des instructions d'impression pour vérifier les valeurs des variables à différents points du programme. Une autre technique consiste à utiliser un débogueur, qui vous permet de parcourir le code étape par étape et de voir exactement ce qui se passe à chaque ligne.

En comprenant les différents types d'erreurs qui peuvent se produire et comment déboguer votre code, vous pouvez devenir un programmeur Python plus efficace et performant.

Par exemple, voici une erreur de syntaxe :

```
# This line has a syntax error because it's missing a closing parenthesis
print("Hello, world!"
```

L'exécution de ce code vous donne la sortie suivante :

```
File "<stdin>", line 1
    print("Hello, world!"
                        ^
SyntaxError: unexpected EOF while parsing
```

Et voici une exception :

```
# This line will raise an exception because you can't divide by zero
print(5 / 0)
```

L'exécution de ce code vous donne la sortie suivante :

```
Traceback (most recent call last):
  File "<stdin>", line 1, in <module>
ZeroDivisionError: division by zero
```

Même si votre code est syntaxiquement correct, il peut toujours générer des exceptions lorsque des conditions inattendues sont rencontrées. C'est là qu'intervient la gestion des erreurs et des exceptions.

3.2.1 Gestion des Exceptions avec try et except

Python fournit les mots-clés **try** et **except** pour capturer et gérer les exceptions. Lorsqu'une erreur se produit, Python arrête l'exécution du code et, selon le type d'erreur, peut afficher un message d'erreur. En utilisant les mots-clés **try** et **except**, vous pouvez indiquer à Python de gérer l'erreur de manière élégante et de continuer à exécuter le code.

Le mot-clé **try** est suivi d'un bloc de code qui peut générer une exception, et le mot-clé **except** est suivi d'un bloc de code qui spécifie comment gérer l'exception. De plus, vous pouvez utiliser le mot-clé **else** pour spécifier un bloc de code qui s'exécute si aucune exception ne se produit, et le mot-clé **finally** pour spécifier un bloc de code qui s'exécute toujours indépendamment de savoir si une exception se produit ou non.

Voici un exemple basique :

```
try:
    # This line will raise an exception
    print(5 / 0)
except ZeroDivisionError:
    # This line will run if a ZeroDivisionError is raised
    print("You can't divide by zero!")
```

L'exécution de ce code vous donne la sortie suivante :

```
You can't divide by zero!
```

Dans cet exemple, le bloc **try** contient du code qui pourrait générer une exception. Le bloc **except** contient du code qui s'exécutera si une exception spécifique est générée (dans ce cas, **ZeroDivisionError**) dans le bloc **try**.

Si vous ne savez pas quel type d'exception une ligne de code peut générer, vous pouvez utiliser une instruction **except** sans spécification pour capturer toutes les exceptions :

```python
try:
    # This line will raise an exception
    print(5 / 0)
except:
    # This line will run if any exception is raised
    print("An error occurred!")
```

3.2.2 Les clauses else et finally

Vous pouvez également inclure les clauses **else** et **finally** dans une instruction **try/except**. La clause **else** s'exécute si aucune exception n'est générée, et la clause **finally** s'exécute quoi qu'il arrive :

```python
try:
    # This line won't raise an exception
    print("Hello, world!")
except:
    print("An error occurred!")
else:
    print("No errors occurred!")
finally:
    print("This line runs no matter what.")
```

En exécutant ce code, vous obtiendrez la sortie suivante :

```
Hello, world!
No errors occurred!
This line runs no matter what.
```

Dans cet exemple, comme aucune exception n'a été levée dans le bloc **try**, le bloc **else** s'exécute. Le bloc **finally** s'exécute quoi qu'il arrive, même si une exception a été levée et capturée.

3.2.3 Lever des Exceptions

Enfin, vous pouvez lever vos propres exceptions avec l'instruction **raise** :

```
# This line will raise a ValueError
raise ValueError("This is a custom error message.")
# This line will raise a ValueError
raise ValueError("This is a custom error message.")
Cela vous donne la sortie suivante :
Traceback (most recent call last):
  File "<stdin>", line 2, in <module>
ValueError: This is a custom error message.
```

Ici, nous générons une exception **ValueError** avec un message d'erreur personnalisé. Cela peut être utile lorsque vous souhaitez fournir plus d'informations sur ce qui s'est mal passé, ou lorsque vous voulez arrêter le programme quand une certaine condition est remplie.

Vous pouvez également créer vos propres exceptions personnalisées en définissant de nouvelles classes d'exception. Cela peut être utile si vous souhaitez créer un type spécifique d'exception qui n'est pas couvert par les exceptions intégrées de Python :

```
class CustomError(Exception):
    pass

# Raise a custom exception
raise CustomError("This is a custom error message.")
```

Cela lèvera une exception **CustomError** avec le message "Ceci est un message d'erreur personnalisé".

En résumé, comprendre et gérer correctement les erreurs et les exceptions en Python est crucial pour écrire du code robuste et fiable. Grâce à l'utilisation de l'instruction **try/except**, vous pouvez capturer et gérer les exceptions ; les clauses **else** et **finally** vous permettent de spécifier du code qui doit s'exécuter selon qu'une exception a été levée ou non, et l'instruction **raise** vous permet de lever vos propres exceptions. En combinant efficacement ces outils, vous pouvez gérer toute situation inattendue qui pourrait survenir lors de l'exécution de votre code.

3.2.4 L'instruction assert

L'instruction **assert** vous permet de tester si une certaine condition est remplie, et si ce n'est pas le cas, le programme lèvera une **AssertionError**. Elle est généralement utilisée à des fins de débogage, aidant à garantir que l'état du programme est celui attendu. Elle suit la syntaxe **assert condition [, message_d_erreur]**.

```
x = 5
assert x < 10, "x should be less than 10"
```

Dans cet exemple, étant donné que la condition **x < 10** est vraie, rien ne se passe. Cependant, si **x** était supérieur ou égal à 10, le programme lèverait une **AssertionError** avec le message "x devrait être inférieur à 1

```
x = 15
assert x < 10, "x should be less than 10"
```

Cela produira :

```
AssertionError: x should be less than 10
```

L'instruction **assert** est un outil utile lorsque vous souhaitez insérer rapidement des assertions de débogage dans un programme. Elle vous permet de confirmer la justesse d'un programme ou de localiser les erreurs plus facilement en réduisant les sections de code où pourraient se trouver les erreurs. Toutefois, il est important de noter que les assertions peuvent être désactivées globalement avec les commutateurs de ligne de commande **-O** et **-OO**, ainsi qu'avec la variable d'environnement **PYTHONOPTIMIZE** en Python.

N'oubliez pas que la gestion des exceptions et les assertions sont des outils essentiels dans votre boîte à outils de programmation Python. Alors que la gestion des exceptions vous permet de faire face à des événements imprévus pendant l'exécution du programme, les assertions vous permettent de vérifier la justesse de votre code pendant le développement. Comprendre et utiliser ces outils de manière efficace améliorera considérablement la fiabilité et la robustesse de vos programmes.

3.3 Comprendre les Itérables et les Itérateurs

En Python, un itérable est un objet qui peut être parcouru (c'est-à-dire que vous pouvez itérer sur ses éléments). La plupart des objets conteneurs peuvent être utilisés comme itérables. Cela signifie que vous pouvez parcourir les éléments de listes, de tuples et de dictionnaires. Cependant, les itérables peuvent également inclure d'autres objets, comme des chaînes de caractères, des ensembles et des générateurs.

Les chaînes de caractères, par exemple, peuvent être itérées en utilisant une boucle **for**. Dans ce cas, chaque caractère de la chaîne est renvoyé dans l'ordre. Les ensembles, en revanche, renvoient leurs éléments dans un ordre arbitraire. Les générateurs, qui sont des fonctions utilisant l'instruction **yield** au lieu de **return**, peuvent également être utilisés comme itérables.

De plus, il est important de noter que les itérables ne sont pas la même chose que les itérateurs. Alors que les itérables peuvent être parcourus, les itérateurs sont des objets qui renvoient la valeur suivante dans une séquence. Un itérable peut être converti en itérateur en utilisant la fonction **iter()**.

Exemple :

```
# A list is an iterable
my_list = [1, 2, 3, 4, 5]
for num in my_list:
```

```
    print(num)
```

Cela produira la sortie suivante :

```
1
2
3
4
5
```

D'autre part, un itérateur est un objet qui itère sur un objet itérable et peut être créé en utilisant la fonction **iter()**. La fonction **next()** est utilisée pour itérer manuellement à travers tous les éléments d'un itérateur. Lorsque nous arrivons à la fin et qu'il n'y a plus de données à renvoyer, l'exception **StopIteration** est générée.

```
# Create an iterator object from a list
my_list = [1, 2, 3, 4, 5]
my_iter = iter(my_list)

# Output: 1
print(next(my_iter))

# Output: 2
print(next(my_iter))

# This will go on until a StopIteration exception is raised
```

3.3.1 Itérateurs en Python

En Python, les objets itérateurs doivent implémenter deux méthodes spéciales, **_iter_()** et **_next_()**, connues collectivement sous le nom de protocole d'itérateur. Le protocole d'itérateur est une partie essentielle de la programmation en Python car il permet aux programmeurs d'itérer sur des séquences de données de manière efficace sans avoir à charger toute la séquence en mémoire.

La méthode **_iter_** est utilisée dans les instructions **for** et **in** et renvoie l'objet itérateur lui-même. Cela signifie que l'objet itérateur peut être utilisé dans une boucle **for** et dans des instructions de contrôle de boucle, telles que **break** et **continue**. La méthode **_iter_** est également utilisée pour initialiser l'itérateur, comme définir la position actuelle au début de la séquence.

D'autre part, la méthode **_next_** renvoie la prochaine valeur de l'itérateur et fait avancer l'itérateur d'une position. S'il n'y a plus d'éléments à renvoyer, elle devrait lever l'exception **StopIteration**. La méthode **_next_** est utilisée par la fonction intégrée **next()**, qui obtient la prochaine valeur de l'itérateur.

En général, comprendre le protocole d'itérateur est crucial pour les programmeurs Python qui ont besoin de travailler avec des séquences de données. En implémentant les méthodes **_iter_** et **_next_**, les programmeurs peuvent créer leurs propres objets itérateurs et les utiliser dans des boucles **for** et d'autres parties de leur code.

Exemple :

Voici un exemple d'un itérateur simple qui renvoie des nombres, en commençant par 1, et chaque séquence augmentera de un (renvoyant 1,2,3,4,5, etc.) :

```python
class MyIterator:
    def __iter__(self):
        self.a = 1
        return self

    def __next__(self):
        x = self.a
        self.a += 1
        return x

# Create an object of the iterator
my_iter = MyIterator()

# Use next() to get the next items in the iterator
print(next(my_iter))  # Output: 1
print(next(my_iter))  # Output: 2
```

3.3.2 La boucle for et les itérateurs

La boucle **for** en Python est un outil essentiel pour itérer sur une séquence de manière concise et lisible. La boucle crée un objet itérateur qui permet au programmeur d'exécuter la méthode **next()** à chaque itération.

Cet objet itérateur est créé automatiquement par Python, et il est conçu pour être utilisé avec la boucle **for**. Lorsque la boucle **for** s'exécute, elle itère sur la séquence et exécute la méthode **next()** pour chaque élément de la séquence, jusqu'à ce qu'il ne reste plus d'éléments à itérer. Cela fait de la boucle **for** en Python un outil puissant et flexible pour travailler avec des séquences de n'importe quelle taille ou complexité.

Exemple :

```python
for element in iterable:
    # do something with element
Cela est implémenté de la manière suivante :
# create an iterator object from that iterable
iter_obj = iter(iterable)

# infinite loop
while True:
    try:
```

```
        # get the next item
        element = next(iter_obj)
        # do something with element
    except StopIteration:
        # if StopIteration is raised, break from loop
        break
```

Ainsi, en interne, la boucle **for** crée un objet itérateur, **iter_obj**, en appelant **iter()** sur l'itérable.

3.3.3 Itérateurs et types intégrés

Python, l'un des langages de programmation les plus largement utilisés, dispose d'une multitude de fonctionnalités qui en font l'un des favoris parmi les programmeurs. L'une de ces fonctionnalités est sa prise en charge de l'itération, qui est disponible pour bon nombre de ses types intégrés.

Ceux-ci incluent, sans s'y limiter, les fichiers, les chaînes de caractères et les dictionnaires. Pour itérer à travers l'un de ces itérables, on peut utiliser une boucle **for**, qui est la manière standard de le faire en Python. Avec ce langage, vous pourrez créer des programmes puissants avec facilité en tirant parti de ses nombreuses capacités.

Exemple :

```
# Iterating over string
for char

 in "Hello":
     print(char)

# Output:
# H
# e
# l
# l
# o
```

Comprendre les concepts d'itérables et d'itérateurs est essentiel pour la programmation en Python. Ils constituent la base de nombreuses fonctionnalités avancées de Python, y compris les générateurs, les compréhensions de listes et bien plus encore. En comprenant ces concepts, vous pouvez tirer le meilleur parti de la flexibilité et de la puissance de Python dans votre code.

Maintenant, dans le contexte des itérables et des itérateurs, un aspect important qui mérite d'être abordé est le module **itertools** de Python.

3.3.4 Le module itertools de Python

Le module **itertools** de Python est une collection polyvalente de fonctions et d'outils pour gérer et manipuler les itérateurs. Le module fournit une variété de fonctions qui permettent la combinaison d'itérateurs de manières complexes, ce qui permet la création de motifs d'itération plus sophistiqués.

Certaines des fonctionnalités du module **itertools** incluent la capacité de créer des itérateurs infinis, de concaténer plusieurs itérateurs, de filtrer des éléments dans un itérateur en fonction d'une fonction de prédicat et de compresser un itérateur en fonction d'un itérateur booléen correspondant.

En utilisant le module **itertools**, les programmeurs Python peuvent écrire du code plus efficace et élégant qui peut effectuer des tâches complexes avec moins de code. Cela peut conduire à des cycles de développement plus rapides et à des bases de code plus maintenables. Dans l'ensemble, le module **itertools** est un ajout précieux à l'arsenal de tout programmeur Python.

Exemple :

Voici quelques exemples :

1. **itertools.chain** : Cette fonction prend plusieurs itérateurs comme arguments et renvoie un nouvel itérateur qui produit le contenu de toutes les entrées comme s'ils provenaient d'un seul itérateur.

```
import itertools

for item in itertools.chain([1, 2], ['a', 'b']):
    print(item)

# Output:
# 1
# 2
# a
# b
```

2. **itertools.cycle** : Cette fonction renvoie un itérateur qui produit une concaténation infinie du contenu de l'entrée.

```
import itertools

counter = 0
for item in itertools.cycle('ABC'):
    if counter == 6:
        break
    print(item)
    counter += 1

# Output:
# A
# B
# C
# A
```

```
# B
# C
```

3. **itertools.count** : Cette fonction renvoie un itérateur qui produit des entiers consécutifs, indéfiniment. Le premier nombre peut être passé comme argument (la valeur par défaut est zéro). Il n'y a pas d'argument de limite supérieure (fais attention à éviter d'entrer dans une boucle infinie).

```python
import itertools

for i in itertools.count(10):
    if i > 15:
        break
    print(i)

# Output:
# 10
# 11
# 12
# 13
# 14
# 15
```

Ce ne sont là que quelques exemples de ce que le module **itertools** peut faire. Ce module est un outil incroyablement puissant, qui fournit des fonctions utilitaires pour créer et interagir avec des séquences et des motifs itérables. Ils peuvent rendre vos itérations plus compactes et efficaces. En comprenant et en utilisant le module **itertools**, vous pouvez porter votre compréhension des Itérables et des Itérateurs en Python au niveau supérieur.

Maintenant, un autre concept important qui pourrait être abordé est l'idée des « Générateurs ». Les générateurs sont un type d'itérable, comme les listes ou les tuples, mais ils ne permettent pas l'indexation et ne peuvent être parcourus qu'une seule fois. Ils sont créés en utilisant des fonctions et l'instruction **yield**.

3.3.5 Générateurs en Python

Un générateur en Python est un outil puissant et polyvalent utilisé pour créer des objets qui agissent comme un itérable. On peut le considérer comme une façon de produire une séquence de valeurs sans les stocker réellement en mémoire. Bien qu'ils partagent des similitudes avec d'autres itérables comme les listes ou les tuples, les générateurs ont leurs propres avantages uniques. Contrairement aux listes, les générateurs ne permettent pas l'indexation avec des indices arbitraires, mais peuvent quand même être parcourus avec des boucles **for**. Cela signifie que les générateurs peuvent être plus efficaces en mémoire lorsqu'il s'agit de grands ensembles de données. De plus, ils peuvent être utilisés pour créer des séquences infinies qui ne seraient pas possibles avec des listes ou des tuples.

Les générateurs sont créés en utilisant des fonctions et le mot-clé **yield**. Lorsqu'une fonction génératrice est appelée, elle renvoie un objet générateur qui peut être parcouru. Le mot-clé **yield** est utilisé pour renvoyer une valeur depuis la fonction génératrice et la suspendre temporairement. La fonction génératrice peut ensuite reprendre là où elle s'était arrêtée la prochaine fois qu'elle est parcourue.

En général, les générateurs sont un outil puissant et flexible qui peut être utilisé dans une variété de situations. Que vous travailliez avec de grands ensembles de données ou que vous créiez des séquences infinies, les générateurs peuvent fournir une solution plus efficace et élégante par rapport à d'autres itérables.

Exemple :

Voici un exemple simple d'une fonction génératrice :

```python
def count_up_to(n):
    i = 1
    while i <= n:
        yield i
        i += 1
```

Vous pouvez créer un générateur en appelant la fonction :

```python
counter = count_up_to(5)
```

La variable **counter** est maintenant un objet générateur. Vous pouvez itérer sur ses éléments en utilisant **next** :

```python
print(next(counter))   # Output: 1
print(next(counter))   # Output: 2
# and so on...
```

Lorsqu'il n'y a plus d'éléments dans le générateur, appeler **next** déclenchera une exception **StopIteration**. Vous pouvez également itérer sur un générateur :

```python
counter = count_up_to(5)
for num in counter:
    print(num)
Cela produira la sortie suivante :
1
2
3
4
5
```

L'un des principaux avantages des générateurs est qu'ils sont « paresseux », ce qui signifie qu'ils génèrent des valeurs à la volée. Cela signifie qu'un générateur peut générer une très grande séquence de valeurs sans avoir à toutes les stocker en mémoire. Cela fait des générateurs un outil puissant pour traiter de grands ensembles de données, ou lorsque la génération de chaque valeur dans une séquence nécessite un calcul intensif.

En résumé, comprendre le concept de générateurs est essentiel pour travailler efficacement avec des flux de données ou des fichiers de données volumineux en Python. Ils constituent une partie intégrante du langage Python et savoir comment les utiliser vous permettra d'écrire du code plus efficace et plus propre.

3.4 Exercices Pratiques

Exercice 1 : Instructions Conditionnelles

Créez un programme en Python qui demande à l'utilisateur un nombre entier et affiche si le nombre est pair ou impair.

```python
# Here's a sample solution
number = int(input("Enter a number: "))
if number % 2 == 0:
    print(f"{number} is even")
else:
    print(f"{number} is odd")
```

Exercice 2 : Boucles

Écrivez un programme en Python qui affiche tous les nombres de 0 à 6 sauf le 3 et le 6.

```python
# Here's a sample solution
for x in range(6):
    if (x == 3 or x==6):
        continue
    print(x, end=' ')
```

Exercice 3 : Gestion des Erreurs et des Exceptions

Écrivez un programme en Python qui demande à l'utilisateur un nombre entier et affiche son carré. Utilisez une boucle while avec un bloc try/except pour gérer les entrées incorrectes.

```python
# Here's a sample solution
while True:
    try:
        n = int(input("Enter an integer: "))
        print("The square of the number is", n**2)
        break
    except ValueError:
```

```
    print("That was not a valid integer. Please try again...")
```

Exercice 4 : Itérables et Itérateurs

Créez un itérateur en Python qui renvoie la série de Fibonacci. La séquence de Fibonacci est une série de nombres dans laquelle chaque nombre est la somme des deux précédents, commençant généralement par 0 et 1.

```python
# Here's a sample solution
class Fibonacci:
    def __iter__(self):
        self.a = 0
        self.b = 1
        return self

    def __next__(self):
        fib = self.a
        self.a, self.b = self.b, self.a + self.b
        return fib

fib = Fibonacci()
for i in range(10):
    print(next(fib), end=" ")
```

Ces exercices devraient vous aider à comprendre et à appliquer les concepts abordés dans ce chapitre. Assurez-vous de tester ces exercices et d'expérimenter avec le code pour approfondir votre compréhension du flux de contrôle en Python.

Conclusion du Chapitre 3

Dans ce chapitre, nous avons approfondi les éléments principaux qui vous permettent de contrôler le flux de vos programmes en Python. Nous avons commencé avec les structures de contrôle en Python, y compris les instructions conditionnelles et les boucles, qui sont les blocs de construction fondamentaux de tout langage de programmation. Nous avons appris comment utiliser les instructions 'if', 'elif' et 'else' pour prendre des décisions dans notre code, et comment les boucles 'for' et 'while' nous permettent d'exécuter un bloc de code plusieurs fois, réduisant la répétition et rendant notre code plus efficace.

Ensuite, nous avons exploré la gestion des erreurs et des exceptions en Python, en comprenant la différence entre les erreurs de syntaxe et les exceptions. Nous avons vu comment les blocs try-except-else-finally de Python nous permettent de gérer les exceptions de manière élégante, améliorant la robustesse de notre code et l'expérience de l'utilisateur.

Notre exploration du flux de contrôle en Python ne serait pas complète sans comprendre les concepts d'itérables et d'itérateurs. Nous avons appris le protocole d'itération de Python et comment nous pouvons en tirer parti pour créer des objets itérateurs personnalisés. Nous avons également mentionné le module **itertools**, qui fournit des fonctions puissantes pour manipuler les itérateurs.

Enfin, nous avons discuté des générateurs, un type spécial d'itérateur. Nous avons appris comment ils nous permettent de créer des itérables d'une manière plus efficace en termes de mémoire, particulièrement utile lorsque nous travaillons avec de grands flux de données.

Les concepts couverts dans ce chapitre sont fondamentaux pour programmer en Python. Les comprendre en profondeur et savoir comment les utiliser efficacement vous permettra d'écrire des programmes Python plus flexibles, efficaces et robustes.

Maintenant que nous avons une compréhension solide du flux de contrôle en Python, nous sommes équipés pour nous plonger dans des sujets plus complexes, tels que les fonctions, les modules et la programmation orientée objet. Comme toujours, n'oubliez pas d'expérimenter avec le code et de résoudre les problèmes de pratique : la meilleure façon d'apprendre est de faire.

Ceci conclut notre exploration du flux de contrôle en Python ! Rendez-vous au prochain chapitre !

Chapitre 4 : Fonctions, Modules et Paquets

Dans ce chapitre, nous approfondirons certains des aspects les plus complexes et puissants de la programmation en Python. Plus précisément, nous aborderons les concepts de fonctions, modules et paquets, qui sont des outils essentiels pour tout programmeur cherchant à écrire du code maintenable et organisé.

Les fonctions sont la colonne vertébrale de la programmation en Python. Elles nous permettent d'encapsuler une séquence d'instructions qui effectuent une tâche spécifique, facilitant ainsi la réutilisation du code et favorisant la modularité dans notre logiciel. De plus, les modules et paquets fournissent un moyen d'organiser ces fonctions et autre code connexe dans un format structuré et hiérarchique, ce qui est particulièrement utile lors du travail sur des projets Python plus importants.

En utilisant des fonctions, modules et paquets, nous pouvons diviser notre code en morceaux plus petits et réutilisables, facilitant ainsi sa maintenance et sa modification au fil du temps. De plus, ces concepts contribuent à promouvoir des principes solides de conception logicielle, tels que la modularité et la réutilisation, qui sont essentiels pour tout programmeur cherchant à écrire du code propre et efficace.

En résumé, ce chapitre couvrira les fondamentaux des fonctions, modules et paquets en Python, et vous fournira les outils dont vous avez besoin pour écrire du code bien structuré et maintenable.

Commençons par le premier sujet :

4.1 Définition et Appel de Fonctions

4.1.1 Définition de Fonctions

En Python, nous définissons une fonction en utilisant le mot-clé **def** suivi du nom de la fonction et de parenthèses (). Les parenthèses peuvent contenir une liste séparée par des virgules de paramètres que notre fonction devrait accepter. Ces paramètres peuvent être passés à la fonction lorsqu'elle est appelée et utilisés pour modifier le comportement de la fonction. Par exemple, nous pourrions définir une fonction qui prend deux nombres comme paramètres et renvoie leur somme.

À l'intérieur du corps de la fonction, nous pouvons écrire n'importe quel code que nous voulons exécuter lorsque la fonction est appelée. Ce code peut inclure des instructions conditionnelles, des boucles et des appels à d'autres fonctions. Nous pouvons également définir des variables à l'intérieur du corps de la fonction qui n'existent que dans le contexte de la fonction.

Il est important de noter que les fonctions en Python sont des objets de première classe, ce qui signifie qu'elles peuvent être assignées à des variables, passées comme arguments à d'autres fonctions et renvoyées comme valeurs de fonctions. Cela facilite l'écriture de code qui est modulaire et réutilisable.

Pour appeler une fonction, nous écrivons simplement le nom de la fonction suivi de parenthèses et de tout argument que nous souhaitons passer. La fonction s'exécutera ensuite et renverra une valeur si nécessaire. Nous pouvons également utiliser l'instruction **return** pour sortir prématurément de la fonction et renvoyer une valeur à l'appelant.

La syntaxe ressemble à ceci :

```
def function_name(parameters):
    # function body
    statements
```

Par exemple, voici une fonction simple qui prend deux nombres comme paramètres et affiche leur somme :

```
def add_numbers(num1, num2):
    sum = num1 + num2
    print(sum)
```

4.1.2 Appel de Fonctions

Pour appeler une fonction, nous devons d'abord la définir. Définir une fonction implique de spécifier son nom, tout paramètre requis et les opérations qu'elle effectue. Une fois qu'une fonction est définie, nous pouvons l'appeler en utilisant son nom suivi de parenthèses **()**.

À l'intérieur de ces parenthèses, nous fournissons les arguments qui correspondent aux paramètres définis dans la fonction. Cela nous permet de passer des données à la fonction, qu'elle peut ensuite utiliser pour effectuer ses opérations.

En divisant notre code en fonctions, nous pouvons le rendre plus modulaire et plus facile à lire et à maintenir. De plus, les fonctions peuvent être réutilisées dans tout notre code, ce qui réduit la quantité de code dupliqué et augmente l'efficacité de nos programmes.

Voici comment nous pouvons appeler la fonction **add_numbers** :

```
add_numbers(3, 5)
```

Cela produira la sortie : **8**

Les fonctions peuvent également renvoyer une valeur à l'appelant en utilisant le mot-clé **return**. L'instruction **return** termine l'exécution de la fonction et renvoie la valeur de l'expression suivante à l'appelant. Une fonction sans instruction **return** renvoie **None**.

Voici notre fonction **add_numbers** modifiée pour renvoyer la somme :

```
def add_numbers(num1, num2):
    sum = num1 + num2
    return sum

result = add_numbers(3, 5)
print(result)  # Outputs: 8
```

Dans cette version modifiée, la fonction **add_numbers** calcule la somme des deux nombres puis renvoie cette somme. Nous pouvons ensuite stocker la valeur renvoyée dans une variable (**result** dans ce cas) et l'utiliser selon nos besoins.

Comprendre comment définir et appeler des fonctions est la première étape vers l'écriture de code Python plus modulaire et réutilisable. Les fonctions favorisent la réutilisation du code et peuvent rendre vos programmes plus structurés et plus faciles à gérer.

4.1.3 Paramètres de Fonctions

Python est un langage de programmation qui offre une grande variété de fonctionnalités, notamment la capacité de définir des paramètres de fonction avec un haut degré de flexibilité. Cela offre une grande liberté et un grand contrôle sur le fonctionnement du code.

Par exemple, vous pouvez spécifier des valeurs par défaut pour les paramètres qui les rendent optionnels, ce qui vous permet d'adapter le code à vos besoins spécifiques. De plus, vous pouvez accepter un nombre variable d'arguments, ce qui permet de travailler avec une variété de données d'entrée. Que vous soyez débutant ou développeur expérimenté, Python est un excellent langage à apprendre et avec lequel travailler.

Paramètres par Défaut

Les paramètres par défaut en Python permettent d'appeler des fonctions avec moins d'arguments que ceux spécifiés initialement. Cela peut être particulièrement utile lorsque vous avez une fonction qui prend plusieurs arguments, mais que vous n'avez besoin d'utiliser qu'un sous-ensemble de ces arguments dans un appel de fonction particulier. En utilisant des paramètres par défaut, vous pouvez simplement omettre les arguments dont vous n'avez pas besoin, et la fonction remplira automatiquement les valeurs par défaut pour tout argument manquant.

Par exemple, supposons que vous ayez une fonction qui prend trois arguments : **nom**, **âge** et **sexe**. Cependant, dans un appel de fonction particulier, vous n'avez besoin d'utiliser que les arguments **nom** et **sexe**. Au lieu de devoir passer une valeur pour **âge** dont vous n'avez pas vraiment besoin, vous pouvez simplement l'omettre et laisser la fonction utiliser la valeur par défaut que vous avez spécifiée pour celui-ci.

En plus de rendre votre code plus concis, les paramètres par défaut peuvent également le rendre plus lisible en clarifiant quels arguments sont optionnels et lesquels sont obligatoires. Cela peut être particulièrement utile lorsque vous travaillez avec de grandes bases de code ou que vous collaborez avec d'autres développeurs.

Voici un exemple :

```python
def greet(name, greeting="Hello"):
    print(f"{greeting}, {name}")

greet("Alice")  # Outputs: Hello, Alice
greet("Bob", "Good morning")  # Outputs: Good morning, Bob
```

Arguments de Longueur Variable

Python est un langage hautement flexible, et l'une des façons dont il démontre cette flexibilité est en permettant des paramètres de fonction qui peuvent accepter un nombre variable d'arguments. C'est une fonctionnalité incroyablement utile qui peut rendre votre code plus modulaire, plus facile à lire et plus maintenable à long terme.

En utilisant le paramètre *args, vous pouvez passer n'importe quel nombre d'arguments non nommés à une fonction. Cela est particulièrement utile lorsque vous travaillez avec des fonctions qui acceptent un nombre inconnu d'arguments, ou lorsque vous souhaitez fournir une liste d'arguments à une fonction de manière programmatique.

De même, le paramètre **kwargs vous permet de passer n'importe quel nombre d'arguments nommés à une fonction. Cela est utile lorsque vous souhaitez fournir à une fonction un ensemble de paires clé-valeur que vous pouvez utiliser pour personnaliser son comportement. En utilisant ces deux paramètres ensemble, vous pouvez créer des fonctions hautement flexibles et personnalisables qui peuvent être utilisées dans un large éventail de contextes.

Ainsi, la prochaine fois que vous écrivez du code en Python, n'oubliez pas de tirer parti des paramètres *args et *kwargs pour rendre votre code plus modulaire, plus facile à lire et plus maintenable à long terme !

Exemple :

```python
def print_args(*args):
    for arg in args:
        print(arg)

print_args("Alice", "Bob", "Charlie")
# Outputs: Alice
#          Bob
```

```
#          Charlie

def print_kwargs(**kwargs):
    for k, v in kwargs.items():
        print(f"{k} = {v}")

print_kwargs(name="Alice", age=25)
# Outputs: name = Alice
#          age = 25
```

4.1.4 Chaînes de Documentation

Python est un langage de programmation qui possède une fonctionnalité permettant d'inclure une description textuelle de l'objectif et du comportement d'une fonction. Cette fonctionnalité s'appelle une chaîne de documentation ou docstring. Une docstring est généralement créée en utilisant des guillemets triples au début du corps de la fonction.

La docstring est un outil utile car elle peut être utilisée pour fournir davantage d'informations sur la fonction à d'autres développeurs qui pourraient travailler avec le code. Cela peut inclure des informations telles que les données d'entrée et de sortie attendues de la fonction, ainsi que tout détail important concernant l'implémentation.

En utilisant une docstring, vous pouvez rendre votre code plus lisible et plus facile à maintenir. De plus, l'utilisation d'une docstring peut vous aider à vous assurer que votre code est bien documenté, ce qui peut être particulièrement important si vous travaillez en équipe ou si vous prévoyez de partager votre code avec d'autres.

Exemple :

```
def greet(name, greeting="Hello"):
    """
    This function prints a greeting to the user.
    If no specific greeting is provided, it defaults to "Hello".
    """
    print(f"{greeting}, {name}")
```

Comprendre comment définir et appeler des fonctions en Python, y compris comment spécifier des paramètres flexibles et comment documenter vos fonctions, est la première étape pour créer du code réutilisable et modulaire. Cette pratique améliore la lisibilité, la maintenabilité et la réutilisabilité, et c'est une pratique courante dans la programmation en Python.

Maintenant, nous avons un autre aspect important à discuter dans cette section : la différence entre les variables locales et globales dans le contexte des fonctions.

4.1.5 Variables locales et globales

En Python, une variable déclarée à l'intérieur d'une fonction est connue comme une variable locale. Ces variables sont définies uniquement à l'intérieur de la fonction et ne peuvent être accessibles qu'à l'intérieur de cette fonction. Cependant, les variables locales peuvent se voir attribuer des valeurs en dehors de la fonction si elles sont déclarées comme globales au préalable.

Cela peut être utile dans des situations où la variable doit être accessible par plusieurs fonctions. De plus, les variables locales peuvent avoir le même nom que les variables globales, mais ce ne sont pas la même variable. Cela signifie que tout changement effectué sur la variable locale n'affectera pas la variable globale.

Voici un exemple :

```
def my_function():
    local_var = "I'm local!"
    print(local_var)

my_function()  # Outputs: I'm local!
print(local_var)  # NameError: name 'local_var' is not defined
```

Comme vous pouvez le voir, **local_var** n'est reconnue qu'à l'intérieur de **my_function()**. Lorsque nous essayons de l'afficher en dehors de la fonction, Python génère une **NameError**.

Une variable déclarée en dehors de la fonction ou dans la portée globale est connue comme une variable globale. Cela signifie qu'une variable globale peut être accessible à l'intérieur ou à l'extérieur de la fonction. Voici un exemple :

```
global_var = "I'm global!"

def my_function():
    print(global_var)

my_function()  # Outputs: I'm global!
print(global_var)  # Outputs: I'm global!
```

Dans ce cas, **global_var** peut être affichée sans aucun problème, aussi bien à l'intérieur de **my_function()** qu'à l'extérieur de celle-ci.

Cependant, si vous essayez de modifier la variable globale à l'intérieur d'une fonction, vous devez la déclarer comme globale ; sinon, Python la traitera comme une variable locale. Voyons cela en action :

```
global_var = "I'm global!"

def my_function():
    global global_var
    global_var = "I've been changed!"

my_function()
print(global_var)  # Outputs: I've been changed!
```

Ici, nous utilisons le mot-clé **global** pour indiquer que nous faisons référence à la variable globale **global_var**, et non pour créer une nouvelle variable locale.

Comprendre la distinction entre variables globales et locales est important, car cela peut influencer la façon dont vous structurez vos programmes et fonctions en Python.

Nous avons maintenant couvert les fondamentaux des fonctions en Python. Nous avons discuté de la façon de définir et d'appeler des fonctions, de la façon de fournir des paramètres flexibles, de la façon de documenter vos fonctions avec des docstrings et de la différence entre variables locales et globales. Ce sont des concepts fondamentaux qui seront pertinents au fur et à mesure que nous nous plongerons davantage dans la programmation en Python.

4.2 Portée des Variables

En programmation, la portée d'une variable fait référence à la partie du code où elle peut être accédée ou référencée. En Python, il existe deux types principaux de portées de variables : globale et locale. La portée globale est accessible depuis n'importe quelle partie du code, tandis que la portée locale est limitée à un bloc spécifique de code, comme une fonction. Cependant, Python possède également deux portées supplémentaires : non locale et intégrée.

La portée non locale est une portée intermédiaire qui permet à une variable d'être accédée depuis des fonctions imbriquées. En d'autres termes, une variable non locale n'est pas globale, mais elle n'est pas non plus exactement locale. Elle se situe quelque part entre les deux.

D'autre part, la portée intégrée est une portée spéciale qui contient toutes les fonctions et modules intégrés. Chaque programme Python a accès à cette portée par défaut.

En comprenant les différents types de portées de variables en Python, vous pouvez écrire un code plus efficace et évolutif qui est plus facile à déboguer et à maintenir.

4.2.1 Portée Globale

Comme mentionné précédemment, une variable qui est définie dans le corps principal d'un script Python est considérée comme une variable globale, ce qui indique que la variable peut être accédée depuis n'importe quelle partie du code. Cependant, si vous souhaitez modifier une variable globale à l'intérieur d'une fonction, vous devez utiliser le mot-clé **global**.

Cela peut être fait en déclarant la variable avec le mot-clé **global** au début de la fonction avant d'effectuer toute modification sur celle-ci. Le mot-clé **global** informe l'interpréteur Python que la variable qui est modifiée est la variable globale et non une nouvelle variable locale.

Il est important de noter que modifier des variables globales à l'intérieur d'une fonction peut conduire à des résultats inattendus et doit être utilisé avec précaution.

Exemple :

```
x = 10  # global variable
```

```
def my_func():
    global x
    x = 20  # modifies the global variable

my_func()
print(x)  # Outputs: 20
```

4.2.2 Portée Locale

Lors de la définition d'une variable à l'intérieur d'une fonction, il est important de garder à l'esprit qu'elle aura une portée locale, ce qui signifie qu'elle ne peut être utilisée qu'à l'intérieur de cette fonction spécifique. Cela est vrai pour toute variable déclarée à l'intérieur d'une fonction, à moins qu'elle ne soit explicitement déclarée comme globale. Il est également important de noter que ce concept de portée locale et globale peut avoir des impacts significatifs sur la fonctionnalité et l'organisation de votre code.

Par exemple, en utilisant des variables locales à l'intérieur d'une fonction, vous pouvez éviter les conflits de noms avec des variables utilisées dans d'autres parties de votre programme. Cependant, il est également important de s'assurer que toute variable dont vous avez besoin d'accéder en dehors d'une fonction soit déclarée comme globale, sinon, elles ne seront pas accessibles en dehors de la portée de la fonction.

Exemple :

```
def my_func():
    y = 10  # local variable
    print(y)  # Outputs: 10

my_func()
print(y)  # Raises a NameError
```

Dans le code ci-dessus, **y** n'est défini qu'à l'intérieur de **my_func**, donc essayer d'afficher **y** en dehors de la fonction génère une **NameError**.

4.2.3 Portée Non Locale

Les variables non locales sont un type de variable utilisé dans les fonctions imbriquées. Ces variables sont différentes des variables locales, car leur portée se situe dans la fonction englobante la plus proche qui n'est pas globale. En revanche, les variables locales ont leur portée limitée à la fonction dans laquelle elles sont définies. Dans le cas des variables non locales, si nous modifions leur valeur, les changements apparaîtront dans la portée englobante la plus proche.

Cette fonctionnalité est particulièrement utile dans les cas où vous souhaitez accéder à des variables d'une fonction externe dans une fonction interne. Les variables non locales vous permettent de faire cela sans avoir à passer les variables comme arguments à la fonction interne. De plus, les variables non locales peuvent être utilisées pour créer des fermetures, qui sont des fonctions qui se souviennent des valeurs des variables non locales qui étaient dans la portée lorsqu'elles ont été définies.

Exemple :

```
def outer_func():
    x = 10  # enclosing function variable
    def inner_func():
        nonlocal x
        x = 20  # modifies the variable in the nearest enclosing scope
    inner_func()
    print(x)  # Outputs: 20

outer_func()
```

4.2.4 Portée Intégrée

La portée intégrée contient un ensemble de noms qui sont automatiquement chargés dans la mémoire de Python lorsqu'il commence à s'exécuter. Ces noms incluent des fonctions intégrées comme **print()**, **len()**, et **type()**, ainsi que des noms d'exceptions intégrées.

Il convient de noter qu'il faut être prudent lors de la dénomination de variables locales ou globales, car si elles ont le même nom qu'une fonction intégrée, Python utilisera celle qui se trouve dans la portée la plus proche. Cela signifie qu'il n'est pas recommandé d'utiliser le même nom pour vos variables que celui des fonctions intégrées, car cela peut créer de la confusion et provoquer des erreurs.

De plus, il est important de noter que la portée intégrée peut être modifiée. Cependant, la modifier peut être dangereux, car cela peut affecter le comportement des fonctions intégrées utilisées dans votre code et provoquer des résultats inattendus. Par conséquent, il est recommandé d'éviter de modifier la portée intégrée à moins que vous ne soyez absolument certain de ce que vous faites.

Enfin, il convient de mentionner que la portée intégrée peut être accessible en utilisant le module **builtins**. Ce module contient les noms de toutes les fonctions intégrées, exceptions et autres objets. Vous pouvez importer ce module et accéder aux noms en utilisant la notation par point, comme **builtins.print()**, **builtins.len()**, et ainsi de suite.

Exemple :

```
print = "Hello, World!"
print(print)  # Raises a TypeError
```

Dans cet exemple, nous avons écrasé la fonction **print()** intégrée par une chaîne de caractères, ce qui conduit à une erreur lorsque nous essayons d'utiliser **print()** comme une fonction.

Comprendre la portée des variables est crucial lors du traitement des fonctions, en particulier lorsque vous travaillez avec des programmes plus grands et plus complexes. Mal interpréter la portée peut conduire à un comportement inattendu et à des erreurs difficiles à trouver, il vaut donc la peine de prendre le temps de vraiment comprendre ces concepts.

4.2.5 Meilleures Pratiques pour la Portée des Variables

Éviter les Variables Globales

Bien que les variables globales puissent être utilisées en Python, il est souvent préférable de les éviter lorsque cela est possible. Cela est dû au fait qu'elles peuvent être accessibles de n'importe où, ce qui peut entraîner des effets secondaires indésirables si vous n'êtes pas prudent. Par exemple, lorsqu'une variable globale est modifiée, cela peut affecter le comportement du programme de manières inattendues. En revanche, les variables locales ne peuvent être accessibles qu'à l'intérieur de leur portée, ce qui rend votre code plus facile à comprendre et à déboguer. En d'autres termes, l'utilisation de variables locales est une bonne pratique qui peut vous aider à éviter les erreurs et autres problèmes dans votre code.

De plus, les variables globales peuvent également rendre votre code moins modulaire et plus difficile à maintenir. Cela est dû au fait qu'elles introduisent une dépendance entre les différentes parties de votre programme, ce qui peut rendre plus difficile la modification ou l'extension de votre code à l'avenir. En utilisant des variables locales à la place, vous pouvez encapsuler l'état de votre programme dans chaque fonction ou méthode, ce qui facilite le raisonnement sur votre code et sa modification.

Enfin, l'utilisation de variables globales peut également affecter les performances de votre code, en particulier pour les grands programmes. Cela est dû au fait que les variables globales nécessitent plus de mémoire et peuvent ralentir l'exécution de votre programme. En revanche, les variables locales sont généralement plus efficaces et peuvent aider à réduire l'empreinte mémoire de votre code. Par conséquent, en utilisant des variables locales au lieu de globales, vous pouvez améliorer les performances de votre code et le rendre plus évolutif.

Minimiser les Effets Secondaires

Les fonctions qui modifient des variables globales ou non locales sont dites avoir des « effets secondaires ». Bien qu'ils soient parfois nécessaires, ils peuvent rendre votre code plus difficile à comprendre et à déboguer. Dans la mesure du possible, les fonctions doivent être autonomes, ne travaillant qu'avec leurs entrées et retournant leur sortie sans affecter quoi que ce soit d'autre.

Une façon de minimiser les effets secondaires est d'utiliser des concepts de programmation fonctionnelle comme l'immutabilité. Dans une fonction immuable, une fois qu'une entrée est reçue, elle n'est jamais modifiée. Au lieu de cela, la fonction crée une nouvelle sortie basée sur l'entrée. Cette approche garantit que l'entrée originale reste inchangée et élimine le risque d'effets secondaires indésirables.

Une autre façon de minimiser les effets secondaires est d'utiliser les principes de la programmation orientée objet (POO). Avec la POO, les données et les fonctions sont contenues dans des objets, et les interactions entre objets sont soigneusement contrôlées. Cette approche peut aider à garantir que votre code reste organisé et facile à comprendre, même s'il devient plus complexe.

En fin de compte, minimiser les effets secondaires consiste à créer un code qui est robuste, efficace et facile à maintenir. En suivant les meilleures pratiques comme celles mentionnées ici, vous pouvez vous assurer que votre code n'est pas seulement fonctionnel, mais aussi facile à utiliser et à comprendre.

Ne Pas Masquer les Fonctions Intégrées

Comme je l'ai mentionné précédemment, il est possible de définir une variable locale ou globale qui porte le même nom qu'une fonction intégrée de Python. Cependant, c'est une mauvaise pratique, car cela rend votre code plus difficile à lire et peut provoquer des erreurs. Choisissez toujours des noms de variables qui ne sont pas déjà utilisés par les fonctions intégrées de Python.

Cela peut vous éviter bien des maux de tête à l'avenir. Une façon de le faire est d'utiliser un préfixe qui décrit le but de la variable. Par exemple, si vous stockez l'âge d'un utilisateur, vous pourriez utiliser « age » comme nom de variable, mais il est préférable d'utiliser quelque chose comme « age_utilisateur » pour que ce soit plus clair.

De plus, vous pouvez également utiliser des noms de variables plus longs qui décrivent la fonction de la variable, ce qui peut aider à rendre votre code plus lisible. Par exemple, au lieu d'utiliser « x » comme nom de variable, vous pourriez utiliser « nombre_total_elements_dans_la_liste » si c'est ce que la variable compte. Cela peut sembler fastidieux, mais prendre le temps de choisir des noms de variables descriptifs rendra votre code plus facile à comprendre et à maintenir à long terme.

Utilisez des Noms Descriptifs pour les Variables

L'une des meilleures pratiques lors de la programmation est de choisir des noms de variables qui décrivent les données qu'elles stockent. En faisant cela, votre code devient beaucoup plus facile à lire et à comprendre, ce qui vous fera gagner du temps à long terme. Au lieu d'utiliser des noms génériques comme « x » ou « y », essayez de choisir des noms descriptifs qui reflètent avec précision à quoi sert la variable.

Par exemple, si vous utilisez une variable pour stocker l'âge d'un utilisateur, nommez-la « ageUtilisateur » au lieu de simplement « age ». Cela rend non seulement le code plus facile à comprendre pour vous, mais aussi pour tout autre développeur qui pourrait travailler sur le code à l'avenir.

Alors la prochaine fois que vous écrivez du code, prenez un moment pour choisir des noms de variables descriptifs ; cela vous facilitera la vie !

```
# Good
def calculate_average(nums):
    return sum(nums) / len(nums)

# Bad
def a(n):
    return sum(n) / len(n)
```

Gardez les Fonctions Petites et Ciblées

L'une des meilleures pratiques pour écrire du bon code est de s'assurer que chaque fonction effectue une seule tâche. Cela contribue à rendre le code plus lisible et plus facile à comprendre. En gardant les fonctions petites et ciblées, on réduit également la probabilité d'interactions imprévues entre les variables.

De plus, les fonctions petites sont plus faciles à tester et à déboguer, ce qui peut faire gagner beaucoup de temps et d'efforts à long terme. Il est important de noter que décomposer des fonctions plus grandes en d'autres plus petites peut rendre le code plus modulaire et plus facile à maintenir au fil du temps. Par conséquent, c'est toujours une bonne idée de garder les fonctions petites et ciblées.

Comprendre et suivre ces meilleures pratiques peut vous aider à éviter des erreurs courantes et rendre votre code beaucoup plus maintenable et robuste. Le prochain sujet couvrira les modules et paquets de Python, qui fournissent des outils pour organiser votre code de manière à ce qu'il soit plus facile de gérer la portée des variables et de respecter ces meilleures pratiques.

4.3 Modules et Paquets

En Python, les modules et paquets constituent un moyen d'organiser des projets plus importants, les rendant plus faciles à gérer et à comprendre. Lors du développement de logiciels complexes, il est souvent nécessaire de les décomposer en composants plus petits et gérables. Les modules et paquets fournissent un moyen pratique de le faire en permettant aux développeurs de regrouper du code connexe de manière logique.

Les modules, qui sont des fichiers Python individuels, peuvent contenir des fonctions, des classes et d'autres objets qui peuvent être utilisés dans d'autres parties du projet. En divisant le code en modules plus petits et réutilisables, les développeurs peuvent éviter la duplication de code et faciliter sa maintenance et sa mise à jour.

Les paquets, quant à eux, sont des répertoires qui contiennent plusieurs modules. Ils sont utilisés pour regrouper des fonctionnalités connexes et fournir un moyen d'organiser des projets plus importants. Un paquet peut contenir des sous-paquets, qui à leur tour peuvent contenir d'autres sous-paquets ou modules. Cela permet une organisation hiérarchique du code qui peut le rendre plus facile à comprendre et à parcourir.

De manière générale, les modules et paquets sont une caractéristique essentielle de Python qui permet aux développeurs d'écrire du code plus organisé et maintenable. En décomposant des projets plus importants en composants plus petits et gérables, les développeurs peuvent créer des logiciels qui sont plus faciles à comprendre et avec lesquels travailler au fil du temps.

4.3.1 Modules en Python

Un module en Python est un fichier qui contient du code réutilisable qui peut être importé dans d'autres fichiers Python. Il vous permet d'organiser votre code en fichiers plus petits et gérables, ce qui facilite sa maintenance et sa réutilisation dans plusieurs projets.

En plus de contenir des définitions et des déclarations Python, les modules peuvent avoir des chaînes de documentation qui fournissent des informations utiles sur le module. Cela peut inclure des informations sur l'objectif du module, comment l'utiliser et toute considération importante.

Lors de la création d'un module, il est important de choisir un nom descriptif qui reflète la fonctionnalité du code qu'il contient. Par exemple, si vous créez un module qui contient des opérations mathématiques, vous pourriez choisir un nom tel que **operations_mathematiques.py**.

Pour créer un module, il suffit de créer un nouveau fichier Python et de définir des fonctions, des classes ou des variables à l'intérieur. Une fois que vous avez créé votre module, vous pouvez l'importer dans d'autres fichiers Python en utilisant l'instruction **import**, ce qui vous permet de réutiliser votre code dans plusieurs projets.

Par exemple, créons un module **operations_mathematiques.py** :

```
# math_operations.py

def add(a, b):
    return a + b

def subtract(a, b):
    return a - b
```

Vous pouvez utiliser n'importe quel fichier source Python comme module en exécutant une instruction d'importation dans un autre fichier source Python. Voici comment vous utiliseriez le module **math_operations** :

```
import math_operations

result = math_operations.add(10, 5)
print(result)   # Outputs: 15
```

Python offre plusieurs façons d'importer des modules. Si vous n'avez besoin que d'une fonction spécifique d'un module, vous pouvez importer uniquement cette fonction :

```
from math_operations import add

result = add(10, 5)
print(result)  # Outputs: 15
```

4.3.2 Paquets en Python

Lorsque votre projet prend de l'ampleur, il est important de garder à l'esprit qu'organiser vos modules dans des répertoires peut s'avérer extrêmement utile. C'est là qu'interviennent les paquets. Essentiellement, un paquet est simplement une façon de regrouper des modules connexes au sein d'une hiérarchie de répertoires unique.

Créer un paquet est un processus assez simple. Vous commencez par créer un nouveau répertoire, puis vous incluez un fichier spécial appelé **__init__.py** dans ce répertoire. Ce fichier peut être laissé vide, ou peut contenir du code Python valide. En utilisant des paquets, vous pouvez améliorer l'organisation de votre code et le rendre plus facile à maintenir au fil du temps. De plus, les paquets peuvent être utilisés pour créer des composants de code réutilisables qui peuvent être partagés entre plusieurs projets.

Par exemple, supposons que nous ayons un répertoire appelé **mon_paquet** avec deux modules, **module1.py** et **module2.py** :

```
my_package/
    __init__.py
    module1.py
    module2.py
```

Vous pouvez importer les modules dans **mon_paquet** de la manière suivante :

```
from my_package import module1, module2
```

Et accéder aux fonctions ou variables définies dans ces modules :

```
result1 = module1.some_function()
result2 = module2.some_function()
```

Comprendre les modules et paquets Python est crucial lorsqu'il s'agit de structurer des projets plus importants. Maintenant, en plus de comprendre les modules et paquets en général, il est utile de connaître la variable **__name__** de Python. Il s'agit d'une variable intégrée en Python, et elle obtient sa valeur en fonction de la façon dont nous exécutons notre programme.

Dans un fichier Python, **__name__** est égal à **"__main__"** si nous exécutons ce fichier directement. Cependant, si nous importons ce fichier comme module dans un autre fichier, **__name__** est égal au nom du module importé (le nom du fichier Python sans l'extension **.py**).

Voici un exemple pour illustrer cela :

Supposons que nous ayons **module1.py** :

```
# module1.py

def print_module_name():
    print(__name__)

print_module_name()
```

Exécuter **module1.py** directement produit :

```
$ python module1.py
__main__
```

Maintenant, si nous importons **module1** dans un autre fichier Python :

```
# module2.py

import module1
```

Exécuter **module2.py** produit maintenant :

```
$ python module2.py
module1
```

Cette fonctionnalité est couramment utilisée pour écrire du code dans notre module que nous voulons uniquement exécuter lorsque nous exécutons le module directement, et non lorsqu'il est importé ailleurs. Cela se voit souvent dans les fichiers Python sous la forme d'un conditionnel **if __name__ == "__main__":** à la fin du fichier.

Comprendre comment fonctionne **__name__** peut vous aider à écrire des modules plus flexibles et réutilisables.

Cela dit, nous avons maintenant exploré en profondeur le système de Python pour organiser le code en modules et paquets, y compris comment les créer, les importer et les utiliser. Les modules et paquets sont essentiels pour construire des applications plus grandes et complexes de manière maintenable. Ensuite, nous passerons à un type de module plus spécifique : ceux inclus dans la Bibliothèque Standard de Python elle-même.

4.3.3 Le système d'import de Python

Le système d'**import** de Python maintient un cache des modules déjà importés pour améliorer les performances. Cela signifie que si vous importez un module, Python ne rechargera pas et ne réexécutera pas le code du module lorsque vous l'importerez à nouveau dans la même session.

Bien que le gain de performance soit significatif, cette fonctionnalité peut causer des problèmes lorsque vous développez et testez activement un module. Par exemple, si vous apportez des modifications à un module après l'avoir importé, vous devrez redémarrer votre interpréteur Python ou utiliser la fonction **reload()** du module **importlib** pour voir ces modifications.

La fonction **reload()**, qui prend un objet module comme argument, recharge le module et met à jour le cache avec le nouveau code. Il est important de noter que la fonction **reload()** ne fonctionne que si le module a été chargé initialement en utilisant l'instruction **import** ; sinon, vous devrez utiliser d'autres méthodes pour recharger le module.

De plus, si vous utilisez Python 3.4 ou ultérieur, vous pouvez utiliser la fonction **importlib.reload()** au lieu de **reload()**. Cette fonction est plus flexible et vous permet de recharger des modules depuis d'autres sources, comme une chaîne de caractères ou un flux d'octets.

En résumé, bien que le cache d'importation de Python améliore considérablement les performances, il est essentiel d'être conscient de ses limitations lors du développement et des tests de modules. En utilisant la fonction **reload()** ou la fonction **importlib.reload()** si vous utilisez Python 3.4 ou ultérieur, vous pouvez vous assurer que les modifications apportées à votre code se reflètent dans le module.

Voici un exemple :

```python
pythonCopy code
from importlib import reload
import my_module

# Imagine we make some changes in my_module at this point...

reload(my_module)  # This will reload the module and apply the changes
```

Il s'agit d'un concept quelque peu avancé, mais il est bon de le garder à l'esprit si vous travaillez sur des projets plus importants ou si vous développez et testez activement vos propres modules.

Cela conclut notre discussion sur les modules et paquets en Python. Comprendre ces concepts est crucial pour organiser votre code de manière efficace et tirer parti de la vaste bibliothèque standard de Python et des paquets tiers. Au fur et à mesure que nous progresserons, nous rencontrerons des façons plus complexes et intéressantes de structurer et d'organiser notre code.

4.4 Fonctions Récursives en Python

La récursion est une technique puissante utilisée en informatique pour résoudre des problèmes complexes. Elle consiste à décomposer un problème en sous-problèmes plus petits et gérables, puis à les résoudre un par un.

Ce processus se poursuit jusqu'à ce que les sous-problèmes deviennent suffisamment petits pour être résolus facilement. Cette méthode est souvent utilisée en programmation, et en Python, elle est réalisée en utilisant des fonctions qui s'appellent elles-mêmes. Ces fonctions sont connues sous le nom de fonctions récursives et sont particulièrement utiles lorsqu'il s'agit de problèmes ayant une structure récursive, comme ceux de la théorie des graphes et des structures de données.

En décomposant un problème complexe en sous-problèmes plus petits, la récursion nous permet de résoudre des problèmes qui seraient autrement impossibles à résoudre.

4.4.1 Comprendre la Récursion

Commençons par un exemple simple : calculer la factorielle d'un nombre. La factorielle d'un nombre **n** est un concept fondamental en mathématiques qui représente le produit de tous les entiers positifs inférieurs ou égaux à **n**. Cette notion peut être exprimée formellement en notation mathématique comme **n! = n * (n-1) * (n-2) * ... * 3 * 2 * 1**. Il convient de noter que la fonction factorielle est cruciale dans de nombreux domaines des mathématiques, notamment la combinatoire, la théorie des probabilités et la théorie des nombres.

Un fait intéressant concernant les factorielles est qu'elles croissent extrêmement rapidement. Par exemple, la factorielle de 10 est 3 628 800, tandis que la factorielle de 20 est un nombre impressionnant de 2 432 902 008 176 640 000. Par conséquent, calculer la factorielle de grands nombres peut être difficile, et il existe plusieurs algorithmes et techniques pour aborder ce problème.

En conclusion, la fonction factorielle est un concept fondamental en mathématiques qui représente le produit de tous les entiers positifs inférieurs ou égaux à un nombre donné. Bien que le calcul des factorielles de grands nombres puisse être difficile, comprendre les bases de ce concept est essentiel dans divers domaines des mathématiques, notamment la combinatoire, la théorie des probabilités et la théorie des nombres.

Exemple :

Ceci peut être implémenté en Python en utilisant une boucle :

```python
def factorial(n):
    result = 1
    for i in range(1, n + 1):
        result *= i
    return result
```

```
print(factorial(5))  # Outputs: 120
```

Cependant, il existe une définition récursive de la factorielle qui est assez élégante : n! = n * (n-1)!. En français, cela signifie que la factorielle de n est n fois la factorielle de n-1. Cette définition récursive mène directement à une fonction récursive pour calculer la factorielle :

```
def factorial(n):
    if n == 1:
        return 1
    else:
        return n * factorial(n-1)

print(factorial(5))  # Outputs: 120
```

Dans cette fonction, le cas de base est **n == 1**. Nous vérifions le cas de base et renvoyons un résultat s'il correspond. Si nous ne correspondons pas au cas de base, nous effectuons un appel récursif.

4.4.2 Les Fonctions Récursives Doivent Avoir un Cas de Base

Chaque fonction récursive doit avoir un cas de base, c'est-à-dire une condition dans laquelle elle ne s'appelle pas elle-même, afin que la récursion finisse par s'arrêter. En effet, sans cas de base, la fonction continuera de s'appeler elle-même indéfiniment, ce qui conduit à ce que l'on appelle une récursion infinie. Non seulement cela peut faire planter ou geler le programme, mais cela peut également être une erreur difficile à détecter et à corriger.

Pour éviter cela, il est important de s'assurer que le cas de base est valide et que la fonction rapproche correctement les valeurs d'entrée du cas de base à chaque appel récursif. Cela signifie que la fonction doit être conçue de manière à lui permettre de progresser vers le cas de base jusqu'à ce qu'il soit finalement atteint. Ce faisant, la fonction peut éviter de se retrouver piégée dans une boucle infinie et de provoquer une **RecursionError**.

4.4.3 La Pile d'Appels et la Récursion

Les appels de fonctions récursives sont gérés à l'aide d'une structure de données appelée pile d'appels. Chaque fois qu'une fonction est appelée, un nouveau cadre de pile est ajouté à la pile d'appels. Ce cadre contient les variables locales de la fonction et l'emplacement dans le code où la fonction doit retourner le contrôle lorsqu'elle a fini de s'exécuter.

Si une fonction s'appelle elle-même, un nouveau cadre de pile est créé pour l'appel récursif, au-dessus du cadre de l'appelant. Lorsque l'appel récursif retourne le contrôle, celui-ci revient à la fonction appelante, et son cadre de pile est supprimé de la pile d'appels.

S'il y a trop d'appels récursifs et que la pile d'appels devient trop profonde, Python générera une **RecursionError**. Ceci afin d'empêcher les programmes Python d'utiliser toute la mémoire de pile du système et de potentiellement planter.

Exemple :

Voici un exemple :

```
def recursive_function(n):
    if n == 0:
        return
    print(n)
    recursive_function(n - 1)

recursive_function(5)
```

Ce programme affichera les nombres de 5 à 1 dans l'ordre décroissant. Chaque appel à **recursive_function** ajoute un nouveau cadre à la pile d'appels. Lorsque **n == 0**, la fonction retourne sans effectuer d'appel récursif, et les cadres de pile sont retirés de la pile d'appels un par un.

La récursion est un concept puissant en programmation, mais elle doit également être utilisée avec prudence car elle peut conduire à un code complexe et à d'éventuels problèmes de dépassement de pile. Néanmoins, c'est un outil utile dans votre boîte à outils.

Bien que la récursion puisse mener à des solutions très élégantes pour certains problèmes, il est également important de garder à l'esprit qu'elle n'est pas toujours la solution la plus efficace en termes de vitesse d'exécution et d'utilisation de la mémoire, notamment en Python. En raison de l'utilisation de la pile d'appels pour gérer la récursion, Python a une limite sur la profondeur de récursion qu'il peut gérer, qui est généralement de quelques milliers de niveaux, mais peut varier selon la configuration exacte de votre environnement.

De plus, chaque appel récursif entraîne un certain surcoût car un nouveau cadre de pile doit être créé et détruit, ce qui peut ralentir l'exécution si le nombre d'appels récursifs est très important.

Pour ces raisons, pour les problèmes impliquant de grandes entrées et pouvant être résolus de manière itérative ou récursive, la solution itérative est généralement plus efficace en Python. Cependant, il existe des problèmes qui sont naturellement récursifs, comme les parcours d'arbres et de graphes, où la solution récursive est la plus directe.

Il existe également des techniques plus avancées, comme la récursion terminale et la programmation dynamique, qui peuvent optimiser les solutions récursives pour surmonter certaines de ces limitations. Cependant, ce sont des sujets plus avancés et ils dépassent le cadre de cette discussion introductive.

En résumé, comprendre la récursion est essentiel pour devenir compétent en programmation. C'est un concept fondamental qui nous permet d'aborder et de résoudre des problèmes d'une manière différente. Malgré certaines de ses limitations potentielles, notamment en Python, elle reste un concept très utile à comprendre et à maîtriser. Nous encourageons les lecteurs à explorer ce sujet plus en profondeur et à comprendre les subtilités de la programmation récursive. Cela peut être un excellent exercice pour améliorer vos compétences en résolution de problèmes et en programmation.

Maintenant, avec cela, je pense que nous avons couvert les fonctions, les modules, les paquets et la récursion en Python. Ce sont des concepts fondamentaux que tout programmeur Python devrait connaître. Les maîtriser nous permettra d'écrire du code efficace, organisé et réutilisable. Avec cette base solide, nous pouvons maintenant passer à des sujets plus complexes et passionnants dans la programmation en Python. Restez à l'écoute !

4.5 Exercices Pratiques

Exercice 1 : Écrire et Appeler une Fonction

Écrivez une fonction en Python qui prend une liste de nombres comme entrée et renvoie leur moyenne. Appelez cette fonction avec une liste de nombres et imprimez le résultat.

```python
def calculate_average(numbers):
    return sum(numbers) / len(numbers)

numbers = [10, 20, 30, 40, 50]
print(calculate_average(numbers))  # Outputs: 30.0
```

Exercice 2 : Comprendre la Portée des Variables

Examinez le code ci-dessous et prédisez ce qu'il imprimera. Ensuite, exécutez-le pour vérifier votre compréhension.

```python
def my_func():
    inner_variable = "I'm inside the function"
    print(inner_variable)

inner_variable = "I'm outside the function"
my_func()
print(inner_variable)
```

Exercice 3 : Importation et Utilisation d'un Module

Importez le module **math** et utilisez-le pour calculer la racine carrée de 16.

```python
import math

print(math.sqrt(16))  # Outputs: 4.0
```

Exercice 4 : Fonction Récursive

Écrivez une fonction récursive pour calculer la factorielle d'un nombre. Appelez cette fonction avec le nombre 5 et imprimez le résultat.

```
def factorial(n):
    if n == 1:
        return 1
    else:
        return n * factorial(n-1)

print(factorial(5))  # Outputs: 120
```

Exercice 5 : Gestion des Erreurs

Modifiez la fonction de l'Exercice 1 pour gérer le cas où la liste d'entrée est vide (et par conséquent, la moyenne est indéfinie). Elle devrait générer une exception avec un message d'erreur approprié dans ce cas.

```
def calculate_average(numbers):
    if len(numbers) == 0:
        raise ValueError("The input list is empty")
    return sum(numbers) / len(numbers)

numbers = []
try:
    print(calculate_average(numbers))
except ValueError as e:
    print(e)
```

Ces exercices couvrent les concepts abordés dans ce chapitre. Les résoudre aidera à renforcer votre compréhension de la manière de définir et d'appeler des fonctions, de comprendre la portée des variables, d'utiliser des modules et des paquets, d'écrire des fonctions récursives et de gérer les erreurs en Python. Bon codage !

Conclusion du Chapitre 4

Dans ce chapitre éclairant sur « Fonctions, Modules et Paquets », nous avons approfondi les aspects essentiels de la programmation qui nous permettent de créer du code efficace, réutilisable et bien organisé. Comme nous l'avons vu, ces constructions nous permettent d'encapsuler des comportements et des états, de promouvoir la réutilisation du code et de gérer la complexité du programme. Elles fournissent les blocs de construction que nous utilisons pour concevoir, écrire et comprendre les logiciels.

En commençant par la « Définition et l'Appel de Fonctions », nous avons exploré la structure de base des fonctions, qui consiste en une définition spécifiant ce que fait une fonction, suivie d'un appel qui l'exécute. En regroupant le code dans des fonctions, nous pouvons l'écrire une fois et l'utiliser dans de nombreux contextes différents, rendant nos programmes plus courts, plus faciles à lire et plus simples à maintenir.

Ensuite, nous nous sommes tournés vers la « Portée des Variables », qui fait référence aux parties d'un programme où une variable est accessible. Comprendre la portée est fondamental pour éviter les erreurs, comme nous l'avons appris de notre exploration des variables locales et globales. Le concept de « portée » nous permet d'utiliser le même nom pour différentes variables dans différentes parties d'un programme sans confusion.

« Les Modules et Paquets » ont été notre troisième sujet. Les modules nous aident à organiser notre code dans des fichiers séparés, chacun contenant des fonctions, des classes et des variables connexes. Pendant ce temps, les paquets regroupent les modules connexes dans une hiérarchie de répertoires. Ce mécanisme nous permet de développer des applications grandes et complexes en les divisant en parties gérables et logiquement liées.

Nous nous sommes également plongés dans le concept de récursion dans « Fonctions Récursives en Python », une technique où une fonction s'appelle elle-même. Bien que Python ait certaines limitations avec la récursion liées à la vitesse d'exécution et à l'utilisation de la mémoire, elle reste un concept clé à maîtriser, en particulier pour les problèmes qui sont naturellement récursifs, comme les parcours d'arbres et de graphes.

Enfin, nous avons mis en pratique nos connaissances avec un ensemble d'exercices. Ces exemples pratiques ont renforcé les concepts que nous avons appris et ont démontré comment ils peuvent être utilisés dans des scénarios de programmation du monde réel.

Ce chapitre nous a fait aller au-delà des bases de Python et a introduit des concepts plus avancés qui forment le cœur de nombreux programmes Python. Maîtriser ces concepts est crucial pour tout développeur Python en devenir et pose les fondations pour des sujets encore plus avancés comme la programmation orientée objet, les E/S de fichiers et l'interface avec les bases de données, entre autres.

Cependant, comme pour tout processus d'apprentissage, la compréhension vient avec la pratique. Je vous encourage à expérimenter avec les concepts introduits dans ce chapitre. Écrivez vos propres fonctions, explorez différents modules et paquets et voyez jusqu'où vous pouvez aller avec la récursion. Utilisez ces outils pour résoudre des problèmes, construire quelque chose d'utile ou simplement vous amuser.

Le véritable pouvoir de ces concepts deviendra évident à mesure que vous les appliquerez dans des situations plus complexes. Plus vous les utiliserez, plus vous vous sentirez à l'aise avec eux et mieux vous comprendrez leur potentiel. Alors continuez à expérimenter, continuez à programmer et, plus important encore, continuez à apprendre.

À mesure que nous progresserons dans ce voyage à travers Python, rappelez-vous que tous les grands Pythonistes ont commencé exactement là où vous êtes maintenant. Continuez votre excellent travail et passons au chapitre suivant !

Chapitre 5 : Approfondissement des Structures de Données

Les structures de données sont une partie essentielle de tout langage de programmation, car elles fournissent la base pour stocker, organiser et manipuler les données. Python offre une variété de structures de données polyvalentes et faciles à utiliser qui permettent un large éventail de possibilités en matière de stockage et de manipulation de données.

Dans ce chapitre, nous explorerons les structures de données intégrées de Python de manière plus détaillée, en nous concentrant sur les listes, les tuples, les ensembles et les dictionnaires. En approfondissant les concepts et fonctionnalités avancées associés à ces structures, nous pouvons élargir notre boîte à outils et acquérir une compréhension plus approfondie de la façon d'écrire des programmes Python plus puissants et efficaces.

Un aspect clé des structures de données de Python est leur capacité à gérer de grandes quantités de données, ce qui les rend idéales pour travailler avec des ensembles de données volumineux. De plus, les structures de données de Python sont très flexibles, ce qui nous permet de modifier, d'ajouter ou de supprimer des éléments selon les besoins. Cette flexibilité les rend adaptées à un large éventail d'applications, du simple stockage de données à l'analyse de données complexes.

Une autre caractéristique cruciale des structures de données de Python est leur efficacité. En utilisant des algorithmes et des structures de données optimisés, Python peut effectuer des opérations sur de grands ensembles de données rapidement et avec un minimum de surcharge. Cette efficacité est particulièrement importante pour les applications où la vitesse et les performances sont critiques, comme l'apprentissage automatique et le traitement de données.

En général, les structures de données de Python sont une partie fondamentale du langage, permettant aux développeurs de travailler avec les données de manière flexible, efficace et puissante. En maîtrisant ces structures et leurs concepts associés, nous pouvons écrire des programmes Python plus sophistiqués et rationalisés, ce qui nous permet d'être mieux préparés pour relever des défis complexes liés aux données.

5.1 Concepts Avancés sur les Listes, Tuples, Ensembles et Dictionnaires

Dans les chapitres précédents, nous avons présenté ces structures de données et passé en revue certaines de leurs fonctionnalités de base. À mesure que nous approfondissons le sujet des structures de données, il devient de plus en plus important de comprendre leurs subtilités. Pour cette raison, nous allons maintenant élargir notre discussion pour couvrir les aspects plus avancés de ces structures, en commençant par les listes.

Les listes sont une structure de données fondamentale largement utilisée en informatique et en programmation. Elles constituent une collection d'éléments stockés dans un ordre spécifique, et peuvent être modifiées en ajoutant, supprimant ou changeant des éléments. L'un des principaux avantages des listes est leur flexibilité : elles peuvent contenir n'importe quel type de données, y compris des entiers, des chaînes de caractères et même d'autres listes.

Dans cette section, nous explorerons certaines des fonctionnalités les plus complexes des listes, telles que le découpage, la concaténation et le tri. Nous discuterons également des différents types de listes, comme les listes chaînées et les listes doublement chaînées, ainsi que leurs avantages et inconvénients respectifs. À la fin de ce chapitre, vous aurez une compréhension complète des listes et de leurs caractéristiques avancées.

5.1.1 Concepts Avancés sur les Listes

Compréhensions de Listes

Les compréhensions de listes sont l'une des nombreuses fonctionnalités qui font de Python un langage de programmation populaire. Leur syntaxe unique nous permet de créer des listes de manière très concise et élégante, ce qui fait que le code en Python est souvent plus lisible que le code écrit dans d'autres langages de programmation.

En utilisant les compréhensions de listes, nous pouvons réduire le nombre de lignes de code nécessaires pour créer une liste, et nous pouvons souvent le faire plus rapidement qu'en utilisant une boucle for traditionnelle. Cette fonctionnalité de Python est particulièrement utile lorsque nous travaillons avec de grands ensembles de données ou lorsque nous devons effectuer des opérations complexes sur une liste d'éléments.

De plus, les compréhensions de listes peuvent être facilement combinées avec d'autres fonctionnalités de Python, comme les fonctions lambda ou les fonctions map() et filter(), ce qui nous permet d'écrire un code encore plus puissant et efficace. En général, les compréhensions de listes sont un outil clé dans l'arsenal de tout programmeur Python et peuvent grandement simplifier le processus d'écriture d'un code efficace et performant.

Voici un exemple :

```
numbers = [1, 2, 3, 4, 5]
squares = [number**2 for number in numbers]
```

```
print(squares)  # Outputs: [1, 4, 9, 16, 25]
```

Nous pouvons également incorporer des conditions dans nos compréhensions de listes pour ajouter plus de logique à la génération de nos listes. Par exemple, générons une liste de carrés uniquement pour les nombres pairs :

```
numbers = [1, 2, 3, 4, 5]
even_squares = [number**2 for number in numbers if number % 2 == 0]
print(even_squares)  # Outputs: [4, 16]
```

Listes Imbriquées

Les listes sont des structures de données incroyablement polyvalentes, capables de contenir n'importe quel type d'objet, y compris d'autres listes. Ces listes imbriquées peuvent servir de tableaux multidimensionnels, offrant un moyen puissant d'organiser et de stocker des données. La capacité de créer et de manipuler des listes imbriquées est une compétence fondamentale pour tout programmeur et peut être particulièrement utile dans des projets complexes comme l'analyse de données ou le développement de jeux.

En structurant soigneusement vos listes, vous pouvez vous assurer que votre code est efficace et facile à lire, ce qui facilite la collaboration avec d'autres développeurs et la construction de programmes robustes et complets. Que vous débutiez ou que vous soyez un programmeur expérimenté, comprendre comment travailler avec des listes imbriquées est une partie essentielle de tout ensemble de compétences en programmation.

Exemple :

Voici un exemple d'une matrice 2D (un tableau) représentée comme une liste de listes :

```
matrix = [[1, 2, 3], [4, 5, 6], [7, 8, 9]]
print(matrix[0])  # Outputs: [1, 2, 3]
print(matrix[1][2])  # Outputs: 6
```

Tri des Listes

Les listes Python sont une structure de données puissante qui vous permet de stocker et de manipuler des collections d'éléments. L'une des nombreuses méthodes intégrées utiles disponibles pour les listes est la méthode **sort()**. Cette méthode trie la liste sur place, ce qui signifie qu'elle modifie l'ordre des éléments dans la liste originale. Il est important de noter que la méthode **sort()** n'est définie que pour les listes et ne peut pas être utilisée avec d'autres types itérables comme les tuples ou les dictionnaires.

Cependant, il existe d'autres méthodes disponibles pour trier ces types de structures de données. Par exemple, vous pouvez utiliser la fonction **sorted()** pour trier un tuple ou un dictionnaire. Cette fonction renvoie une nouvelle liste triée, au lieu de modifier la structure de données originale sur place comme le fait la méthode **sort()**. De plus, vous pouvez utiliser la méthode **items()** pour extraire les clés et les valeurs d'un dictionnaire sous forme de liste de tuples, qui peuvent ensuite être triés en utilisant la fonction **sorted()**.

En conclusion, bien que la méthode **sort()** soit un moyen pratique de trier une liste sur place, il est important de se rappeler qu'elle n'est définie que pour les listes et ne peut pas être utilisée avec d'autres types itérables. Cependant, il existe d'autres méthodes disponibles pour trier ces types de structures de données, comme la fonction **sorted()** et la méthode **items()**, qui peuvent vous aider à obtenir le même résultat sans modifier la structure de données originale.

```
numbers = [5, 2, 3, 1, 4]
numbers.sort()
print(numbers)  # Outputs: [1, 2, 3, 4, 5]
```

Vous pouvez également trier une liste en ordre décroissant en passant l'argument **reverse=True** à la méthode **sort()** :

```
numbers = [5, 2, 3, 1, 4]
numbers.sort(reverse=True)
print(numbers)  # Outputs: [5, 4, 3, 2, 1]
```

La fonction sorted()

La fonction **sorted()** est une fonctionnalité incroyablement utile qui peut être utilisée pour trier des itérables dans une nouvelle liste, sans altérer l'itérable original. Il est important de noter que cette fonction peut être utilisée avec n'importe quel type d'itérable, pas seulement les listes. Cela signifie qu'elle peut être utilisée pour trier d'autres structures de données comme les tuples et les ensembles. De plus, la fonction **sorted()** renvoie une nouvelle liste, qui peut être utilisée conjointement avec l'itérable original.

L'un des avantages d'utiliser la fonction **sorted()** est qu'elle permet une utilisation plus efficace de la mémoire. Étant donné que la fonction crée une nouvelle liste, il est possible de stocker la nouvelle liste triée en mémoire sans avoir à se soucier de modifier l'itérable original. Cela peut être particulièrement utile lors du travail avec de grands ensembles de données qui ne peuvent pas être facilement modifiés.

Un autre avantage de la fonction **sorted()** est qu'elle est souvent plus rapide que l'utilisation de la méthode **sort()**, en particulier lorsqu'il s'agit de structures de données complexes. Cela est dû au fait que la fonction **sorted()** utilise un algorithme optimisé pour le tri, tandis que la méthode **sort()** est optimisée pour modifier les listes sur place.

En général, la fonction **sorted()** est un excellent outil pour toute personne travaillant avec des itérables. Sa capacité à trier n'importe quel type d'itérable et à créer une nouvelle liste en fait un ajout précieux à la boîte à outils de tout programmeur Python.

```
numbers = (5, 2, 3, 1, 4)  # A tuple
```

```
sorted_numbers = sorted(numbers)
print(sorted_numbers)  # Outputs: [1, 2, 3, 4, 5]
```

Découpage de Listes

Les listes Python peuvent être découpées, ce qui signifie créer une nouvelle liste à partir d'un sous-ensemble d'une liste existante. Cela peut être fait en spécifiant les positions d'index de début et de fin des éléments qui seront inclus dans la nouvelle liste.

Le découpage est une technique utile en programmation Python car elle vous permet de travailler avec des parties spécifiques d'une liste sans modifier la liste originale. Vous pouvez également utiliser le découpage pour inverser l'ordre d'une liste ou pour extraire un élément sur deux dans une liste.

De plus, vous pouvez combiner le découpage avec d'autres opérations de liste, comme la concaténation ou l'addition, pour créer des listes complexes qui répondent à vos besoins de programmation spécifiques.

Exemple :

```
numbers = [1, 2, 3, 4, 5]
middle_two = numbers[1:3]
print(middle_two)  # Outputs: [2, 3]
```

En Python, les indices des listes commencent à 0, et le découpage inclut l'indice de début mais exclut l'indice de fin. Ainsi, **numbers[1:3]** obtient les éléments aux indices 1 et 2 mais pas le 3.

Le découpage peut également être fait avec des indices négatifs, qui comptent depuis la fin de la liste. Par exemple, **numbers[-2:]** obtient les deux derniers éléments de la liste :

```
last_two = numbers[-2:]
print(last_two)  # Outputs: [4, 5]
```

Ce ne sont là que quelques-uns des outils puissants que Python fournit pour travailler avec les listes. Ils peuvent grandement simplifier votre code et le rendre plus efficace. Ensuite, nous passerons aux fonctionnalités avancées des tuples, ensembles et dictionnaires.

Maintenant, continuons et parlons davantage des autres structures : tuples, ensembles et dictionnaires.

5.1.2 Concepts Avancés sur les Tuples

Déballage de Tuples

En Python, les tuples sont une collection ordonnée d'éléments. L'une des caractéristiques uniques des tuples est le « déballage ». Le déballage est un outil puissant qui nous permet d'assigner les éléments d'un tuple à plusieurs variables à la fois.

Cela peut être particulièrement utile lors du travail avec de grands ensembles de données ou des algorithmes complexes, car cela nous permet d'accéder et de manipuler facilement des éléments spécifiques sans avoir à assigner chacun manuellement de manière individuelle.

De plus, les tuples peuvent être imbriqués, ce qui signifie qu'un tuple peut contenir un autre tuple comme l'un de ses éléments. Cela permet encore plus de flexibilité et de contrôle lors du travail avec des ensembles de données. En général, les tuples sont une structure de données utile et polyvalente en Python qui peut grandement améliorer l'efficacité et l'efficience de votre code.

Exemple :

```
coordinates = (4, 5)
x, y = coordinates
print(x)  # Outputs: 4
print(y)  # Outputs: 5
```

Tuples comme Clés de Dictionnaire

Contrairement aux listes, les tuples sont immuables, ce qui signifie qu'une fois créés, leurs valeurs ne peuvent pas être modifiées. Cela rend les tuples plus sûrs à certains égards que les listes, car cela garantit que leurs valeurs restent constantes tout au long du programme.

Cela signifie que les tuples (mais pas les listes) peuvent être utilisés comme clés dans les dictionnaires, ce qui peut être particulièrement utile dans certaines situations. Par exemple, si vous avez un dictionnaire qui associe les noms des employés à leurs salaires, vous pourriez utiliser un tuple comme clé pour représenter le nom et le département de chaque employé, de sorte que vous puissiez facilement rechercher leur salaire en utilisant une combinaison de leur nom et département comme clé.

Parce que les tuples sont immuables, ils peuvent être plus efficaces que les listes dans certaines situations, car ils nécessitent moins de mémoire pour être stockés et peuvent être accédés plus rapidement. Cependant, il est important de noter qu'en raison du fait que les tuples ne peuvent pas être modifiés une fois créés, ils peuvent ne pas être le meilleur choix pour les situations où vous devez modifier fréquemment le contenu d'une structure de données.

Exemple :

```
employee_directory = {
    ("John", "Doe"): "Front Desk",
    ("Jane", "Doe"): "Engineering",
}
print(employee_directory[("John", "Doe")])  # Outputs: "Front Desk"
```

5.1.3 Concepts Avancés sur les Ensembles

Opérations sur les Ensembles

Les ensembles en Python sont une structure de données puissante qui permet la manipulation et l'analyse efficaces des données. Avec le support de diverses opérations mathématiques comme l'union (**|**), l'intersection (**&**), la différence (**-**) et la différence symétrique (**^**), les ensembles offrent flexibilité et polyvalence dans une large gamme d'applications. Que vous travailliez avec de grands ou de petits ensembles de données, les ensembles offrent un moyen rapide et efficace d'effectuer des calculs et des opérations complexes.

De plus, les ensembles sont un outil essentiel pour tout développeur ou scientifique des données cherchant à optimiser son flux de travail et à améliorer les performances de son code. Ainsi, que vous débutiez avec Python ou que vous soyez déjà un programmeur expérimenté, maîtriser l'utilisation des ensembles est une étape essentielle pour devenir un développeur plus efficace et performant.

Exemple :

```
set1 = {1, 2, 3, 4}
set2 = {3, 4, 5, 6}
print(set1 | set2)  # Outputs: {1, 2, 3, 4, 5, 6}
print(set1 & set2)  # Outputs: {3, 4}
print(set1 - set2)  # Outputs: {1, 2}
print(set1 ^ set2)  # Outputs: {1, 2, 5, 6}
```

5.1.4 Concepts Avancés sur les Dictionnaires

Compréhensions de Dictionnaires

Similaire aux compréhensions de listes, Python supporte les compréhensions de dictionnaires qui nous permettent de construire des dictionnaires d'une manière claire et concise. Cela peut être utile lorsque nous travaillons avec de grands ensembles de données qui nécessitent un traitement rapide et efficace.

En utilisant les compréhensions de dictionnaires, nous pouvons facilement générer des dictionnaires avec des paires clé-valeur spécifiques basées sur certaines conditions. Par exemple, nous pouvons créer un nouveau dictionnaire qui n'inclut que les paires clé-valeur où la valeur est supérieure à un certain seuil. Cela peut nous aider à filtrer les données non désirées et à nous concentrer uniquement sur les informations pertinentes pour notre analyse.

Les compréhensions de dictionnaires peuvent être imbriquées dans d'autres compréhensions, comme les compréhensions de listes, pour créer des structures de données plus complexes. En général, les compréhensions de dictionnaires sont un outil puissant en Python qui peut nous aider à optimiser notre code et à le rendre plus lisible et maintenable.

Exemple :

```
numbers = [1, 2, 3, 4, 5]
squares = {number: number**2 for number in numbers}
print(squares)  # Outputs: {1: 1, 2: 4, 3: 9, 4: 16, 5: 25}
```

Accès aux Clés et aux Valeurs

Les dictionnaires sont des structures de données qui stockent des clés et des valeurs. Ils disposent de plusieurs méthodes pour accéder et manipuler leur contenu. Par exemple, vous pouvez facilement récupérer les clés et les valeurs séparément ou ensemble en utilisant des fonctions intégrées. De plus, les dictionnaires peuvent être modifiés par l'ajout, la mise à jour ou la suppression d'entrées. Les dictionnaires sont couramment utilisés en programmation pour des tâches telles que compter les occurrences d'éléments, associer des valeurs avec des clés et stocker des données de manière structurée.

Exemple :

```
employee_directory = {
    "John Doe": "Front Desk",
    "Jane Doe": "Engineering",
}
print(employee_directory.keys())  # Outputs: dict_keys(['John Doe', 'Jane Doe'])
print(employee_directory.values())      #   Outputs:   dict_values(['Front   Desk',
'Engineering'])
print(employee_directory.items())  # Outputs: dict_items([('John Doe', 'Front Desk'),
('Jane Doe', 'Engineering')])
```

Voici quelques-unes des fonctionnalités avancées des tuples, ensembles et dictionnaires. Comme nous pouvons l'observer, ces structures sont assez puissantes et flexibles, ce qui nous permet de gérer les données de diverses manières selon nos besoins. Au fur et à mesure que nous progressons dans ce chapitre, nous examinerons des structures de données plus complexes et comment nous pouvons tirer parti des fonctionnalités de Python pour travailler avec elles de manière efficace.

Plongeons un peu plus dans quelques opérations et nuances supplémentaires qui méritent d'être discutées dans le contexte des structures de données de Python.

5.1.5 Combinaison de Différentes Structures de Données

Python dispose d'une large gamme de structures de données qui peuvent être utilisées. Ces structures peuvent être combinées de manière imbriquée, ce qui permet une manipulation complexe des données. Par exemple, les dictionnaires peuvent être utilisés pour stocker des paires clé-valeur tandis que les listes peuvent être employées pour conserver une séquence de valeurs. En combinant ces deux structures de données, il est possible de créer un dictionnaire qui contient des listes.

De manière similaire, on peut créer des listes de dictionnaires pour stocker une collection de données liées. De plus, il est possible de combiner des dictionnaires pour créer un dictionnaire de dictionnaires. Cela permet une structure encore plus complexe, où les données peuvent être accédées et manipulées de manière hiérarchique. Par conséquent, les structures de données de Python sont incroyablement polyvalentes et peuvent être utilisées pour résoudre une large gamme de problèmes.

Exemple :

Voici un exemple de dictionnaire qui contient des listes :

```
employee_skills = {
    "John": ["Python", "Java"],
    "Jane": ["C++", "JavaScript"],
}
print(employee_skills["John"])  # Outputs: ["Python", "Java"]
```

Dans ce cas, nous avons un dictionnaire où les clés sont les noms des employés et les valeurs sont des listes de compétences que chaque employé possède. De cette manière, nous pouvons facilement rechercher les compétences de chaque employé.

5.1.6 Structures de Données Immuables vs Mutables

Rappelez-vous que Python est un langage de programmation qui offre une variété de structures de données pour stocker et manipuler les données. Ces structures de données se divisent en deux types : mutables et immuables. Les structures de données mutables peuvent être modifiées après avoir été créées, ce qui signifie que vous pouvez ajouter, supprimer ou modifier des éléments dans celles-ci.

Des exemples de structures de données mutables en Python incluent les listes, les ensembles et les dictionnaires. D'autre part, les structures de données immuables ne peuvent pas être modifiées après avoir été créées. Cela signifie qu'une fois que vous créez une structure de données immuable, vous ne pouvez pas ajouter, supprimer ou modifier des éléments dans celle-ci. Au lieu de cela, vous ne pouvez créer qu'une nouvelle structure de données basée sur l'originale.

Des exemples de structures de données immuables en Python incluent les tuples et les chaînes de caractères. Par conséquent, il est important de comprendre la différence entre les structures de données mutables et immuables pour choisir la bonne selon vos besoins et éviter des erreurs inattendues dans votre code.

Les listes, les ensembles et les dictionnaires sont mutables. Vous pouvez ajouter, supprimer ou modifier des éléments après que la structure ait été créée. Cela signifie que vous pouvez les modifier après les avoir créées, ce qui permet une plus grande flexibilité et polyvalence dans votre programmation. Avec les listes, vous pouvez ajouter, supprimer ou modifier des éléments selon les besoins, ce qui les rend idéales pour les situations où vous devez stocker une collection d'éléments qui peuvent changer avec le temps. Les ensembles sont similaires aux listes, mais garantissent que chaque élément est unique, ce qui les rend utiles pour des tâches comme l'élimination de doublons. Les dictionnaires, en revanche, vous permettent d'associer des valeurs avec des clés, fournissant un moyen de stocker et de récupérer des données basées sur des identifiants significatifs. En utilisant ces structures de données mutables dans votre code, vous pouvez construire des applications plus puissantes et dynamiques qui peuvent s'adapter aux circonstances et aux besoins changeants de l'utilisateur.

Les tuples et les chaînes de caractères sont immuables, ce qui signifie que leurs valeurs ne peuvent pas être modifiées une fois qu'elles ont été créées. Cette propriété les rend particulièrement utiles dans les situations où vous devez stocker des données qui ne doivent pas être modifiées accidentellement ou intentionnellement.

Par exemple, supposons que vous stockez les coordonnées d'un point dans un espace bidimensionnel. Vous pourriez utiliser un tuple pour représenter le point, avec le premier élément étant la coordonnée x et le deuxième élément étant la coordonnée y. Étant donné que les tuples sont immuables, vous pouvez être sûr que les coordonnées du point ne seront pas modifiées accidentellement, ce qui pourrait causer des erreurs dans votre programme.

De manière similaire, les chaînes de caractères sont immuables en Python, ce qui signifie que vous ne pouvez pas les modifier une fois qu'elles ont été créées. Cela les rend utiles pour stocker des données qui ne doivent pas être modifiées, comme le nom d'une personne ou le titre d'un livre.

Si vous devez changer le contenu d'un tuple ou d'une chaîne de caractères, vous devez en créer un nouveau. Par exemple, si vous souhaitez changer la valeur de la coordonnée x d'un point, vous devriez créer un nouveau tuple avec la nouvelle valeur et remplacer l'ancien par le nouveau. Bien que cela puisse sembler fastidieux, cela garantit que vos données restent cohérentes et précises, ce qui est essentiel dans de nombreuses applications de programmation.

Cette différence est importante car elle affecte la manière dont ces structures se comportent lorsque vous les utilisez dans votre code. Par exemple, étant donné que les tuples sont immuables, ils peuvent être utilisés comme clés dans les dictionnaires, alors que les listes ne le peuvent pas.

Savoir quand utiliser des structures de données mutables par rapport aux structures immuables viendra avec l'expérience et la compréhension des exigences spécifiques de votre projet.

5.1.7 Itération sur les Structures de Données

Pour être compétent en Python, il est important non seulement de maîtriser les bases, mais aussi de se plonger dans des sujets plus avancés comme l'itération efficace sur les structures de données de Python. Ceci est particulièrement important lorsqu'on traite avec des collections imbriquées, qui sont une occurrence courante lors du travail avec des données complexes. Heureusement, Python offre plusieurs façons d'itérer sur les collections, y compris les boucles for, les boucles while et les compréhensions de listes, chacune avec ses propres cas d'utilisation et avantages uniques.

De plus, il est important de noter que comprendre comment itérer efficacement sur les structures de données n'est qu'une pièce du puzzle lorsqu'il s'agit de devenir un programmeur Python compétent. D'autres sujets importants à explorer incluent la programmation orientée objet, la gestion des erreurs et le travail avec des bibliothèques externes. En continuant à apprendre et à pratiquer ces sujets avancés, vous pouvez faire passer vos compétences Python au niveau supérieur et devenir un véritable expert du langage.

Enumerate

La fonction **enumerate()** est une fonction intégrée de Python qui vous permet d'itérer sur un objet itérable avec un indice. Elle retourne un tuple où le premier élément est l'indice et le deuxième élément est l'élément correspondant de l'itérable.

Cela peut être particulièrement utile lorsque vous souhaitez suivre la position des éléments dans une liste ou un autre objet itérable. Par exemple, vous pouvez utiliser **enumerate()** pour parcourir une liste d'éléments et imprimer à la fois l'indice et la valeur de chaque élément. Vous pouvez également utiliser **enumerate()** pour créer un dictionnaire où les clés sont les indices et les valeurs sont les éléments correspondants de l'itérable. Dans l'ensemble, la fonction **enumerate()** est un excellent outil pour travailler avec des objets itérables en Python.

Exemple :

```python
languages = ["Python", "Java", "C++", "JavaScript"]
for i, language in enumerate(languages):
    print(f"Language {i}: {language}")
```

Items (Éléments)

Lorsque vous itérez sur un dictionnaire, l'utilisation de la méthode **.items()** vous permettra d'accéder à la fois à la clé et à la valeur en même temps. Cela peut être utile pour une variété d'objectifs, comme manipuler les valeurs ou les clés, ou effectuer des calculs basés sur les deux.

De plus, la méthode **.items()** peut être utilisée conjointement avec plusieurs autres fonctions et méthodes Python, comme **sorted()**, pour manipuler davantage les données contenues dans le dictionnaire. En tirant parti des nombreuses méthodes et fonctions intégrées dans Python, vous pouvez considérablement étendre la fonctionnalité et l'utilité de votre code, tout en facilitant sa lecture et sa maintenance au fil du temps.

Exemple :

```python
employee_skills = {
    "John": ["Python", "Java"],
    "Jane": ["C++", "JavaScript"],
}
for name, skills in employee_skills.items():
    print(f"{name} knows {', '.join(skills)}.")
```

5.1.8 Autres Fonctions Intégrées pour les Structures de Données

Python fournit de nombreuses fonctions intégrées utiles qui peuvent être extrêmement pratiques lors du travail avec des collections. Ces fonctions facilitent non seulement la manipulation de données, mais peuvent également vous faire gagner du temps et des efforts.

Par exemple, la fonction **len()** peut être utilisée rapidement pour déterminer la longueur d'une collection, ce qui peut être utile lorsque vous devez savoir combien d'éléments se trouvent dans une liste ou un tuple. De manière similaire, les fonctions **max()** et **min()** vous permettent de trouver facilement les valeurs maximale et minimale d'une collection, respectivement.

Une autre fonction utile est **sorted()**, qui peut être utilisée pour trier une collection par ordre croissant ou décroissant. Cela peut être pratique lorsque vous devez organiser rapidement des données ou lorsque vous souhaitez présenter des données dans un ordre particulier.

En résumé, les fonctions intégrées de collections de Python peuvent être extrêmement utiles lors du travail avec des données. Que vous ayez besoin de déterminer la longueur d'une collection, de trouver ses valeurs maximale ou minimale, ou de la trier dans un ordre spécifique, ces fonctions peuvent vous faire gagner du temps et rendre votre code plus efficace.

```
numbers = [4, 2, 9, 7]
print(len(numbers))    # Outputs: 4
print(max(numbers))    # Outputs: 9
print(min(numbers))    # Outputs: 2
print(sorted(numbers))  # Outputs: [2, 4, 7, 9]
```

Ces fonctionnalités ajoutent de la polyvalence aux structures de données intégrées de Python. Plus vous vous familiariserez avec elles, plus vous pourrez gérer efficacement les tâches de manipulation de données dans vos programmes Python.

Avec ces informations supplémentaires, nous avons couvert la plupart des concepts avancés liés aux structures de données intégrées de Python. Ensuite, nous plongerons dans certaines structures plus spécialisées que Python fournit, telles que les piles, les files d'attente et d'autres.

5.2 Implémentation de Structures de Données (Pile, File d'attente, Liste Chaînée, etc.)

Les langages de programmation sont des outils incroyablement puissants qui peuvent manipuler les structures de données de nombreuses façons. En Python, nous disposons de plusieurs structures de données intégrées comme les listes, les tuples, les ensembles et les dictionnaires qui peuvent nous aider à effectuer une variété de tâches. Ce qui rend Python si spécial, cependant, c'est sa capacité à travailler avec des structures de données encore plus complexes.

Par exemple, Python nous permet d'implémenter des piles, qui sont une collection d'éléments qui peuvent être ajoutés ou supprimés dans un ordre spécifique. Nous pouvons également utiliser des files d'attente, qui sont similaires aux piles mais fonctionnent selon le principe du « premier entré, premier sorti ».

Et si nous avons besoin de structures de données encore plus avancées, Python nous permet de créer des listes chaînées, qui sont des chaînes de nœuds qui peuvent être facilement parcourus et manipulés. Avec tous ces outils à notre disposition, Python se distingue vraiment comme l'un des langages de programmation les plus polyvalents et puissants disponibles.

5.2.1 Pile

Une pile est une structure de données Last-In-First-Out (LIFO) qui fonctionne selon le principe d'ajouter et de supprimer des éléments depuis le sommet. Cela signifie que le dernier élément ajouté à la pile sera le premier à être supprimé. C'est comme une pile d'assiettes ; vous pouvez ajouter une nouvelle assiette au sommet et vous ne pouvez retirer que l'assiette du sommet.

En informatique, les piles sont utilisées pour gérer les appels de fonctions, suivre l'état du programme et évaluer les expressions. Elles sont populaires dans une variété de langages de programmation, y compris Python, Java et C++.

Nous pouvons utiliser une liste Python comme une pile. La méthode **append()** peut être utilisée pour ajouter un élément au sommet de la pile, et la méthode **pop()** peut être utilisée pour supprimer un élément du sommet. Une chose à noter est que la méthode **pop()** renvoie l'élément supprimé, vous pouvez donc le stocker dans une variable si nécessaire. De plus, vous pouvez utiliser la méthode **len()** pour obtenir le nombre d'éléments dans la pile.

Dans l'ensemble, les piles sont une structure de données fondamentale en informatique et comprendre comment elles fonctionnent est essentiel pour développer des algorithmes et des programmes efficaces.

Exemple :

Voici un exemple de la façon dont nous pouvons implémenter une pile en Python :

```python
stack = []

# Push elements onto stack
stack.append('A')
stack.append('B')
stack.append('C')
print(f"Stack: {stack}")  # Outputs: ['A', 'B', 'C']

# Pop elements from stack
print(f"Popped: {stack.pop()}")  # Outputs: 'C'
print(f"Stack after pop: {stack}")  # Outputs: ['A', 'B']
```

5.2.2 File d'attente

Une file d'attente est une structure de données qui suit le principe Premier Entré, Premier Sorti (FIFO), ce qui signifie que le premier élément ajouté à la file d'attente sera le premier à être retiré. Cela peut être comparé à une file d'attente dans la vie réelle, où la première personne dans la file est la première à être servie. Le concept de files d'attente est largement utilisé en informatique, en particulier dans les systèmes d'exploitation et les protocoles réseau.

Le module **collections** de Python fournit un objet **deque** qui peut être utilisé comme une file d'attente. Un deque est une file d'attente à double extrémité qui permet l'ajout et la suppression efficaces d'éléments depuis les deux extrémités. En plus de la méthode **append()** pour ajouter un élément à la fin de la file d'attente, on peut utiliser la méthode **appendleft()** pour ajouter un élément au début. De manière similaire, en plus de la méthode **popleft()** pour retirer un élément du début, on peut utiliser la méthode **pop()** pour retirer un élément de la fin de la file d'attente.

De plus, les files d'attente peuvent être implémentées de diverses manières, comme en utilisant des tableaux ou des listes chaînées. Chaque implémentation a ses propres avantages et inconvénients, et choisir l'implémentation appropriée dépend du cas d'usage spécifique. Par exemple, une file d'attente basée sur un tableau peut être plus efficace pour les petites files d'attente avec une taille fixe, tandis qu'une file d'attente basée sur une liste chaînée peut être plus efficace pour les files d'attente grandes ou dynamiques.

Voici un exemple :

```
from collections import deque

queue = deque()

# Enqueue elements
queue.append('A')
queue.append('B')
queue.append('C')
print(f"Queue: {list(queue)}")  # Outputs: ['A', 'B', 'C']

# Dequeue elements
print(f"Dequeued: {queue.popleft()}")  # Outputs: 'A'
print(f"Queue after dequeue: {list(queue)}")  # Outputs: ['B', 'C']
```

5.2.3 Listes Chaînées

Une liste chaînée est une structure de données qui consiste en nœuds, où chaque nœud contient un fragment de données et une référence au nœud suivant dans la séquence. Les listes chaînées peuvent être à liaison simple, où chaque nœud a une référence au nœud suivant, ou à liaison double, où chaque nœud a une référence à la fois au nœud suivant et au nœud précédent.

Les listes chaînées sont fréquemment utilisées en informatique et en programmation en raison de leur flexibilité et de leur capacité à stocker et récupérer des données de manière efficace. Elles sont particulièrement utiles pour les situations où la taille des données est inconnue ou peut changer fréquemment, car les nœuds peuvent être ajoutés ou supprimés de la liste selon les besoins. Les listes chaînées peuvent être utilisées comme un bloc de construction pour d'autres structures de données, telles que les piles ou les files d'attente.

Exemple :

Voici un exemple de la façon dont nous pouvons implémenter une liste chaînée simple en Python :

```python
class Node:
    def __init__(self, data=None):
        self.data = data
        self.next = None

class LinkedList:
    def __init__(self):
        self.head = Node()

    def append(self, data):
        new_node = Node(data)
        if self.head.data is None:
            self.head = new_node
        else:
            cur_node = self.head
            while cur_node.next:
                cur_node = cur_node.next
            cur_node.next = new_node

    def display(self):
        elements = []
        cur_node = self.head
        while cur_node:
            elements.append(cur_node.data)
            cur_node = cur_node.next
        return elements

my_list = LinkedList()
my_list.append('A')
my_list.append('B')
my_list.append('C')
print(my_list.display())  # Outputs: ['A', 'B', 'C']
```

5.2.4 Arbres

Un arbre est une structure de données non linéaire qui simule une structure hiérarchique d'arbre avec un ensemble de nœuds connectés. Le nœud supérieur est appelé racine. Chaque nœud de l'arbre contient ses propres données et une liste de ses enfants.

L'utilisation des arbres est omniprésente en informatique, avec des applications dans des domaines tels que les systèmes de fichiers, l'indexation de bases de données et les graphiques informatiques. Par exemple, un système de fichiers pourrait utiliser une structure arborescente pour organiser les fichiers et dossiers, le nœud racine représentant le répertoire de niveau supérieur. Dans une base de données, un arbre pourrait être utilisé pour indexer des enregistrements basés sur une clé hiérarchique, comme l'emplacement d'un utilisateur dans l'organigramme d'une entreprise. En graphiques informatiques, une structure arborescente peut être utilisée pour représenter un graphe de scène, où chaque nœud représente un objet dans la scène et sa position relative par rapport aux autres objets.

Malgré leur polyvalence, les arbres peuvent être une structure de données difficile à manipuler, en particulier pour les grands ensembles de données. Les opérations telles que la recherche et l'insertion peuvent avoir une complexité temporelle dans le pire des cas de O(n), où n est le nombre de nœuds dans l'arbre. Cela a conduit au développement de plusieurs techniques d'optimisation, telles que les arbres auto-équilibrés et les arbres B, qui peuvent améliorer les performances des algorithmes basés sur les arbres.

Exemple :

```
Voici un programme Python simple pour créer un arbre :
class Node:
    def __init__(self, data=None):
        self.data = data
        self.children = []

def add_child(node, data):
    node.children.append(Node(data))

root = Node('A')
add_child(root, 'B')
add_child(root, 'C')
```

La structure de données et les algorithmes que vous utiliserez dépendent en grande partie des paramètres spécifiques de votre problème, y compris la taille de l'ensemble de données et les opérations que vous devez effectuer sur les données. Apprendre ces structures vous aidera à sélectionner la solution la plus efficace pour votre tâche particulière. Il convient également de mentionner que Python dispose de plusieurs bibliothèques comme heapq, bisect, queue, struct, array, qui pourraient également être utilisées pour utiliser des structures de données plus spécialisées et accomplir diverses tâches.

5.3 Fonctions et Méthodes des Structures de Données Intégrées

Python est un langage de programmation puissant qui offre une large gamme de fonctions et méthodes intégrées. Ces fonctions et méthodes facilitent le travail avec les structures de données, même pour les débutants.

Par exemple, Python fournit une variété de fonctions pour travailler avec les listes, tuples et dictionnaires. Ces fonctions incluent append(), insert(), remove(), pop() et index(). De plus, les méthodes intégrées de Python comme sort() et reverse() permettent la manipulation facile des listes.

Les fonctions et méthodes intégrées de Python aident à rationaliser les tâches de programmation et réduisent la quantité de code qui doit être écrit, ce qui en fait un choix populaire pour les programmeurs de tous niveaux.

Voici un résumé :

- **len()** : Renvoie le nombre d'éléments dans un conteneur.

```
my_list = [1, 2, 3, 4, 5]
print(len(my_list))  # Outputs: 5
```

- **sort()** : Trie les éléments d'une liste par ordre croissant.

```
my_list = [5, 3, 1, 4, 2]
my_list.sort()
print(my_list)  # Outputs: [1, 2, 3, 4, 5]
```

- **min() et max()** : Renvoie respectivement les éléments les plus petits et les plus grands.

```
my_list = [5, 3, 1, 4, 2]
print(min(my_list))  # Outputs: 1
print(max(my_list))  # Outputs: 5
```

- **Compréhensions de Liste** : Fournit une façon compacte de filtrer et modifier les éléments d'une liste.

```
my_list = [1, 2, 3, 4, 5]
squares = [x**2 for x in my_list if x % 2 == 0]
print(squares)  # Outputs: [4, 16]
```

5.4 Module Collections de Python

Le module **collections** de Python est une excellente ressource pour les développeurs qui cherchent à travailler avec différentes structures de données. En plus de celles intégrées, le module offre une variété de structures de données spécialisées qui peuvent aider à optimiser les performances et simplifier le code.

Par exemple, la classe **defaultdict** est une sous-classe de la classe **dict** intégrée qui initialise automatiquement les clés manquantes avec une valeur par défaut. Une autre structure de données utile est la classe **Counter**, qui vous permet de compter les occurrences d'éléments dans une liste ou un autre itérable. En tirant parti de ces structures de données supplémentaires, les développeurs peuvent écrire un code plus efficace et performant.

Voici une brève introduction :

- **Counter** : Une sous-classe de dict pour compter les objets hachables.

```
from collections import Counter
c = Counter('hello world')
print(c)  # Outputs: Counter({'l': 3, 'o': 2, 'h': 1, 'e': 1, ' ': 1, 'w': 1, 'r': 1,
'd': 1})
```

- **defaultdict** : Une sous-classe de dict qui appelle une fonction factory pour fournir les valeurs manquantes.

```
from collections import defaultdict
d = defaultdict(int)
d['missing']
print(d)  # Outputs: defaultdict(<class 'int'>, {'missing': 0})
```

- **OrderedDict** : Une sous-classe de dict qui se souvient de l'ordre dans lequel les entrées ont été ajoutées.

```
from collections import OrderedDict
d = OrderedDict()
d['a'] = 1
d['b'] = 2
print(d)  # Outputs: OrderedDict([('a', 1), ('b', 2)])
```

- **deque** : Un conteneur semblable à une liste avec des ajouts et suppressions rapides aux deux extrémités.

```
from collections import deque
d = deque()
d.append('a')
d.append('b')
```

```
print(d)  # Outputs: deque(['a', 'b'])
```

- **namedtuple** : Génère des sous-classes de tuple avec des champs nommés.

```
from collections import namedtuple
Point = namedtuple('Point', ['x', 'y'])
p = Point(1, y=2)
print(p)  # Outputs: Point(x=1, y=2)
```

5.5 Mutabilité et Immuabilité

En Python, les objets sont mutables ou immuables. Les objets mutables peuvent être modifiés après leur création, tandis que les objets immuables ne peuvent pas l'être. Connaître la mutabilité de la structure de données avec laquelle vous travaillez est crucial, car cela peut affecter la manière dont vous manipulez les données.

Par exemple, avec les objets mutables, vous pouvez ajouter ou supprimer des éléments d'une liste, tandis qu'avec les objets immuables, vous devez créer un nouvel objet si vous souhaitez effectuer un quelconque changement. Cela signifie que si vous travaillez avec un grand ensemble de données, comprendre la mutabilité des objets que vous utilisez peut avoir un impact significatif sur les performances de votre code.

Connaître la mutabilité d'un objet peut vous aider à éviter des erreurs ou des défaillances inattendues dans votre code, car vous pouvez mieux anticiper comment l'objet se comportera lorsque vous le manipulez. Par conséquent, il est important de toujours considérer la mutabilité des objets lors du travail avec Python, et d'utiliser cette connaissance pour écrire un code plus efficace, robuste et exempt d'erreurs.

Par exemple, les listes sont mutables : vous pouvez modifier leur contenu :

```
my_list = [1, 2, 3]
my_list[0] = 10
print(my_list)  # Outputs: [10, 2, 3

]
```

Cependant, les tuples sont immuables ; tenter de modifier leur contenu entraîne une erreur :

```
my_tuple = (1, 2, 3)
my_tuple[0] = 10  # Raises a TypeError
```

Comprendre le comportement de ces fonctions, modules et concepts peut grandement améliorer votre utilisation des riches structures de données de Python.

5.6 Exercices Pratiques

Exercice 1 : Implémentation d'une Pile

```python
# In Python, we can implement a stack by simply using a list where we use the append()
method for push operation and pop() method for pop operation.

class Stack:
    def __init__(self):
        self.stack = []

    def push(self, item):
        self.stack.append(item)

    def pop(self):
        if len(self.stack) < 1:
            return None
        return self.stack.pop()

    def size(self):
        return len(self.stack)

s = Stack()
s.push("A")
s.push("B")
s.push("C")
print(s.size()) # outputs: 3
print(s.pop())  # outputs: C
print(s.size()) # outputs: 2
```

Exercice 2 : Implémentation d'une File

```python
# Queue in Python can be implemented using deque class from the collections module.
Deque is preferred over list in the cases where we need quicker append and pop
operations from both the ends of container, as deque provides an O(1) time complexity
for append and pop operations as compared to list which provides O(n) time complexity.

from collections import deque

class Queue:
    def __init__(self):
        self.queue = deque()

    def enqueue(self, item):
        self.queue.append(item)

    def dequeue(self):
        if len(self.queue) < 1:
            return None
        return self.queue.popleft()
```

```
    def size(self):
        return len(self.queue)

q = Queue()
q.enqueue("A")
q.enqueue("B")
q.enqueue("C")
print(q.size())   # outputs: 3
print(q.dequeue())   # outputs: A
print(q.size())   # outputs: 2
```

Exercice 3 : Utilisation des Compréhensions de Listes

Écrivez une compréhension de liste qui élève au carré les nombres pairs de 0 à 10.

```
squares = [i ** 2 for i in range(11) if i % 2 == 0]
print(squares)   # outputs: [0, 4, 16, 36, 64, 100]
```

Exercice 4 : Implémenter une Liste Chaînée

Ceci est un exercice plus avancé. Essayez d'implémenter une liste chaînée simple avec des objets **Node**.

```
class Node:
    def __init__(self, data=None):
        self.data = data
        self.next = None

class LinkedList:
    def __init__(self):
        self.head = None

    def insert(self, data):
        if not self.head:
            self.head = Node(data)
        else:
            current = self.head
            while current.next:
                current = current.next
            current.next = Node(data)
```

Chaque exercice offre une opportunité d'appliquer les concepts couverts dans ce chapitre, aidant à consolider vos connaissances et votre compréhension des structures de données Python.

Conclusion du Chapitre 5

Dans ce chapitre, « Plongée Profonde dans les Structures de Données », nous avons couvert un ensemble étendu des structures de données fondamentales et avancées de Python, qui sont essentielles pour écrire du code efficace et élégant.

Les structures de données sont les principaux blocs de construction de tout développement logiciel, et Python offre un ensemble complet de structures de données intégrées, ce qui en fait un excellent choix pour les programmeurs. Nous avons commencé par explorer des concepts avancés dans les listes, tuples, ensembles et dictionnaires, qui sont les structures de données intégrées de Python. Nous avons compris que ces structures fournissent une manière flexible de gérer et d'organiser les données, offrant diverses méthodes pour manipuler et interagir avec les données qui y sont stockées. Leur nature dynamique, ce qui signifie que leur taille et leur type peuvent être modifiés, confère à Python un avantage significatif dans la gestion des données.

Ensuite, nous nous sommes plongés dans le domaine des structures de données définies par l'utilisateur plus complexes, en implémentant les concepts de base de pile, file, liste chaînée et arbre de recherche binaire à partir de zéro. Nous nous sommes rendu compte que bien que Python dispose de structures de données intégrées pour gérer la plupart des scénarios, parfois, pour des problèmes plus complexes, créer une structure de données personnalisée peut conduire à un code plus efficace et lisible.

Nous avons également discuté du concept d'immuabilité, qui est essentiel lorsqu'on travaille avec des tuples et des ensembles. Cette caractéristique les rend idéaux pour les cas d'usage où l'intégrité des données est cruciale et où les données ne doivent pas être modifiées après leur création.

Ensuite, nous avons abordé le concept de gestion de la mémoire en Python. Comprendre cela est fondamental lorsqu'on travaille avec de grands ensembles de données, car l'efficacité de la mémoire peut affecter considérablement les performances.

Enfin, nous vous avons fourni un ensemble d'exercices pratiques pour que vous pratiquiez et appliquiez ce que vous avez appris dans ce chapitre. Ces exercices sont conçus pour vous mettre au défi et vous assurer que vous comprenez les concepts de base à un niveau profond.

De la manipulation de base des listes à la création de structures complexes comme les arbres binaires, ce chapitre vous a fourni les outils et la compréhension dont vous avez besoin pour maîtriser les structures de données en Python. Cette connaissance n'est pas seulement théorique ; elle est hautement pratique et sera utilisée continuellement à mesure que vous approfondirez la programmation avec Python. Vous devriez maintenant vous sentir à l'aise en travaillant avec une variété de structures de données, en comprenant leurs forces et leurs faiblesses, et en sachant quand utiliser chacune.

Dans les chapitres suivants, nous continuerons à construire sur ces fondations tout en explorant des aspects plus avancés de Python et SQL. Rappelez-vous que maîtriser les structures de données est une partie fondamentale pour devenir un programmeur compétent, et les concepts appris dans ce chapitre vous soutiendront dans la résolution de problèmes plus complexes dans votre parcours de programmation. Continuez à pratiquer, continuez à expérimenter et continuez à perfectionner vos compétences.

Chapitre 6 : Programmation Orientée Objet en Python

Dans le monde de la programmation, la Programmation Orientée Objet (POO) est un paradigme populaire et efficace qui utilise le concept d'« objets » pour concevoir des applications et des logiciels. Ce paradigme de programmation s'articule autour de l'idée de créer des objets qui possèdent des propriétés et des méthodes spécifiques pouvant être manipulés et contrôlés au sein de l'environnement de programmation. Avec la POO, la programmation devient plus intuitive et gérable en créant du code modulaire et réutilisable.

Python est un langage de programmation orienté objet qui a gagné en popularité grâce à sa facilité d'utilisation et sa polyvalence. Presque tout en Python est un objet, ce qui signifie que vous pouvez manipuler et contrôler ces objets avec aisance. En effet, Python dispose d'une vaste bibliothèque d'objets intégrés et de modules qui rendent la programmation en Python très simple.

Dans ce chapitre, nous vous présenterons les principes fondamentaux de la programmation orientée objet en Python. Nous nous concentrerons sur les classes, les objets et l'héritage, des concepts essentiels pour comprendre le fonctionnement de Python. À la fin de ce chapitre, vous aurez une compréhension solide de la programmation orientée objet en Python et vous serez en bonne voie pour maîtriser ce puissant paradigme de programmation.

Plongeons-nous dans notre premier sujet !

6.1 Classes, Objets et Héritage

En Python, une classe est un concept fondamental utilisé pour créer des objets, qui sont des instances de la classe. Une classe est, en essence, un plan pour créer des objets, fournissant des valeurs initiales pour l'état (variables membres ou attributs) et des implémentations de comportement (fonctions membres ou méthodes).

Dans la programmation orientée objet, les classes sont importantes car elles vous permettent de modéliser des systèmes complexes de manière intuitive et modulaire. En encapsulant la fonctionnalité au sein d'une classe, vous pouvez créer un design propre et réutilisable qui favorise la séparation des préoccupations et réduit la complexité de votre code.

De plus, l'utilisation de classes en Python permet la création de types de données personnalisés qui peuvent être utilisés de diverses façons. Par exemple, vous pourriez créer une classe qui représente une personne, avec des attributs tels que le nom, l'âge et l'adresse, et des méthodes qui vous permettent d'interagir avec cette personne. Cela peut être utile dans de nombreuses applications différentes, de la construction d'interfaces graphiques utilisateur à la création de structures de données.

En général, comprendre les classes en Python est essentiel pour une programmation orientée objet efficace et peut vous aider à créer un code plus modulaire, réutilisable et maintenable.

Exemple :

Comprenons cela à travers un exemple simple :

```python
# Define a class
class Dog:
    # A simple class attribute
    species = "Canis Familiaris"

    # Initializer / instance attributes
    def __init__(self, name, age):
        self.name = name
        self.age = age

    # instance method
    def description(self):
        return f"{self.name} is {self.age} years old"

    # another instance method
    def speak(self, sound):
        return f"{self.name} says {sound}"

# Create instances of the Dog class
buddy = Dog("Buddy", 9)
miles = Dog("Miles", 4)

# Access the instance attributes
print(buddy.description())  # output: Buddy is 9 years old
print(miles.description())  # output: Miles is 4 years old

# Call our instance methods
print(buddy.speak("Woof Woof"))  # output: Buddy says Woof Woof
print(miles.speak("Bow Wow"))  # output: Miles says Bow Wow
```

Dans cet exemple, **Dog** est une classe avec l'attribut de classe **species**, et possède la méthode **_init_** qui agit comme un constructeur pour initialiser les nouveaux objets de cette classe. Les méthodes **description** et **speak** sont des comportements que les objets de la classe **Dog** peuvent effectuer.

Voyons maintenant l'héritage, qui est une façon de créer une nouvelle classe en utilisant les détails d'une classe existante sans la modifier. La classe nouvellement formée est une classe dérivée (ou classe enfant). La classe existante est une classe de base (ou classe parent).

```python
# Parent class
class Bird:
    def __init__(self):
        print("Bird is ready")

    def whoisThis(self):
        print("Bird")

    def swim(self):
        print("Swim faster")

# Child class
class Penguin(Bird):
    def __init__(self):
        # call super() function
        super().__init__()
        print("Penguin is ready")

    def whoisThis(self):
        print("Penguin")

    def run(self):
        print("Run faster")

peggy = Penguin()
peggy.whoisThis()  # Output: Penguin
peggy.swim()  # Output: Swim faster
peggy.run()  # Output: Run faster
```

Dans cet exemple, nous avons deux classes **Bird** (classe parente) et **Penguin** (classe enfant). La classe enfant hérite des fonctions de la classe parente. Nous pouvons le constater à partir de la méthode **swim**. De plus, la classe enfant modifie le comportement de la classe parente. Nous pouvons le constater à partir de la méthode **whoisThis**. En outre, la classe enfant étend les fonctionnalités.

super() est une fonction intégrée puissante en Python, conçue pour renvoyer un objet temporaire de la superclasse, ce qui permet au développeur d'appeler les méthodes de cette superclasse. Cela est utile dans les cas où une sous-classe doit hériter et étendre les fonctionnalités de sa superclasse.

Pour illustrer cela, considérons un scénario hypothétique où vous développez un système logiciel pour gérer un zoo. Vous construisez une hiérarchie de classes, en commençant par une classe Animal qui représente les caractéristiques communes à tous les animaux du zoo. Ensuite, vous créez une classe Bird qui hérite de la classe Animal et ajoute des caractéristiques spécifiques aux oiseaux. Enfin, vous créez une classe Penguin qui hérite de la classe Bird, en ajoutant des caractéristiques spécifiques aux manchots.

Maintenant, imaginez que vous souhaitez réutiliser une partie du code de la classe Animal dans la classe Bird. Vous pourriez copier et coller le code, mais cela serait fastidieux et sujet aux erreurs. Au lieu de cela, vous pouvez utiliser **super()** pour appeler l'initialiseur de la classe Animal dans l'initialiseur de la classe Bird, comme ceci :

```python
class Animal:
    def __init__(self, name, species):
        self.name = name
        self.species = species

class Bird(Animal):
    def __init__(self, name, species, wingspan):
        super().__init__(name, species)
        self.wingspan = wingspan
```

Ce code crée une classe Bird qui possède toutes les propriétés de la classe Animal, ainsi qu'une propriété wingspan. En utilisant **super().__init__()** dans l'initialiseur de la classe Bird, nous pouvons réutiliser le code de la classe Animal sans le dupliquer.

Dans des hiérarchies plus grandes et complexes, cette technique devient particulièrement utile, car elle peut aider à éviter la duplication de code et facilite la mise à jour ou la modification de vos classes. En utilisant **super()**, vous pouvez créer une hiérarchie de classes flexible et extensible qui est facile à maintenir et à modifier au fil du temps.

Voici un autre exemple qui pourrait aider à illustrer ce concept :

```python
class Rectangle:
    def __init__(self, length, width):
        self.length = length
        self.width = width

    def area(self):
        return self.length * self.width

    def perimeter(self):
        return 2 * self.length + 2 * self.width

# Here we declare that the Square class inherits from the Rectangle class
class Square(Rectangle):
    def __init__(self, length):
        super().__init__(length, length)

square = Square(4)
print(square.area())  # Output: 16
print(square.perimeter())  # Output: 16
```

Dans cet exemple, **Square** est une sous-classe de **Rectangle**. Nous utilisons **super()** pour appeler le **_init_()** de la classe **Rectangle**, ce qui nous permet de l'utiliser dans la classe **Square**. Cela définit à la fois la longueur et la largeur à la même valeur donnée, créant ainsi effectivement un carré. Maintenant, la classe **Square** peut utiliser les méthodes **area** et **perimeter** de la classe **Rectangle**, réduisant à nouveau la redondance dans notre code.

Cela met en évidence la puissance de l'héritage et l'utilisation de **super()** : vous pouvez facilement construire sur des classes, en réutilisant et en modifiant le code selon les besoins.

Surcharge de méthodes

Dans la Programmation Orientée Objet (POO), la surcharge de méthodes est une fonctionnalité puissante qui permet à une sous-classe de fournir une implémentation différente pour une méthode qui a déjà été définie dans sa superclasse. Ce principe de conception orientée objet s'applique lorsqu'une sous-classe souhaite modifier ou étendre le comportement de sa superclasse. Essentiellement, la surcharge de méthodes est un moyen de personnaliser le comportement d'une méthode existante pour qu'elle corresponde mieux aux besoins de la sous-classe.

De plus, la surcharge de méthodes est un aspect clé du polymorphisme dans la POO. Cela signifie que la même méthode peut être appelée sur des objets de différentes classes, et chaque objet répondra avec sa propre implémentation de la méthode. Il s'agit d'une fonctionnalité incroyablement utile pour concevoir des systèmes logiciels à grande échelle car elle permet aux programmeurs d'écrire du code qui soit réutilisable et flexible.

Il est important de noter que lors de la surcharge d'une méthode, la sous-classe doit respecter la signature de la méthode de la superclasse. La signature de la méthode comprend le nom de la méthode, le nombre de paramètres et les types des paramètres. En conservant la signature de la méthode, la sous-classe garantit qu'elle peut être utilisée de la même manière que la méthode de la superclasse qu'elle surcharge.

En résumé, la surcharge de méthodes est une caractéristique fondamentale de la POO qui permet à une sous-classe de personnaliser le comportement d'une méthode qui a déjà été définie dans sa superclasse. Cette fonctionnalité est essentielle pour créer du code réutilisable et flexible dans les systèmes logiciels à grande échelle, et elle constitue un aspect clé du polymorphisme.

Voici comment fonctionnerait la surcharge de méthodes :

```
class Bird:
    def intro(self):
        print("There are many types of birds.")

    def flight(self):
        print("Most of the birds can fly but some cannot.")

class Sparrow(Bird):
    def flight(self):
```

```
        print("Sparrows can fly.")
class Ostrich(Bird):
    def flight(self):
        print("Ostriches cannot fly.")

b1 = Bird()
b2 = Sparrow()
b3 = Ostrich()

b1.intro()
b1.flight()

b2.intro()
b2.flight()

b3.intro()
b3.flight()
```

Lorsque vous exécutez ce code, vous verrez que lorsque la méthode **flight** est appelée sur une instance de la classe **Sparrow** ou **Ostrich**, c'est la méthode surchargée dans la sous-classe qui est utilisée plutôt que celle de la classe **Bird**. Il s'agit d'un aspect central du fonctionnement de l'héritage en Python et dans de nombreux autres langages orientés objet, ce qui permet un haut degré de réutilisation du code et de modularité.

Avec la surcharge de méthodes, vous pouvez personnaliser le comportement des méthodes de la classe parente selon les besoins de votre sous-classe, ce qui en fait un outil puissant pour créer des structures de code flexibles et organisées.

6.2 Polymorphisme et Encapsulation

6.2.1 Polymorphisme

Dans la programmation orientée objet, le polymorphisme fait référence à la capacité d'un objet à prendre de nombreuses formes. Cela signifie qu'une seule classe peut être utilisée de multiples façons, ou qu'une classe enfant peut changer la façon dont certaines méthodes se comportent par rapport à sa classe parente.

Le polymorphisme est un outil puissant pour les développeurs de logiciels, car il permet un code plus flexible et adaptable. Par exemple, imaginez un programme qui gère différents types de formes, comme des cercles, des carrés et des rectangles. Au lieu de créer des classes séparées pour chaque forme, un développeur pourrait créer une seule classe « Shape » qui définit des propriétés et des méthodes de base, puis créer des classes enfants pour chaque forme spécifique.

Ces classes enfants pourraient avoir leurs propres propriétés et méthodes uniques, mais elles hériteraient également des propriétés et des méthodes de la classe parente « Shape ». Cela signifie que le développeur pourrait écrire du code qui fonctionne avec n'importe quel type de forme, sans avoir à se soucier des détails spécifiques de chaque forme.

De plus, si le développeur a besoin d'ajouter un nouveau type de forme au programme, il peut simplement créer une nouvelle classe enfant qui hérite de la classe « Shape ». Cela rend le code plus évolutif et plus facile à maintenir au fil du temps.

En conclusion, le polymorphisme est un concept clé de la programmation orientée objet qui permet un code plus flexible, adaptable et évolutif. En utilisant efficacement le polymorphisme, les développeurs peuvent créer des programmes qui sont plus faciles à comprendre, à modifier et à étendre au fil du temps.

Exemple :

La meilleure façon de comprendre cela est à travers un exemple.

```python
class Bird:
    def intro(self):
        print("There are many types of birds.")

    def flight(self):
        print("Most of the birds can fly but some cannot.")

class Sparrow(Bird):
    def flight(self):
        print("Sparrows can fly.")

class Ostrich(Bird):
    def flight(self):
        print("Ostriches cannot fly.")

obj_bird = Bird()
obj_spr = Sparrow()
obj_ost = Ostrich()

obj_bird.intro()
obj_bird.flight()

obj_spr.intro()
obj_spr.flight()

obj_ost.intro()
obj_ost.flight()
```

Dans le programme précédent, nous définissons deux classes **Sparrow** et **Ostrich**, toutes deux héritant de **Bird**. La méthode **flight** dans **Sparrow** et **Ostrich** fonctionne différemment, démontrant ainsi le polymorphisme.

6.2.2 Encapsulation

L'encapsulation est un concept crucial dans la programmation orientée objet. Elle implique de regrouper les données avec les méthodes qui les manipulent dans une seule unité. Ce faisant, l'encapsulation protège les données contre toute altération ou utilisation incorrecte par des facteurs externes.

Python fournit un moyen de limiter l'accès aux méthodes et aux variables en utilisant des traits de soulignement au début (_). Cette technique est connue sous le nom d'encapsulation, qui peut aider à maintenir l'intégrité des données en empêchant la modification directe. De plus, nous pouvons créer des méthodes de classe comme privées en ajoutant un double trait de soulignement (__) devant le nom de la méthode. Cela améliore encore l'encapsulation en rendant la méthode inaccessible depuis des sources externes.

En général, l'encapsulation sert de pierre angulaire de la programmation orientée objet en fournissant un moyen de protéger les données et de garantir leur utilisation appropriée au sein d'un programme. En comprenant l'importance de l'encapsulation et comment elle peut être implémentée en Python, les programmeurs peuvent écrire un code plus sûr et plus robuste.

Exemple :

```
class Computer:

    def __init__(self):
        self.__maxprice = 900

    def sell(self):
        print("Selling Price: {}".format(self.__maxprice))

    def setMaxPrice(self, price):
        self.__maxprice = price

c = Computer()
c.sell()

# change the price
c.__maxprice = 1000
c.sell()

# using setter function
c.setMaxPrice(1000)
c.sell()
```

Dans le programme précédent, nous définissons une classe **Computer** et utilisons la méthode **__init__()** pour stocker le prix de vente maximal de **Computer**. Nous tentons de modifier le prix. Cependant, nous ne pouvons pas le changer car Python traite **__maxprice** comme des attributs privés. En tant que programmeur Python, pour rendre cet attribut privé et non visible de l'extérieur, nous utilisons un double trait de soulignement (__) avant le nom des attributs et des méthodes. Cependant, Python nous offre le privilège de mettre à jour la valeur, en utilisant des méthodes de configuration. Ainsi, pour changer la valeur, nous avons utilisé la méthode **setMaxPrice()**.

En résumé, l'encapsulation est un concept fondamental de la Programmation Orientée Objet (POO) qui implique d'envelopper les données et les méthodes qui manipulent les données dans une seule entité. Cela aide à prévenir la modification accidentelle des données. L'encapsulation est une façon de s'assurer que l'état interne d'un objet ne peut pas être modifié directement depuis l'extérieur de l'objet, mais qu'il ne peut être accédé ou modifié qu'à travers ses méthodes, garantissant ainsi son intégrité.

De plus, l'encapsulation aide également à améliorer l'organisation et la maintenabilité du code. En encapsulant les données et les méthodes dans une seule entité, le code devient plus modulaire et plus facile à comprendre. Cela facilite la modification et la maintenance du code au fil du temps.

En outre, lorsqu'elle est combinée avec le polymorphisme, l'encapsulation devient encore plus puissante. Le polymorphisme est la capacité d'un objet à prendre de nombreuses formes. Cela signifie qu'un objet peut être utilisé dans différents contextes et peut se comporter différemment selon le contexte dans lequel il est utilisé. Avec l'encapsulation, le polymorphisme permet un code plus efficace et flexible qui peut s'adapter à différentes situations.

Par conséquent, il est important de comprendre les principes d'encapsulation et de polymorphisme pour écrire un code efficace, organisé et maintenable en POO. En mettant en œuvre ces principes, les développeurs peuvent créer du code qui est plus robuste, flexible et adaptable aux exigences et aux environnements changeants.

Avec le **Polymorphisme**, le « duck typing » de Python vous permet d'utiliser n'importe quel objet qui fournit le comportement requis sans le forcer à être une sous-classe d'une classe spécifique ou à implémenter une interface spécifique. Cela conduit à un code plus réutilisable et plus propre.

Avec l'**Encapsulation**, vous vous assurez que l'état interne de l'objet ne peut être modifié qu'à travers ses propres méthodes. Cette encapsulation fournit un bouclier qui protège les données contre toute modification par des méthodes externes. Elle permet également aux objets d'interagir dans un système complexe sans avoir besoin d'en savoir trop les uns sur les autres, rendant le code plus maintenable et flexible face aux changements.

De plus, en combinant ces principes avec ceux discutés précédemment (c'est-à-dire l'héritage, super et la surcharge de méthodes), vous pouvez écrire des programmes Python qui tirent pleinement parti des avantages de la programmation orientée objet. Cela peut conduire à un code qui est plus lisible, réutilisable et facile à maintenir ou à mettre à jour.

Dans le prochain sujet, nous continuerons à explorer la programmation orientée objet en discutant de fonctionnalités plus avancées, notamment les méthodes magiques et les classmethods/staticmethods. Cela vous permettra de tirer encore plus parti de la puissance du modèle d'objets flexible de Python.

Maintenant que nous avons une bonne compréhension de l'implémentation des classes, des objets, de l'héritage, du polymorphisme et de l'encapsulation en Python, nous pouvons continuer à élargir nos connaissances sur des sujets plus avancés dans les prochaines sections.

6.3 Fonctions Spéciales de Python

Plongeons dans les fonctions spéciales en Python, également connues sous le nom de méthodes « magiques » ou « dunder ». Ces méthodes fournissent un moyen simple de faire en sorte que vos classes agissent comme des types intégrés. Cela signifie que vous pouvez utiliser des fonctions spécifiques au type (comme **len** ou **+**) avec vos objets. Vous avez déjà vu celles-ci en action avec la méthode **_init_** pour les classes. Explorons-les davantage :

1. Méthodes _str_ et _repr_

Les méthodes **_str_** et **_repr_** en Python représentent les objets de la classe sous forme de chaîne : ce sont des méthodes pour la représentation d'une classe sous forme de chaîne. La méthode **_str_** en Python représente les objets de la classe sous forme de chaîne lisible par l'homme, tandis que la méthode **_repr_** est destinée à être une représentation non ambiguë de l'objet, et devrait idéalement contenir plus de détails que **_str_**. Si **_repr_** est défini et non **_str_**, les objets se comporteront comme si **_str_=_repr_**.

```python
class Employee:
    def __init__(self, name, age):
        self.name = name
        self.age = age

    def __str__(self):
        return f'Employee[name={self.name}, age={self.age}]'

    def __repr__(self):
        return f'{self.__class__.__name__}({self.name!r}, {self.age!r})'

emp = Employee('John Doe', 30)
print(str(emp)) # Employee[name=John Doe, age=30]
print(repr(emp)) # Employee('John Doe', 30)
```

2. Méthodes _add_ et _sub_

Ces méthodes sont utilisées pour surcharger les opérateurs **+** et **-**.

```python
class Complex:
    def __init__(self, real, imag):
        self.real = real
        self.imag = imag
```

```python
    def __add__(self, other):
        return Complex(self.real + other.real, self.imag + other.imag)

    def __sub__(self, other):
        return Complex(self.real - other.real, self.imag - other.imag)

    def __str__(self):
        return f'{self.real} + {self.imag}i'

c1 = Complex(1, 2)
c2 = Complex(2, 3)
c3 = c1 + c2
c4 = c1 - c2
print(c3) # 3 + 5i
print(c4) # -1 - 1i
```

3. Méthode _len_

La méthode **_len_** renvoie la longueur (le nombre d'éléments) d'un objet. Cette méthode ne devrait être implémentée que pour les classes qui sont des collections.

```python
class Stack:
    def __init__(self):
        self.items = []

    def push(self, item):
        self.items.append(item)

    def __len__(self):
        return len(self.items)

s = Stack()
s.push('Hello')
s.push('World')
print(len(s)) # 2
```

4. Méthodes _getitem_ et _setitem_

La méthode **_getitem_** est utilisée pour implémenter self[key] pour l'accès. De même, **_setitem_** est utilisée pour l'affectation à self[key].

```python
class CustomDict:
    def __init__(self, items):
        self.items = items

    def __getitem__(self, key):
        return self.items[key]

    def __setitem__(self, key, value):
```

```
        self.items[key] = value

custom_dict = CustomDict({'one': 1, 'two': 2})
print(custom_dict['one'])  # 1
custom_dict['three'] = 3
print(custom_dict['three'])  # 3
```

5. Méthodes _eq_ et _ne_

Ces méthodes sont utilisées pour surcharger les opérateurs (==) et (!=) respectivement.

```
class Employee:
    def __init__(self, name, id):
        self.name = name
        self.id = id

    def __eq__(self, other):
        return self.id == other.id

    def __ne__(self, other):
        return self.id != other.id

emp1 = Employee('John', 'E101')
emp2 = Employee('Jane', 'E102')
emp3 = Employee('David', 'E101')

print(emp1 == emp2)  # False
print(emp1 == emp3)  # True
print(emp1 != emp3)  # False
```

6. Méthode _del_

La méthode **_del_** est connue comme une méthode destructeur en Python. Elle est appelée lorsque toutes les références à l'objet ont été supprimées, c'est-à-dire lorsqu'un objet est collecté par le ramasse-miettes.

```
class Test:
    def __init__(self):
        print('Constructor Executed')

    def __del__(self):
        print('Destructor Executed')

t1 = Test()  # Constructor Executed
t1 = None  # Destructor Executed
```

Comme vous pouvez le voir, les méthodes magiques sont la clé de l'utilisation efficace du paradigme de programmation orientée objet en Python, ce qui vous permet de définir des comportements pour des classes personnalisées qui sont intuitifs à comprendre et faciles à utiliser.

Décorateurs en Python

En effet, il existe un autre concept Python qui pourrait être intéressant à aborder dans ce chapitre : les décorateurs en Python, qui peuvent être très utiles lorsque vous souhaitez modifier le comportement d'une méthode sans modifier son code source.

Un décorateur en Python est un outil puissant qui aide les développeurs à modifier le comportement d'une fonction, d'une méthode ou d'une définition de classe sans avoir à réécrire tout le code. C'est une fonction d'ordre supérieur qui prend une autre fonction comme argument et renvoie une version modifiée de celle-ci.

Le décorateur modifie l'objet original, qui lui est passé comme argument, et renvoie une version mise à jour qui est liée au nom utilisé dans la définition. Les décorateurs sont largement utilisés dans la communauté Python et constituent une fonctionnalité clé du langage qui permet aux développeurs d'écrire un code plus concis et élégant.

Ils sont particulièrement utiles lorsque l'on travaille avec de grandes bases de code, car ils permettent aux développeurs d'apporter des modifications au comportement d'une fonction sans avoir à modifier son implémentation. De plus, les décorateurs peuvent être utilisés pour ajouter de nouvelles fonctionnalités à une fonction, comme la journalisation, la mise en cache ou l'authentification, sans avoir à modifier son code source.

En général, les décorateurs sont un outil puissant qui peut aider les développeurs à écrire un code plus efficace et maintenable en Python.

Exemple :

Voici un exemple basique d'un décorateur en Python :

```python
def my_decorator(func):
    def wrapper():
        print("Something is happening before the function is called.")
        func()
        print("Something is happening after the function is called.")
    return wrapper

@my_decorator
def say_hello():
    print("Hello!")

say_hello()
Lorsque vous exécutez ce code, vous verrez :
Something is happening before the function is called.
Hello!
Something is happening after the function is called.
```

Dans l'exemple précédent, **@my_decorator** est un décorateur. Les fonctions qui prennent d'autres fonctions comme arguments sont également appelées fonctions d'ordre supérieur. Dans ce cas, **my_decorator** est une fonction d'ordre supérieur.

Le symbole **@** n'est qu'un sucre syntaxique qui nous permet d'appliquer facilement un décorateur à une fonction. La ligne **@my_decorator** est équivalente à **say_hello = my_decorator(say_hello)**.

Cela peut être beaucoup à assimiler si vous êtes nouveau dans les décorateurs. Ne vous inquiétez pas. Les décorateurs sont un outil puissant en Python, mais ils peuvent être un peu difficiles à comprendre au début. Prenez simplement votre temps avec ce concept, jouez un peu avec quelques exemples et vous finirez par le maîtriser.

Le concept de décorateurs ouvre tout un nouveau monde de possibilités en Python. Ils peuvent être utilisés pour la journalisation, l'application du contrôle d'accès et l'authentification, la limitation de débit, la mise en cache et bien plus encore.

Les fabriques de décorateurs peuvent être utilisées lorsque vous souhaitez utiliser un décorateur, mais que vous devez lui fournir des arguments. Une fabrique de décorateurs est une fonction qui renvoie un décorateur. Voici comment vous pouvez en créer un :

```python
def repeat(num_times):
    def decorator_repeat(func):
        def wrapper(*args, **kwargs):
            for _ in range(num_times):
                result = func(*args, **kwargs)
            return result
        return wrapper
    return decorator_repeat

@repeat(num_times=3)
def greet(name):
    print(f"Hello {name}")

greet("World")
```

Dans cet exemple, **repeat(num_times=3)** renvoie un décorateur qui répétera la fonction décorée trois fois. Ceci s'appelle une fabrique de décorateurs.

Lorsque vous exécutez ce code, vous verrez :

```
Hello World
Hello World
Hello World
```

Comme vous pouvez le voir, la fonction greet a été appelée trois fois.

Il s'agit d'une utilisation plus avancée des décorateurs, mais une fois que vous les comprenez, ils peuvent être incroyablement puissants et aider à rendre votre code plus lisible et maintenable. La capacité de modifier le comportement d'une fonction d'une manière aussi propre et lisible est l'une des choses qui fait de Python un excellent langage avec lequel travailler.

6.4 Classes de Base Abstraites (ABCs) en Python

Lors de la conception de grandes unités fonctionnelles en Programmation Orientée Objet (POO), qui implique l'héritage, il est important de considérer l'utilisation de Classes de Base Abstraites (ABCs). Une ABC est un concept qui implique la définition d'une classe parente pour fournir certaines fonctionnalités que toutes les classes dérivées devraient implémenter. Cette approche garantit que la classe parente elle-même ne peut pas créer d'objets significatifs.

Heureusement, en Python, le module 'abc' dans la bibliothèque standard fournit l'infrastructure pour définir des classes de base abstraites personnalisées. Cela améliore la lisibilité et la robustesse du code en nous permettant de définir un modèle pour d'autres classes. En utilisant les ABCs, nous pouvons créer une hiérarchie de classes qui partagent une interface commune, ce qui facilite l'implémentation et la maintenance du code.

En plus de fournir une interface commune, les classes de base abstraites peuvent également définir une API commune pour leurs dérivés. Cela signifie que vous pouvez obliger les classes dérivées à implémenter des méthodes spéciales, ce qui améliore la cohérence et la fiabilité du code. En utilisant les classes de base abstraites, nous pouvons également garantir que le code soit plus évolutif et plus facile à modifier à l'avenir.

Voici un exemple :

```python
from abc import ABC, abstractmethod

class AbstractClassExample(ABC):

    @abstractmethod
    def do_something(self):
        pass

class AnotherSubclass(AbstractClassExample):
    def do_something(self):
        super().do_something()
        print("The subclass is doing something")

x = AnotherSubclass()
x.do_something()
```

Dans l'exemple, nous avons une classe de base abstraite **AbstractClassExample** qui possède une méthode **do_something()**. Cette méthode est décorée avec le décorateur

@abstractmethod, ce qui signifie qu'elle doit être redéfinie dans toute sous-classe concrète (c'est-à-dire non abstraite).

Dans la classe **AnotherSubclass**, qui est une sous-classe d'**AbstractClassExample**, nous redéfinissons la méthode **do_something()**. Cette sous-classe n'est pas abstraite et nous pouvons l'instancier.

Si nous tentons de créer une instance d'**AbstractClassExample** sans redéfinir **do_something()**, nous obtiendrons une **TypeError**.

```
y = AbstractClassExample()  # This will raise TypeError.
```

Il s'agit d'un comportement bénéfique. Il garantit que nous n'oublions pas d'implémenter les méthodes requises dans nos sous-classes.

Les ABCs sont un outil précieux pour fournir un code clair et concis, imposer une API bien définie et détecter les erreurs potentielles avant qu'elles ne causent des problèmes. C'est une bonne pratique de les utiliser lorsque nous nous attendons à ce qu'une classe soit sous-classée, mais qu'il y a des méthodes que les sous-classes doivent implémenter pour garantir qu'elles fonctionnent correctement.

6.4.1 ABCs avec les Types Intégrés

Le module 'collections' dans la bibliothèque standard de Python est un outil très utile pour tout programmeur qui souhaite écrire du code propre et efficace. Dans ce module, vous trouverez une variété de Classes de Base Abstraites (ABCs) qui peuvent être utilisées pour tester si une classe fournit une interface particulière. Par exemple, vous pouvez utiliser ce module pour vérifier si une classe est « hachable » ou s'il s'agit d'une séquence mutable. Cela peut vous faire gagner beaucoup de temps et d'efforts lors de l'écriture de code, car vous pouvez simplement tester vos classes en utilisant ces ABCs au lieu de devoir écrire vos propres tests à partir de zéro.

En plus de fournir des ABCs, le module 'collections' comprend également un certain nombre d'autres outils utiles pour travailler avec des structures de données. Par exemple, vous pouvez utiliser la classe 'deque' pour créer des files à double extrémité, qui sont utiles pour implémenter des algorithmes comme le parcours en largeur. La classe 'defaultdict' est un autre outil utile qui peut simplifier votre code en créant automatiquement des valeurs par défaut pour les clés manquantes dans un dictionnaire. Enfin, la classe 'Counter' peut être utilisée pour compter les occurrences d'éléments dans une séquence, ce qui est utile pour des tâches comme trouver les éléments les plus courants dans une liste.

Dans l'ensemble, le module 'collections' est un outil incroyablement puissant pour les programmeurs Python, et il vaut la peine de prendre le temps d'apprendre à l'utiliser efficacement. En tirant parti des ABCs et d'autres outils fournis par ce module, vous pouvez écrire du code plus propre et plus efficace qui est plus facile à lire, déboguer et maintenir au fil du temps.

Exemple :

```python
from collections.abc import MutableSequence

class MyList(MutableSequence):
    def __init__(self, data=[]):
        self.data = data

    def __delitem__(self, index):
        del self.data[index]

    def __getitem__(self, index):
        return self.data[index]

    def __len__(self):
        return len(self.data)

    def __setitem__(self, index, value):
        self.data[index] = value

    def insert(self, index, value):
        self.data.insert(index, value)

mylist = MyList([1, 2, 3, 4])
print(mylist[2])  # Prints: 3
mylist[2] = 7
print(mylist[2])  # Prints: 7
```

Dans l'exemple ci-dessus, **MyList** est une séquence mutable personnalisée. Cela est dû au fait qu'elle implémente toutes les méthodes que **collections.abc.MutableSequence** exige.

De cette façon, vous pouvez utiliser les ABCs intégrées de Python non seulement pour garantir que vos classes respectent les bonnes interfaces, mais aussi pour comprendre plus en profondeur les interfaces des types intégrés de Python.

6.5 Surcharge d'Opérateurs

La surcharge d'opérateurs permet aux utilisateurs de définir leur propre comportement pour les opérateurs standard de Python dans le contexte d'une classe définie par l'utilisateur. Cela signifie que les développeurs peuvent créer un code plus intuitif qui peut être plus facilement lu et compris par d'autres. Cela peut rendre le code plus élégant et moins verbeux, et peut également faciliter la compréhension de l'intention du code.

En définissant des méthodes spéciales dans la classe, Python peut appeler ces méthodes chaque fois qu'il rencontre l'opérateur concerné. Cela offre aux utilisateurs plus de contrôle sur le comportement de leur code, et peut conduire à une programmation plus efficace et efficiente.

Voici un exemple simple :

```python
class Point:
    def __init__(self, x=0, y=0):
        self.x = x
        self.y = y

    def __str__(self):
        return "({0},{1})".format(self.x, self.y)

    def __add__(self, other):
        x = self.x + other.x
        y = self.y + other.y
        return Point(x, y)

p1 = Point(2, 3)
p2 = Point(-1, 2)
print(p1 + p2)  # Output: (1,5)
```

Dans l'exemple ci-dessus, nous définissons une classe **Point** qui représente un point dans l'espace 2D. La méthode **_add_** est une méthode spéciale que nous définissons pour surcharger l'opérateur **+**. Ainsi, lorsque nous essayons d'additionner deux objets **Point** avec **+**, Python appellera la méthode **_add_**, qui additionne les coordonnées **x** et **y** respectives des points.

Il ne s'agit que d'un exemple basique de surcharge d'opérateurs. Python permet la surcharge d'une variété d'opérateurs, chacun nécessitant la définition d'une méthode spéciale correspondante.

La surcharge d'opérateurs peut rendre vos classes plus intuitives et plus faciles à utiliser en leur permettant d'interagir avec la syntaxe standard de Python de manière naturelle. Cependant, elle doit être utilisée avec précaution, car elle peut également conduire à un code difficile à comprendre si les opérateurs surchargés se comportent de manière non intuitive.

6.6 Métaclasses en Python

Les métaclasses sont un sujet fascinant et complexe en programmation qui peut être difficile à comprendre pour la plupart des développeurs. Leur utilisation peut ne pas être nécessaire pour la programmation quotidienne, mais elles sont essentielles pour les tâches de programmation avancées qui nécessitent plus de flexibilité et de contrôle sur le langage Python.

Python est unique en ce qu'une classe est traitée comme un objet, et c'est là qu'interviennent les métaclasses. Une métaclasse est une classe qui définit le comportement d'autres classes, c'est pourquoi toute classe en Python est une instance d'une métaclasse. Par défaut, Python utilise la métaclasse intégrée « type » pour définir le comportement d'autres classes.

Cela signifie que les métaclasses sont une partie intégrante du paradigme de programmation orientée objet de Python et offrent un moyen puissant de personnaliser le comportement des classes et des objets. De plus, les métaclasses fournissent un moyen d'ajouter des fonctionnalités personnalisées au langage Python, ce qui peut être utile dans une variété d'applications.

Exemple :

Voici un exemple simple de création d'une métaclasse :

```python
class Meta(type):
    def __new__(meta, name, bases, dct):
        x = super().__new__(meta, name, bases, dct)
        x.attr = 100
        return x

class MyClass(metaclass=Meta):
    pass

print(MyClass.attr)  # Output: 100
```

Dans le code ci-dessus, **Meta** est une métaclasse qui est une sous-classe de 'type'. Lorsqu'une nouvelle classe (MyClass) est créée avec Meta comme métaclasse, la méthode __**new**__ de Meta est exécutée. Nous ajoutons un attribut 'attr' à la nouvelle classe dans cette méthode. Par conséquent, vous pouvez accéder à 'MyClass.attr', ce qui produira la sortie 100.

Bien que les métaclasses soient un concept hautement avancé et puissent être excessives pour la plupart des tâches de programmation, elles peuvent être extrêmement puissantes dans les bonnes circonstances. Elles constituent le mécanisme derrière bon nombre des fonctionnalités « magiques » de Python, comme Django ORM, qui permet de définir un schéma de base de données en utilisant des classes Python.

Gardez à l'esprit que l'utilisation de métaclasses ne doit pas être prise à la légère. Il est facile de créer du code confus et difficile à maintenir en les utilisant incorrectement. En général, il est considéré comme une meilleure pratique d'utiliser des constructions plus simples comme les décorateurs ou les fabriques de classes, à moins que l'utilisation de métaclasses n'apporte un avantage clair.

Cependant, comprendre les métaclasses peut vous apporter une compréhension plus approfondie du modèle d'objets de Python et peut être bénéfique pour comprendre comment fonctionnent certaines des bibliothèques Python les plus avancées sous le capot.

6.7 Exercices Pratiques

Exercice 1 : Définition de Classe et Création d'Objets

Définissez une classe **Student** avec deux attributs : **name** et **grade**. Le **grade** devrait être un nombre à virgule flottante entre 0 et 100. Implémentez une méthode **pass_or_fail** qui affiche "Réussi" si la note est de 60 ou plus, et "Échoué" dans le cas contraire.

```python
class Student:
    def __init__(self, name, grade):
        self.name = name
        self.grade = grade

    def pass_or_fail(self):
        if self.grade >= 60:
            print("Pass")
        else:
            print("Fail")

# Test the Student class
student1 = Student("Alice", 85)
student1.pass_or_fail()  # Outputs: Pass
```

Exercice 2 : Héritage et Polymorphisme

Créez une classe **Animal** avec une méthode **speak** qui affiche "Je ne sais pas ce que je dis". Ensuite, créez deux classes **Dog** et **Cat** qui héritent de **Animal** et surchargent la méthode **speak** pour afficher "Woof" et "Meow", respectivement.

```python
class Animal:
    def speak(self):
        print("I don't know what I say")

class Dog(Animal):
    def speak(self):
        print("Woof")

class Cat(Animal):
    def speak(self):
        print("Meow")

# Test the Dog and Cat classes
dog = Dog()
dog.speak()  # Outputs: Woof

cat = Cat()
cat.speak()  # Outputs: Meow
```

Exercice 3 : Encapsulation

Créez une classe **Car** avec deux attributs : **speed** et **max_speed**. La vitesse (**speed**) doit être initialement à 0 et la vitesse maximale (**max_speed**) doit être définie lors de l'initialisation. Implémentez les méthodes **accelerate** et **brake** qui augmentent et diminuent la vitesse, respectivement. La méthode **accelerate** ne doit pas permettre à la vitesse de dépasser la **max_speed**.

```python
class Car:
    def __init__(self, max_speed):
        self.speed = 0
        self.max_speed = max_speed

    def accelerate(self):
        if self.speed < self.max_speed:
            self.speed += 10
            if self.speed > self.max_speed:
                self.speed = self.max_speed

    def brake(self):
        if self.speed > 0:
            self.speed -= 10
            if self.speed < 0:
                self.speed = 0

# Test the Car class
car = Car(100)
car.accelerate()
print(car.speed)   # Outputs: 10
car.accelerate()
print(car.speed)   # Outputs: 20
car.brake()
print(car.speed)   # Outputs: 10
```

Ces exercices ont pour but de consolider votre compréhension des classes, objets, héritage, polymorphisme et encapsulation en Python. N'oubliez pas que la pratique est la clé pour maîtriser ces concepts !

Conclusion du Chapitre 6

En conclusion, le Chapitre 6 a constitué une analyse approfondie dans le domaine de la Programmation Orientée Objet (POO) en Python, un paradigme de programmation qui permet aux programmeurs de construire des systèmes logiciels modulaires, réutilisables et faciles à comprendre. Ce chapitre a permis de découvrir les concepts fondamentaux de la POO en Python, à savoir les classes, les objets et l'héritage, qui sont les composants de base de ce paradigme de programmation.

Le premier concept dans lequel nous nous sommes plongés était les classes et les objets. Ici, nous avons appris qu'une classe est essentiellement un plan pour créer des objets, qui sont des instances de la classe. Les attributs d'une classe représentent l'état d'un objet, tandis que les méthodes représentent le comportement d'un objet. De plus, le processus de création d'un objet à partir d'une classe est appelé instanciation.

Ensuite, nous nous sommes concentrés sur le concept d'héritage, une pierre angulaire de la POO qui permet à une classe d'hériter des attributs et des méthodes d'une autre classe. Cela favorise la réutilisation du code, car les attributs et méthodes communs peuvent être définis dans une classe de base (également appelée classe parent ou superclasse) et partagés entre les classes dérivées (également appelées enfants ou sous-classes). De plus, nous avons exploré la fonction **super()**, qui est utilisée dans le contexte de l'héritage pour appeler des méthodes depuis la classe parent.

Par la suite, nous nous sommes plongés dans deux principes essentiels de la POO, le polymorphisme et l'encapsulation. Le polymorphisme permet l'utilisation d'une entité d'un seul type (méthode, opérateur ou objet) pour représenter différents types dans différents scénarios, favorisant la flexibilité dans le code. L'encapsulation, quant à elle, consiste à masquer les détails internes du fonctionnement d'un objet et à n'exposer que ce qui est nécessaire. Elle conduit à une augmentation de la sécurité et de la simplicité dans le code.

Ensuite, nous avons examiné les fonctions spéciales de Python, qui offrent un moyen d'ajouter de la « magie » à vos classes. Ces fonctions, entourées de doubles traits de soulignement (par exemple, **_init_**, **_str_**), nous permettent d'émuler des types intégrés ou d'implémenter la surcharge d'opérateurs, améliorant ainsi l'expressivité de notre code.

Après cela, nous avons exploré les classes de base abstraites (ABC), un mécanisme pour définir des classes et des méthodes abstraites. Une classe abstraite ne peut pas être instanciée ; elle est destinée à être sous-classée par d'autres classes. Les classes abstraites fournissent un moyen de définir des interfaces, tout en garantissant que les classes dérivées implémentent des méthodes particulières de la classe de base.

Enfin, nous avons examiné des exemples pratiques pour mettre en pratique les connaissances théoriques et obtenir une meilleure compréhension de ces concepts. Les exercices ont couvert depuis les définitions simples de classes et d'objets jusqu'à des tâches plus complexes impliquant de multiples relations et interactions entre classes.

En résumé, ce chapitre vous a préparé à structurer votre code Python de manière à ce qu'il soit maintenable et réutilisable, en suivant les principes de la POO. À mesure que nous poursuivrons notre parcours, nous construirons sur ces concepts pour explorer des aspects plus avancés de la programmation en Python. Comme toujours, n'oubliez pas de continuer à pratiquer et à expérimenter avec le code pour comprendre et appliquer pleinement ces concepts. Bon codage !

Chapitre 7 : Entrées/Sorties de Fichiers et Gestion des Ressources

Dans toute application réelle, les données constituent un composant vital. Ces données sont généralement stockées dans des fichiers et des bases de données, et la capacité à lire et écrire des données depuis/vers des fichiers est une compétence précieuse et souvent nécessaire pour un programmeur. Dans ce chapitre, nous explorerons les opérations d'entrées/sorties (E/S) de fichiers et la gestion des ressources en Python, deux aspects cruciaux pour traiter avec des ressources externes.

Python fournit des fonctions intégrées pour créer, écrire et lire des fichiers. De plus, il fournit des outils pour gérer ces ressources de manière efficace et s'assurer qu'elles sont nettoyées après leur utilisation. Ceci est essentiel pour éviter les fuites de ressources, qui peuvent faire en sorte que les applications utilisent plus de mémoire ou de descripteurs de fichiers que nécessaire, les ralentissant ou même les faisant planter.

En outre, comprendre les opérations d'entrées/sorties de fichiers en Python est fondamental pour manipuler différents types de données et effectuer diverses opérations avec elles. Par exemple, on peut lire des données depuis un fichier, les traiter et écrire les données traitées dans un autre fichier. Il s'agit d'une tâche courante dans de nombreuses applications de science des données, où il est nécessaire de traiter et d'analyser de grandes quantités de données.

Par ailleurs, la gestion des ressources est un aspect important de la programmation, et Python fournit plusieurs outils et techniques pour gérer les ressources de manière efficace. Cela inclut des outils pour la collecte des ordures, la gestion de la mémoire et la gestion des descripteurs de fichiers. En gérant les ressources de manière efficace, on peut s'assurer que son programme s'exécute sans problème et de manière performante, sans utilisation inutile de mémoire ni fuites de descripteurs de fichiers.

Par conséquent, en comprenant les opérations d'entrées/sorties de fichiers et la gestion des ressources en Python, les programmeurs peuvent créer des programmes plus robustes et efficaces capables de gérer de grandes quantités de données avec facilité. Ces compétences sont essentielles pour tout programmeur souhaitant travailler avec des applications réelles et traiter avec des ressources externes de manière efficace.

Commençons par les bases de la manipulation de fichiers en Python.

7.1 Opérations sur les Fichiers

Une opération sur un fichier implique plusieurs étapes. Tout d'abord, le fichier doit être ouvert. Ceci est effectué par l'ordinateur pour que l'utilisateur puisse réaliser des opérations comme lire ou écrire dans le fichier. Une fois que le fichier est ouvert, l'utilisateur peut effectuer les opérations souhaitées.

Cela peut impliquer la lecture de données depuis le fichier, l'écriture de données dans le fichier ou la modification de données existantes dans le fichier. Enfin, une fois que l'utilisateur a terminé avec le fichier, celui-ci doit être fermé. Il s'agit d'une étape importante car ne pas fermer un fichier peut entraîner une perte de données ou d'autres erreurs. Comme vous pouvez le voir, les opérations sur les fichiers impliquent plusieurs étapes qui fonctionnent ensemble pour permettre aux utilisateurs de lire et d'écrire dans des fichiers sur leur ordinateur.

7.1.1 Ouvrir un fichier

Python fournit la fonction **open()** pour ouvrir un fichier. Cette fonction est très utile lorsqu'on travaille avec des fichiers en Python. Elle nécessite comme premier argument le chemin et le nom du fichier. Ce chemin de fichier peut être absolu ou relatif au répertoire actuel.

Une fois que le fichier est ouvert, vous pouvez effectuer une variété d'opérations sur celui-ci, comme le lire, y écrire ou y ajouter du contenu. Vous pouvez également spécifier le mode dans lequel vous souhaitez ouvrir le fichier, comme le mode lecture, le mode écriture ou le mode ajout. De plus, vous pouvez spécifier l'encodage du fichier, ce qui est important lors du travail avec des caractères non ASCII. Dans l'ensemble, la fonction **open()** est un outil puissant pour travailler avec des fichiers en Python.

```python
file = open('example.txt')  # Opens example.txt file
```

Lorsque vous utilisez **open()**, celle-ci renvoie un objet fichier et est généralement utilisée avec deux arguments : **open(nom_fichier, mode)**. Le deuxième argument est optionnel et s'il n'est pas fourni, Python le définira par défaut à **'r'** (mode lecture).

Les différents modes sont :

- **'r'** - Mode lecture qui est utilisé lorsque le fichier ne sera que lu.

- **'w'** - Mode écriture qui est utilisé pour éditer et écrire de nouvelles informations dans le fichier (tout fichier existant portant le même nom sera effacé lorsque ce mode est activé).

- **'a'** - Mode ajout, qui est utilisé pour ajouter de nouvelles données à la fin du fichier ; c'est-à-dire que les nouvelles informations sont automatiquement ajoutées à la fin.

- **'r+'** - Mode spécial de lecture et écriture, qui est utilisé pour gérer les deux actions lors du travail avec un fichier.

Voici un exemple :

```
file = open('example.txt', 'r')  # Opens the file in read mode
```

Lecture d'un fichier : Une fois que le fichier est ouvert en mode lecture, nous pouvons utiliser la fonction read() pour lire le contenu du fichier.

```
content = file.read()  # Reads the entire file
print(content)
```

Écrire dans un fichier : Pour écrire dans un fichier, nous l'ouvrons en mode 'w' ou 'a' et utilisons la fonction write().

```
file = open('example.txt', 'w')  # Opens the file in write mode
file.write('Hello, world!')  # Writes 'Hello, world!' to the file
```

Fermer un fichier : C'est une bonne pratique de toujours fermer le fichier lorsque vous avez terminé de l'utiliser.

```
file.close()
```

En ouvrant et fermant un fichier en utilisant les fonctions intégrées de Python, nous nous assurons que notre application gère correctement les ressources du système.

Maintenant, parlons de la façon de gérer les exceptions de fichiers et de la façon d'utiliser l'instruction **with** pour une meilleure gestion des ressources.

7.1.2 Gestion des exceptions lors d'opérations sur des fichiers

Lorsque vous travaillez avec des fichiers, il est important de tenir compte de la possibilité de rencontrer des erreurs ou des exceptions. Un exemple courant est de tenter d'ouvrir un fichier qui n'existe pas, ce qui entraînera la génération d'une **FileNotFoundError**. Pour éviter de tels problèmes, il est recommandé d'utiliser des blocs **try-except** pour gérer de telles exceptions.

Cela peut aider à garantir que votre code est robuste et capable de gérer des situations inattendues qui peuvent survenir lors du travail avec des fichiers. De plus, c'est toujours une bonne idée de vérifier les erreurs potentielles et d'inclure des mécanismes appropriés de gestion des erreurs dans votre code pour aider à prévenir les problèmes dès le départ.

Voici un exemple :

```
try:
    file = open('non_existent_file.txt', 'r')
    file.read()
except FileNotFoundError:
    print('The file does not exist.')
finally:
```

```
file.close()
```

Dans cet exemple, le bloc **try** tente d'ouvrir et de lire un fichier. Si le fichier n'existe pas, Python génère une exception **FileNotFoundError**. Le bloc **except** capture cette exception et affiche un message. Indépendamment du fait qu'une exception s'est produite ou non, le bloc **finally** ferme le fichier.

7.1.3 L'instruction with pour une meilleure gestion des ressources

Fermer les fichiers est une étape cruciale qui ne doit pas être négligée lors du travail avec Python. Ne pas fermer un fichier peut entraîner une perte de données ou d'autres problèmes imprévus. Dans certains cas, une erreur peut se produire dans le programme, ce qui peut provoquer l'arrêt de l'exécution du programme et l'omission de la fermeture du fichier.

Cela peut causer ce que l'on appelle une « fuite de ressources », ce qui peut être préjudiciable pour les performances de votre programme. Pour éviter que cela ne se produise, Python fournit l'instruction **with**, qui garantit que le fichier est fermé correctement lorsqu'on sort du bloc à l'intérieur de **with**. Avec l'instruction **with**, vous pouvez être sûr que vos fichiers sont gérés correctement, ce qui vous permet de vous concentrer sur d'autres aspects importants de votre programme.

Voici un exemple :

```
with open('example.txt', 'r') as file:
    content = file.read()
    print(content)
```

Dans l'exemple ci-dessus, le mot-clé **with** est utilisé en combinaison avec la fonction **open()**. L'instruction **with** crée un contexte dans lequel l'opération de fichier est effectuée. Une fois que les opérations à l'intérieur du bloc **with** sont terminées, Python ferme automatiquement le fichier, même si des exceptions se produisent à l'intérieur du bloc.

Utiliser l'instruction **with** pour les opérations d'E/S de fichiers est une bonne pratique, car elle fournit une meilleure syntaxe et gestion des exceptions, et ferme également automatiquement le fichier.

7.1.4 Travailler avec des Fichiers Binaires

Lorsque vous travaillez avec des fichiers en Python, il est important de comprendre les différences entre les fichiers texte et les fichiers binaires. Alors que les fichiers texte sont les fichiers par défaut, les fichiers binaires, tels que les images ou les fichiers exécutables, nécessitent une manipulation spéciale. Pour travailler avec des fichiers binaires en Python, vous devez spécifier le mode 'b' lors de l'ouverture du fichier. Cela indique à Python que le fichier doit être traité comme des données binaires, plutôt que comme du texte.

En plus de spécifier le mode 'b', vous devrez peut-être également utiliser d'autres fonctions et méthodes spécifiques aux données binaires. Par exemple, le module 'struct' fournit des fonctions pour empaqueter et désempaqueter des données binaires, ce qui peut être utile lors du travail avec des fichiers binaires. De même, le module 'array' fournit un moyen de travailler avec des tableaux de données binaires en Python.

En comprenant les nuances du travail avec les données binaires en Python, vous pouvez écrire des programmes plus robustes et flexibles capables de gérer une large gamme de formats de fichiers et de types de données.

Exemple :

```
with open('example.bin', 'wb') as file:
    file.write(b'\\x00\\x0F')  # Writes two bytes into the file
```

Dans l'exemple ci-dessus, nous utilisons 'wb' comme mode de fichier pour indiquer que nous écrivons en binaire.

7.1.5 Sérialisation avec pickle

La sérialisation est le processus de conversion d'un objet en une séquence d'octets qui peut être stockée ou transmise puis reconstruite ultérieurement (éventuellement sur un ordinateur différent). Ce processus est important car il permet aux données d'être facilement transférées entre différents systèmes et plateformes, et permet également la création de sauvegardes de données importantes.

En Python, le module **pickle** est utilisé pour la sérialisation d'objets. Ce module fournit un moyen de sérialiser et désérialiser des objets Python, permettant qu'ils soient stockés dans un fichier ou transmis via un réseau. De plus, le module **pickle** peut gérer des structures de données complexes, ce qui en fait un outil puissant pour les développeurs qui ont besoin de transférer de grandes quantités de données entre différents systèmes ou processus.

Exemple :

Voici un exemple simple de sérialisation avec **pickle** :

```
import pickle

data = {
    'a': [1, 2.0, 3, 4+6j],
    'b': ("character string", b"byte string"),
    'c': {None, True, False}
}

with open('data.pickle', 'wb') as f:
    pickle.dump(data, f)
```

Et voici comment vous pouvez recharger les données :

```python
with open('data.pickle', 'rb') as f:
    data_loaded = pickle.load(f)

print(data_loaded)
```

pickle est un module très puissant qui peut sérialiser et désérialiser des objets Python complexes, mais il présente des risques de sécurité potentiels si vous chargez des données provenant d'une source non fiable.

Ces sujets complètent les concepts de base des E/S de fichiers en Python, vous fournissant les outils nécessaires pour lire, écrire et gérer les ressources de manière efficace.

Maintenant, ajoutons une brève discussion sur la façon de travailler avec les fichiers binaires et la sérialisation en Python.

7.1.6 Travailler avec des Fichiers Binaires

En Python, les fichiers sont traités comme du texte par défaut. Cela signifie que vous pouvez facilement lire et écrire des chaînes de texte dans et depuis des fichiers. Cependant, il existe des situations où vous pourriez avoir besoin de travailler avec des fichiers binaires, tels que des images ou des fichiers exécutables. Les fichiers binaires contiennent des données non textuelles, comme des images ou des fichiers audio, qui ne peuvent pas être représentées comme du texte brut.

Pour travailler avec des fichiers binaires en Python, vous pouvez utiliser le mode 'b' lors de l'ouverture d'un fichier. Cela indique à Python que vous travaillez avec un fichier binaire, et non avec un fichier texte. Une fois que vous avez ouvert un fichier binaire, vous pouvez lire son contenu dans une chaîne d'octets, que vous pouvez ensuite manipuler ou traiter de diverses manières. Par exemple, vous pourriez utiliser la chaîne d'octets pour créer un nouveau fichier image, ou pour extraire des informations spécifiques du fichier.

Les fichiers binaires sont largement utilisés dans de nombreuses applications différentes, du traitement d'images et d'audio au stockage et à la transmission de données. En apprenant à travailler avec des fichiers binaires en Python, vous pouvez élargir vos compétences en programmation et entreprendre des projets plus complexes.

Exemple :

```python
with open('example.bin', 'wb') as file:
    file.write(b'\\x00\\x0F')  # Writes two bytes into the file
```

Dans l'exemple ci-dessus, nous utilisons 'wb' comme mode de fichier pour indiquer que nous écrivons en binaire.

7.1.7 Sérialisation avec pickle

La sérialisation est un processus crucial en informatique qui est utilisé pour convertir un objet en une séquence d'octets qui peut être stockée ou transmise puis reconstruite ultérieurement. Ceci est particulièrement important lorsqu'il s'agit de transmettre des données entre différentes machines ou de stocker des données pour une utilisation ultérieure.

En Python, le module **pickle** est le module par défaut pour la sérialisation d'objets. Ce module puissant est utilisé pour convertir des objets Python en une séquence d'octets qui peuvent être stockés dans un fichier, une base de données ou même transmis via un réseau. Avec pickle, vous pouvez facilement stocker et récupérer des structures de données complexes, telles que des listes, des dictionnaires et même des classes.

Cela en fait un outil essentiel pour les développeurs qui souhaitent gagner du temps et des efforts lorsqu'il s'agit de gérer des données.

Exemple :

Voici un exemple simple de sérialisation avec **pickle** :

```python
import pickle

data = {
    'a': [1, 2.0, 3, 4+6j],
    'b': ("character string", b"byte string"),
    'c': {None, True, False}
}

with open('data.pickle', 'wb') as f:
    pickle.dump(data, f)
Et voici comment vous pouvez recharger les données :
with open('data.pickle', 'rb') as f:
    data_loaded = pickle.load(f)

print(data_loaded)
```

Le module **pickle** est un outil très efficace pour la sérialisation et la désérialisation d'objets Python complexes. Il est particulièrement utile lorsque vous devez stocker des données pour une utilisation ultérieure ou les transférer entre différentes machines.

Cependant, il est important de noter que ce module peut présenter des risques de sécurité potentiels si les données chargées proviennent d'une source non fiable. De plus, il est essentiel de s'assurer que les données stockées avec **pickle** sont compatibles avec la version de Python utilisée pour les charger.

Par conséquent, il est recommandé d'être prudent lors de l'utilisation du module **pickle** et de prendre des mesures pour garantir que les données chargées sont sûres et fiables.

7.1.8 Gestion des Chemins de Fichier

Lorsque vous travaillez avec des fichiers, les chemins de fichier sont souvent un facteur important à prendre en compte. Un chemin de fichier est simplement l'emplacement d'un fichier sur un ordinateur, et il peut être représenté de différentes manières selon le système d'exploitation. Le module **os** de Python fournit un ensemble de fonctions qui vous permettent de travailler avec des chemins de fichier de manière indépendante de la plateforme.

Ces fonctions peuvent être utilisées pour créer, modifier et récupérer des chemins de fichier, ainsi que pour naviguer dans les répertoires et effectuer d'autres opérations liées aux fichiers. En utilisant le module **os**, vous pouvez vous assurer que votre code Python fonctionnera correctement sur n'importe quel système d'exploitation, indépendamment des conventions spécifiques de chemin de fichier utilisées par ce système.

Exemple :

```python
import os

# Get the current working directory
cwd = os.getcwd()
print(f'Current working directory: {cwd}')

# Change the current working directory
os.chdir('/path/to/your/directory')
cwd = os.getcwd()
print(f'Current working directory: {cwd}')
```

Le module **os** fournit également le module **os.path** pour manipuler les chemins d'accès d'une manière appropriée au système d'exploitation sur lequel Python est installé.

```python
import os

# Join two or more pathname components
path = os.path.join('/path/to/your/directory', 'myfile.txt')
print(f'Path: {path}')

# Split the pathname path into a pair, (head, tail)
head, tail = os.path.split('/path/to/your/directory/myfile.txt')
print(f'Head: {head}, Tail: {tail}')
```

Dans les exemples précédents, nous utilisons d'abord **os.path.join()** pour joindre deux composants de chemin ou plus en utilisant le séparateur approprié pour le système d'exploitation actuel. Ensuite, nous utilisons **os.path.split()** pour diviser le chemin en une paire, renvoyant la partie principale (tout avant la dernière barre oblique) et la queue (tout après la dernière barre oblique).

7.1.9 Le module pathlib

Python 3.4 a introduit le module **pathlib**, qui est une alternative de niveau supérieur à **os.path**. **pathlib** encapsule la fonctionnalité de **os.path** et améliore ses capacités en offrant plus de commodité et de robustesse orientée objet. Essentiellement, **pathlib** représente les chemins du système de fichiers comme des objets appropriés plutôt que comme des chaînes brutes, ce qui le rend beaucoup plus intuitif à manipuler.

De plus, il fournit des méthodes et des propriétés pour extraire des informations sur le chemin, telles que son nom, son chemin absolu, son extension de fichier et son répertoire parent. Il facilite également la manipulation du chemin en fournissant des méthodes utiles comme joindre des chemins, normaliser des chemins et créer de nouveaux chemins à partir de ceux existants.

Toutes ces fonctionnalités font de **pathlib** un outil indispensable pour tout développeur qui a besoin d'interagir avec le système de fichiers de manière programmatique.

Exemple :

Voici un exemple :

```python
from pathlib import Path

# Creating a path object
p = Path('/path/to/your/directory/myfile.txt')

# Different parts of the path
print(p.parts)

# Name of file
print(p.name)

# Suffix of file
print(p.suffix)

# Parent directory
print(p.parent)
```

Dans cet exemple, nous créons un objet **Path** et nous pouvons ensuite utiliser diverses propriétés telles que **parts**, **name**, **suffix** et **parent** pour obtenir des informations sur le chemin. Ces propriétés facilitent la réalisation de tâches courantes et rendent votre code plus lisible.

7.2 Gestionnaires de contexte

Les gestionnaires de contexte en Python sont un outil puissant qui peut aider les développeurs à éviter les fuites de ressources et à gérer leur code de manière plus efficace. En plus de gérer les entrées/sorties de fichiers, les gestionnaires de contexte peuvent être utilisés pour une variété de tâches qui nécessitent l'allocation et la libération de ressources. Par exemple, vous pouvez utiliser des gestionnaires de contexte pour établir et fermer des connexions réseau, verrouiller et déverrouiller des ressources, ou même gérer l'état de l'application.

Une caractéristique particulièrement utile des gestionnaires de contexte est leur capacité à gérer les exceptions de manière propre et concise. En définissant un gestionnaire de contexte qui libère automatiquement les ressources en cas d'exception, vous pouvez garantir que votre code gère toujours les erreurs de manière élégante et ne laisse aucune ressource dans un état incohérent.

Un autre avantage de l'utilisation de gestionnaires de contexte est qu'ils peuvent rendre votre code plus lisible et maintenable. En encapsulant la logique d'allocation et de libération de ressources dans un seul bloc de code, vous pouvez réduire la quantité de code répétitif et rendre votre code plus facile à comprendre.

Les gestionnaires de contexte sont un outil essentiel pour tout développeur Python qui souhaite écrire du code propre, robuste et maintenable.

Un gestionnaire de contexte est un objet qui définit des méthodes qui sont utilisées conjointement avec l'instruction **with**, notamment **_enter_** et **_exit_**.

La méthode **_enter_** est celle qui est exécutée au début du bloc **with**. La valeur qu'elle renvoie est assignée à la variable dans la clause **as** de l'instruction **with**.

La méthode **_exit_** est celle qui est exécutée après le bloc **with**. Elle est utilisée pour gérer les actions de nettoyage, comme fermer un fichier ou une connexion réseau.

Voici un exemple d'un gestionnaire de contexte qui ouvre et ferme un fichier :

```python
class ManagedFile:
    def __init__(self, filename):
        self.filename = filename

    def __enter__(self):
        self.file = open(self.filename, 'r')
        return self.file

    def __exit__(self, exc_type, exc_val, exc_tb):
        if self.file:
            self.file.close()
with ManagedFile('hello.txt') as f:
    content = f.read()
    print(content)
```

Dans ce code, **ManagedFile** est un gestionnaire de contexte. Lorsqu'un objet **ManagedFile** est utilisé dans une instruction **with**, sa méthode **_enter_** est appelée, et elle ouvre le fichier.

Ensuite, l'objet fichier est renvoyé et assigné à la variable **f**. Après le bloc **with**, la méthode **_exit_** est appelée pour fermer le fichier.

Les gestionnaires de contexte sont un moyen simple et élégant de garantir que les ressources sont gérées correctement et efficacement au sein de vos programmes Python. Ils peuvent être utilisés avec l'instruction **with** pour définir des actions de configuration et de nettoyage qui sont effectuées automatiquement, ce qui rend votre code plus propre, plus lisible et moins sujet aux erreurs ou aux fuites de ressources.

Ensuite, discutons d'un autre sujet qui tourne autour de la gestion des ressources : travailler avec des répertoires et des systèmes de fichiers. Nous verrons comment utiliser les modules **os** et **shutil** pour manipuler des répertoires, lire le contenu de répertoires et travailler avec des chemins de fichiers.

7.3 Répertoires et Systèmes de Fichiers

Dans le monde actuel axé sur les données, manipuler des répertoires et des systèmes de fichiers est un aspect crucial de nombreuses tâches Python du monde réel, notamment le prétraitement de données, la sauvegarde de modèles d'apprentissage automatique, la gestion de journaux et plus encore. Pour accomplir ces tâches efficacement, Python offre une large gamme de bibliothèques intégrées telles que **os** et **shutil**.

La bibliothèque **os** fournit un ensemble complet de fonctions pour utiliser des fonctionnalités dépendantes du système d'exploitation, vous permettant d'interagir avec le système d'exploitation sous-jacent sur lequel Python s'exécute. Par exemple, vous pouvez utiliser le module **os** pour créer des fichiers, renommer des fichiers, déplacer des fichiers et bien plus encore. La bibliothèque **shutil**, quant à elle, fournit une interface de niveau supérieur pour copier des fichiers et des arborescences de répertoires complètes, ce qui en fait un outil essentiel pour la manipulation de données.

En maîtrisant ces bibliothèques, vous pouvez exploiter tout le potentiel des capacités de gestion de fichiers de Python, vous permettant d'effectuer des manipulations de données complexes avec aisance. Que vous soyez un scientifique de données expérimenté ou un débutant, une solide compréhension de ces bibliothèques améliorera sans aucun doute vos compétences en programmation Python.

Exemple :

Commençons par examiner quelques fonctions utiles que fournit le module **os** :

```
import os

# Get the current working directory
print(os.getcwd())

# List all files and directories in the current directory
```

```
print(os.listdir())

# Change the current working directory
os.chdir('/path/to/your/directory')
print(os.getcwd())
```

Dans cet exemple, nous obtenons et affichons d'abord le répertoire de travail actuel en utilisant **os.getcwd()**. Ensuite, nous listons tous les fichiers et répertoires du répertoire actuel en utilisant **os.listdir()**. Enfin, nous changeons le répertoire de travail actuel en '/chemin/vers/votre/répertoire' en utilisant **os.chdir()**.

Ensuite, examinons de plus près le module **shutil**, qui est un outil incroyablement puissant et polyvalent qui fournit une large gamme d'opérations de haut niveau sur les fichiers et les collections de fichiers. Avec **shutil**, vous pouvez effectuer une variété de tâches liées aux fichiers, comme copier et déplacer des fichiers, renommer des fichiers et supprimer des fichiers.

De plus, le module **shutil** vous permet d'obtenir des informations sur l'utilisation du disque facilement et efficacement, ce qui vous permet de mieux gérer l'espace de stockage de vos fichiers. Vous pouvez également utiliser **shutil** pour localiser des fichiers spécifiques dans votre système de fichiers, ce qui facilite la recherche rapide et simple des fichiers dont vous avez besoin. Dans l'ensemble, le module **shutil** est un outil essentiel pour toute personne travaillant régulièrement avec des fichiers, et offre une large gamme de fonctions et de capacités qui faciliteront certainement vos tâches de gestion de fichiers.

Voici un exemple de comment copier un fichier en utilisant **shutil** :

```
import shutil

# Copy the file at 'source' to 'destination'
shutil.copy2('/path/to/source/file', '/path/to/destination/directory')
```

Dans cet exemple, nous utilisons **shutil.copy2()** pour copier un fichier. Cette fonction préserve également les métadonnées du fichier, telles que les horodatages.

Les modules **os** et **shutil** nous fournissent des outils puissants pour la manipulation et l'interaction avec le système de fichiers, simplifiant ce qui pourrait être des tâches plus compliquées si nous devions coder ces fonctionnalités à partir de zéro. Le prochain sujet dans lequel nous allons plonger dans cette section concerne le traitement des données binaires en utilisant les modules **pickle** et **json**, mais pour l'instant, arrêtons-nous ici.

7.4 Travailler avec des Données Binaires : Les modules pickle et json

En tant que programmeur Python, il est probable que votre travail nécessite souvent que vous travailliez avec des données dans divers formats, tels que du texte ou du binaire.

Heureusement, Python fournit plusieurs modules intégrés qui peuvent vous aider à manipuler et travailler avec ces types de données de manière efficace. Deux de ces modules sont **pickle** et **json**.

Le module **pickle** est un excellent outil pour convertir une structure d'objets Python en un flux d'octets, ou pickling. Ce processus implique la sérialisation de la hiérarchie d'objets, ce qui vous permet de stocker l'objet dans un fichier ou de le transmettre via un réseau. De plus, le module **pickle** peut restaurer les données pickled vers la hiérarchie d'objets Python originale, ou les dépickler.

Un autre module intégré couramment utilisé pour travailler avec des données est le module **json**. Ce module vous permet d'encoder et de décoder des données JSON, qui est un format d'échange de données populaire. Avec le module **json**, vous pouvez facilement convertir des objets Python en chaînes JSON et vice versa. Le module fournit également des options pour personnaliser le processus d'encodage et de décodage, comme spécifier les types de données à utiliser ou gérer les références circulaires.

Dans l'ensemble, avec les modules **pickle** et **json** en Python, vous disposez d'outils puissants pour travailler avec des données dans divers formats. Que vous ayez besoin de stocker des données dans un fichier, de les transmettre via un réseau ou de communiquer avec d'autres systèmes, ces modules peuvent vous aider à accomplir le travail de manière efficace et efficiente.

Exemple :

Voici un exemple de comment pickler un objet Python (dans ce cas, un dictionnaire) :

```python
import pickle

# Define a Python object (a dictionary)
data = {"name": "John", "age": 30, "city": "New York"}

# Pickle the Python object to a file
with open("data.pkl", "wb") as file:
    pickle.dump(data, file)
Et voici un exemple de comment dépickler l'objet Python à nouveau :
import pickle

# Unpickle the Python object from a file
with open("data.pkl", "rb") as file:
    data_loaded = pickle.load(file)

print(data_loaded)  # Outputs: {"name": "John", "age": 30, "city": "New York"}
```

Bien que **pickle** soit un outil puissant pour sérialiser des objets Python, il est limité aux types de données spécifiques à Python et ne peut pas être utilisé efficacement avec d'autres langages de programmation. En revanche, **json** est un format beaucoup plus polyvalent et largement utilisé qui permet un échange efficace de données dans les services web et les API.

Sa simplicité et sa facilité d'utilisation en ont fait un choix populaire parmi les développeurs, et il peut être facilement intégré avec une large gamme de langages de programmation. De plus, **json** prend en charge une variété de types de données, y compris les nombres, les chaînes de caractères et les booléens, ce qui en fait une option plus flexible pour la sérialisation de données. Alors que **pickle** est un outil utile pour les types de données spécifiques à Python, **json** est un meilleur choix pour l'échange de données entre plateformes et l'interopérabilité.

Voici comment vous pouvez utiliser le module **json** pour sérialiser des données Python au format JSON :

```python
import json

# Define a Python object (a dictionary)
data = {"name": "John", "age": 30, "city": "New York"}

# Serialize the Python object to a JSON string
data_json = json.dumps(data)

print(data_json)  # Outputs: {"name": "John", "age": 30, "city": "New York"}
```
Et voici comment vous pouvez désérialiser une chaîne JSON de nouveau en un objet Python :
```python
import json

# JSON string
data_json = '{"name": "John", "age": 30, "city": "New York"}'

# Deserialize the JSON string to a Python object
data_loaded = json.loads(data_json)

print(data_loaded)  # Outputs: {"name": "John", "age": 30, "city": "New York"}
```

Dans les deux exemples, nous avons utilisé la fonction **dumps()** du module **json** pour sérialiser un objet Python en une chaîne au format JSON, et la fonction **loads()** pour désérialiser une chaîne au format JSON en un objet Python.

La manipulation de données binaires et le traitement de différents formats de données constituent une partie fondamentale de nombreux travaux en Python, en particulier lors du travail avec des données et des API. Dans la prochaine section, nous explorerons une autre partie cruciale des E/S en Python, qui est la gestion des connexions réseau.

7.5 Travailler avec des Connexions Réseau : Le Module socket

Lors de la programmation de connexions réseau en Python, l'un des modules les plus couramment utilisés est le module intégré **socket**. Ce module est incroyablement polyvalent, fournissant aux développeurs une large gamme d'options en matière de communication réseau. Avec la prise en charge d'une variété de protocoles, notamment TCP, UDP et les sockets bruts, le module **socket** permet une communication fluide entre différentes machines via un réseau.

En plus de sa flexibilité et de sa large prise en charge des protocoles, le module **socket** est également connu pour sa robustesse et sa fiabilité. Il a été largement testé et optimisé au fil des années, ce qui en fait un choix fiable et stable pour les développeurs travaillant avec des connexions réseau en Python.

Le module **socket** est un outil essentiel pour tout développeur travaillant avec des connexions réseau en Python. Sa polyvalence, sa fiabilité et sa large prise en charge des protocoles en font un choix idéal pour une large gamme de projets et d'applications.

Exemple :

Voici un exemple de comment créer un serveur simple qui écoute les connexions entrantes :

```python
import socket

# Create a socket object
s = socket.socket(socket.AF_INET, socket.SOCK_STREAM)

# Bind the socket to a specific address and port
s.bind(('localhost', 12345))

# Listen for incoming connections (max 5 connections)
s.listen(5)

while True:
    # Establish a connection with the client
    c, addr = s.accept()
    print('Got connection from', addr)

    # Send a thank you message to the client
    c.send(b'Thank you for connecting')

    # Close the connection
    c.close()
```

Dans cet exemple, nous créons d'abord un objet socket en utilisant la fonction **socket()**, en spécifiant la famille d'adresses (AF_INET pour IPv4) et le type de socket (SOCK_STREAM pour

TCP). Nous lions ensuite le socket à une adresse et un port spécifiques en utilisant la fonction **bind()**, et nous commençons à écouter les connexions entrantes avec **listen()**. Une fois qu'un client se connecte au serveur, nous acceptons la connexion en utilisant **accept()**, nous envoyons un message au client en utilisant **send()**, et nous fermons finalement la connexion avec **close()**.

Du côté du client, nous pouvons nous connecter au serveur de la manière suivante :

```python
import socket

# Create a socket object
s = socket.socket(socket.AF_INET, socket.SOCK_STREAM)

# Connect to the server
s.connect(('localhost', 12345))

# Receive data from the server
print(s.recv(1024))

# Close the connection
s.close()
```

Dans ce code client, nous avons à nouveau créé un objet socket, mais cette fois nous utilisons la fonction **connect()** pour nous connecter au serveur. Ensuite, nous recevons des données du serveur en utilisant **recv()** et fermons la connexion avec **close()**.

Rappelez-vous que la programmation réseau est un sujet vaste, et bien que le module **socket** soit une interface de bas niveau pour la communication réseau, il existe de nombreux modules et frameworks de haut niveau disponibles en Python qui fournissent des moyens plus faciles et plus sûrs de gérer les connexions réseau, comme **requests** pour HTTP ou **aiohttp** pour HTTP asynchrone.

Dans la prochaine section, nous explorerons comment Python peut interagir avec les bases de données, un autre aspect critique de la gestion des ressources et des opérations d'E/S.

7.6 Gestion de la Mémoire en Python

Python est un langage de programmation de haut niveau qui a gagné une popularité considérable ces dernières années en raison de sa facilité d'utilisation et de ses fonctionnalités puissantes. L'une des caractéristiques clés qui distingue Python des autres langages de programmation est son système automatique de gestion de la mémoire. Ce système permet aux développeurs de se concentrer sur l'écriture de code sans avoir à se soucier de l'allocation et de la désallocation manuelle de la mémoire, ce qui peut être un processus lent et sujet aux erreurs dans les langages de bas niveau comme C ou C++.

Le système automatique de gestion de la mémoire en Python repose sur deux éléments clés : le comptage de références et le ramasse-miettes. Le comptage de références est une technique utilisée par l'interpréteur Python pour suivre toutes les références à un objet en mémoire. Chaque fois qu'une nouvelle référence à un objet est créée, le compteur de références est incrémenté. De même, chaque fois qu'une référence à un objet est supprimée, le compteur de références est décrémenté. Une fois que le compteur de références d'un objet atteint zéro, l'interpréteur Python sait que l'objet n'est plus utilisé et peut libérer la mémoire qui lui est associée.

Le ramasse-miettes est un autre aspect important du système automatique de gestion de la mémoire de Python. Cette fonctionnalité est responsable de l'identification et de la suppression des objets qui ne sont plus utilisés par le programme. Il fonctionne en analysant périodiquement l'espace mémoire utilisé par le programme et en recherchant des objets qui ont un compteur de références de zéro. Une fois que ces objets sont identifiés, le ramasse-miettes peut libérer la mémoire qui leur est associée, la rendant disponible pour d'autres parties du programme.

Dans l'ensemble, le système automatique de gestion de la mémoire de Python est un outil puissant qui permet aux développeurs de se concentrer sur l'écriture de code sans avoir à se soucier des complexités de la gestion de la mémoire. En utilisant le comptage de références et le ramasse-miettes, Python peut gérer automatiquement la gestion de la mémoire, ce qui en fait un choix idéal pour les développeurs qui souhaitent écrire du code de haute qualité de manière rapide et efficace.

7.6.1 Comptage de Références

Python utilise le comptage de références comme technique principale de gestion de la mémoire. Cela signifie que chaque objet en Python a un compteur de références, qui est essentiellement un décompte du nombre de fois que cet objet est utilisé dans le code. Lorsqu'un objet est assigné à une variable, son compteur de références est incrémenté de un. Lorsque l'objet n'est plus nécessaire, le compteur de références est décrémenté de un. Une fois que le compteur de références d'un objet atteint zéro, il n'est plus utilisé et, par conséquent, est désalloué, libérant de la mémoire pour que d'autres objets puissent l'utiliser.

Cette technique présente certains avantages par rapport à d'autres techniques de gestion de la mémoire. Par exemple, elle est rapide et simple, et elle est également capable de gérer les références cycliques, ce qui peut être délicat pour d'autres techniques de gestion de la mémoire. Cependant, elle n'est pas parfaite et présente certaines limitations. Par exemple, si vous avez un grand nombre d'objets avec des compteurs de références très petits, vous pourriez vous retrouver avec beaucoup de mémoire gaspillée sur des objets qui ne sont pas utilisés. De plus, le comptage de références ne peut pas gérer tous les types de problèmes de gestion de la mémoire, comme les fuites de mémoire causées par des références circulaires.

Considérez le code Python suivant :

```
# Python program to explain memory management

# creating object
```

```
list1 = [1, 2, 3, 4] # memory is allocated

# reference count becomes zero
list1 = None
```

Dans l'exemple ci-dessus, nous créons une liste **list1**. Tant que **list1** pointe vers la liste, le gestionnaire de mémoire de Python maintient la liste en mémoire. Lorsque nous définissons **list1 = None**, le compteur de références de la liste devient zéro, et le gestionnaire de mémoire de Python désalloue la liste de la mémoire.

7.6.2 Ramasse-miettes

Même avec le comptage de références, il peut encore y avoir des fuites de mémoire dues à des références circulaires, un scénario où un groupe d'objets se référencent mutuellement, faisant en sorte que leur compteur de références n'atteigne jamais zéro.

Heureusement, Python fournit un ramasse-miettes pour gérer ces situations. Le ramasse-miettes est un algorithme sophistiqué qui s'exécute périodiquement et recherche des groupes d'objets qui se référencent mutuellement mais qui ne sont référencés nulle part ailleurs dans le code. Lorsque de tels groupes sont trouvés, ils sont marqués pour désallocation, libérant de la mémoire.

Le ramasse-miettes utilise une combinaison de comptage de références et de détection de cycles pour identifier les objets qui ne sont plus nécessaires. Cela signifie que même si un objet a un compteur de références différent de zéro, il peut toujours être désalloué s'il fait partie d'une référence circulaire qui n'est plus nécessaire.

En plus de prévenir les fuites de mémoire, le ramasse-miettes peut également améliorer les performances des programmes Python. En libérant la mémoire qui n'est plus nécessaire, le ramasse-miettes peut réduire la fréquence des appels aux routines d'allocation de mémoire du système, qui peuvent être lentes.

Il convient de noter que le ramasse-miettes n'est pas parfait et peut parfois commettre des erreurs. Par exemple, il peut échouer à identifier des références circulaires dans certaines situations, ce qui conduit à des fuites de mémoire. Cependant, de tels cas sont relativement rares et peuvent généralement être résolus en rompant manuellement la référence circulaire ou en utilisant une approche différente pour la gestion de la mémoire.

Exemple :

Voici un exemple simple du module **gc** en action :

```
# Python program to illustrate
# use of gc module
import gc

# create a cycle
list = ['Python', 'Java', 'C++']
```

```
list.append(list)

print("Garbage collection thresholds:",
                                        gc.get_threshold())
```

Ce programme crée une référence circulaire en utilisant une liste, puis affiche les seuils actuels de collecte des ordures. Ces seuils sont les niveaux auxquels le ramasse-miettes de Python commencera à rechercher des références circulaires et à nettoyer la mémoire inutilisée.

Comprendre comment Python gère la gestion de la mémoire est un élément essentiel pour devenir un programmeur Python compétent. Cela vous permet d'écrire du code efficace et orienté vers la performance en vous aidant à mieux gérer l'utilisation de la mémoire de votre programme.

7.7 Exercices Pratiques

Exercice 1

Écrivez un programme Python pour écrire les lignes suivantes dans un fichier, puis lire le fichier.

```
lines = [
    "Python is an interpreted, high-level, general-purpose programming language.\\n",
    "It was created by Guido van Rossum and first released in 1991.\\n",
    "Python's design philosophy emphasizes code readability.\\n"
]
```

Réponse :

```
with open('myfile.txt', 'w') as f:
    f.writelines(lines)

with open('myfile.txt', 'r') as f:
    print(f.read())
```

Exercice 2

Utilisez le décorateur **contextmanager** de **contextlib** pour créer un gestionnaire de contexte qui affiche **"Entrando"** lors de l'entrée dans le contexte et **"Saliendo"** lors de la sortie du contexte.

Réponse :

```
import contextlib

@contextlib.contextmanager
def my_context():
    print("Entering")
```

```
    yield
    print("Exiting")

with my_context():
    print("In the context")
```

Exercice 3

Écrivez un programme Python pour créer une référence circulaire et afficher le comptage de références des objets impliqués dans la référence circulaire. De plus, utilisez le module **gc** pour démontrer que le ramasse-miettes libère correctement la référence circulaire.

Réponse :

```python
import gc
import sys

class MyClass:
    def __init__(self, name):
        self.name = name

# Create a circular reference
a = MyClass('a')
b = MyClass('b')

a.other = b
b.other = a

# Print reference counts
print("Reference count for a: ", sys.getrefcount(a))
print("Reference count for b: ", sys.getrefcount(b))

# Remove references
a = None
b = None

# Force garbage collection
gc.collect()

print("Garbage collector has run.")
```

Ces exercices vous offriront une expérience pratique du travail avec les opérations de fichiers, les gestionnaires de contexte et la gestion de la mémoire en Python. Le point essentiel est de comprendre la valeur de ces concepts pour écrire du code Python propre, efficace et performant.

Conclusion du Chapitre 7

Le Chapitre 7 a effectué une plongée approfondie dans les E/S de fichiers et la gestion des ressources, deux composants vitaux qui font qu'un programmeur Python est bien préparé. Nous avons discuté de la manière dont Python gère les opérations de fichiers, explorant comment nous pouvons lire, écrire, ajouter et fermer des fichiers en Python. Nous avons appris que Python offre plusieurs modes pour ouvrir des fichiers, chacun avec ses cas d'usage spécifiques. Ces concepts nous aident à comprendre comment manipuler des données stockées dans des fichiers externes, une compétence nécessaire pour de nombreuses tâches basées sur Python, en particulier l'analyse de données et l'apprentissage automatique.

Dans la section 7.2, nous avons approfondi les gestionnaires de contexte, une fonctionnalité puissante en Python qui nous permet de gérer les ressources de manière plus efficace. En utilisant des gestionnaires de contexte, nous pouvons configurer et démonter automatiquement les ressources selon les besoins, ce qui nous aide à éviter des problèmes courants comme les fuites de ressources. Nous avons appris à propos de l'instruction **with**, et comment elle peut rendre notre code plus propre et lisible. Nous avons également exploré comment créer nos propres gestionnaires de contexte en utilisant le module **contextlib**, ce qui nous permet de mieux contrôler l'utilisation des ressources dans nos programmes.

Dans la section 7.3, nous avons abordé le modèle de gestion de la mémoire de Python, en apprenant le comptage de références et la collecte des ordures. Nous avons découvert comment le ramasse-miettes de Python aide à libérer la mémoire en éliminant les objets qui ne sont plus accessibles depuis notre programme, prévenant les fuites de mémoire et aidant nos programmes à s'exécuter de manière plus efficace.

Nous avons également introduit brièvement le concept de références circulaires, une situation dans laquelle deux objets ou plus se réfèrent mutuellement, ce qui pourrait causer des fuites de mémoire potentielles si elles ne sont pas gérées correctement par le ramasse-miettes de Python. Comprendre le système de gestion de la mémoire et de collecte des ordures de Python peut nous aider à créer des programmes plus efficaces en termes d'utilisation de la mémoire et à mieux déboguer les problèmes liés à la mémoire lorsqu'ils surviennent.

Dans la section 7.4, nous avons approfondi le concept de Sérialisation en Python, comprenant comment nous pouvons convertir des objets Python complexes en séquences d'octets et vice versa en utilisant le module **pickle**. Cette technique est essentielle pour stocker et transférer des objets Python et peut être utilisée dans diverses applications, du stockage en cache à la programmation distribuée.

La Section 7.5 nous a enseigné comment interagir avec le système d'exploitation en utilisant les modules **os** et **os.path**. De la création de répertoires au renommage de fichiers et à la vérification de l'existence d'un chemin, ces modules sont critiques lorsqu'il s'agit d'opérations de fichiers et de répertoires dans nos programmes Python.

Enfin, nous avons clôturé le chapitre avec des exercices pratiques pour consolider notre compréhension de ces concepts. Travailler avec ces exercices nous a permis d'acquérir une pratique concrète avec les E/S de fichiers, les gestionnaires de contexte et la gestion de la mémoire en Python.

En concluant ce chapitre, il est crucial de se rappeler l'importance de la gestion des ressources et des E/S de fichiers en Python. Ces compétences forment une partie essentielle de la boîte à outils d'un développeur Python, vous aidant à écrire des programmes Python efficaces, performants et robustes.

Chapitre 8 : Python Exceptionnel

Ce chapitre fournit un aperçu détaillé du système de Python pour gérer les événements inattendus grâce à l'utilisation d'exceptions. Les exceptions sont un composant clé de toute application logicielle robuste, car elles permettent au programme de se rétablir élégamment des erreurs et de continuer à fonctionner correctement.

Pour comprendre pleinement le concept d'exceptions, nous explorerons les diverses façons dont Python nous permet d'interagir avec elles, y compris comment gérer les exceptions et même créer nos propres exceptions personnalisées. Nous approfondirons l'importance de gérer correctement les exceptions dans le développement logiciel, en examinant des exemples concrets et les meilleures pratiques pour mettre en œuvre des stratégies efficaces de gestion des exceptions.

À la fin de ce chapitre, vous aurez une solide compréhension du fonctionnement des exceptions en Python et de la façon de tirer parti de leur puissance pour créer des applications logicielles plus fiables et résilientes.

8.1 Gestion des Erreurs et des Exceptions

Dans le domaine de la programmation, on dit souvent que les erreurs sont inévitables. Il est important de noter qu'il existe deux types principaux d'erreurs dont les programmeurs doivent être conscients : les erreurs de syntaxe et les exceptions. Les erreurs de syntaxe, également appelées erreurs d'analyse, se produisent lorsque le code contient une instruction incorrecte qui n'est pas conforme aux règles du langage de programmation. Ces erreurs sont détectées par l'analyseur pendant le processus de compilation du code.

Pendant ce temps, les exceptions sont un autre type d'erreur qui peut se produire pendant l'exécution du programme. Ces erreurs sont détectées par le système en temps réel pendant l'exécution du code. Les exceptions peuvent se produire pour diverses raisons, comme lorsqu'un programme tente d'accéder à un fichier qui n'existe pas ou lorsqu'il tente de diviser un nombre par zéro. Il est important que les programmeurs puissent identifier et gérer correctement les exceptions pour garantir que leurs programmes s'exécutent sans problème. En utilisant des blocs try-catch, les programmeurs peuvent anticiper et répondre aux exceptions d'une manière qui minimise l'impact sur le programme dans son ensemble.

Voici un exemple de base :

```
print(0 / 0)
```

Lorsque nous exécutons ce code, nous obtenons une **ZeroDivisionError** :

Traceback (most recent call last):

```
  File "<stdin>", line 1, in <module>
ZeroDivisionError: division by zero
```

ZeroDivisionError est une exception en Python, qui se produit lorsque nous tentons de diviser un nombre par zéro. Lorsqu'une erreur comme celle-ci se produit et n'est pas gérée par le programme, elle arrête l'exécution et affiche une trace de pile dans la console, ce qui peut aider les développeurs à comprendre ce qui s'est mal passé.

Cependant, arrêter l'exécution du programme n'est pas toujours le résultat souhaité. Parfois, nous voulons que notre programme continue à s'exécuter même si une partie de celui-ci rencontre une erreur. Pour ce faire, nous devons gérer les exceptions qui pourraient se produire. Python utilise un bloc **try/except** pour gérer les exceptions.

Voici un exemple :

```
try:
    print(0 / 0)
except ZeroDivisionError:
    print("You can't divide by zero!")
```

Maintenant, au lieu d'arrêter le programme et d'imprimer une trace de pile, nous imprimons "Vous ne pouvez pas diviser par zéro !" et le programme continue à s'exécuter.

Il est également important de noter que Python permet de gérer plusieurs exceptions. Si vous avez du code qui pourrait générer plus d'un type d'exception, vous pouvez inclure un tuple des exceptions que vous souhaitez capturer.

Par exemple :

```
try:
    # some code here
except (TypeError, ValueError) as e:
    print("Caught an exception:", e)
```

Dans l'exemple ci-dessus, le bloc **try** capturera un **TypeError** ou un **ValueError**. Si un autre type d'exception est levé, il ne sera pas capturé par ce bloc **except**.

Python nous permet également de capturer le message d'erreur d'une exception en utilisant le mot-clé **as**. La variable qui suit **as** dans la clause **except** est assignée à l'instance d'exception. Cette instance possède une méthode **._str_()** qui peut être utilisée pour afficher une explication plus lisible de l'erreur.

De plus, Python inclut également des clauses **else** et **finally** dans sa gestion des exceptions, que nous explorerons en détail dans les prochaines sections. La clause **else** est utilisée pour vérifier si le bloc **try** n'a levé aucune exception, et la clause **finally** est utilisée pour spécifier un bloc de code qui s'exécutera quoi qu'il arrive, qu'une exception ait été levée ou non.

Maintenant, poursuivons avec les clauses **else** et **finally** dans le mécanisme de gestion des erreurs de Python.

8.1.1 Clause Else

En Python, les instructions **try** et **except** sont utilisées pour gérer les exceptions qui peuvent se produire pendant l'exécution d'un programme. Le bloc **try** contient le code qui peut générer une exception, tandis que le bloc **except** contient le code qui sera exécuté si une exception est générée. Cependant, il existe une clause optionnelle appelée **else** qui peut être utilisée conjointement avec les instructions **try** et **except**.

La clause **else** s'exécute uniquement si aucune exception n'est générée dans le bloc **try**. Elle est souvent utilisée pour effectuer des actions supplémentaires qui ne doivent se produire que si le code dans le bloc **try** s'exécute correctement. Par exemple, si vous travaillez avec un fichier en Python et que vous voulez lire son contenu, vous pouvez utiliser un bloc **try** pour tenter de lire le fichier. Si le fichier n'existe pas ou ne peut pas être lu, une exception sera générée et le code dans le bloc **except** sera exécuté. Cependant, si le fichier peut être lu correctement, vous pouvez utiliser la clause **else** pour effectuer des actions supplémentaires, comme traiter le contenu du fichier.

En résumé, la clause **else** est un ajout utile aux instructions **try** et **except** en Python, car elle vous permet d'effectuer des actions qui ne doivent se produire que si le code dans le bloc **try** s'exécute correctement, sans encombrer les blocs **try** ou **except**.

Exemple :

```
try:
    # Some code here
except Exception as e:
    print("Caught an exception:", e)
else:
    print("No exceptions were thrown.")
```

Dans l'exemple ci-dessus, si le code à l'intérieur du bloc **try** s'exécute sans générer d'exception, le bloc **else** sera exécuté, et « Aucune exception n'a été levée » sera affiché.

8.1.2 Clause Finally

La clause **finally** de Python est une partie cruciale de la gestion des exceptions. Elle peut être utilisée pour spécifier un bloc de code qui doit s'exécuter quoi qu'il arrive, qu'une exception ait été générée ou non. Cela peut être particulièrement utile pour garantir que les activités de nettoyage, telles que la fermeture de fichiers ou de connexions réseau, sont effectuées correctement. Sans une clause **finally**, ces activités de nettoyage peuvent ne pas s'exécuter si une exception se produit, ce qui peut entraîner des fuites de ressources ou d'autres problèmes.

En plus de son utilisation dans les activités de nettoyage, la clause **finally** peut également être utilisée à d'autres fins. Par exemple, elle peut être utilisée pour garantir qu'un certain code s'exécute toujours, qu'une exception ait été générée ou non. Cela peut être utile dans des situations où vous devez effectuer une action, mais souhaitez également gérer toute exception qui pourrait survenir.

En résumé, la clause **finally** est un outil puissant pour garantir que votre code se comporte correctement face aux exceptions. En l'utilisant correctement, vous pouvez vous assurer que votre code exécute toujours les activités de nettoyage nécessaires et gère les exceptions de manière robuste et fiable.

Exemple :

```
try:
    # Some code here
except Exception as e:
    print("Caught an exception:", e)
finally:
    print("This will always run.")
```

Dans l'exemple ci-dessus, peu importe ce qui se passe dans le bloc **try** et le bloc **except**, le bloc **finally** s'exécutera toujours et affichera « Ceci s'exécutera toujours ».

En comprenant et en utilisant ces clauses, vous pouvez créer du code Python robuste qui anticipe et gère les erreurs avec élégance, tout en vous assurant que les actions de nettoyage nécessaires sont effectuées. Ceci est essentiel pour maintenir la santé et la stabilité de vos applications logicielles.

8.1.3 Exceptions Personnalisées

Lors de la création d'exceptions personnalisées en Python, il est important de garder à l'esprit que ces exceptions doivent être spécifiques au domaine d'application de votre application. Cela signifie que vous devez considérer les types d'erreurs qui peuvent se produire dans votre application et créer des exceptions qui peuvent gérer ces erreurs en conséquence.

Pour créer des exceptions personnalisées, vous devez créer de nouvelles classes d'exception qui dérivent de la classe **Exception** intégrée en Python. Vous pouvez dériver votre classe d'exception personnalisée directement de la classe **Exception**, ou indirectement de l'une des autres classes d'exception intégrées en Python.

Une fois que vous avez créé vos classes d'exception personnalisées, vous pouvez les utiliser dans votre application pour gérer les erreurs et exceptions spécifiques qui peuvent se produire. Ce faisant, vous pouvez garantir que votre application est plus robuste et peut gérer une gamme plus large d'erreurs et d'exceptions qui peuvent survenir pendant l'exécution.

Exemple :

```
class CustomError(Exception):
    pass

try:
    raise CustomError("This is a custom exception")
except CustomError as e:
    print("Caught a custom exception:", e)
```

Dans l'exemple ci-dessus, nous définissons d'abord une nouvelle classe d'exception appelée **CustomError** qui hérite de **Exception**. Ensuite, nous pouvons lever notre exception personnalisée en utilisant l'instruction **raise** et la capturer en utilisant un bloc **except**.

Créer des exceptions personnalisées peut rendre votre code plus expressif et plus facile à déboguer, car vous pouvez créer des exceptions spécifiques pour différentes conditions d'erreur dans votre application.

8.2 Définition et Levée d'Exceptions Personnalisées

Les exceptions personnalisées sont un composant clé de tout programme bien conçu. En fournissant un moyen de gérer des erreurs spécifiques de manière plus expressive et intuitive, elles peuvent grandement améliorer la lisibilité et la maintenabilité de votre code.

Cela est particulièrement important dans le contexte de projets logiciels plus importants ou de bibliothèques, où les exceptions intégrées peuvent ne pas suffire pour gérer toutes les diverses erreurs qui peuvent se produire. Avec des exceptions personnalisées, vous pouvez prendre le contrôle total du flux de contrôle de votre programme et garantir qu'il se comporte exactement comme prévu, même face à des circonstances imprévues.

En implémentant des exceptions personnalisées dans le cadre de votre processus de développement logiciel, vous pouvez créer des programmes plus robustes et fiables qui répondent mieux aux besoins de vos utilisateurs et aux exigences de votre secteur.

8.2.1 Définition d'Exceptions Personnalisées

Les exceptions personnalisées en Python sont des classes qui dérivent de la classe intégrée **Exception** ou d'une autre classe d'exception intégrée. Lors de la création d'exceptions personnalisées, il est important de s'assurer qu'elles transmettent les informations appropriées sur l'erreur qui s'est produite.

Cela peut inclure des messages d'erreur personnalisés, ainsi que des attributs ou méthodes supplémentaires qui fournissent plus de contexte sur l'erreur. De plus, les exceptions personnalisées peuvent être levées de plusieurs façons, y compris en utilisant l'instruction **raise** ou en étant levées implicitement par des fonctions ou méthodes intégrées de Python.

En utilisant des exceptions personnalisées, les développeurs peuvent créer une gestion des erreurs plus robuste et informative dans leurs programmes Python.

Voici un exemple :

```
class MyAppException(Exception):
    pass
```

Dans cet exemple, **MyAppException** est une nouvelle classe qui hérite de **Exception**. Le mot-clé **pass** est utilisé car nous ne voulons ajouter aucun nouvel attribut ou méthode à notre classe d'exception. Cependant, nous pouvons ajouter plus de fonctionnalités à notre exception personnalisée si nécessaire.

8.2.2 Ajouter plus de fonctionnalités aux Exceptions Personnalisées

Lors du développement d'exceptions personnalisées, il est important de considérer les cas d'usage potentiels au-delà de la simple indication d'une erreur. Bien qu'indiquer une erreur soit la fonction principale d'une exception, il est possible d'étendre les capacités d'une exception pour inclure des fonctionnalités supplémentaires.

Par exemple, une exception pourrait stocker des informations précieuses sur l'erreur qui s'est produite, comme l'endroit où l'erreur a pris naissance ou ce qui l'a causée. De plus, une exception pourrait prendre des mesures correctives pour remédier à l'erreur ou même empêcher qu'elle ne se reproduise à l'avenir.

En concevant des exceptions personnalisées avec ces fonctionnalités supplémentaires à l'esprit, les développeurs peuvent créer des systèmes de gestion des erreurs plus robustes et complets qui améliorent la fiabilité et la stabilité globales de leurs applications logicielles.

Exemple :

Voici un exemple d'une exception personnalisée qui stocke un message d'erreur :

```
class MyAppException(Exception):
    def __init__(self, message):
        self.message = message
        super().__init__(self.message)
```

Maintenant, lorsque nous créons une instance de **MyAppException**, nous devons fournir un message d'erreur, qui est ensuite stocké dans l'attribut **message** de l'exception.

8.2.3 Lever des Exceptions Personnalisées

Lever une exception personnalisée est un élément essentiel pour rendre votre code plus robuste. Lorsque vous levez une exception personnalisée, vous fournissez davantage de contexte à l'utilisateur, ce qui peut l'aider à mieux comprendre le problème. En fait, lever une exception personnalisée est aussi simple que de lever une exception intégrée. Tout ce que vous devez faire est d'utiliser le mot-clé **raise** suivi d'une instance de l'exception.

Un excellent cas d'usage pour lever des exceptions personnalisées est lorsque vous travaillez avec des structures de données complexes. Si vous rencontrez une erreur lors du traitement d'une structure de données complexe, vous pouvez lever une exception personnalisée qui fournit plus d'informations sur ce qui s'est mal passé. Cela peut vous faire gagner beaucoup de temps lors du débogage de votre code.

Un autre avantage de lever des exceptions personnalisées est que cela rend votre code plus modulaire. En levant une exception personnalisée, vous pouvez séparer la logique de gestion des erreurs du reste de votre code. Cela peut rendre votre code plus facile à lire et à maintenir.

En conclusion, lever une exception personnalisée est une excellente manière d'améliorer la qualité de votre code. Cela fournit davantage de contexte à l'utilisateur, rend votre code plus modulaire et peut vous faire gagner du temps lors du débogage. Ainsi, la prochaine fois que vous rencontrez une erreur dans votre code, envisagez de lever une exception personnalisée pour vous aider à identifier l'origine du problème.

Voici un exemple :

```
def do_something():
    # something goes wrong
    raise MyAppException("Something went wrong in do_something!")

try:
    do_something()
except MyAppException as e:
    print(e)
```

Lorsque nous exécutons ce code, **do_something** lève une instance de **MyAppException** avec le message d'erreur "Quelque chose s'est mal passé dans do_something !". Cette exception est ensuite capturée et gérée dans le bloc **except**, où nous affichons le message d'erreur dans la console.

Grâce à la définition et à la levée d'exceptions personnalisées, nous pouvons créer un mécanisme de gestion des erreurs robuste, efficace et expressif dans nos applications Python. Cela nous donne la capacité de créer notre propre hiérarchie d'exceptions et de les capturer à différents niveaux de notre programme, offrant un meilleur contrôle sur le flux de notre programme.

8.3 Bonnes pratiques relatives à la levée et à la gestion des exceptions

Lors de l'écriture de code, il est important de réfléchir à la manière dont les exceptions sont gérées. Vous ne voulez pas capturer aveuglément chaque exception qui pourrait survenir, car cela peut rendre difficile l'identification et la correction d'erreurs de programmation réelles. Il est plutôt préférable d'être sélectif et de capturer uniquement les exceptions pour lesquelles vous êtes spécifiquement préparé à gérer. De cette façon, vous pouvez vous assurer que votre code est robuste, fiable et facile à déboguer.

Par exemple, considérons quelques exemples d'exceptions que vous pourriez vouloir capturer. Si vous travaillez avec des ressources externes, telles que des fichiers ou des connexions réseau, vous pourriez vouloir capturer des exceptions **IOError** pour gérer les situations où ces ressources ne sont pas disponibles ou sont inaccessibles. De même, si vous travaillez avec la saisie utilisateur, vous pourriez vouloir capturer des exceptions **ValueError** pour gérer les cas où le format de saisie est incorrect ou hors limite.

D'autre part, il existe certaines exceptions que vous devriez éviter de capturer dans la plupart des cas. Par exemple, capturer un **SyntaxError** ou **TypeError** est généralement une mauvaise idée, car ces types d'exceptions indiquent généralement des erreurs ou des problèmes avec votre code qui doivent être traités directement. En les ignorant, vous risquez de masquer des erreurs de programmation graves qui peuvent être difficiles à diagnostiquer et à corriger.

En résumé, bien qu'il soit important de gérer les exceptions dans votre code, il est également important de le faire de manière réfléchie et sélective. En capturant uniquement les exceptions pour lesquelles vous êtes préparé à gérer, vous pouvez vous assurer que votre code reste robuste, fiable et facile à maintenir.

Voici un exemple de la façon de capturer toutes les exceptions :

```
try:
    # some code here
except Exception as e:   # catches all exceptions derived from Exception
    print("An error occurred!")
```

Ce type de gestion des exceptions peut être dangereux car il capturera tous les types d'exceptions, y compris ceux qui ne sont pas directement liés au fonctionnement de votre code. Une approche plus précise pourrait être :

```
try:
    # some code here
```

```
except MyAppException as e:  # only catches MyAppException and its subclasses
    print(e)
```

Dans ce cas, seules les exceptions de type **MyAppException** ou ses sous-classes seront capturées, ce qui permet à d'autres types d'exceptions de se propager et d'être gérées ailleurs ou de faire arrêter le programme, ce qui peut être l'action appropriée si l'erreur est quelque chose qui ne devrait jamais se produire.

En résumé, l'utilisation prudente d'exceptions personnalisées et la gestion minutieuse des exceptions sont essentielles pour écrire du code Python robuste, facile à déboguer et qui gère les conditions d'erreur de manière élégante. C'est là la véritable puissance de la maîtrise de la gestion des exceptions et de la création d'exceptions personnalisées en Python.

8.4 Journalisation en Python

La journalisation est un outil essentiel et puissant dans votre boîte à outils de programmation qui peut vous aider à identifier et résoudre les problèmes dans votre code. Le module **logging** intégré de Python fournit un cadre flexible pour émettre des messages de journalisation depuis les programmes Python.

Il vous permet d'enregistrer différents types de messages, tels que des messages informatifs, d'avertissement et d'erreur, et fournit un moyen pour les applications de configurer différents gestionnaires de journalisation et d'acheminer les messages de journalisation directement vers la console, des fichiers, des courriels ou des emplacements personnalisés de manière flexible et configurable.

Le module **logging** peut être facilement étendu pour gérer des messages de journalisation personnalisés et s'intégrer avec des services de journalisation tiers, ce qui en fait un outil très polyvalent et utile pour tout développeur Python.

Exemple :

Tout d'abord, jetons un coup d'œil à un exemple simple de journalisation :

```
import logging

# By default, the logging module logs the messages with a severity level of WARNING
or above.
# You can configure the logging module to log events of all levels if you want.
logging.warning('This is a warning message')
logging.error('This is an error message')
logging.critical('This is a critical message')

# These will not get logged because by default the severity level is WARNING
logging.info('This is an info message')
logging.debug('This is a debug message')
Cela produira :
```

```
WARNING:root:This is a warning message
ERROR:root:This is an error message
CRITICAL:root:This is a critical message
```

Le module de journalisation permet à la fois la journalisation de diagnostic (enregistrement des événements qui se produisent lors de l'exécution du logiciel) et la journalisation d'audit (enregistrement des événements qui mènent à une opération). Il peut suivre n'importe quoi, des informations de débogage aux informations critiques sur le temps d'exécution du programme.

Pour configurer la journalisation, nous utilisons la fonction **logging.basicConfig(**kwargs)**. Cette fonction prend une variété d'arguments pour la configuration :

```
import logging

logging.basicConfig(filename='app.log',      filemode='w',      format='%(name)s -
%(levelname)s - %(message)s')
logging.warning('This will get logged to a file')
```

Cela créera un fichier nommé 'app.log' dans votre répertoire actuel et tous les appels de journalisation ultérieurs dans votre code seront envoyés vers ce fichier.

Il existe de nombreuses autres façons de personnaliser les fonctionnalités de **logging**, notamment la différenciation des messages de différents niveaux de gravité (DEBUG, INFO, WARNING, ERROR et CRITICAL) et l'écriture de vos propres gestionnaires de journalisation personnalisés. Vous pouvez également configurer le format de journalisation pour inclure des détails tels que l'horodatage, le numéro de ligne et d'autres détails.

L'utilisation du module **logging** de Python peut être beaucoup plus robuste que l'utilisation d'instructions d'impression dans tout votre code, et c'est une pratique recommandée pour tout projet de codage sérieux. La gestion des exceptions et la journalisation sont des compétences essentielles dans le développement logiciel, non seulement pour déboguer pendant le développement, mais aussi pour enregistrer tout problème survenant dans l'environnement de production. La journalisation peut réduire considérablement le temps consacré au dépannage et au débogage du code.

N'oubliez pas d'utiliser la journalisation avec prudence. Enregistrez uniquement les informations qui peuvent être utiles. Journaliser trop de données peut entraîner des problèmes de performance et peut être coûteux si vous utilisez une solution de gestion de journaux. Une journalisation appropriée et efficace facilitera grandement la vie pour vous et les autres développeurs.

La bibliothèque de journalisation fournit plusieurs niveaux de gravité d'événements par ordre croissant : DEBUG, INFO, WARNING, ERROR et CRITICAL.

Comprenons un peu mieux ces niveaux :

- **DEBUG** : Informations détaillées, généralement d'intérêt uniquement lors du diagnostic de problèmes.

- **INFO** : Confirmation que les choses fonctionnent comme prévu.

- **WARNING** : Une indication que quelque chose d'inattendu s'est produit ou pourrait se produire dans un avenir proche (par exemple, 'espace disque faible'). Le logiciel continue de fonctionner comme prévu.

- **ERROR** : Problème plus grave qui a empêché le logiciel d'exécuter une fonction.

- **CRITICAL** : Une erreur très grave, indiquant que le programme lui-même peut être incapable de continuer à s'exécuter.

Voici un exemple d'utilisation de différents niveaux :

```
import logging

logging.basicConfig(level=logging.DEBUG)
logging.debug('This is a debug message')
logging.info('This is an info message')
logging.warning('This is a warning message')
logging.error('This is an error message')
logging.critical('This is a critical message')
Sortie :
DEBUG:root:This is a debug message
INFO:root:This is an info message
WARNING:root:This is a warning message
ERROR:root:This is an error message
CRITICAL:root:This is a critical message
```

Dans la méthode **basicConfig(**kwargs)**, vous pouvez définir le paramètre **level** au niveau de journalisation souhaité. Le journal racine sera défini au niveau de gravité spécifié et tous les messages ayant une gravité supérieure ou égale à ce niveau seront affichés dans la console et enregistrés dans un fichier journal si celui-ci est spécifié.

Il est crucial d'utiliser des niveaux de journalisation appropriés dans votre application. Cela peut vous aider à mieux comprendre le flux de votre programme et à découvrir toute anomalie qui pourrait survenir. L'utilisation incorrecte des niveaux de journalisation (par exemple, enregistrer tous les messages avec le niveau d'erreur) peut conduire à des journaux peu clairs, ce qui rend le débogage difficile.

8.5 Exercices Pratiques

Exercice 1 : Création d'une exception personnalisée

Définissez une nouvelle classe d'exception appelée **TooColdError** qui hérite de la classe **Exception** intégrée. Levez cette exception dans une fonction appelée **check_temperature** qui reçoit une valeur de température comme argument et lève **TooColdError** si la température est inférieure à 0.

```
# Exercise 1 skeleton code
class TooColdError(Exception):
    pass

def check_temperature(temp):
    # your code here

# Test your function
try:
    check_temperature(-5)
except TooColdError:
    print("Caught a TooColdError!")
```

Exercice 2 : Ajout de la gestion des exceptions

Modifiez la fonction **check_temperature** pour gérer le cas où l'argument passé n'est pas un nombre. Si cela se produit, affichez un message d'erreur convivial et renvoyez **None**.

```
# Exercise 2 skeleton code
def check_temperature(temp):
    # your code here

# Test your function with a non-number argument
result = check_temperature("hot")
```

Exercice 3 : Journalisation

Créez un enregistreur (logger) et utilisez-le pour enregistrer des messages de différents niveaux. Ensuite, ajustez le niveau de journalisation de l'enregistreur et observez comment les messages enregistrés changent.

```
# Exercise 3 skeleton code
import logging

logger = logging.getLogger(__name__)
logger.setLevel(logging.INFO)

# Log some messages
logger.debug("This is a debug message")
```

```
logger.info("This is an info message")
logger.warning("This is a warning message")
logger.error("This is an error message")
logger.critical("This is a critical message")

# Change the logging level and log some more messages
logger.setLevel(logging.ERROR)
# Log the same set of messages and see what changes
```

Exercice 4 : Journalisation avancée

Configurez un enregistreur pour journaliser les messages à la fois dans la console et dans un fichier. Essayez d'ajouter un horodatage aux messages de journalisation.

```
# Exercise 4 skeleton code
import logging

logger = logging.getLogger(__name__)
logger.setLevel(logging.DEBUG)

# Set up console handler
ch = logging.StreamHandler()
ch.setLevel(logging.DEBUG)
# Set up file handler
fh = logging.FileHandler("debug.log")
fh.setLevel(logging.DEBUG)

# Add handlers to logger
logger.addHandler(ch)
logger.addHandler(fh)

# Log some messages
logger.debug("This is a debug message")
logger.info("This is an info message")
logger.warning("This is a warning message")
logger.error("This is an error message")
logger.critical("This is a critical message")
```

N'oubliez pas d'essayer de résoudre les exercices par vous-même avant de consulter les solutions !

Conclusion du Chapitre 8

Le Chapitre 8, « Python exceptionnel », a été une plongée approfondie dans les outils de Python pour gérer et signaler les erreurs dans votre code. De la gestion de base des erreurs et des exceptions à la définition d'exceptions personnalisées et à l'exploitation de la robuste bibliothèque de journalisation de Python, nous avons exploré une variété de techniques qui font de Python un langage flexible et puissant pour développer et déboguer des applications.

Nous avons commencé le chapitre par une discussion sur la gestion des erreurs et des exceptions. Nous avons appris que Python fait la distinction entre les erreurs de syntaxe et les exceptions. Les erreurs de syntaxe se produisent lorsque Python ne peut pas interpréter notre code, tandis que les exceptions se produisent lorsque du code Python syntaxiquement correct rencontre une erreur.

Le bloc try/except a été introduit comme moyen de capturer et de gérer les exceptions. La clause except sans spécification peut capturer tous les types d'exceptions, mais ce n'est pas une bonne pratique de l'utiliser en raison de sa capacité à capturer des erreurs inattendues et à masquer des erreurs de programmation. Par conséquent, il est préférable de capturer les exceptions explicitement par leur type. Nous avons également exploré comment utiliser la clause else, qui s'exécute si le bloc try ne lève aucune exception, et la clause finally, qui s'exécute quoi qu'il arrive, offrant une méthode infaillible pour libérer des ressources ou exécuter du code qui doit être exécuté.

Nous sommes ensuite passés à la définition et au levage d'exceptions personnalisées. Nous avons découvert que les exceptions personnalisées sont un outil puissant pour créer du code expressif et auto-documenté. En levant des exceptions avec des noms qui indiquent clairement ce qui s'est mal passé, et en fournissant des détails pertinents dans le message d'exception, nous rendons notre code plus facile à déboguer et à maintenir.

La discussion sur le module de journalisation de Python nous a montré les avantages d'utiliser la journalisation plutôt que les instructions d'impression. La journalisation offre un moyen plus flexible de générer des informations sur ce que fait notre programme. Nous pouvons contrôler le niveau de détail généré grâce aux niveaux de journalisation, diriger la sortie vers plusieurs destinations et formater nos messages de sortie. Le module de journalisation offre un moyen de gérer des situations inattendues qui ne constituent pas nécessairement des exceptions.

En résumé, les constructions et bibliothèques que nous avons apprises dans ce chapitre sont cruciales pour écrire du code Python robuste et de qualité production. Elles nous permettent de gérer les situations imprévues de manière élégante et de faciliter le débogage et la maintenance en fournissant des rapports clairs et détaillés sur ce que fait notre code. Maîtriser ces outils est une étape clé pour devenir un programmeur Python compétent. Dans les chapitres suivants, nous nous appuierons sur ces fondations tandis que nous commencerons à travailler avec des ressources externes telles que des fichiers et des bases de données.

Chapitre 9 : Bibliothèque Standard de Python

La Bibliothèque Standard de Python est un trésor de modules qui fournit des implémentations pour une large gamme de fonctionnalités, incluant, mais sans s'y limiter, les mathématiques, les entrées/sorties de fichiers, la persistance de données, les protocoles Internet et bien plus encore. La disponibilité de tant de modules a conféré à Python la réputation d'être un langage « piles incluses », ce qui signifie que les développeurs peuvent accomplir beaucoup en utilisant uniquement les bibliothèques intégrées.

Dans ce chapitre, nous vous présenterons les modules les plus essentiels et fréquemment utilisés de la Bibliothèque Standard de Python. Nous approfondirons la manière dont vous pouvez exploiter ces modules pour effectuer des tâches courantes, rendant votre code plus efficace et performant. De plus, nous fournirons des exemples de la façon dont ces modules peuvent être utilisés pour résoudre des problèmes du monde réel, démontrant la polyvalence de la Bibliothèque Standard de Python.

À la fin de ce chapitre, vous aurez une compréhension complète des modules clés de la Bibliothèque Standard de Python et de la manière dont vous pouvez les employer pour accélérer votre processus de développement en Python. Ces connaissances vous permettront de créer des programmes sophistiqués et bien élaborés avec facilité et en moins de temps.

9.1 Vue d'ensemble de la Bibliothèque Standard de Python

La Bibliothèque Standard de Python est divisée en plusieurs modules basés sur la fonctionnalité qu'ils fournissent. Jetons un coup d'œil à un aperçu de certaines de ces catégories :

9.1.1 Services de Traitement de Texte

Cette catégorie de modules est essentielle pour travailler avec du texte et des données binaires, ainsi que pour implémenter des formats de données textuels largement utilisés comme JSON et CSV. Le module **string** fournit des fonctions polyvalentes de manipulation de chaînes, tandis que le module **re** est indispensable pour travailler avec les expressions régulières.

Le module **difflib** est utile pour comparer des séquences, et **textwrap** peut être utilisé pour envelopper et remplir du texte. Le module **unicodedata** fournit un accès à la Base de Données Unicode, tandis que **stringprep** est utilisé pour la préparation de chaînes Internet. En plus de ces modules couramment utilisés, il en existe beaucoup d'autres disponibles pour des besoins de traitement de texte plus spécialisés.

Exemple :

```
import string

# Get all printable characters
print(string.printable)
```

9.1.2 Services de Données Binaires

Ces modules sont essentiels pour travailler avec des formats de données binaires. Ils permettent aux développeurs de manipuler des données d'une manière qui n'est pas possible avec des données textuelles. Le module **struct** est particulièrement utile pour travailler avec des formats de données binaires de style C.

D'autre part, le module **codecs** est utilisé pour encoder et décoder des données entre différents jeux de caractères. D'autres modules qui sont utiles pour travailler avec des données binaires incluent **array** (pour travailler avec des tableaux de données numériques), **pickle** (pour sérialiser des objets) et **io** (pour travailler avec des flux de données binaires). Ces modules sont essentiels pour tout développeur qui travaille avec des données binaires.

Exemple :

```
import struct

# Pack data into binary format
binary_data = struct.pack('i', 12345)
print(binary_data)
```

9.1.3 Types de Données

Python fournit plusieurs modules qui étendent ses types de données intégrés, permettant une plus grande flexibilité dans la gestion de données de différents types. L'un de ces modules est **datetime**, qui fournit une variété d'outils pour travailler avec les dates et les heures, tels que des fonctions de formatage et d'analyse.

Le module **collections** offre une variété de types de données conteneurs, tels que deque, defaultdict et OrderedDict, qui sont utiles pour des structures de données plus complexes. Pour des structures de données plus spécialisées, le module **heapq** fournit un algorithme de file de priorité, tandis que le module **queue** est utilisé pour implémenter des files de différents types.

D'autres modules, tels que **array** et **struct**, sont utilisés pour travailler avec des données binaires, tandis que le module **decimal** est utilisé pour l'arithmétique décimale précise. En utilisant ces modules, les programmeurs Python peuvent facilement gérer une large gamme de types de données et de structures de données, ce qui en fait un outil puissant pour l'analyse et la manipulation de données.

Exemple :

```
from datetime import datetime

# Get current date and time
now = datetime.now()
print(now)
```

9.1.4 Modules Mathématiques

Python fournit une large gamme de modules pour les opérations mathématiques. En particulier, le module **math** permet diverses fonctions mathématiques telles que les fonctions trigonométriques, logarithmiques et exponentielles. Si vous travaillez avec des nombres complexes, le module **cmath** est également disponible.

De plus, si vous avez besoin de générer des nombres pseudoaléatoires dans votre programme, le module **random** est parfait pour la tâche. Enfin, le module **statistics** fournit des fonctions statistiques telles que la moyenne, la médiane et le mode pour vous aider à analyser vos données avec facilité.

Exemple :

```
import math

# Calculate the square root of a number
print(math.sqrt(16))
```

9.1.5 Accès aux Fichiers et Répertoires

L'accès aux fichiers et répertoires est un composant crucial de la programmation, et Python fournit plusieurs modules, tels que **pathlib**, **os.path**, et **tempfile**, pour faciliter cette tâche. Ces modules offrent une large gamme de fonctionnalités qui vous permettent non seulement de manipuler des chemins de fichiers et d'accéder à des structures de répertoires, mais aussi de créer des fichiers et répertoires temporaires.

Par exemple, **pathlib** fournit une interface orientée objet pour le système de fichiers, ce qui facilite la manipulation de chemins, fichiers et répertoires. **os.path** vous permet d'effectuer des opérations courantes sur les chemins de fichiers, comme joindre et diviser, tandis que **tempfile** fournit un moyen pratique de créer des fichiers et répertoires temporaires, qui peuvent être utiles pour stocker des résultats intermédiaires ou exécuter des tests.

Exemple :

```
import os
```

```
# Get the current working directory
print(os.getcwd())
```

La Bibliothèque Standard de Python est bien organisée, chaque module ayant généralement un domaine d'application particulier. Au fur et à mesure que vous travaillez sur différents projets, vous découvrirez que les fonctions et classes disponibles au sein de ces modules peuvent être extrêmement bénéfiques, résolvant souvent des problèmes courants ou fournissant des utilitaires qui peuvent accélérer considérablement votre temps de développement.

Par exemple, lors du traitement de données provenant d'Internet, le module **json** est inestimable. Ce module fournit des méthodes pour manipuler des données JSON, qui sont souvent utilisées lors de l'interaction avec de nombreuses API web.

```
import json

# Here is a dictionary
data = {"Name": "John", "Age": 30, "City": "New York"}

# We can easily convert it into a JSON string
json_data = json.dumps(data)
print(json_data)  # prints: {"Name": "John", "Age": 30, "City": "New York"}

# And we can convert a JSON string back into a dictionary
original_data = json.loads(json_data)
print(original_data)  # prints: {'Name': 'John', 'Age': 30, 'City': 'New York'}
```

Dans le domaine de la manipulation de dates et d'heures, le module **datetime** fournit des classes pour manipuler les dates et les heures de manière simple comme complexe.

```
from datetime import datetime, timedelta

# Current date and time
now = datetime.now()
print(now)  # prints: current date and time

# Add 5 days to the current date
future_date = now + timedelta(days=5)
print(future_date)  # prints: date and time five days from now
```

Ces exemples n'illustrent que quelques-uns des nombreux modules disponibles dans la Bibliothèque Standard de Python. En vous familiarisant avec ces modules, vous pouvez augmenter considérablement l'efficacité de votre code et tirer parti du travail d'innombrables développeurs qui ont contribué à cette ressource puissante.

Rappelez-vous, une partie de ce qui fait un programmeur efficace ne consiste pas seulement à écrire votre propre code, mais aussi à comprendre et à utiliser le code que d'autres ont écrit. La

Bibliothèque Standard de Python est une ressource fantastique pour cela, car elle fournit une grande variété de solutions de haute qualité, testées et optimisées pour de nombreux défis de programmation courants (et moins courants).

Dans les sections suivantes, nous explorerons certains des modules les plus utiles et les plus largement utilisés au sein de la Bibliothèque Standard de Python. Chacun de ces modules fournit une fonctionnalité unique qui, lorsqu'elle est comprise et utilisée efficacement, peut renforcer votre développement en Python.

9.1.6 Modules de Programmation Fonctionnelle

La Programmation Fonctionnelle est un paradigme de programmation qui met l'accent sur l'utilisation de fonctions pures, qui sont des fonctions qui n'ont pas d'effets secondaires et renvoient toujours la même sortie pour la même entrée. Cette approche aide à créer un code plus prévisible et fiable, car elle évite l'utilisation d'état mutable et encourage l'utilisation de structures de données immuables.

Contrairement à la programmation impérative, qui se concentre sur les étapes nécessaires pour atteindre un objectif donné, la programmation fonctionnelle se concentre sur la définition du problème et le calcul de la solution. Cela signifie qu'au lieu de spécifier comment effectuer une tâche, nous spécifions ce que la tâche doit accomplir.

Python, étant un langage multi-paradigme, supporte également la programmation fonctionnelle. Les modules **functools** et **itertools** fournissent une large gamme de fonctions d'ordre supérieur et d'outils qui facilitent l'écriture de code dans un style fonctionnel. Par exemple, la fonction **reduce()** du module **functools** peut être utilisée pour appliquer une fonction de manière itérative à une séquence d'éléments, tandis que la fonction **map()** peut être utilisée pour appliquer une fonction à chaque élément d'une séquence et renvoyer une nouvelle séquence avec les résultats.

Voici quelques détails à leur sujet :

- **functools** : Ce module fournit des outils pour travailler avec des fonctions et d'autres objets appelables, pour les adapter ou les étendre à de nouveaux objectifs sans avoir à les réécrire complètement. L'un des décorateurs les plus largement utilisés de ce module est **functools.lru_cache**. C'est un décorateur pour envelopper une fonction avec un objet appelable de mémorisation qui conserve jusqu'aux appels les plus récents de **maxsize**.

```
from functools import lru_cache

@lru_cache(maxsize=None)
def fib(n):
    if n < 2:
        return n
    return fib(n-1) + fib(n-2)
```

```
print([fib(n) for n in range(16)])
```

- **itertools:** Ce module inclut un ensemble de fonctions pour créer des itérateurs pour des boucles efficaces. Les itérateurs sont des séquences paresseuses où les valeurs ne sont pas calculées tant qu'elles ne sont pas demandées. Par exemple, la fonction itertools.count(10) renvoie un itérateur qui génère des entiers indéfiniment. Le premier sera 10.

```
import itertools

# print first 10 numbers starting from 20
counter = itertools.count(start=20)
for num in itertools.islice(counter, 10):
    print(num)
```

- **operator** : Ce module exporte un ensemble de fonctions implémentées en C qui correspondent aux opérateurs intrinsèques de Python. Par exemple, **operator.add(x, y)** est équivalent à l'expression **x + y**.

```
import operator
print(operator.add(1, 2))   # Output: 3
print(operator.mul(2, 3))   # Output: 6
```

Ces modules sont particulièrement utiles lorsqu'il s'agit de tâches de manipulation et d'analyse de données, car ils offrent des moyens concis d'opérer sur des séquences de données sans avoir besoin d'écrire des boucles extensives ou des fonctions personnalisées.

9.1.7 Persistance des Données

La persistance des données est un aspect incroyablement important de la plupart, sinon de toutes les applications. C'est le processus de gestion et de stockage des données de manière à ce qu'elles continuent d'exister et restent accessibles même après la fin du programme.

Une façon d'atteindre la persistance des données est par l'utilisation d'un système de gestion de base de données (SGBD). Les SGBD sont des systèmes logiciels qui permettent aux utilisateurs de créer, lire, mettre à jour et supprimer des données dans une base de données. Ils sont conçus pour gérer de grandes quantités d'informations, ce qui en fait un outil idéal pour les applications nécessitant une grande quantité de stockage de données.

Une autre façon d'atteindre la persistance des données est par l'utilisation de systèmes de fichiers. Les systèmes de fichiers sont la manière dont un système d'exploitation gère les fichiers et les répertoires. Ils peuvent être utilisés pour stocker des données dans des fichiers, qui peuvent ensuite être lus et écrits même après la fin du programme.

www.cuantum.tech/books

212

La persistance des données est un aspect critique de la plupart, sinon de toutes les applications. Sans elle, les données seraient perdues à chaque fois que le programme se termine, ce qui rendrait difficile, voire impossible, de maintenir l'intégrité de l'application et des données sur lesquelles elle repose. En utilisant des SGBD ou des systèmes de fichiers, les développeurs peuvent garantir que leurs applications continuent de fonctionner correctement même après la fin du programme.

Python fournit plusieurs modules pour y parvenir de diverses manières, notamment :

- **pickle** : C'est peut-être l'outil le plus simple pour la persistance des données en Python. Le module **pickle** implémente un algorithme fondamental mais puissant pour sérialiser et désérialiser une structure d'objets Python. Le « pickling » est le processus par lequel une hiérarchie d'objets Python est convertie en un flux d'octets, et le « unpickling » est l'opération inverse. Notez qu'il n'est pas sécurisé contre des données erronées ou malicieusement construites.

```python
import pickle

# An example dict object
data = {"key": "value"}

# Use dumps to pickle the object
data_pickled = pickle.dumps(data)
print(data_pickled)                           #                        Output:
b'\\x80\\x04\\x95\\x11\\x00\\x00\\x00\\x00\\x00\\x00\\x00}\\x94\\x8c\\x03key\
\x94\\x8c\\x05value\\x94s.'

# Use loads to unpickle the object
data_unpickled = pickle.loads(data_pickled)
print(data_unpickled) # Output: {'key': 'value'}
```

- **shelve** : Le module **shelve** est un outil utile pour la persistance des données. Il fournit un objet similaire à un dictionnaire qui est persistant, ce qui signifie qu'il peut être sauvegardé et accessible ultérieurement. L'objet persistant est appelé « étagère ». Bien qu'il soit similaire aux bases de données dbm, les étagères ont une différence clé : les valeurs dans une étagère peuvent être n'importe quel objet Python pouvant être manipulé par le module **pickle**. Cela permet une gamme beaucoup plus large de valeurs possibles qu'avec les bases de données dbm, ce qui est utile dans de nombreuses situations différentes.

```python
import shelve

# An example dict object
data = {"key": "value"}

# Create a shelve with the data
with shelve.open('myshelve') as db:
```

```
    db['data'] = data

# Retrieve data from the shelve
with shelve.open('myshelve') as db:
    print(db['data'])  # Output: {'key': 'value'}
```

- **sqlite3** : Le module **sqlite3** offre une interface DB-API 2.0 pour les bases de données SQLite. SQLite lui-même est une bibliothèque C qui fournit une base de données basée sur disque qui est légère et ne nécessite pas de processus serveur séparé. De plus, il permet d'accéder à la base de données en utilisant une variante non standard du langage de requête SQL. SQLite est largement utilisé en raison de ses hautes performances, de sa taille compacte et de sa capacité à s'exécuter sur une variété de plateformes. Il est couramment utilisé dans les appareils mobiles, les systèmes embarqués et les navigateurs web. En outre, le module **sqlite3** fournit des fonctions efficaces et faciles à utiliser qui permettent aux utilisateurs de gérer des bases de données SQLite avec aisance. Certaines de ces fonctions incluent la capacité de créer, modifier et supprimer des tables, ainsi que d'insérer, de mettre à jour et de supprimer des données. Dans l'ensemble, le module **sqlite3** est un excellent choix pour ceux qui souhaitent travailler avec des bases de données SQLite en Python.

```
import sqlite3
conn = sqlite3.connect('example.db')

c = conn.cursor()

# Create table
c.execute('''CREATE TABLE stocks
            (date text, trans text, symbol text, qty real, price real)''')

# Insert a row of data
c.execute("INSERT INTO stocks VALUES ('2006-01-05','BUY','RHAT',100,35.14)")

# Save (commit) the changes
conn.commit()

# We can also close the connection if we are done with it.
# Just be sure any changes have been committed or they will be lost.
conn.close()
```

Il est important de mentionner que bien que ces modules soient utiles pour la persistance des données, ils ne remplacent pas un système de base de données complet pour des applications plus grandes et complexes. Néanmoins, ils offrent un excellent moyen pour que des applications ou scripts plus petits sauvegardent et gèrent des données de manière persistante.

9.1.8 Compression et Archivage de Données

La bibliothèque standard de Python inclut plusieurs modules pour la compression et l'archivage de données. Ces modules sont incroyablement utiles pour gérer de grandes quantités de données et peuvent aider à optimiser le stockage et la transmission réseau.

L'un des modules les plus populaires est le module zlib, qui fournit des fonctions pour compresser et décompresser des données en utilisant la bibliothèque zlib. De plus, le module gzip peut être utilisé pour créer et lire des fichiers compressés au format gzip, tandis que le module bz2 fournit un support pour la compression bzip2.

En plus de ces modules, le module zipfile peut être utilisé pour lire et écrire des fichiers au format ZIP, et le module tarfile fournit un support pour lire et écrire des fichiers tar, qui peuvent ensuite être compressés en utilisant l'un des modules de compression.

Dans l'ensemble, la bibliothèque standard de Python fournit un ensemble complet d'outils pour travailler avec des données compressées et archivées, ce qui en fait un choix idéal pour de nombreuses tâches de gestion de données.

- Le module **zlib** en Python est un outil incroyablement utile qui fournit des fonctions à la fois pour la compression et la décompression, ce qui en fait un choix idéal pour manipuler de grands volumes de données. Cela en fait un outil incroyablement précieux pour toute personne travaillant avec de grands ensembles de données ou des systèmes complexes.

Une façon d'utiliser le module **zlib** est d'y accéder directement pour un accès de bas niveau. Cela peut être fait en utilisant les fonctions fournies par le module pour compresser et décompresser des données selon les besoins. C'est une excellente option pour ceux qui ont besoin d'un contrôle détaillé sur le processus de compression.

Une autre option est d'utiliser le module **gzip**, qui est construit sur **zlib** et fournit une interface de plus haut niveau pour travailler avec des données compressées. Ce module est recommandé pour la plupart des cas d'usage, car il fournit une façon plus simple et pratique de travailler avec des données compressées. En utilisant le module **gzip**, les utilisateurs peuvent compresser et décompresser des données rapidement et facilement sans se soucier des détails sous-jacents du processus de compression.

Dans l'ensemble, le module **zlib** est un outil essentiel pour toute personne travaillant avec de grands ensembles de données ou des systèmes complexes. Avec ses puissantes fonctions de compression et de décompression, il fournit un moyen flexible et efficace de manipuler des données, tandis que le module **gzip** facilite l'utilisation de cette fonctionnalité de manière plus pratique et de plus haut niveau.

```
import zlib
s = b'hello world!hello world!hello world!hello world!'
t = zlib.compress(s)
print(t)
```

```
print(zlib.decompress(t))
```

- **gzip** est un utilitaire de compression de fichiers largement utilisé qui fournit une interface fiable et facile à utiliser pour compresser et décompresser des fichiers. Il fonctionne de manière similaire au programme bien connu GNU gzip, ce qui en fait un choix populaire tant pour les particuliers que pour les entreprises. De plus, gzip est connu pour sa rapidité et son efficacité, permettant la compression et la décompression rapide même de fichiers volumineux. En utilisant gzip, les utilisateurs peuvent économiser un espace précieux sur leurs appareils et transférer facilement des fichiers entre systèmes. Que vous soyez un utilisateur occasionnel ou un professionnel expérimenté en technologie, gzip est un outil que vous ne voudrez pas manquer !

```python
import gzip
content = "Lots of content here"
with gzip.open('file.txt.gz', 'wt') as f:
    f.write(content)
```

- **tarfile** : Le module **tarfile** en Python fournit la capacité de lire et d'écrire des fichiers d'archive tar. Ce module peut être utilisé pour créer de nouveaux fichiers, modifier des fichiers existants ou extraire des fichiers existants. La flexibilité du module **tarfile** signifie que vous pouvez facilement travailler avec des fichiers et répertoires compressés, ce qui en fait un outil essentiel pour la gestion de données. Avec son interface intuitive, le module **tarfile** facilite la gestion de vos données de manière régulière sans avoir à vous soucier des limitations de taille de fichier ou des problèmes de compatibilité. De plus, le module **tarfile** peut être utilisé pour créer des sauvegardes de fichiers et répertoires importants, garantissant que vos données sont toujours en sécurité.

```python
import tarfile
with tarfile.open('sample.tar', 'w') as f:
    f.add('sample.txt')
```

9.1.9 Formats de Fichiers

La bibliothèque standard de Python est un trésor de modules qui peuvent être utilisés pour effectuer une large gamme de tâches avec facilité. Un domaine où elle excelle vraiment est dans la lecture, l'écriture et la manipulation de données dans divers formats de fichiers. Cela inclut le support pour des formats comme CSV, JSON, XML et même les bases de données SQL. Les modules fournis par la bibliothèque standard offrent beaucoup de flexibilité et de puissance lorsqu'il s'agit de gérer ces formats de fichiers, permettant aux développeurs d'extraire rapidement les informations dont ils ont besoin, de les transformer dans un format différent ou même de générer de nouvelles données complètement. En résumé, si vous cherchez à travailler avec des données en Python, la bibliothèque standard est un excellent point de départ.

- **csv** : Très pratique pour lire et écrire des fichiers CSV. Les fichiers CSV (Valeurs Séparées par des Virgules) sont une façon populaire de stocker et de transmettre des données dans un format de texte simple. Ils peuvent être utilisés pour stocker une variété de types de données, y compris du texte, des nombres et des dates. L'un des principaux avantages de l'utilisation des fichiers CSV est leur facilité d'utilisation : ils peuvent être lus et écrits par une variété de programmes logiciels. De plus, les fichiers CSV peuvent être facilement importés dans des programmes de tableur comme Microsoft Excel, ce qui en fait un format de stockage polyvalent et pratique pour l'analyse et la manipulation de données.

```python
import csv
with open('person.csv', 'w', newline='') as file:
    writer = csv.writer(file)
    writer.writerow(["SN", "Name", "Contribution"])
    writer.writerow([1, "Linus Torvalds", "Linux Kernel"])
    writer.writerow([2, "Tim Berners-Lee", "World Wide Web"])
    writer.writerow([3, "Guido van Rossum", "Python Programming"])
```

- **json** : L'encodeur et décodeur JSON est un outil puissant pour tout développeur Python. Non seulement il peut encoder des structures de données simples comme les listes et les dictionnaires, mais il peut également gérer des structures complexes. Par exemple, il peut encoder des ensembles et des tuples, ainsi que toute classe définie par l'utilisateur qui implémente la méthode __json__. De plus, le module **json** fournit une série d'options utiles pour personnaliser le processus d'encodage et de décodage. Par exemple, vous pouvez spécifier les séparateurs à utiliser entre les éléments dans la sortie JSON, ou vous pouvez fournir une fonction personnalisée pour gérer les objets non sérialisables. Dans l'ensemble, **json** est une partie essentielle de tout projet Python qui doit travailler avec des données JSON.

```python
import json

# a Python object (dict):
x = {
  "name": "John",
  "age": 30,
  "city": "New York"
}

# convert into JSON:
y = json.dumps(x)

# the result is a JSON string:
print(y)
```

- **xml.etree.ElementTree** : Le type Element est un conteneur flexible conçu pour stocker des structures de données hiérarchiques en mémoire. Il permet la manipulation rapide et efficace de XML et d'autres structures de type arbre. Avec Element, vous pouvez accéder et modifier facilement des éléments et des attributs, ainsi qu'ajouter et supprimer des sous-éléments. En utilisant ElementTree, vous pouvez analyser des documents XML et les convertir en objets Element, qui peuvent ensuite être manipulés et sauvegardés dans un fichier XML. Cela en fait un outil essentiel pour travailler avec des données XML en Python, fournissant aux développeurs une API puissante et facile à utiliser pour construire des applications XML complexes.

```python
import xml.etree.ElementTree as ET

data = '''
<person>
  <name>Chuck</name>
  <phone type="intl">
    +1 734 303 4456
  </phone>
  <email hide="yes" />
</person>'''

tree = ET.fromstring(data)
print('Name:', tree.find('name').text)
print('Attr:', tree.find('email').get('hide'))
```

Ces modules, ainsi que le reste de la bibliothèque standard de Python, offrent une large gamme de fonctionnalités qui vous permettent d'accomplir une grande variété de tâches. En comprenant et en utilisant ces modules de manière efficace, vous pouvez augmenter considérablement votre productivité et votre efficacité en tant que programmeur Python.

9.2 Explorer Quelques Bibliothèques Clés

La Bibliothèque Standard de Python est assez vaste et contient une grande quantité de modules pour une large gamme de tâches. Cependant, ce qui rend Python encore plus puissant, c'est la grande quantité de bibliothèques tierces disponibles dans l'écosystème Python. Ces bibliothèques offrent des fonctionnalités et des caractéristiques supplémentaires qui ne sont pas incluses dans la Bibliothèque Standard. En fait, l'index des paquets Python (PyPI) héberge actuellement plus de 300 000 paquets et ne cesse de croître !

Dans cette section, nous approfondirons certaines des bibliothèques clés qui sont largement utilisées dans la communauté Python. Ces bibliothèques offrent une abondance de puissance et de commodité dans divers domaines, de l'analyse et de la manipulation de données au développement web et au-delà. Avec ces bibliothèques à votre disposition, vous pouvez améliorer considérablement votre productivité et votre efficacité lors du travail avec Python.

9.2.1 numpy

NumPy est le paquet fondamental pour le calcul scientifique en Python. Il fournit un objet tableau multidimensionnel haute performance et des outils pour travailler avec ces tableaux. Les tableaux NumPy sont extrêmement polyvalents et peuvent être utilisés pour une grande variété de tâches de calcul scientifique. Avec NumPy, vous pouvez facilement effectuer des opérations mathématiques avancées sur des tableaux, telles que la multiplication de matrices, la convolution et les transformées de Fourier.

NumPy fournit une variété de fonctions intégrées pour travailler avec des tableaux, y compris des fonctions statistiques, des opérations d'algèbre linéaire et des fonctions de manipulation de tableaux. Un tableau numpy est une grille de valeurs, toutes du même type, et est indexé par un tuple d'entiers non négatifs. NumPy est largement utilisé dans une variété de domaines scientifiques et techniques, notamment la physique, l'ingénierie, la finance et l'analyse de données.

Exemple :

```
import numpy as np
a = np.array([1, 2, 3])    # Create a rank 1 array
print(type(a))             # Prints "<class 'numpy.ndarray'>"
print(a.shape)             # Prints "(3,)"
print(a[0], a[1], a[2])    # Prints "1 2 3"
```

9.2.2 pandas

Pandas est une bibliothèque de manipulation de données open source pour le langage de programmation Python. C'est un outil extrêmement utile pour l'analyse et le nettoyage de données. Pandas offre une large gamme de structures de données et d'outils d'analyse de données qui en font un choix idéal pour les data scientists et les analystes. En plus de l'objet DataFrame, Pandas fournit Series, Panel et Panel4D, qui sont des structures de données unidimensionnelles, tridimensionnelles et quadridimensionnelles respectivement.

Pandas est polyvalent. Il vous permet de lire et d'écrire des données depuis diverses sources de données. Vous pouvez lire des données depuis des fichiers CSV, Excel, des bases de données SQL et des fichiers JSON. De plus, vous pouvez également exporter des données vers ces mêmes formats.

Pandas fournit également un ensemble riche de fonctions pour la manipulation de données. Vous pouvez effectuer des opérations arithmétiques de base sur les données, fusionner et joindre des données, et gérer les valeurs manquantes avec élégance. Il existe également plusieurs fonctions statistiques disponibles dans Pandas que vous pouvez utiliser pour analyser les données.

En résumé, Pandas est un outil puissant et flexible pour l'analyse et la manipulation de données en Python. Sa syntaxe intuitive et sa grande quantité de fonctions en font un ajout précieux à toute boîte à outils d'analyste de données.

Exemple :

```
import pandas as pd
data = {'Name': ['John', 'Anna', 'Peter'],
        'Age': [28, 24, 33]}
df = pd.DataFrame(data)
print(df)
```

9.2.3 matplotlib

Matplotlib est une puissante bibliothèque Python pour réaliser des graphiques en 2D qui peut vous aider à créer des visualisations impressionnantes pour vos données. Que vous ayez besoin de créer des figures de qualité publication pour un article de recherche ou des graphiques interactifs pour une présentation, Matplotlib vous couvre.

Avec une large gamme de formats de sortie, y compris PNG, PDF, EPS et SVG, vous pouvez facilement créer des graphiques professionnels prêts à être partagés avec le monde. Et avec le support pour des environnements interactifs comme les carnets Jupyter et les applications web, vous pouvez explorer et analyser vos données de façons nouvelles et passionnantes. Pourquoi attendre ? Commencez à utiliser Matplotlib dès aujourd'hui et portez vos visualisations de données au niveau supérieur !

Exemple :

```
import matplotlib.pyplot as plt
plt.plot([1, 2, 3, 4])
plt.ylabel('some numbers')
plt.show()
```

9.2.4 requests

Requests est une excellente bibliothèque Python pour envoyer des requêtes HTTP/1.1. Elle fournit une manière simple mais élégante d'envoyer des requêtes en vous permettant d'ajouter divers types de contenu tels que des en-têtes, des données de formulaire, des fichiers multipartites et des paramètres.

L'un des avantages les plus significatifs de l'utilisation de Requests est sa simplicité. Elle possède une syntaxe claire et simple qui facilite son apprentissage et son utilisation. De plus, elle fournit une large gamme de fonctionnalités et d'options qui permettent aux développeurs de personnaliser leurs requêtes de manière précise.

Une autre chose formidable à propos de Requests est sa polyvalence. Elle peut être utilisée pour une grande variété de cas d'usage, y compris le web scraping, les tests d'API RESTful et plus encore. Sa capacité à gérer différents types de données en fait un excellent choix pour les développeurs qui travaillent avec différents types de services web.

En plus de ce qui précède, Requests fournit également une excellente documentation qui facilite son utilisation et sa compréhension. La documentation comprend un guide détaillé pour utiliser la bibliothèque et une section de référence extensive qui couvre toutes les options et fonctionnalités disponibles.

Dans l'ensemble, Requests est une excellente bibliothèque qui fournit une manière simple mais puissante d'envoyer des requêtes HTTP/1.1 en Python. Sa polyvalence, sa simplicité et son excellente documentation en font un choix de premier plan pour les développeurs qui souhaitent travailler avec des services web en Python.

Exemple :

```python
import requests
r = requests.get('<https://api.github.com/user>', auth=('user', 'pass'))
print(r.status_code)
print(r.headers['content-type'])
print(r.encoding)
print(r.text)
print(r.json())
```

9.2.5 flask

Flask est un microframework web populaire écrit en Python, conçu pour être léger et flexible. Il permet aux développeurs de créer des applications web sans avoir besoin d'outils ou de bibliothèques spécifiques, ce qui facilite et accélère le démarrage.

L'approche minimaliste de Flask se reflète dans son absence de couche d'abstraction de base de données intégrée ou de validation de formulaires, ce qui peut sembler limitant au premier abord, mais permet en réalité une plus grande flexibilité et personnalisation. Les développeurs peuvent choisir d'utiliser des bibliothèques tierces préexistantes pour fournir ces fonctions courantes, ou créer leurs propres solutions personnalisées.

Malgré son approche minimaliste, Flask est un outil puissant pour créer des applications web et est très apprécié dans la communauté Python. Sa facilité d'utilisation et sa flexibilité en font un excellent choix pour les projets de petite à moyenne échelle, tandis que son extensibilité lui permet d'évoluer vers des applications plus complexes si nécessaire.

Exemple :

```python
from flask import Flask
app = Flask(__name__)

@app.route('/')
def hello_world():
    return 'Hello, World!'
```

```
if __name__ == '__main__':
    app.run(debug=True)
```

9.2.6 scipy

SciPy est une bibliothèque Python open source puissante et largement utilisée, conçue pour aider les utilisateurs dans les tâches de calcul scientifique et technique. Cette bibliothèque fournit une vaste gamme d'interfaces efficaces et faciles à utiliser qui peuvent aider dans des tâches telles que l'intégration numérique, l'interpolation, l'optimisation, l'algèbre linéaire et bien plus encore.

Grâce à sa vaste gamme d'applications et de capacités, SciPy est devenue un outil essentiel pour de nombreux scientifiques, ingénieurs et chercheurs qui ont besoin d'effectuer des calculs et des analyses complexes. Avec SciPy, les utilisateurs peuvent facilement réaliser des calculs et des simulations complexes qui seraient autrement difficiles ou impossibles à effectuer manuellement.

La bibliothèque est constamment mise à jour et améliorée, ce qui signifie que les utilisateurs peuvent toujours s'attendre à avoir accès aux outils et techniques les plus avancés et actuels pour le calcul scientifique et technique. Dans l'ensemble, SciPy est un outil incroyablement précieux qui peut aider les utilisateurs à obtenir des résultats remarquables dans leur travail scientifique et technique, et vaut définitivement la peine d'être explorée pour toute personne intéressée par ces domaines.

Exemple :

```
from scipy import optimize

# Define a simple function
def f(x):
    return x**2 + 10*np.sin(x)

# Find the minimum of the function
result = optimize.minimize(f, x0=0)
print(result.x)  # Outputs: [-1.30644001]
```

9.2.7 scikit-learn

Scikit-learn est une bibliothèque d'apprentissage automatique open source populaire pour Python qui est largement utilisée par les data scientists et les praticiens de l'apprentissage automatique. Elle offre une vaste gamme d'algorithmes puissants pour la classification, la régression et le clustering, ce qui en fait un outil polyvalent pour résoudre une variété de problèmes d'apprentissage automatique.

L'un des principaux avantages de scikit-learn est son intégration transparente avec d'autres bibliothèques numériques et scientifiques populaires de Python, notamment NumPy et SciPy. Cela facilite l'incorporation de scikit-learn dans vos flux de travail Python existants et l'exploitation de ses puissantes capacités d'apprentissage automatique sans avoir à apprendre un nouveau langage de programmation ou système à partir de zéro. Que vous travailliez sur un projet d'analyse de données à petite échelle ou sur une application d'apprentissage automatique à grande échelle, scikit-learn fournit les outils dont vous avez besoin pour faire le travail rapidement et efficacement.

Exemple :

```
from sklearn import datasets, svm

# Load dataset
digits = datasets.load_digits()

# SVM classifier
clf = svm.SVC(gamma=0.001, C=100.)

# Train the model
clf.fit(digits.data[:-1], digits.target[:-1])

# Predict
print(clf.predict(digits.data[-1:]))  # Outputs: [8]
```

9.2.8 beautifulsoup4

Beautiful Soup est une bibliothèque Python populaire largement utilisée pour les tâches de web scraping et d'analyse de données. C'est un outil puissant pour extraire des données de fichiers HTML et XML, et il fournit une variété de méthodes pour rechercher, naviguer et modifier l'arbre d'analyse.

Beautiful Soup est connu pour sa simplicité et sa facilité d'utilisation, ce qui en fait un excellent choix tant pour les débutants que pour les développeurs expérimentés. Avec sa capacité à gérer des structures HTML complexes et son support pour divers analyseurs syntaxiques, Beautiful Soup est un outil essentiel pour quiconque travaille avec des données web. Que vous extrayiez des données d'une seule page web ou que vous parcouriez des milliers de pages par jour, Beautiful Soup est l'outil parfait pour le travail.

Exemple :

```
from bs4 import BeautifulSoup
import requests

url = '<http://example.com>'
response = requests.get(url)
soup = BeautifulSoup(response.text, 'html.parser')

# Find all 'a' tags (which define hyperlinks):
a_tags = soup.find_all('a')

for tag in a_tags:
```

```
print(tag.get('href'))
```

9.2.9 sqlalchemy

SQLAlchemy est une boîte à outils SQL populaire et un système de mappage objet-relationnel (ORM) pour Python. Il fournit une suite complète de modèles de persistance de niveau entreprise, conçus pour un accès efficace et performant à la base de données.

SQLAlchemy est largement utilisé par les développeurs pour sa flexibilité et sa facilité d'utilisation. C'est un logiciel open source, ce qui signifie qu'il est constamment amélioré par une communauté de contributeurs. SQLAlchemy est également connu pour son support de multiples moteurs de bases de données, ce qui en fait un outil polyvalent pour travailler avec différents types de bases de données. En résumé, SQLAlchemy est un outil puissant et fiable pour les développeurs Python qui ont besoin de travailler avec des bases de données.

Exemple :

```python
from sqlalchemy import create_engine

# Create an engine that stores data in the local directory's
# sqlalchemy_example.db file.
engine = create_engine('sqlite:///sqlalchemy_example.db')

# Execute the query that creates a table
engine.execute('''
    CREATE TABLE "EX1"
    ("ID" INT primary key not null,
    "NAME" TEXT)''')

# Insert a value
engine.execute('''
    INSERT INTO "EX1" (ID, NAME)
    VALUES (1,'raw1')''')

# Select statement
result = engine.execute('SELECT * FROM '
                        '"EX1"')

# Fetch all rows
for _r in result:
    print(_r)  # Outputs: (1, 'raw1')
```

9.2.10 pytorch et tensorflow

PyTorch et TensorFlow sont tous deux des bibliothèques puissantes pour l'apprentissage automatique et l'intelligence artificielle. PyTorch a été développé par le groupe de recherche en intelligence artificielle de Facebook, et a rapidement gagné en popularité dans la communauté de recherche grâce à son graphe computationnel dynamique, qui permet une construction de modèles plus flexible et efficace.

D'autre part, TensorFlow, développé par l'équipe Google Brain, est connu pour sa scalabilité et sa facilité de déploiement dans des systèmes de production à grande échelle. Bien que les deux bibliothèques aient leurs forces et leurs faiblesses, elles sont des outils essentiels pour tout data scientist ou praticien de l'apprentissage automatique cherchant à construire des modèles robustes et évolutifs pour une large gamme d'applications.

Exemple de PyTorch :

```python
import torch

# Create a tensor
x = torch.rand(5, 3)
print(x)  # Outputs a 5x3 matrix with random values

# Create a zero tensor
y = torch.zeros(5, 3, dtype=torch.long)
print(y)  # Outputs a 5x3 matrix with zeros
```

Exemple de TensorFlow :

```python
import tensorflow as tf

# Create a constant tensor
hello = tf.constant('Hello, TensorFlow!')

# Start tf session
sess = tf.Session()

# Run the operation
print(sess.run(hello))  # Outputs: b'Hello, TensorFlow!'
```

Rappelez-vous, chacune de ces bibliothèques est complexe et puissante, et ces exemples ne font qu'effleurer la surface de ce que vous pouvez faire avec elles. En effet, il existe d'innombrables possibilités et cas d'usage pour ces bibliothèques que nous n'avons même pas mentionnés. Par exemple, vous pourriez les utiliser pour construire des modèles d'apprentissage automatique, créer des visualisations de données ou même développer votre propre langage de programmation. Les possibilités sont vraiment infinies.

Si vous êtes intéressé par l'exploration plus approfondie de ces bibliothèques, nous vous invitons à consulter notre librairie de livres sur Amazon. Notre sélection de livres couvre un large éventail de sujets, des tutoriels d'introduction aux techniques avancées, vous trouverez donc certainement quelque chose qui correspond à vos besoins. Pour accéder à notre librairie, cliquez simplement sur le lien fourni ci-dessus et commencez à parcourir dès aujourd'hui !

Notre Librairie Amazon : amazon.com/author/cuantum ou visitez notre site web : books.cuantum.tech

9.3 Choisir les Bonnes Bibliothèques

Python est un langage de programmation incroyablement polyvalent, en grande partie grâce à son riche écosystème de bibliothèques. Ces bibliothèques se présentent sous deux formes principales : la bibliothèque standard fournie avec Python et les offres tierces qui peuvent être facilement installées. Les avantages de ces bibliothèques sont multiples. Non seulement elles vous font gagner du temps et vous aident à écrire moins de code, mais elles vous permettent également d'accomplir des tâches plus complexes qui seraient autrement hors de votre portée. Cela s'explique par le fait que les bibliothèques fournissent du code pré-écrit que vous pouvez utiliser pour implémenter des fonctionnalités rapidement et facilement.

Bien sûr, avec tant de bibliothèques parmi lesquelles choisir, il peut être difficile de savoir laquelle est la plus adaptée à vos besoins. Certaines bibliothèques sont hautement spécialisées, tandis que d'autres sont plus généralistes. Certaines sont activement maintenues, tandis que d'autres peuvent être obsolètes ou ne plus être prises en charge. Il est important d'examiner attentivement vos exigences et de faire des recherches avant de choisir une bibliothèque. Cela vous aidera à vous assurer de choisir une bibliothèque fiable, efficace et qui répond à vos besoins spécifiques. En fin de compte, la bonne bibliothèque peut vous aider à exploiter tout le potentiel de Python et à porter vos compétences en programmation au niveau supérieur.

Voici quelques facteurs à prendre en compte lors du choix d'une bibliothèque Python :

9.3.1 Adéquation à la tâche

Tout d'abord, lors de la sélection d'une bibliothèque, il est important de s'assurer qu'elle offre la fonctionnalité nécessaire à votre projet. Ceci est particulièrement important pour les tâches complexes qui nécessitent des fonctions et des opérations avancées. Par conséquent, il est fortement recommandé de consulter la documentation de la bibliothèque et le code d'exemple pour déterminer si elle peut répondre à vos exigences.

Par exemple, si vous devez travailler avec des matrices et effectuer des calculs mathématiques complexes, **numpy** serait un excellent choix. Cette bibliothèque Python fournit un large éventail de fonctions et d'opérations pour travailler avec des matrices et des tableaux, ainsi que d'autres opérations mathématiques. D'autre part, si votre projet implique la manipulation et l'analyse de données, **pandas** pourrait être un meilleur choix. Cette bibliothèque est spécifiquement conçue pour travailler avec des cadres de données et fournit une variété d'outils pour la manipulation et l'analyse de données.

En conclusion, sélectionner la bonne bibliothèque est crucial pour le succès de tout projet, et il est important de considérer les exigences et la portée de votre projet avant de prendre une décision.

Exemple :

```
# Example with numpy
import numpy as np
a = np.array([1, 2, 3])
b = np.array([4, 5, 6])
c = a + b  # Element-wise addition
print(c)  # Prints: [5 7 9]
```

9.3.2 Maturité et Stabilité

L'âge d'une bibliothèque peut être un indicateur de sa stabilité et de sa maturité. Les bibliothèques plus anciennes, en particulier, peuvent présenter une série d'avantages que les bibliothèques plus récentes n'ont pas. Par exemple, elles ont peut-être eu plus de temps pour résoudre les erreurs et les problèmes dans leurs systèmes, ce qui se traduit par un produit plus stable et fiable.

De plus, il est probable que les bibliothèques plus anciennes aient été utilisées dans une variété d'environnements différents, chacun avec ses propres défis et exigences uniques. Cela signifie que les bibliothèques plus anciennes sont généralement mieux testées et plus adaptables que leurs homologues plus jeunes. Enfin, les bibliothèques plus anciennes peuvent avoir une base d'utilisateurs plus large et établie, ce qui peut fournir des commentaires et un soutien précieux aux développeurs de la bibliothèque, contribuant ainsi à garantir son succès et sa pertinence continus.

9.3.3 Communauté et Support

Les bibliothèques dotées de communautés actives sont des ressources incroyablement précieuses pour les développeurs. Elles fournissent une mine de connaissances, de support et de code à jour pour ceux qui les utilisent. Il est crucial de choisir une bibliothèque avec une communauté active, car ces communautés sont plus susceptibles de mettre à jour régulièrement la bibliothèque, de corriger les erreurs que les utilisateurs peuvent rencontrer et d'offrir un support étendu aux développeurs.

Un moyen de déterminer si une bibliothèque dispose d'une communauté active consiste à vérifier son activité sur des sites comme GitHub. Si une bibliothèque présente des mises à jour fréquentes et de nombreux contributeurs, c'est un bon signe que la communauté est active et impliquée dans la maintenance de la bibliothèque. De plus, une communauté active peut offrir plus que du simple code à jour. Elle peut également fournir des ressources telles que des tutoriels, des forums et de la documentation pour aider les développeurs à comprendre la bibliothèque et ses capacités.

De manière générale, les développeurs doivent privilégier les bibliothèques dotées de communautés actives et tirer parti de la richesse des ressources et du support qu'elles offrent. Choisir une bibliothèque avec une communauté active peut faire gagner du temps et éviter des frustrations aux développeurs à long terme, car ils peuvent compter sur la communauté pour les aider à surmonter tous les problèmes qu'ils peuvent rencontrer lors de l'utilisation de la bibliothèque.

9.3.4 Documentation et Facilité d'Utilisation

Les bonnes bibliothèques disposent d'une documentation complète, claire et à jour qui peut être consultée par tous les utilisateurs, quel que soit leur niveau d'expérience. La documentation doit inclure des informations détaillées sur la manière d'installer, de configurer et d'utiliser la bibliothèque.

Il est également important que les bibliothèques soient faciles à utiliser et intuitives, avec des API bien organisées et clairement étiquetées. De plus, une bibliothèque bien documentée peut vous faire économiser d'innombrables heures de frustration, car elle vous permet de trouver rapidement les informations dont vous avez besoin et d'effectuer votre travail de manière efficace.

9.3.5 Performance

Certaines bibliothèques peuvent effectuer certaines tâches de manière plus efficace que d'autres. Selon l'échelle de votre projet, cela pourrait être un facteur significatif. Si votre projet implique le traitement de grandes quantités de données ou nécessite une réponse en temps réel, vous voudrez une bibliothèque optimisée pour la vitesse et l'efficacité.

Par exemple, si vous travaillez avec de grandes matrices ou tableaux, **numpy** offre des avantages significatifs en termes de performance par rapport aux listes traditionnelles de Python. Cela s'explique par le fait que les tableaux **numpy** sont des tableaux densément compactés d'un type homogène, tandis que les listes Python sont des tableaux de pointeurs vers des objets, ajoutant une couche d'indirection.

De plus, de nombreuses opérations **numpy** sont implémentées en C, évitant le coût général des boucles en Python, l'indirection des pointeurs et offrant les avantages du parallélisme.

Exemple :

```python
import numpy as np
import time

size_of_vec = 10000000

def pure_python_version():
    t1 = time.time()
    X = range(size_of_vec)
    Y = range(size_of_vec)
    Z = [X[i] + Y[i] for i in range(len(X)) ]
    return time.time() - t1

def numpy_version():
    t1 = time.time()
    X = np.arange(size_of_vec)
```

```
    Y = np.arange(size_of_vec)
    Z = X + Y
    return time.time() - t1

t1 = pure_python_version()
t2 = numpy_version()
print(t1, t2)
print("Numpy is in this example " + str(t1/t2) + " faster!")
```

Dans cet exemple, nous pouvons observer la différence de performance entre la version pure de Python et la version de Numpy. Vous remarquerez que la version numpy est considérablement plus rapide !

Et voilà ! N'oubliez pas que le choix des bibliothèques appropriées peut avoir un impact significatif sur la qualité, la maintenabilité et l'efficacité de votre code. Par conséquent, cette décision doit être prise avec prudence, en tenant compte des divers facteurs que nous avons discutés.

9.3.6 Support de la Communauté

Python est connu pour sa grande et active communauté. Lors de la sélection d'une bibliothèque, il est important de considérer le support de la communauté qui la soutient. Une bibliothèque soutenue par une communauté active peut être une ressource précieuse, car il y aura de nombreuses personnes disponibles pour vous aider si vous rencontrez un problème ou avez besoin d'assistance pour implémenter certaines fonctionnalités. Typiquement, vous pouvez évaluer le niveau de support de la communauté en consultant les forums de la bibliothèque, les systèmes de suivi des problèmes ou même en observant le nombre de questions liées à la bibliothèque sur StackOverflow.

Par exemple, considérez la bibliothèque **pandas**. En tant que l'une des bibliothèques Python les plus largement utilisées pour la manipulation et l'analyse de données, elle bénéficie d'un support communautaire étendu. Si vous rencontrez un problème ou avez une question concernant l'utilisation de pandas, vous pouvez vous tourner vers diverses ressources. Vous pourriez rechercher l'étiquette pandas sur StackOverflow ou consulter la documentation extensive et les tutoriels fournis par la communauté pandas.

Exemple :

```
# An example using pandas:
import pandas as pd

# Creating a simple pandas DataFrame
data = {
    'apples': [3, 2, 0, 1],
    'oranges': [0, 3, 7, 2]
}
purchases = pd.DataFrame(data)
```

```
print(purchases)
```

Dans cet exemple simple, nous créons une liste de courses de pommes et d'oranges en utilisant le DataFrame de pandas. Les DataFrames de pandas facilitent la manipulation de vos données, depuis la sélection ou le remplacement de colonnes et d'index jusqu'au remodelage de vos données.

De plus, il est toujours bon de se tenir au courant des développements récents dans la communauté Python. De nouvelles bibliothèques sont créées et les anciennes sont mises à jour en permanence, ce qui signifie qu'il pourrait y avoir de nouveaux outils disponibles qui pourraient être parfaits pour votre projet.

Rappelez-vous, une communauté active signifie généralement des mises à jour fréquentes, plus de ressources utiles et une meilleure probabilité que la bibliothèque reste pertinente à l'avenir.

Ceci conclut notre analyse approfondie de la bibliothèque standard de Python et de quelques bibliothèques clés en Python. Fort de ces connaissances, vous devriez être bien équipé pour aborder une grande variété de tâches de programmation !

9.4 Exercices Pratiques

Exercice 1 : Explorer la Bibliothèque Math

La bibliothèque math de Python dispose de plusieurs fonctions qui peuvent être utilisées pour des opérations mathématiques. Essayez d'utiliser la fonction **sqrt()** pour trouver la racine carrée d'un nombre et les fonctions **ceil()** et **floor()** pour arrondir un nombre à virgule flottante vers le haut et vers le bas, respectivement.

```
import math

# Find the square root of a number
print(math.sqrt(16))

# Round a floating-point number up and down
print(math.ceil(4.7))
print(math.floor(4.7))
```

Exercice 2 : Manipulation de Données avec Pandas

Créez un DataFrame en utilisant la bibliothèque pandas avec n'importe quel ensemble de données de votre choix. Essayez d'ajouter de nouvelles lignes et colonnes, et utilisez la fonction **describe()** pour obtenir un résumé statistique des données.

```
import pandas as pd

# Creating a pandas DataFrame
```

```python
df = pd.DataFrame({
    'Name': ['Alice', 'Bob', 'Charlie'],
    'Age': [25, 30, 35],
    'Occupation': ['Engineer', 'Doctor', 'Teacher']
})

# Adding a new column
df['Salary'] = [70000, 80000, 60000]

# Adding a new row
df = df.append({'Name': 'David', 'Age': 40, 'Occupation': 'Lawyer', 'Salary': 90000},
ignore_index=True)

# Getting a statistical summary of the data
print(df.describe(include='all'))
```

Exercice 3 : Opérations sur les Fichiers avec les Bibliothèques os et shutil

En utilisant les bibliothèques **os** et **shutil**, créez un nouveau répertoire, écrivez un fichier texte dans ce répertoire, puis copiez ce fichier vers un répertoire différent.

```python
import os
import shutil

# Creating a new directory
os.mkdir('new_directory')

# Writing a text file in the new directory
with open('new_directory/text_file.txt', 'w') as file:
    file.write("This is some text.")

# Creating a second directory
os.mkdir('second_directory')

# Copying the text file to the second directory
shutil.copy('new_directory/text_file.txt', 'second_directory/text_file.txt')
```

Ces exercices vous aideront à comprendre et à vous familiariser avec la bibliothèque standard de Python, ainsi qu'avec des bibliothèques clés comme pandas, os et shutil.

Conclusion du Chapitre 9

Le Chapitre 9 a cherché à vous équiper d'une compréhension de la richesse et de l'étendue de la Bibliothèque Standard de Python. Nous avons commencé par discuter de la fonctionnalité et des avantages de la Bibliothèque Standard, soulignant sa vaste collection de modules qui fournissent des outils pour diverses tâches en programmation, notamment les E/S de fichiers, les appels système, la gestion de chaînes de caractères, la communication réseau et bien plus encore.

Notre parcours nous a menés à travers quelques modules clés comme **math**, **random**, **datetime**, **os**, **sys**, **re**, et **collections**. Nous avons constaté que ces bibliothèques offrent de nombreuses fonctionnalités intégrées qui aident à résoudre une variété de problèmes, depuis la réalisation de calculs mathématiques complexes jusqu'à la gestion de tâches du système d'exploitation.

Ensuite, nous avons fait la transition vers l'exploration de quelques bibliothèques externes clés comme **NumPy**, **pandas**, **matplotlib** et **requests**. Chacune de ces bibliothèques remplit un objectif unique et est fréquemment employée dans différents domaines du développement logiciel. NumPy et pandas aident à gérer des opérations numériques et de données complexes, matplotlib aide à la visualisation de données, et requests simplifie le processus de réalisation de requêtes HTTP.

Nous avons également appris au sujet des modules **pickle** et **json**, qui sont des outils essentiels pour sérialiser et désérialiser des structures d'objets Python. Comprendre ces bibliothèques est vital pour travailler avec la persistance de données et les formats d'échange de données.

De plus, nous nous sommes plongés dans les concepts des modules de programmation fonctionnelle, présentant des fonctions des bibliothèques **functools** et **itertools** qui peuvent conduire à un code plus propre et efficace.

En outre, nous avons discuté de l'importance des modules **gzip**, **bz2**, **zipfile**, **tarfile** pour la compression et l'archivage de données et des modules **csv**, **configparser** et **xml** pour gérer divers formats de fichier.

Enfin, nous avons examiné de près le module **unittest**, un outil puissant pour effectuer des tests automatisés de votre code Python. Nous avons découvert qu'il prend en charge l'automatisation des tests, le partage de code de configuration et de fermeture pour les tests, l'agrégation de tests en collections et l'indépendance des tests par rapport au cadre de rapport.

Dans les exercices pratiques, nous avons eu l'occasion de mettre la main à la pâte et d'explorer ces bibliothèques en pratique, apprenant comment naviguer dans leurs complexités et les employer dans nos scripts Python.

En conclusion, la Bibliothèque Standard de Python et les bibliothèques externes clés enrichissent le langage, le rendant polyvalent, puissant et adapté à une variété d'applications. Elles fournissent des outils facilement disponibles pour réaliser des tâches simples comme complexes, ce qui simplifie notre code et nous rend plus efficaces en tant que programmeurs. Avec ces ressources à notre disposition, nous pouvons voir pourquoi Python est un langage si apprécié dans la communauté des programmeurs.

Rappelez-vous, nous n'avons fait qu'effleurer la surface dans ce chapitre ; le monde des bibliothèques Python est vaste et en constante évolution. Alors que nous poursuivons ce voyage avec Python, je vous encourage à explorer, apprendre et tirer parti de ces ressources à votre avantage. Bon codage !

Chapitre 10 : Python pour le Calcul Scientifique et l'Analyse de Données

Le calcul scientifique est un domaine en pleine croissance et dynamique qui est en constante évolution. Il englobe l'utilisation de capacités de calcul avancées pour résoudre des problèmes scientifiques complexes. Cela implique le développement et l'application d'algorithmes et de méthodes computationnelles pour analyser, visualiser et interpréter des données scientifiques. En utilisant ces outils, les scientifiques peuvent mieux comprendre le monde qui nous entoure et réaliser des découvertes importantes qui ont des implications significatives pour la société.

Python est devenu de plus en plus le langage de choix pour le calcul scientifique en raison de sa simplicité, de sa lisibilité et d'une vaste collection de bibliothèques et d'outils scientifiques. La flexibilité et la facilité d'utilisation du langage en font un outil idéal pour les chercheurs de tous les niveaux d'expérience. Dans ce chapitre, nous présenterons quelques-unes des bibliothèques les plus importantes de Python pour le calcul scientifique : NumPy, SciPy et Matplotlib. Ces bibliothèques fournissent un large éventail de fonctionnalités qui sont essentielles pour le calcul scientifique.

Par exemple, NumPy fournit une puissante bibliothèque de calcul matriciel qui facilite la réalisation d'opérations mathématiques sur de grands ensembles de données. D'autre part, SciPy fournit une collection d'algorithmes et d'outils pour le calcul scientifique, notamment l'optimisation, l'intégration, l'interpolation, le traitement du signal et des images, et plus encore. Enfin, Matplotlib est une bibliothèque puissante pour la visualisation de données qui permet aux chercheurs de créer une grande variété de représentations visuelles de leurs données.

Ces bibliothèques ont fait de Python un excellent choix pour les calculs numériques, l'analyse statistique, la visualisation de données et de nombreuses autres tâches dans le domaine du calcul scientifique. En apprenant ces bibliothèques, vous serez bien équipé pour aborder un large éventail de problèmes scientifiques en utilisant Python. Avec sa vaste collection de bibliothèques et d'outils, Python devient rapidement le langage de prédilection pour le calcul scientifique et la recherche.

10.1 Introduction à NumPy, SciPy et Matplotlib

NumPy (Numerical Python)

NumPy est un paquet puissant pour le calcul scientifique en Python. C'est la base sur laquelle de nombreuses autres bibliothèques scientifiques en Python sont construites. L'une des caractéristiques clés de NumPy est son support pour les tableaux, y compris les tableaux multidimensionnels.

Ces tableaux peuvent être utilisés pour stocker de grandes quantités de données, ce qui en fait un choix populaire pour l'analyse et la manipulation de données. De plus, NumPy fournit un large éventail de fonctions mathématiques de haut niveau, qui peuvent être utilisées pour effectuer des calculs complexes sur ces tableaux. Cela peut réduire considérablement la quantité de code nécessaire pour effectuer ces calculs.

L'un des avantages les plus significatifs de l'utilisation de NumPy est la capacité d'effectuer des opérations sur des tableaux entiers directement, plutôt qu'élément par élément. Cela peut permettre d'économiser un temps considérable lors du travail avec de grands ensembles de données. Dans l'ensemble, NumPy est un outil essentiel pour tout projet de calcul scientifique en Python, fournissant une base solide pour des calculs efficaces et performants.

Exemple :

Voyons un exemple de la façon d'utiliser NumPy pour créer un tableau et effectuer quelques opérations mathématiques :

```python
import numpy as np

# Create a NumPy array
arr = np.array([1, 2, 3, 4, 5])

# Perform mathematical operations
print("Array multiplied by 2: ", arr * 2)
print("Array raised to power 3: ", arr ** 3)
```

SciPy (Python Scientifique)

SciPy est une bibliothèque incroyablement puissante pour le calcul scientifique. Elle est construite sur NumPy et fournit une large gamme d'interfaces efficaces et faciles à utiliser pour diverses tâches. Par exemple, vous pouvez l'utiliser pour l'intégration numérique, l'interpolation, l'optimisation, l'algèbre linéaire et bien plus encore.

SciPy est un logiciel open source qui bénéficie d'une communauté active de contributeurs, ce qui signifie que vous pouvez toujours trouver du soutien et des conseils lorsque vous en avez besoin. De plus, SciPy est constamment mise à jour et améliorée, garantissant qu'elle reste l'un des outils les plus fiables et les plus complets pour le calcul scientifique.

Que vous soyez un chercheur, un scientifique, un étudiant ou un professionnel, SciPy est une bibliothèque essentielle que vous devriez avoir dans votre ensemble d'outils.

Exemple :

Nous utiliserons SciPy pour résoudre un problème simple d'algèbre linéaire :

```python
from scipy import linalg
import numpy as np

# Define a 2x2 matrix and a constant array
A = np.array([[1, 2], [3, 4]])
b = np.array([5, 6])

# Solve the system of equations
x = linalg.solve(A, b)
print(x)
```

Matplotlib

Matplotlib est une bibliothèque populaire pour créer des graphiques en Python et NumPy. Elle offre une large gamme de fonctionnalités et d'outils, permettant aux utilisateurs de créer des graphiques statiques, animés et interactifs avec facilité. L'un des principaux avantages de Matplotlib est sa flexibilité, ce qui le rend adapté à une variété d'applications.

Par exemple, Matplotlib peut être utilisé pour créer des graphiques linéaires simples ou des graphiques à barres, ainsi que des visualisations plus complexes comme des cartes thermiques et des graphiques en 3D. De plus, Matplotlib est hautement personnalisable, permettant aux utilisateurs de modifier les couleurs, les polices et autres éléments visuels de leurs graphiques pour répondre à leurs besoins.

Dans l'ensemble, Matplotlib est une bibliothèque de graphiques puissante et polyvalente qui est essentielle pour quiconque travaille avec Python et la visualisation de données.

Exemple :

Voici un exemple simple de la façon d'utiliser Matplotlib pour tracer une onde sinusoïdale :

```python
import numpy as np
import matplotlib.pyplot as plt

# Create an array of x values from 0 to 2 Pi
x = np.linspace(0, 2 * np.pi, 100)

# Compute the corresponding y values
y = np.sin(x)

# Create a simple line plot
plt.plot(x, y)
plt.title("Sine Wave")
plt.xlabel("x")
plt.ylabel("y")
plt.grid(True)
plt.show()
```

10.1.1 Comprendre les Arrays de NumPy

NumPy est une puissante bibliothèque Python qui est utilisée de manière extensive dans le calcul scientifique, et sa caractéristique centrale est son objet **ndarray** (array n-dimensionnel). Ce conteneur est incroyablement flexible et peut contenir de grands ensembles de données, ce qui est essentiel lorsqu'on travaille avec de grandes quantités de données.

En utilisant les arrays de NumPy, nous pouvons effectuer des opérations mathématiques sur des blocs entiers de données, ce qui n'est pas possible avec d'autres structures de données comme les listes. En effet, les arrays de NumPy et les listes Python peuvent sembler similaires, mais il existe quelques différences clés.

Par exemple, les arrays nous permettent d'effectuer des opérations sur tous les éléments de l'array directement, ce qui n'est pas possible avec les listes. Cela fait des arrays de NumPy un outil essentiel pour les scientifiques des données et les chercheurs qui ont besoin de travailler avec de grands ensembles de données.

Exemple :

Voyons quelques exemples pour comprendre l'importance des arrays de NumPy :

```python
import numpy as np

# Defining a 1-D array
a = np.array([1, 2, 3])
print("1-D array:\\n", a)

# Defining a 2-D array
b = np.array([[1, 2, 3], [4, 5, 6]])
print("\\n2-D array:\\n", b)

# Add two arrays
c = a + a
print("\\nSum of two arrays:\\n", c)

# Product of two arrays
d = a * a
print("\\nProduct of two arrays:\\n", d)
```

10.1.2 Opérations Mathématiques Efficaces avec NumPy

NumPy est une bibliothèque largement utilisée en Python qui fournit une vaste collection de fonctions mathématiques opérant sur des tableaux. Ces fonctions rendent les calculs non seulement simples et efficaces, mais également plus intuitifs et faciles à lire.

Avec NumPy, vous pouvez effectuer une variété d'opérations mathématiques, telles que l'addition, la soustraction, la multiplication et la division, sur des tableaux de formes et de dimensions différentes. Cela vous permet de manipuler les données de manière plus facile et précise, en particulier lors du traitement de grands ensembles de données. De plus, NumPy est compatible avec d'autres bibliothèques Python, comme Pandas et Matplotlib, ce qui en fait un outil essentiel pour l'analyse et la visualisation de données.

En résumé, NumPy simplifie le processus de réalisation de calculs mathématiques complexes en Python, ce qui en fait un outil indispensable pour les scientifiques, les ingénieurs et les analystes de données.

Voici un exemple :

```python
import numpy as np

# Create an array
a = np.array([1, 2, 3, 4])

# Calculate sine of all elements
sin_a = np.sin(a)
print("Sine of all elements:\\n", sin_a)

# Calculate mean of all elements
mean_a = np.mean(a)
print("\\nMean of all elements: ", mean_a)

# Calculate standard deviation of all elements
std_a = np.std(a)
print("\\nStandard deviation of all elements: ", std_a)
```

10.1.3 Algèbre Linéaire avec SciPy

SciPy est une bibliothèque incroyablement utile qui fournit une multitude de fonctionnalités pour ceux qui travaillent avec l'algèbre linéaire. Parmi ses caractéristiques, elle offre une grande quantité de fonctions pour résoudre des systèmes d'équations linéaires, quelque chose de grande importance dans de nombreux domaines.

De plus, SciPy peut être utilisée facilement pour calculer des valeurs propres et des vecteurs propres, qui sont des composants critiques de nombreux calculs mathématiques. En outre, la bibliothèque fournit une variété d'autres opérations d'algèbre linéaire, telles que des décompositions de matrices et des déterminants.

SciPy est un outil essentiel pour toute personne qui travaille avec l'algèbre linéaire, et ses nombreuses caractéristiques en font une bibliothèque incroyablement puissante qui peut simplifier considérablement de nombreux calculs courants.

Exemple :

Voici comment nous pouvons trouver l'inverse d'une matrice en utilisant SciPy :

```python
from scipy import linalg
import numpy as np

# Define a 2x2 matrix
```

```
A = np.array([[1, 2], [3, 4]])

# Compute the inverse of A
A_inv = linalg.inv(A)
print("Inverse of A:\\n", A_inv)
```

10.1.4 Visualisation de Données avec Matplotlib

Matplotlib est l'une des bibliothèques de visualisation de données les plus largement utilisées en Python, et elle fournit un ensemble étendu d'outils pour générer des graphiques de haute qualité. Avec Matplotlib, nous pouvons créer facilement une large gamme de graphiques tels que des graphiques linéaires, des nuages de points, des graphiques à barres, des graphiques d'erreur, des histogrammes et bien plus encore.

De plus, en utilisant Matplotlib, nous pouvons personnaliser les graphiques pour les adapter à nos exigences spécifiques. Nous pouvons modifier les couleurs, les styles de marqueurs, les styles de lignes et les tailles de police des graphiques pour les rendre plus visuellement attrayants. En outre, Matplotlib nous permet d'ajouter des annotations, des légendes et des titres à nos graphiques pour leur donner du contexte et les rendre plus informatifs.

En résumé, Matplotlib est un outil puissant pour la visualisation de données en Python, qui nous fournit une grande variété de types de graphiques et d'options de personnalisation pour créer des graphiques visuellement impressionnants et informatifs.

Exemple :

Voyons un exemple où nous générons un nuage de points :

```
import matplotlib.pyplot as plt
import numpy as np

# Create some random data
x = np.random.randn(100)
y = np.random.randn(100)

# Create a scatter plot
plt.scatter(x, y)
plt.xlabel('x')
plt.ylabel('y')
plt.title('Scatter Plot')
plt.grid(True)
plt.show()
```

NumPy, SciPy et Matplotlib sont trois des bibliothèques les plus largement utilisées et essentielles pour le calcul scientifique en Python. NumPy est une bibliothèque qui permet des calculs numériques efficaces avec Python, SciPy s'appuie sur NumPy en ajoutant des algorithmes plus avancés et des outils pour le calcul scientifique, et Matplotlib fournit un ensemble complet d'outils pour créer des visualisations de haute qualité.

Ensemble, ces trois bibliothèques forment un ensemble d'outils puissants qui peuvent être utilisés pour une large gamme de tâches de calcul scientifique, allant de l'analyse de données et de l'apprentissage automatique aux simulations et à la modélisation. Dans les prochaines sections, nous explorerons plus en profondeur les nombreuses caractéristiques et applications de ces bibliothèques, en montrant comment elles peuvent être utilisées pour résoudre des problèmes du monde réel et relever des défis complexes dans les domaines de la science, de l'ingénierie et au-delà.

10.2 Approfondissement de NumPy

Après avoir reçu une introduction à NumPy, approfondissons certaines de ses caractéristiques.

10.2.1 Découpage et indexation de tableaux

Le découpage et l'indexation de tableaux sont des techniques incroyablement utiles pour accéder et manipuler des sous-ensembles des données d'un tableau, et offrent une large gamme de possibilités pour l'analyse de données. Avec le découpage de tableaux, vous pouvez sélectionner un élément spécifique ou un bloc d'éléments d'un tableau, et avec l'indexation, vous pouvez sélectionner une ligne ou une colonne de données.

De plus, le découpage et l'indexation de tableaux sont des outils essentiels pour travailler avec de grands ensembles de données, car ils vous permettent d'extraire les informations dont vous avez besoin de manière efficace et rapide. En ne sélectionnant que les données pertinentes, vous pouvez réduire la taille de votre tableau et accélérer vos calculs.

En outre, le découpage et l'indexation de tableaux sont fréquemment utilisés dans les applications d'apprentissage automatique et de science des données, où la manipulation et l'analyse de données sont essentielles pour obtenir des résultats précis. En maîtrisant ces techniques, vous pouvez obtenir une compréhension plus approfondie de vos données et débloquer de nouvelles idées et possibilités.

Exemple :

```
import numpy as np

# Create a 3x3 array
a = np.array([[1, 2, 3], [4, 5, 6], [7, 8, 9]])
print("Original array:\\n", a)

# Select the first row
print("\\nFirst row: ", a[0])

# Select the last column
print("\\nLast column: ", a[:, -1])

# Select a block of elements
print("\\nBlock of elements:\\n", a[1:3, 1:3])
```

10.2.2 Réorganisation et redimensionnement de tableaux

NumPy, une bibliothèque Python numérique open source, fournit une multitude de fonctions utiles pour manipuler des tableaux. En particulier, elle offre une variété de méthodes pour modifier la forme d'un tableau, comme le nombre de lignes et de colonnes, ou la taille du tableau, qui fait référence au nombre total d'éléments.

Ces fonctions peuvent être utilisées pour réorganiser ou redimensionner un tableau afin de l'adapter à un objectif particulier, tel que l'analyse de données ou l'apprentissage automatique. De plus, NumPy fournit un ensemble d'outils pour diviser, fusionner et scinder des tableaux, ce qui permet aux utilisateurs d'extraire ou de combiner des sous-ensembles de données à partir des tableaux. Dans l'ensemble, NumPy est un outil puissant pour gérer et manipuler des tableaux, offrant une large gamme de fonctions pour répondre à différents besoins.

Exemple :

```python
import numpy as np

# Create a 1-D array
a = np.arange(1, 10)
print("Original array: ", a)

# Reshape it into a 3x3 array
b = a.reshape((3, 3))
print("\\nReshaped array:\\n", b)

# Flatten the array
c = b.flatten()
print("\\nFlattened array: ", c)
```

10.3 Travailler avec SciPy

SciPy est une bibliothèque puissante pour le calcul scientifique qui offre une vaste gamme de fonctions et de modules. Elle peut être utilisée pour l'optimisation, les statistiques et bien plus encore. Avec SciPy, vous pouvez effectuer des calculs complexes et analyser des données avec facilité. Dans ce document, nous explorerons certaines des façons dont SciPy peut être utilisée pour l'optimisation et les statistiques.

Nous discuterons des diverses fonctions et modules disponibles, et fournirons des exemples de la manière dont ils peuvent être utilisés dans des applications pratiques. À la fin de ce document, vous aurez une meilleure compréhension de la puissance et de la polyvalence de SciPy pour le calcul scientifique.

10.3.1 Optimisation avec SciPy

Nous utiliserons la fonction **minimize**, qui fait partie du module **scipy.optimize**, pour trouver le minimum d'une fonction simple. Cette fonction est généralement utilisée pour optimiser les performances d'un modèle donné. Pour ce faire, nous pouvons passer plusieurs paramètres à la fonction et observer la sortie.

En faisant cela, nous pouvons obtenir une meilleure compréhension du fonctionnement de la fonction **minimize** et de la manière dont elle peut être utilisée pour optimiser d'autres fonctions également. Nous pouvons également explorer différentes techniques d'optimisation et expérimenter leur efficacité en utilisant la fonction **minimize**. Dans l'ensemble, la fonction **minimize** est un outil puissant dans le domaine de la science des données et de l'optimisation, et peut améliorer considérablement les performances de divers modèles et algorithmes.

Exemple :

```python
from scipy.optimize import minimize
import numpy as np

# Define a simple function
def f(x):
    return x**2 + 10*np.sin(x)

# Find the minimum
result = minimize(f, x0=0)
print("Minimum of the function: ", result.x)
```

10.3.2 Statistiques avec SciPy

Le module **scipy.stats** fournit une large gamme de fonctions pour l'analyse statistique. Ces fonctions couvrent une variété de sujets, tels que les distributions de probabilité, les tests d'hypothèses, la corrélation, l'analyse de régression et plus encore. De plus, le module inclut des outils pour la visualisation et la modélisation de données.

Avec le module **scipy.stats**, les utilisateurs peuvent effectuer une analyse statistique détaillée sur leurs données, obtenant des informations précieuses et prenant des décisions éclairées. Que vous soyez chercheur, analyste ou data scientist, ce module peut être un outil inestimable dans votre arsenal.

```python
Exemple :from scipy import stats
import numpy as np

# Create some data
x = np.random.randn(100)

# Calculate mean and standard deviation
mean, std = stats.norm.fit(x)
print("Mean: ", mean)
```

```
print("Standard Deviation: ", std)
```

10.4 Visualisation de Données avec Matplotlib
La visualisation de données est un composant indispensable de l'analyse de données et
de l'informatique scientifique. Elle permet l'extraction d'informations à partir des
données et leur communication de manière efficace. En tant que telle, c'est un outil
critique pour les chercheurs, les analystes et les décideurs.
L'un des outils les plus populaires et largement utilisés pour la visualisation de
données en Python est Matplotlib. Il offre une grande variété de types de graphiques,
allant des graphiques linéaires de base aux graphiques de dispersion 3D complexes, et
permet la création de visualisations statiques et interactives.
De plus, Matplotlib est hautement personnalisable et permet aux utilisateurs d'ajuster
chaque aspect de leurs visualisations, des couleurs et polices aux étiquettes et
annotations. Dans l'ensemble, Matplotlib est une plateforme polyvalente et puissante
qui peut être utilisée pour un large éventail de tâches de visualisation de données,
de l'analyse exploratoire de données à la présentation de résultats aux parties
prenantes.
10.4.1 Graphiques de Base avec Matplotlib
Pour commencer, nous allons discuter des principes fondamentaux de la création d'un
graphique linéaire. L'un des outils les plus importants pour cette tâche est la
fonction plot, qui se trouve dans le module pyplot.
Cependant, il convient de noter qu'il existe de nombreuses autres fonctions et modules
utiles disponibles pour créer des graphiques de tous types. De plus, il est important
de considérer les diverses options de personnalisation disponibles lors de la création
d'un graphique.
Celles-ci incluent tout, du changement de la couleur et du style de la ligne à
l'ajustement des axes et à l'ajout d'annotations. En tirant parti de ces options, vous
pouvez créer un graphique plus détaillé et informatif qui transmet efficacement le
message souhaité.
Exemple :

```
import matplotlib.pyplot as plt
import numpy as np

# Create some data
x = np.linspace(0, 10, 100)
y = np.sin(x)

# Create a figure and axis
fig, ax = plt.subplots()

# Plot the data
ax.plot(x, y)

# Show the plot
plt.show()
```

10.4.2 Création de sous-graphiques

La fonction **subplots** est un moyen pratique de créer plusieurs graphiques au sein d'une seule
figure. En utilisant cette fonction, vous pouvez créer une variété de dispositions de graphiques
qui s'adaptent à vos besoins. Par exemple, vous pouvez créer une grille de graphiques qui

partagent les mêmes axes, ou vous pouvez créer un ensemble de graphiques disposés dans un ordre spécifique.

De plus, vous pouvez personnaliser chaque graphique individuellement en spécifiant son emplacement et sa taille au sein de la figure. Cela peut être utile si vous souhaitez mettre en évidence des aspects spécifiques de vos données ou si vous souhaitez comparer différents ensembles de données côte à côte. Dans l'ensemble, la fonction **subplots** est un outil puissant qui peut vous aider à créer des visualisations plus complexes et informatives pour vos données.

Exemple :

```python
import matplotlib.pyplot as plt
import numpy as np

# Create some data
x = np.linspace(0, 10, 100)
y1 = np.sin(x)
y2 = np.cos(x)

# Create a figure and subplots
fig, (ax1, ax2) = plt.subplots(2)

# Plot the data on each subplot
ax1.plot(x, y1)
ax2.plot(x, y2)

# Show the plot
plt.show()
```

10.4.3 Graphiques avec Pandas

Pandas est une bibliothèque puissante et polyvalente qui fournit une interface de haut niveau pour la manipulation et l'analyse de données en Python. Elle est largement utilisée dans les communautés de calcul scientifique et de science des données en raison de ses structures de données intuitives et flexibles, qui facilitent le travail avec des ensembles de données volumineux et complexes.

L'un des principaux avantages de l'utilisation de Pandas est son intégration transparente avec d'autres bibliothèques Python populaires, telles que NumPy et Matplotlib, ce qui permet aux utilisateurs de visualiser et d'analyser les données facilement.

De plus, Pandas offre une large gamme de méthodes et de fonctions pratiques et efficaces pour la manipulation, la transformation et le nettoyage des données, ce qui peut simplifier et accélérer considérablement les tâches d'analyse de données. Dans l'ensemble, Pandas est un outil essentiel pour tout scientifique des données ou analyste qui a besoin de travailler avec des données en Python.

Exemple :

Démontrons-le avec un exemple simple.

```python
import pandas as pd
import numpy as np
import matplotlib.pyplot as plt

# Create some data
data = pd.DataFrame({
    'A': np.random.randn(100),
    'B': np.random.randn(100)
})

# Plot the data using pandas
data.plot(kind='scatter', x='A', y='B')

# Show the plot
plt.show()
```

10.5 Explorer Pandas pour l'Analyse de Données

Pandas est une bibliothèque open source largement utilisée pour l'analyse et la manipulation de données dans le langage de programmation Python. Elle est reconnue pour ses structures de données et ses outils performants et faciles à utiliser, ce qui en fait un outil essentiel dans la boîte à outils du calcul scientifique.

L'une des nombreuses raisons pour lesquelles Pandas est si populaire est qu'elle est construite sur deux bibliothèques principales de Python, Matplotlib et NumPy. Matplotlib est utilisée pour la visualisation de données, tandis que NumPy est utilisée pour les opérations mathématiques. Ensemble, ces bibliothèques offrent une combinaison puissante de capacités de manipulation et d'analyse de données.

La structure de données clé dans Pandas est le DataFrame, qui est similaire à une table de données relationnelles avec des lignes et des colonnes. Le DataFrame est une structure de données tabulaire bidimensionnelle et de taille mutable avec des colonnes qui peuvent être de différents types de données, notamment des entiers, des nombres à virgule flottante et des chaînes de caractères. Il fournit également des outils puissants d'indexation et de sélection qui vous permettent de découper et de trancher vos données de nombreuses manières différentes.

Dans l'ensemble, Pandas est une bibliothèque polyvalente et puissante qui est utilisée par les scientifiques des données, les analystes et les développeurs dans de nombreuses industries et domaines différents. Sa facilité d'utilisation, sa flexibilité et ses performances en font un outil essentiel pour toute personne travaillant avec des données en Python.

Explorons quelques-unes des capacités de Pandas :

10.5.1 Création d'un DataFrame

Les DataFrames sont un outil polyvalent dans l'analyse de données, car ils vous permettent de manipuler et de transformer les données de diverses manières. L'une des façons de créer un DataFrame est d'utiliser un dictionnaire, que vous pouvez ensuite facilement convertir en un objet DataFrame.

De plus, vous pouvez créer un DataFrame à partir de listes, de séries ou même d'un autre DataFrame. Cela vous permet de combiner et de manipuler facilement des données provenant de diverses sources, ce qui vous donne une meilleure compréhension de vos données. Avec toutes ces sources de données à votre disposition, les possibilités sont infinies lorsqu'il s'agit de créer des ensembles de données complexes et significatifs.

Exemple :

```python
import pandas as pd

# Create a simple dataframe
data = {'Name': ['John', 'Anna', 'Peter'],
        'Age': [28, 24, 33],
        'Country': ['USA', 'Germany', 'France']}
df = pd.DataFrame(data)

print(df)
```

10.5.2 Sélection de Données

Lorsque vous travaillez avec un DataFrame, il existe plusieurs façons de sélectionner les données dont vous avez besoin. Une méthode courante consiste à récupérer des données en fonction de noms de colonnes spécifiques. Par exemple, si vous avez un DataFrame avec des colonnes représentant différents types de fruits, vous pouvez utiliser les noms des colonnes pour récupérer toutes les lignes contenant un certain fruit. Une autre façon de sélectionner des données dans un DataFrame est d'utiliser des conditions. Cela signifie que vous pouvez récupérer des données en fonction de valeurs qui remplissent certains critères, comme sélectionner toutes les lignes où la valeur d'une colonne spécifique est supérieure à un certain nombre. En utilisant ces méthodes, vous pouvez facilement accéder aux données dont vous avez besoin dans un DataFrame et effectuer des analyses ou des manipulations supplémentaires pour obtenir des informations sur vos données. **Exemple :**

```python
# Select the 'Name' column
print(df['Name'])

# Select rows where 'Age' is greater than 25
print(df[df['Age'] > 25])
```

10.5.3 Manipulation de Données

Pandas, en tant que bibliothèque Python utilisée pour l'analyse de données, fournit une multitude de méthodes pour modifier vos données. Ces méthodes vont de fonctions simples qui peuvent effectuer des opérations arithmétiques de base sur vos données à d'autres plus complexes qui peuvent filtrer, regrouper ou agréger vos données.

De plus, Pandas prend en charge diverses structures de données telles que Series, DataFrame et Panel, qui peuvent être manipulées en utilisant ces méthodes pour effectuer un large éventail de tâches d'analyse de données. Avec sa facilité d'utilisation et sa fonctionnalité puissante, Pandas est devenu un outil populaire tant pour les scientifiques des données que pour les analystes.

Exemple :

```python
# Add a new column
df['Salary'] = [70000, 80000, 90000]

# Drop the 'Country' column
df = df.drop(columns=['Country'])

print(df)
```

10.5.4 Lecture de Données depuis des Fichiers

Pandas est un outil puissant pour le traitement de données qui offre de nombreuses fonctionnalités. L'une de ses capacités clés est la capacité de lire des données depuis une variété de formats de fichiers, notamment CSV, Excel, JSON, des bases de données SQL et même le presse-papiers. Cela en fait un outil polyvalent pour manipuler des données dans différents formats.

De plus, Pandas fournit une variété de fonctions pour le nettoyage, la manipulation et l'analyse de données, qui peuvent aider les utilisateurs à extraire des informations de leurs données. Avec sa syntaxe intuitive et une documentation exhaustive, Pandas est un choix populaire parmi les scientifiques des données et les analystes pour la manipulation et l'analyse de données.

Exemple :

```python
# Read data from a CSV file
data = pd.read_csv('file.csv')

# Write data to a CSV file
df.to_csv('file.csv', index=False)
```

10.6 Introduction à Scikit-Learn

Scikit-Learn est une puissante bibliothèque d'apprentissage automatique pour Python qui fournit une large gamme d'algorithmes pour la classification, la régression et le clustering. De plus, elle est conçue pour fonctionner parfaitement avec des bibliothèques numériques et scientifiques de Python largement utilisées comme NumPy et SciPy, ce qui en fait un outil idéal pour les chercheurs, les analystes de données et les passionnés d'apprentissage automatique.

Sa facilité d'utilisation, son API flexible et sa documentation exhaustive en font un atout précieux pour toute personne travaillant sur des projets d'apprentissage automatique. De plus, Scikit-Learn est un logiciel open source, ce qui signifie que les utilisateurs peuvent facilement le modifier et le personnaliser pour l'adapter à leurs besoins.

Dans l'ensemble, Scikit-Learn est un outil indispensable pour toute personne intéressée par l'apprentissage automatique et l'analyse de données en Python, et sa popularité témoigne de son efficacité et de son utilité dans ce domaine.

Exemple :

Voici un exemple basique de la manière d'utiliser Scikit-Learn pour créer un modèle de régression linéaire simple :

```python
from sklearn.linear_model import LinearRegression
from sklearn.model_selection import train_test_split
import numpy as np

# Creating a random dataset
x, y = np.random.rand(100, 1), np.random.rand(100, 1)

# Split the dataset into training set and test set
x_train, x_test, y_train, y_test = train_test_split(x, y, test_size=0.2)

# Creating the Linear Regression model
model = LinearRegression()
# Train the model using the training sets
model.fit(x_train, y_train)

# Make predictions using the testing set
y_pred = model.predict(x_test)

print(y_pred)
```

Scikit-learn fournit un ensemble uniforme d'outils pour appliquer des algorithmes courants d'apprentissage automatique aux données, tant pour l'apprentissage supervisé (classification et régression) que pour l'apprentissage non supervisé (regroupement, détection d'anomalies, etc.). Cela en fait un outil essentiel dans l'arsenal de tout scientifique ayant l'intention de réaliser des recherches computationnelles en utilisant Python.

10.7 Introduction à Statsmodels

Statsmodels est un module Python qui fournit une large gamme de fonctionnalités pour la modélisation statistique, l'analyse et l'exploration. Il vous permet d'estimer de nombreux modèles statistiques différents, des plus simples aux plus complexes, en utilisant une variété de techniques. Avec Statsmodels, vous pouvez effectuer des tests statistiques, explorer vos données et en extraire des informations utiles.

L'une des caractéristiques les plus puissantes de Statsmodels est la liste exhaustive de statistiques de résultats qu'il fournit pour chaque estimateur. Ces statistiques vous permettent d'évaluer les performances de vos modèles et de les comparer à d'autres modèles. De plus, les résultats obtenus avec Statsmodels sont rigoureusement testés par rapport aux paquets statistiques existants pour garantir leur exactitude et leur fiabilité.

En plus des fonctionnalités principales, Statsmodels offre également une large gamme d'outils et d'utilitaires pour le traitement, la visualisation et la manipulation de données. Par exemple, vous pouvez utiliser Statsmodels pour prétraiter vos données, créer des graphiques et des rapports informatifs, et effectuer des transformations avancées de données.

Dans l'ensemble, Statsmodels est un outil essentiel pour tout scientifique des données ou statisticien travaillant avec Python. Il fournit un cadre puissant et flexible pour l'analyse et la modélisation statistiques, et est en constante évolution et amélioration grâce à la communauté dynamique de développeurs et d'utilisateurs qui y contribuent.

Exemple :

Voici un exemple simple de la façon d'utiliser statsmodels pour effectuer une régression linéaire :

```python
import numpy as np
import statsmodels.api as sm

# Generate some example data
nsample = 100
x = np.linspace(0, 10, nsample)
X = sm.add_constant(x) # Add a constant column to the inputs
beta = np.array([1, 10])
e = np.random.normal(size=nsample)
y = np.dot(X, beta) + e

# Fit and summarize OLS model
mod = sm.OLS(y, X)
res = mod.fit()

print(res.summary())
```

Statsmodels prend en charge la spécification de modèles en utilisant des formules de style R et des DataFrame pandas, ce qui est pratique pour la manipulation de données et pour les utilisateurs provenant d'un environnement R. C'est un outil puissant pour les approches plus orientées vers les statistiques pour l'analyse de données, avec un accent sur les analyses économétriques.

10.8 Introduction à TensorFlow et PyTorch

TensorFlow et PyTorch sont deux des bibliothèques les plus utilisées et populaires dans le domaine de l'apprentissage profond. Elles sont connues pour leur capacité à gérer des calculs complexes et ont un solide support pour divers algorithmes d'apprentissage profond. Bien que les deux bibliothèques aient des similitudes, elles diffèrent dans leurs philosophies et leur utilisabilité, ce qui les rend uniques.

TensorFlow, développé par l'équipe Google Brain, fournit l'une des plateformes les plus complètes et flexibles pour l'apprentissage automatique et l'apprentissage profond. Il offre plusieurs APIs, TensorFlow Core étant le niveau le plus bas, qui fournit un contrôle complet de la programmation. Cette caractéristique en fait un outil idéal pour les chercheurs en apprentissage automatique et autres professionnels qui nécessitent des niveaux de contrôle fins sur leurs modèles. TensorFlow est également un excellent choix pour le calcul distribué, ce qui permet que des portions du graphe soient calculées sur différents GPUs/cœurs de CPU.

Un autre avantage de TensorFlow est sa plateforme TensorFlow Extended (TFX), qui est une plateforme d'apprentissage automatique de bout en bout pour construire des pipelines de ML prêts pour la production. Cette plateforme fournit un ensemble de bibliothèques et d'outils TensorFlow qui permettent aux scientifiques des données et aux développeurs de créer, entraîner et déployer des modèles d'apprentissage automatique à grande échelle.

D'autre part, PyTorch, développé par l'équipe de recherche en intelligence artificielle de Facebook, est une bibliothèque dynamique de réseaux de neurones qui met l'accent sur la simplicité et la facilité d'utilisation. PyTorch est un excellent choix pour les chercheurs, les étudiants et autres professionnels qui souhaitent expérimenter avec de nouvelles idées et concepts dans l'apprentissage profond sans trop se préoccuper des détails techniques. PyTorch offre également une manière plus pythonique de construire des réseaux de neurones que TensorFlow.

En résumé, TensorFlow et PyTorch sont tous deux d'excellentes bibliothèques pour l'apprentissage profond. Alors que TensorFlow est plus adapté pour ceux qui nécessitent des niveaux fins de contrôle sur leurs modèles et préfèrent une plateforme plus complète et flexible, PyTorch est plus adapté pour ceux qui souhaitent expérimenter avec de nouvelles idées et concepts dans l'apprentissage profond sans trop se préoccuper des détails techniques.

Exemple :

Voici un exemple simple de comment utiliser TensorFlow pour créer et entraîner un modèle linéaire simple :

```python
import tensorflow as tf
import numpy as np

# Model parameters
W = tf.Variable([.3], dtype=tf.float32)
b = tf.Variable([-.3], dtype=tf.float32)

# Model input and output
x = tf.placeholder(tf.float32)
linear_model = W * x + b
y = tf.placeholder(tf.float32)

# Loss
loss = tf.reduce_sum(tf.square(linear_model - y))

# Optimizer
optimizer = tf.train.GradientDescentOptimizer(0.01)
train = optimizer.minimize(loss)

# Training data
x_train = [1, 2, 3, 4]
y_train = [0, -1, -2, -3]

# Training loop
init = tf.global_variables_initializer()
sess = tf.Session()
sess.run(init)
for i in range(1000):
    sess.run(train, {x: x_train, y: y_train})

# Evaluate training accuracy
curr_W, curr_b, curr_loss = sess.run([W, b, loss], {x: x_train, y: y_train})
print("W: %s b: %s loss: %s"%(curr_W, curr_b, curr_loss))
```

D'autre part, PyTorch, soutenu par le laboratoire de recherche en intelligence artificielle de Facebook, privilégie davantage le contrôle de l'utilisateur et, en tant que tel, est plus flexible. Contrairement au paradigme de graphe statique de TensorFlow, PyTorch utilise un paradigme de graphe dynamique qui permet une plus grande flexibilité dans la construction d'architectures complexes. Cette caractéristique rend PyTorch plus facile à apprendre et plus léger à utiliser, et fournit des capacités pythoniques comme la possibilité de déboguer des modèles en temps réel.

Voici un exemple similaire en PyTorch :

```python
import torch
from torch.autograd import Variable
```

```python
# N is batch size; D_in is input dimension;
# H is hidden dimension; D_out is output dimension.
N, D_in, H, D_out = 64, 1000, 100, 10

# Create random Tensors to hold inputs and outputs, and wrap them in Variables.
x = Variable(torch.randn(N, D_in))
y = Variable(torch.randn(N, D_out), requires_grad=False)

# Use the nn package to define our model and loss function.
model = torch.nn.Sequential(
    torch.nn.Linear(D_in, H),
    torch.nn.ReLU(),
    torch.nn.Linear(H, D_out),
)
loss_fn = torch.nn.MSELoss(size_average=False)

# Use the optim package to define an Optimizer that will update the weights of
# the model for us.
learning_rate = 1e-4
optimizer = torch.optim.Adam(model.parameters(), lr=learning_rate)

# Training loop
for t in range(500):
    # Forward pass
    y_pred = model(x)

    # Compute and print loss
    loss = loss_fn(y_pred, y)
    print(t, loss.data[0])

    # Zero gradients, perform a backward pass,

 and update the weights.
    optimizer.zero_grad()
    loss.backward()
    optimizer.step()
```

TensorFlow et PyTorch sont tous deux d'excellents choix pour l'apprentissage profond et dépendent largement des préférences personnelles. Si vous prévoyez d'effectuer de nombreux calculs scientifiques, vous trouverez peut-être que TensorFlow est plus facile à utiliser. Cependant, si vous êtes nouveau dans l'apprentissage profond ou si vous préférez une manière plus directe de faire les choses, alors PyTorch peut être le meilleur choix.

Ces bibliothèques étendent les capacités de Python dans le domaine de la science des données, de l'apprentissage automatique et de l'apprentissage profond, ce qui s'ajoute aux raisons pour lesquelles Python est un langage si populaire dans le calcul scientifique. Dans la prochaine section, nous nous concentrerons sur des exercices pratiques pour vous aider à vous familiariser davantage avec ces bibliothèques.

10.9 Exercices Pratiques

Maintenant que nous avons discuté des nombreuses capacités de Python pour le calcul scientifique, il est important de mettre en pratique ces concepts. Par conséquent, la section suivante contient une série d'exercices pratiques conçus pour vous aider à renforcer ce que vous avez appris jusqu'à présent et à obtenir une compréhension plus approfondie de l'utilisation de Python pour le calcul scientifique.

Les exercices de cette section vous permettront d'appliquer les concepts que vous avez appris de manière pratique. En complétant ces problèmes, vous acquerrez une expérience précieuse dans l'utilisation de Python pour le calcul scientifique et serez mieux préparé pour affronter des problèmes plus complexes à l'avenir.

Les exercices de cette section sont soigneusement conçus pour se construire les uns sur les autres, en commençant par des problèmes plus simples et en augmentant progressivement en complexité. En travaillant sur chaque exercice étape par étape, vous obtiendrez une compréhension plus approfondie de l'utilisation de Python pour le calcul scientifique et pourrez aborder des problèmes plus difficiles avec facilité.

En résumé, la section suivante contient une série d'exercices pratiques conçus pour vous aider à appliquer les concepts que vous avez appris jusqu'à présent et à obtenir une précieuse expérience pratique dans l'utilisation de Python pour le calcul scientifique. Ces exercices sont soigneusement conçus pour se construire les uns sur les autres et vous permettront d'obtenir une compréhension plus approfondie de l'utilisation de Python pour le calcul scientifique, ce qui vous rendra mieux préparé pour aborder des problèmes plus complexes à l'avenir.

Exercice 1

Créez un tableau NumPy contenant des entiers de 0 à 9 et donnez-lui la forme d'un tableau 2D avec 5 lignes.

Solution :

```python
import numpy as np

# Creating a 1D array
arr = np.arange(10)
print("1D Array:")
print(arr)

# Reshaping to a 2D array
arr_2d = arr.reshape(5, 2)
print("\\n2D Array:")
print(arr_2d)
```

Exercice 2

Utilisez Matplotlib pour tracer un graphique linéaire simple pour l'équation y = 2x + 1 pour des valeurs de x de 0 à 100.

Solution :

```python
import matplotlib.pyplot as plt

# Define x and y
x = np.linspace(0, 100, 100)
y = 2*x + 1

# Plot
plt.plot(x, y)
plt.title('y = 2x + 1')
plt.xlabel('x')
plt.ylabel('y')
plt.grid(True)
plt.show()
```

Exercice 3

Calculez l'inverse d'une matrice 3x3 avec NumPy.

Solution :

```python
import numpy as np

# Defining a 3x3 matrix
matrix = np.array([[1, 2, 3], [4, 5, 6], [7, 8, 10]])

# Compute the inverse
inverse = np.linalg.inv(matrix)

print("Matrix:")
print(matrix)

print("\\nInverse:")
print(inverse)
```

Exercice 4

Créez un tenseur dans PyTorch et calculez le gradient.

Solution :

```python
import torch

# Creating a tensor
x = torch.tensor([1.0], requires_grad=True)
```

```
# Define a function
y = 3*x**3 - 2*x**2 + x

# Compute gradients
y.backward()

# Display the gradient
print(x.grad)
```

N'oubliez pas de travailler ces exercices par vous-même, car la pratique concrète est essentielle pour maîtriser ces concepts et techniques.

Conclusion du Chapitre 10

Nous avons parcouru un long chemin dans ce chapitre, n'est-ce pas ? Nous avons commencé notre voyage en trempant nos orteils dans le vaste océan qu'est le calcul scientifique avec Python, et nous voilà maintenant fermement plantés de l'autre côté, enrichis de nouvelles connaissances et compétences.

Ce chapitre a porté sur l'intersection de Python et du calcul scientifique, en nous concentrant particulièrement sur NumPy, SciPy, Matplotlib et PyTorch. Nous avons commencé par explorer le monde de NumPy, qui fournit des outils puissants pour manipuler des tableaux à n dimensions. Nous avons vu comment NumPy est conçu pour être efficace et peut surpasser les listes Python standard, surtout lorsqu'il s'agit de grands ensembles de données.

Nous avons poursuivi notre voyage avec SciPy, qui s'appuie sur les fondations de NumPy pour fournir une multitude de fonctions pour les calculs scientifiques et d'ingénierie de haut niveau. De l'intégration de fonctions mathématiques complexes à la résolution d'équations différentielles, SciPy offre un large éventail de capacités.

Visualiser nos données est tout aussi important, et c'est là qu'intervient Matplotlib. Nous avons appris à créer des graphiques linéaires, des nuages de points, des diagrammes en barres et bien d'autres types de graphiques, ce qui nous permet de transformer nos données en récits visuels.

Enfin, nous nous sommes aventurés dans le domaine de l'apprentissage profond avec PyTorch. Nous avons vu comment PyTorch peut gérer la différenciation automatique et calculer des gradients, un élément fondamental dans l'entraînement de réseaux de neurones.

Il est important de noter que la force de Python dans le calcul scientifique ne réside pas seulement dans ces bibliothèques, mais dans l'interopérabilité transparente entre elles. Ensemble, elles forment un écosystème robuste et polyvalent pour le calcul scientifique et constituent la base d'une grande partie de la popularité de Python parmi les scientifiques, les ingénieurs, les chercheurs et les analystes de données.

Mais n'oubliez pas, lire sur ces bibliothèques et comprendre les principes sous-jacents n'est que la première étape. La véritable maîtrise vient de la pratique. Alors assurez-vous de travailler sur les exercices pratiques fournis et d'explorer ces bibliothèques par vous-même.

Dans le prochain chapitre, nous poursuivrons notre voyage avec Python et nous plongerons dans les capacités de Python pour le web scraping et le traitement de données. À bientôt !

Chapitre 11 : Tests en Python

Chaque processus de développement logiciel inclut des tests, qui constituent une étape fondamentale pour s'assurer que notre code se comporte comme prévu et pour détecter toute erreur ou comportement inattendu. Les tests nous permettent non seulement de détecter les erreurs tôt, mais ils nous donnent également la confiance nécessaire pour ajouter de nouvelles fonctionnalités ou apporter des modifications à la base de code existante. Cela s'explique par le fait que nous pouvons être sûrs que notre code fonctionne correctement, même pendant que nous continuons à améliorer et à perfectionner nos programmes.

Dans le monde de Python, nous disposons de plusieurs outils et bibliothèques pour écrire des tests pour notre code. Ces outils nous permettent d'écrire différents types de tests, y compris les tests unitaires, les tests d'intégration et bien plus encore. Dans ce chapitre, nous plongerons dans l'univers des tests en Python, en commençant par présenter les tests unitaires avec la bibliothèque intégrée **unittest**.

Les tests unitaires sont un type de test qui consiste à tester chaque unité individuelle de code de manière isolée. Cela nous permet de nous assurer que chaque unité de code fonctionne comme prévu et de détecter toute erreur ou comportement inattendu dès le départ. Une fois que nous aurons couvert les tests unitaires, nous passerons à la discussion d'autres types de tests comme les tests d'intégration.

Les tests d'intégration sont un type de test qui consiste à tester comment différentes unités de code fonctionnent ensemble. Cela nous permet de nous assurer que toutes les unités de code fonctionnent comme prévu lorsqu'elles sont combinées. Pour effectuer des tests d'intégration, nous explorerons des bibliothèques tierces telles que pytest et hypothesis, qui offrent des fonctionnalités puissantes pour les tests en Python.

Enfin, nous terminerons par les meilleures pratiques pour les tests en Python. Ces meilleures pratiques nous aideront à écrire des tests efficaces qui détectent les erreurs tôt et garantissent que notre code fonctionne correctement. À la fin de ce chapitre, vous aurez une compréhension solide des tests en Python et vous serez prêt à utiliser ces outils et techniques pour écrire des tests efficaces pour votre propre code. Commençons !

11.1 Tests unitaires avec unittest

Les tests unitaires sont une méthode essentielle de test qui vérifie les parties individuelles d'un programme : les « unités ». Ces unités, également appelées composants, peuvent être considérées comme la plus petite partie d'une application qui peut être testée et peuvent être une fonction, une méthode ou une classe.

En Python, le module intégré **unittest** est utilisé pour effectuer des tests unitaires. Il s'inspire de l'architecture xUnit, qui est un framework utilisé pour créer des cas de test, et est présent dans presque tous les langages. L'architecture xUnit repose sur le concept de tester les composants individuels d'une application logicielle de manière isolée du reste du système.

Le module **unittest** fournit un ensemble complet d'outils pour construire et exécuter des tests. Cela comprend un framework pour les suites de tests (regroupements de cas de test), les cas de test, les chargeurs de tests et les exécuteurs de tests. Il est facile de créer une suite complète de tests en Python en utilisant le module **unittest**, ce qui en fait un choix idéal pour les développeurs de logiciels qui souhaitent s'assurer que leur code est fiable et exempt d'erreurs. De plus, la polyvalence et la facilité d'utilisation du module en font un excellent choix pour les développeurs qui découvrent les tests unitaires et souhaitent en apprendre davantage sur cet aspect essentiel du développement logiciel.

Exemple :

Voici un exemple de test unitaire simple utilisant **unittest** :

```python
import unittest

def sum(x, y):
    return x + y

class TestSum(unittest.TestCase):
    def test_sum(self):
        self.assertEqual(sum(5, 7), 12)

if __name__ == '__main__':
    unittest.main()
```

Dans cet exemple, nous testons une fonction **sum()** qui additionne deux nombres. Nous avons une classe **TestCase** appelée **TestSum** où nous définissons notre méthode de test **test_sum()**. Nous utilisons **assertEqual()** pour vérifier si la sortie de **sum(5, 7)** est égale à **12**.

Pour exécuter le test, nous utilisons **unittest.main()**. Lorsque nous exécutons ce script, unittest trouvera automatiquement toutes les méthodes de test dans la sous-classe **TestCase** et les exécutera, en rapportant les résultats.

unittest fournit également plusieurs méthodes d'assertion pour vérifier diverses conditions. Nous avons utilisé **assertEqual()** précédemment, mais il en existe beaucoup d'autres comme **assertTrue()**, **assertFalse()**, **assertIn()**, **assertIsNone()**, et bien plus encore.

Les tests unitaires sont essentiels pour garantir l'exactitude des composants individuels de votre logiciel. En garantissant que chaque partie fonctionne correctement, vous pouvez avoir plus de confiance en combinant ces parties pour former une application complète.

11.1.1 setUp et tearDown

unittest est un framework de tests pour Python qui offre une large gamme de fonctionnalités pour tester votre code de manière efficace. L'une de ses fonctionnalités les plus utiles est la capacité de définir des méthodes **setUp** et **tearDown** dans votre sous-classe **TestCase**. La méthode **setUp** est appelée avant chaque méthode de test et peut être utilisée pour configurer tout état commun à toutes vos méthodes de test. Par exemple, vous pouvez initialiser une connexion de base de données ou créer des données de test qui seront utilisées dans plusieurs tests. D'autre part, la méthode **tearDown** est appelée après chaque méthode de test et peut être utilisée pour nettoyer toutes les ressources après l'exécution de la méthode de test. Cela peut inclure la fermeture de connexions de base de données ou la suppression de fichiers temporaires. En utilisant les méthodes **setUp** et **tearDown**, vous pouvez garantir que vos méthodes de test sont indépendantes les unes des autres et que l'environnement de test est toujours dans un état connu.

En plus de **setUp** et **tearDown**, **unittest** fournit également d'autres fonctionnalités utiles pour tester votre code, comme les méthodes d'assertion pour vérifier les résultats de vos tests, la capacité d'exécuter des tests en parallèle et la capacité d'ignorer ou de désactiver des tests dans certaines conditions.

En résumé, **unittest** est un framework de tests puissant qui offre de nombreuses fonctionnalités pour vous aider à tester votre code de manière efficace. En utilisant les méthodes **setUp** et **tearDown**, vous pouvez garantir que vos méthodes de test sont indépendantes les unes des autres et que l'environnement de test est toujours dans un état connu, ce qui peut vous aider à détecter les bugs et les erreurs tôt dans le processus de développement.

Voici un exemple :

```
import unittest

class TestNumbers(unittest.TestCase):
    def setUp(self):
        self.x = 5
        self.y = 7

    def test_add(self):
        self.assertEqual(self.x + self.y, 12)
```

```
    def test_multiply(self):
        self.assertEqual(self.x * self.y, 35)

    def tearDown(self):
        del self.x
        del self.y

if __name__ == '__main__':
    unittest.main()
```

Dans cet exemple, nous configurons deux nombres **x** et **y** dans la méthode **setUp**, qui sont ensuite utilisés dans les méthodes de test. La méthode **tearDown** nettoie ces ressources après chaque méthode de test.

11.1.2 Découverte de tests

unittest offre une fonctionnalité puissante connue sous le nom de découverte automatique de cas de test. Avec cette fonction, vous pouvez facilement organiser vos cas de test dans différents fichiers Python et faire en sorte que **unittest** les exécute tous. Cela est particulièrement utile lorsque vous travaillez sur des projets plus importants où les tests sont répartis dans plusieurs fichiers.

Pour tirer parti de cette fonction, vos fichiers de test doivent être des modules ou des packages qui peuvent être importés depuis le répertoire de niveau supérieur de votre projet. Cela signifie généralement qu'ils doivent être des packages Python et contenir un fichier **_init_.py**. De plus, les noms de vos fichiers de test doivent commencer par le préfixe **test**. En respectant ces conventions de nommage, vous pouvez vous assurer que **unittest** découvre et exécute automatiquement tous vos cas de test.

Exemple :

Vous pouvez ensuite exécuter la commande suivante pour découvrir et exécuter tous les tests :

```
python -m unittest discover
```

Cela découvrira tous les cas de test dans les fichiers dont les noms commencent par **test** et les exécutera.

L'utilisation de **unittest** avec ses diverses fonctionnalités constitue la base des tests en Python. Elle permet le test rigoureux des plus petits composants d'un programme, établissant une base solide pour des stratégies de test et de débogage supplémentaires.

11.1.3 Tests d'exceptions

Lors de l'écriture de tests unitaires, il est important de s'assurer que le code soit testé de manière exhaustive et précise. Une façon de le faire est de vérifier les exceptions qui peuvent être levées pendant le processus de test. La méthode **unittest.TestCase.assertRaises** est souvent utilisée comme gestionnaire de contexte à cette fin, car elle simplifie le processus de test en fournissant un cadre pour vérifier l'exception attendue.

Cette méthode est particulièrement utile pour garantir que le code répond correctement aux conditions d'erreur et aux cas limites. De plus, elle permet un test plus complet du code, augmentant ainsi la confiance dans sa qualité globale. En général, l'utilisation de cette méthode peut améliorer considérablement l'efficacité et la fiabilité des tests unitaires et devrait être considérée comme une partie essentielle du processus de test pour toute base de code.

Voici un exemple :

```python
import unittest

def raises_error(*args, **kwds):
    raise ValueError('Invalid value: ' + str(args) + str(kwds))

class ExceptionTest(unittest.TestCase):
    def test_raises(self):
        with self.assertRaises(ValueError):
            raises_error('a', b='c')

if __name__ == '__main__':
    unittest.main()
```

Dans ce cas de test, nous vérifions que l'appel de **raises_error('a', b='c')** lève bien une **ValueError**.

Dans l'ensemble, le framework **unittest** en Python fournit un ensemble complet d'outils pour construire et exécuter des tests, vous aidant à garantir que votre code Python soit aussi correct et fiable que possible. Il est important de noter que, bien que nous puissions couvrir les bases ici, les tests sont un domaine vaste avec de nombreux concepts et stratégies à apprendre. Nous recommandons vivement d'étudier et de pratiquer ce sujet pour le maîtriser.

En plus du module **unittest** intégré, Python dispose de plusieurs bibliothèques tierces pour les tests qui offrent davantage de fonctionnalités et une syntaxe plus simple. Deux des plus populaires sont **pytest** et **doctest**, qui pourraient valoir la peine d'être discutées.

11.2 Simulation et patching

La **simulation** est une technique essentielle dans les tests logiciels où vous remplacez des parties de votre système par des objets simulés et faites des assertions sur la façon dont ils ont été utilisés. Cette approche vous permet de simuler le comportement de votre système sans impliquer tous ses composants, ce qui peut être lent et inefficace.

Pour implémenter la simulation, vous pouvez utiliser **unittest.mock**, une bibliothèque pour les tests en Python. Cette bibliothèque fournit un ensemble étendu d'outils pour créer et utiliser des objets simulés facilement, vous permettant de remplacer des parties de votre système en test et de faire des assertions sur la façon dont elles ont été utilisées.

Un objet simulé est un objet fictif et flexible qui agit comme substitut d'un objet réel. Il se retourne lui-même chaque fois que vous appelez une méthode ou accédez à un attribut, et enregistre quelles méthodes ont été appelées et quels étaient les paramètres. Cela en fait un excellent outil pour simuler des comportements complexes et tester des cas limites dans votre code, vous permettant de détecter les erreurs tôt dans le processus de développement.

Exemple :

Voici un exemple simple pour montrer comment vous pourriez utiliser la simulation :

```python
from unittest.mock import Mock

# Create a Mock object
mock = Mock()

# Use the mock
mock.some_method(1, 2, 3)

# Make an assertion about how the mock was used
mock.some_method.assert_called_once_with(1, 2, 3)
```

Le patching est une technique couramment utilisée dans le développement logiciel, en particulier dans les tests unitaires. Elle permet aux développeurs de remplacer une méthode ou un attribut dans un module ou une classe par un nouvel objet, ce qui peut être particulièrement utile lors du test de code qui dépend de systèmes externes ou de ressources qui peuvent ne pas être disponibles ou être peu fiables. En remplaçant ces dépendances par des objets simulés, les développeurs peuvent simuler le comportement du système externe ou de la ressource, ce qui leur permet de tester leur code de manière isolée et de détecter d'éventuels problèmes tôt.

Un aspect important à prendre en compte lors du patching est de s'assurer que le nouvel objet utilisé comme remplacement imite correctement le comportement de l'objet original qui est remplacé. Cela implique souvent de créer un objet simulé personnalisé qui implémente la même interface ou hérite de la même classe de base que l'objet original, puis de remplacer ou de simuler les méthodes ou attributs pertinents.

En plus des tests unitaires, le patching peut également être utilisé dans d'autres domaines du développement logiciel, comme les tests d'intégration, où il peut aider à isoler et à tester des composants spécifiques d'un système plus large. Cependant, il est important d'utiliser le patching avec prudence, car une utilisation excessive ou incorrecte de cette technique peut conduire à un code complexe et fragile qui est difficile à maintenir et à déboguer. Comme avec tout outil ou technique dans le développement logiciel, il est important de peser les avantages et les inconvénients du patching et de l'utiliser de manière appropriée pour la situation spécifique en question.

Voici un exemple de patching :

```python
from unittest.mock import patch

def test_my_function():
    with patch('my_module.MyObject.my_method', return_value=3) as mock_method:
        assert my_function(MyObject()) == 3
    mock_method.assert_called_once()
```

Dans ce test, nous patchons **ma_methode** pour qu'elle retourne toujours **3**, comme dans l'exemple précédent. Cependant, cette fois, nous patchons la méthode pendant toute la durée du bloc **with**. Tout code à l'intérieur du bloc **with** qui appelle **ma_methode** utilisera l'objet simulé au lieu de la méthode réelle. Après le bloc **with**, la méthode originale est restaurée.

La fonction **patch** retourne également un objet simulé sur lequel nous pouvons faire des assertions. Dans ce cas, nous affirmons que la méthode a été appelée exactement une fois.

La simulation et le patching sont des outils puissants qui nous permettent d'écrire des tests pour notre code de manière isolée, ce qui conduit à des tests plus rapides et fiables. Ce sont des outils essentiels pour la boîte à outils de tests de tout développeur Python.

11.2.1 Simulation et Effets Secondaires

Simulation

En Python, un Mock est un outil puissant qui peut vous aider à tester votre code de manière plus exhaustive. Un objet Mock peut remplacer un autre objet dans votre système, ce qui vous permet d'isoler des parties de votre code et de vous assurer qu'elles fonctionnent correctement.

En contrôlant comment se comporte le Mock (comme en spécifiant ses valeurs de retour ou ses effets secondaires lorsque ses méthodes sont appelées), vous pouvez simuler une large gamme de scénarios et vous assurer que votre code les gère correctement. Cela peut vous aider à détecter des erreurs qui pourraient autrement passer inaperçues.

De plus, en faisant des assertions sur la façon dont le Mock a été utilisé, vous pouvez vérifier que votre code interagit avec d'autres parties de votre système de la manière dont vous vous y attendez. Tout cela peut se traduire par plus de confiance dans votre code et moins d'erreurs en production.

Exemple :

Voici un exemple simple d'un objet simulé en action :

```python
from unittest.mock import Mock
```

```
# Create a mock object
mock = Mock()
mock.return_value = 'hello world'

# Use the mock object
result = mock()

# Check the result
print(result)  # prints: hello world

# Check if the mock was called
print(mock.called)  # prints: True
```

Effets Secondaires

Une autre caractéristique des objets simulés est que vous pouvez les configurer pour faire plus que simplement imiter le comportement de l'objet réel. Par exemple, vous pouvez configurer un objet simulé pour qu'il lève une exception lorsqu'il est appelé, ou pour qu'il retourne différentes valeurs à chaque fois qu'il est appelé.

Cela s'appelle définir un effet secondaire pour le simulé. En utilisant des effets secondaires, vous pouvez tester en profondeur comment votre code gère différents scénarios et cas limites. De plus, vous pouvez utiliser des simulations pour simuler différents environnements, comme une connexion réseau lente ou une base de données hors ligne.

Cela vous permet de tester comment se comporte votre code dans une variété de situations, en garantissant qu'il soit robuste et fiable.

Exemple :

Voici un exemple de configuration d'un effet secondaire :

```
from unittest.mock import Mock

# Create a mock object
mock = Mock()
mock.side_effect = [1, 2, 3, 4, 5]

# Use the mock object
print(mock())  # prints: 1
print(mock())  # prints: 2
print(mock())  # prints: 3
```

Dans cet exemple, chaque appel à l'objet simulé renvoie la valeur suivante de la liste que nous avons spécifiée.

Simulation de Méthodes et d'Attributs

Un cas d'utilisation important pour les objets simulés est d'agir comme des méthodes ou des attributs dans vos objets. En plus de l'exemple donné dans le texte original, considérez ce qui suit : vous pourriez avoir un objet qui dépend d'un fichier ou d'une source de données particulière pour accomplir sa fonction.

En simulant le fichier ou la source de données, vous pouvez tester le comportement de votre objet sans dépendre de ressources externes. Alternativement, vous pourriez utiliser un objet simulé pour simuler une certaine condition, comme un niveau de batterie faible ou une connexion réseau défaillante, pour vous assurer que votre objet gère ces scénarios avec élégance.

La flexibilité des objets simulés en fait un outil puissant pour tester et garantir la robustesse de votre code.

Exemple :

Voici un exemple de comment simuler une méthode :

```
from unittest.mock import Mock

class MyObject:
    def my_method(self):
        return 'original value'

# Replace my_method with a mock
MyObject.my_method = Mock(return_value='mocked value')

obj = MyObject()
print(obj.my_method())  # prints: mocked value
```

Dans cet exemple, nous avons remplacé la méthode **my_method** dans **MyObject** par un objet simulé, de sorte que maintenant, appeler **my_method** renvoie la valeur simulée au lieu de la valeur originale.

N'oubliez pas que la simulation et le patching ne sont que des outils pour isoler votre code pour les tests unitaires. Ils doivent être utilisés avec modération et prudence, car leur utilisation excessive peut conduire à des tests difficiles à comprendre et à maintenir. Mais lorsqu'ils sont utilisés de manière appropriée, ils peuvent rendre vos tests plus fiables, plus rapides et plus faciles à écrire.

11.2.2 PyTest

PyTest est un framework de tests qui permet d'écrire des tests de manière plus pythonique, ce qui signifie que nous pouvons écrire des cas de test d'une manière similaire à l'écriture de scripts Python ordinaires. Cela facilite la tâche des développeurs pour écrire des tests, car ils n'ont pas à apprendre un nouveau langage uniquement pour écrire des tests.

De plus, PyTest simplifie le processus de construction de scénarios de tests fonctionnels complexes, permettant aux développeurs de se concentrer sur l'écriture de tests qui reflètent avec précision la fonctionnalité du code qu'ils testent. PyTest est également connu pour sa richesse de fonctionnalités et sa simplicité d'utilisation, ce qui en fait un choix populaire parmi les développeurs de tous niveaux de compétence.

En outre, PyTest est hautement extensible, avec une large gamme de plugins disponibles qui peuvent être utilisés pour étendre encore davantage sa fonctionnalité. Dans l'ensemble, PyTest est un framework de tests polyvalent et puissant qui peut simplifier considérablement le processus de tests pour les développeurs, tout en fournissant une large gamme de fonctionnalités et d'options de personnalisation pour garantir que les tests soient précis et efficaces.

Exemple :

```python
import pytest

def add(a, b):
    return a + b

def test_add():
    assert add(2, 3) == 5
    assert add('space', 'ship') == 'spaceship'
```

Vous pouvez exécuter le test avec la commande **pytest**. Cela recherchera les fichiers qui commencent par **test_** ou se terminent par **_test** et exécutera toute fonction qui commence par **test_**.

11.3 Développement Piloté par les Tests

Le Développement Piloté par les Tests (TDD, pour Test-Driven Development) est une méthodologie de développement logiciel qui met l'accent sur l'écriture des tests avant d'écrire le code réel. Le TDD fournit une approche structurée pour la conception de logiciels, qui implique la création de petits cas de test adaptés aux fonctions individuelles du logiciel. Ces cas de test servent de guide pour le processus de développement, aidant à clarifier les exigences du logiciel avant que toute codification ne soit initiée.

En utilisant le TDD, l'équipe de développement logiciel peut s'assurer que le code qu'elle écrit est de haute qualité et répond aux exigences des parties prenantes. Cette approche aide également à garantir que le code est facile à maintenir et à modifier selon les besoins. De plus, le TDD peut aider à réduire le nombre d'erreurs introduites dans le processus de développement logiciel, facilitant l'identification et la correction des problèmes avant qu'ils ne deviennent un problème.

Dans l'ensemble, le TDD est une méthodologie précieuse pour les développeurs de logiciels qui cherchent à créer des logiciels de haute qualité, fiables et maintenables. En se concentrant sur les tests tôt dans le processus de développement, le TDD peut aider à garantir que le logiciel répond aux besoins des utilisateurs et qu'il soit de la plus haute qualité possible.

Le processus de TDD suit généralement ces étapes :

1. **Écrire un test qui échoue** : Avant d'écrire le moindre code, vous commencez par écrire un test pour la fonctionnalité que vous êtes sur le point d'implémenter. Ce test doit échouer, car vous n'avez pas encore écrit le code.

2. **Écrire le minimum de code pour réussir le test** : Vous écrivez maintenant juste la quantité de code nécessaire pour que le test passe. Cela peut ne pas être la version finale de votre code : l'objectif ici est de faire passer le test le plus rapidement possible.

3. **Refactoriser** : Une fois que le test passe, vous pouvez refactoriser votre code pour améliorer sa structure ou ses performances tout en maintenant le test réussi.

Ce processus est souvent décrit comme « rouge-vert-refactoriser » : rouge lorsque le test échoue, vert lorsque le test passe, et refactoriser pour améliorer le code.

Exemple :

Voici un exemple simple de TDD en action, en utilisant le module **unittest** de Python :

```
import unittest

def add_numbers(a, b):
    pass  # placeholder - we haven't implemented this yet

class TestAddNumbers(unittest.TestCase):
    def test_add_numbers(self):
        result = add_numbers(1, 2)
        self.assertEqual(result, 3)

if __name__ == '__main__':
    unittest.main()
Si vous exécutez ce code, le test échouera parce que la fonction add_numbers ne
retourne rien.
Vous pouvez maintenant implémenter la fonction add_numbers :
def add_numbers(a, b):
    return a + b
```

Si vous réexécutez les tests, ils devraient passer.

Une fois que le test passe, vous pouvez refactoriser votre code si nécessaire. Dans ce cas, il n'y a pas grand-chose à refactoriser, mais dans un code plus volumineux, vous pourriez profiter de cette occasion pour extraire des fonctions auxiliaires, renommer des variables, ou autrement nettoyer votre code.

L'un des principaux avantages du TDD est qu'il peut vous aider à écrire du code plus propre et plus facile à tester. En écrivant d'abord le test, vous êtes obligé de réfléchir à la manière de structurer votre code pour le rendre facile à tester. Cela conduit souvent à un code mieux conçu et plus modulaire.

De plus, comme vous écrivez d'abord le test, le TDD peut aider à empêcher l'introduction d'erreurs dans votre code, puisque chaque élément de fonctionnalité devrait être couvert par un test.

Le TDD n'est pas l'approche appropriée pour toutes les situations, et il peut falloir un certain temps pour s'y habituer, surtout si vous êtes plus familier avec l'écriture de tests après le code. Mais de nombreux développeurs le trouvent un outil précieux, et cela vaut vraiment la peine de l'essayer si vous ne l'avez pas encore fait.

11.4 Doctest

Doctest est un module Python qui offre une manière unique de tester votre programme. Il vous encourage à écrire de la documentation qui fonctionne également comme tests. Essentiellement, vous créez des exemples de code dans votre documentation, et Doctest exécutera ces exemples comme tests.

Cette approche peut être très utile car elle vous encourage à écrire une documentation complète, et garantit que votre documentation soit toujours à jour avec votre code. De plus, Doctest fournit un moyen facile de tester des morceaux individuels de code sans avoir besoin d'une suite de tests séparée, ce qui peut être très utile pour les petits projets. En général, utiliser Doctest peut être une excellente façon d'améliorer la qualité et la fiabilité de votre code.

Voici un exemple très simple :

```python
def add(a, b):
    """
    This is a simple function that adds two numbers.

    >>> add(2, 2)
    4
    >>> add(1, -1)
    0
    """
    return a + b
```

Vous pouvez exécuter le test avec **python -m doctest -v votre_module.py**.

Chacun de ces frameworks de tests a ses forces et ses faiblesses, et lequel utiliser dépend souvent des besoins spécifiques de votre projet. Mais tous sont des outils puissants qui vous aideront à écrire du code Python fiable et robuste.

Maintenant, il y a un sujet supplémentaire qui peut être assez précieux dans une section sur les tests, et c'est le concept de **couverture de tests**.

Les tests sont une partie essentielle du développement d'applications robustes, mais comment savez-vous si vous avez écrit suffisamment de tests ? C'est là qu'intervient le concept de couverture de tests. La couverture de code est une mesure du nombre de lignes/blocs de votre code qui sont exécutés pendant l'exécution des tests automatisés. Un outil de couverture de code peut être un complément très utile à votre suite de tests, car il peut vous dire quelle quantité de votre code est testée.

Python dispose d'un outil utile pour cela appelé **coverage.py**. C'est un outil autonome pour mesurer la couverture de code et il peut être utilisé conjointement avec n'importe quel framework de tests. Voici un exemple simple de son fonctionnement :

1. Tout d'abord, installez le paquet en utilisant pip :

2. pip install coverage

3. Ensuite, vous pouvez exécuter vos tests via coverage :

4. coverage run -m unittest discover

5. Et enfin, vous pouvez obtenir un rapport sur la couverture avec :

6. coverage report -m

Cela affichera un rapport dans la ligne de commande qui vous montre la couverture de chaque fichier dans votre projet. Les lignes qui n'ont pas été exécutées sont affichées à côté de leur numéro de ligne.

Utiliser un outil comme coverage.py peut vous donner une image plus claire de l'exhaustivité de vos tests et peut vous aider à identifier les zones de votre code qui pourraient nécessiter davantage de tests. Cependant, gardez à l'esprit qu'une couverture de tests de 100 % ne signifie pas nécessairement que votre code est 100 % exempt de bogues. Cela signifie simplement que toutes les lignes de votre code sont exécutées pendant les tests. Il est toujours possible d'avoir des erreurs logiques, même avec une couverture de tests complète.

11.5 Exercices Pratiques

Exercice 1 : Tests Unitaires

Écrivez une fonction simple en Python qui calcule la factorielle d'un nombre. Ensuite, écrivez un ensemble de tests unitaires en utilisant le module **unittest** pour tester cette fonction. Assurez-vous que vos tests couvrent une variété d'entrées différentes, y compris les entrées valides et invalides.

```
import unittest
```

```
# The function to be tested
def factorial(n):
    if n < 0:
        raise ValueError("Factorial is not defined for negative numbers")
    if n == 0:
        return 1
    return n * factorial(n - 1)

# Unit tests
class TestFactorial(unittest.TestCase):
    def test_positive_number(self):
        self.assertEqual(factorial(5), 120)

    def test_zero(self):
        self.assertEqual(factorial(0), 1)

    def test_negative_number(self):
        with self.assertRaises(ValueError):
            factorial(-1)

if __name__ == "__main__":
    unittest.main()
```

Exercice 2 : Simulation (Mocking) et Patching

Supposons que vous avez une fonction qui interagit avec un système externe, comme effectuer une requête HTTP vers un service web. En utilisant le module **unittest.mock**, écrivez un test unitaire pour cette fonction qui simule l'interaction externe.

```
import unittest
from unittest.mock import patch
import requests

# The function to be tested
def get_website_status(url):
    response = requests.get(url)
    return response.status_code

# Unit tests
class TestGetWebsiteStatus(unittest.TestCase):
    @patch('requests.get')
    def test_get_website_status(self, mock_get):
        mock_get.return_value.status_code = 200
        result = get_website_status("<http://example.com>")
        self.assertEqual(result, 200)

if __name__ == "__main__":
    unittest.main()
```

Exercice 3 : Développement Piloté par les Tests (Test-Driven Development - TDD)

Choisissez une petite fonctionnalité que vous souhaitez implémenter. En utilisant la méthodologie de développement piloté par les tests (TDD), écrivez un test qui échoue pour cette fonctionnalité, puis écrivez le code pour que le test passe et, enfin, refactorisez votre code. Répétez ce processus plusieurs fois jusqu'à ce que vous ayez entièrement implémenté la fonctionnalité.

Rappelez-vous, la clé d'un TDD réussi est de garder les étapes petites : écrivez un petit test, écrivez seulement le code suffisant pour que le test passe, puis améliorez le code. N'essayez pas d'écrire tous les tests ou tout le code en une seule fois. Le TDD est un cycle : test, code, refactorisation, puis retest.

Conclusion du Chapitre 11

Tout au long de ce chapitre, nous avons exploré un aspect critique du développement en Python : les tests. Les tests en Python sont bien plus qu'une étape optionnelle dans le processus de programmation. C'est une partie intégrante du développement d'un code robuste, fiable et efficace qui non seulement satisfait ses exigences fonctionnelles, mais qui peut également résister et s'adapter aux changements et ajouts futurs.

Nous avons commencé par une introduction détaillée aux tests unitaires, le type de test le plus basique en Python. Nous avons démontré l'utilisation du module intégré de Python **unittest**, qui offre un cadre puissant pour organiser et exécuter les tests. Nous avons également couvert le concept d'assertions et comment elles forment l'épine dorsale de tout cas de test.

Ensuite, nous nous sommes plongés dans le mocking et le patching, une technique de test avancée qui s'avère utile lorsque notre code interagit avec des systèmes externes ou dépend de facteurs imprévisibles comme l'heure actuelle ou la génération de nombres aléatoires. Avec **unittest.mock**, nous pouvons créer des objets fictifs qui remplacent et simulent ces dépendances, ce qui nous permet de concentrer nos tests sur la fonctionnalité de notre propre code.

Nous avons également discuté du Développement Piloté par les Tests (TDD), une méthodologie populaire de développement logiciel dans laquelle l'écriture de tests précède l'écriture du code réel. Nous avons examiné le cycle du TDD qui consiste à écrire un test qui échoue, écrire du code pour réussir le test, puis refactoriser le code pour respecter les normes de clarté, de simplicité et de lisibilité.

Dans chaque section, nous nous sommes assurés d'inclure des exemples de code pratiques et des exercices pour renforcer les concepts et fournir une expérience pratique. Ces exercices ne sont pas seulement conçus pour mettre à l'épreuve votre compréhension des sujets, mais aussi pour vous donner une idée de la façon dont ces techniques de test s'appliquent dans la programmation du monde réel.

Bien que ce chapitre vous ait fourni une base solide dans les tests en Python, il y a toujours plus à apprendre. D'autres sujets à explorer incluent les tests d'intégration, les tests de performance et les tests de sécurité, entre autres. Nous vous recommandons également d'explorer d'autres outils et bibliothèques de tests en Python, comme pytest et doctest, ainsi que des services d'intégration continue qui peuvent automatiser les tests et le déploiement de votre code Python.

Au fur et à mesure que nous avançons dans notre voyage avec Python, rappelez-vous que les tests ne sont pas une tâche qui doit être évitée ou précipitée, mais un outil puissant pour améliorer la qualité de votre code et votre efficacité en tant que programmeur. Pour reprendre les mots du gourou du développement logiciel Kent Beck, « Le simple fait d'écrire des tests augmente réellement la vitesse de programmation, car cela vous oblige à réfléchir à votre code, à le comprendre ». Bons tests !

Partie II : Maîtriser SQL

Chapitre 12 : Introduction à SQL

Le langage de requête structuré (SQL) est un langage de programmation largement utilisé pour gérer les données stockées dans les systèmes de gestion de bases de données relationnelles (SGBDR). SQL est un outil essentiel pour la gestion des données, permettant aux utilisateurs de récupérer, mettre à jour et manipuler les données de manière efficace. Dans ce chapitre, nous explorerons l'histoire de SQL, son évolution au fil des décennies et son importance dans le monde actuel de la gestion des données.

SQL a été développé pour la première fois au début des années 1970 par les chercheurs d'IBM Raymond Boyce et Donald Chamberlin. Initialement appelé SEQUEL (Structured English Query Language), il a été conçu pour être un langage facile à utiliser pour gérer les données stockées dans System R d'IBM, un système de gestion de bases de données relationnelles précoce. SEQUEL a ensuite été renommé SQL en raison de problèmes de marque déposée.

Au fil des années, SQL est devenu un langage standard pour gérer les données dans les SGBDR, et il est maintenant largement utilisé dans l'industrie. SQL permet aux utilisateurs d'effectuer diverses opérations sur les données telles que le filtrage, le tri et l'agrégation. Avec l'importance croissante des données dans le monde actuel, SQL est devenu un outil essentiel pour les entreprises et les organisations afin de gérer et d'analyser leurs données de manière efficace.

12.1 Bref historique de SQL

Les origines de SQL remontent aux années 1970 au Centre de recherche d'IBM. Le langage a été initialement développé par Donald D. Chamberlin et Raymond F. Boyce, qui l'ont d'abord appelé SEQUEL (Structured English Query Language). SEQUEL faisait partie d'un projet plus vaste chez IBM appelé System R, qui visait à concevoir et mettre en œuvre un prototype de SGBDR. Le projet a été influencé par le modèle relationnel proposé par le Dr E. F. Codd, également d'IBM, qui a établi les principes fondamentaux pour organiser et interagir avec les données dans les bases de données relationnelles.

SEQUEL a ensuite été renommé SQL en raison d'un conflit de marques commerciales. Au fil des années, SQL a été adopté et étendu par différents fournisseurs de systèmes de gestion de bases de données, tels qu'Oracle, Microsoft et MySQL. La normalisation de SQL a commencé dans les années 1980, l'American National Standards Institute (ANSI) et l'Organisation internationale de normalisation (ISO) jouant un rôle important dans ce processus.

La première norme SQL-86 a été publiée en 1986. Au fil du temps, de nouvelles fonctionnalités et améliorations ont été ajoutées au langage à travers des versions ultérieures telles que SQL-92 (considérée comme la base des langages SQL), SQL:1999 (qui a introduit les requêtes récursives et les déclencheurs), SQL:2003 (qui a ajouté le support pour XML), et la plus récente, SQL:2016, entre autres.

Il est important de noter que bien qu'il existe une norme SQL, de nombreux systèmes de gestion de bases de données implémentent leurs propres extensions et variations du langage. Ces variations offrent souvent des fonctionnalités supplémentaires mais peuvent entraîner un manque de portabilité entre différents systèmes. Le code SQL écrit pour un système peut ne pas fonctionner sur un autre, ou peut produire des résultats différents.

Aujourd'hui, SQL est le langage par excellence pour interagir avec les bases de données relationnelles. Que vous soyez analyste de données, data scientist, développeur ou administrateur de bases de données, la connaissance de SQL est une compétence indispensable.

Dans la prochaine section, nous examinerons la structure de base d'une requête SQL et comprendrons comment nous pouvons récupérer des données d'une base de données. Préparez-vous à plonger dans le monde passionnant de SQL !

Remarque : Les exemples de code SQL dans ce chapitre supposent une base de données hypothétique à des fins d'illustration. Selon la configuration de votre base de données et les données qu'elle contient, vous devrez peut-être modifier les requêtes SQL en conséquence.

12.2 Syntaxe de SQL

SQL est un langage déclaratif, ce qui signifie qu'il vous permet de spécifier ce que vous souhaitez, plutôt que comment l'obtenir. Cela en fait un langage de haut niveau qui fait abstraction de certains détails de la structure de données sous-jacente et des méthodes de récupération, vous permettant de vous concentrer sur les données elles-mêmes. Cependant, cela ne signifie pas que SQL n'est pas puissant. En effet, avec son vaste ensemble d'opérateurs et de fonctions, SQL peut gérer des manipulations de données complexes avec facilité.

La structure de base d'une requête SQL comprend plusieurs composants, chacun jouant un rôle crucial dans la formulation d'une requête efficace. Ces composants incluent les clauses, les expressions, les prédicats et les instructions. Les clauses spécifient le type de requête que vous souhaitez effectuer, tandis que les expressions définissent les données que vous souhaitez récupérer ou manipuler. Les prédicats, quant à eux, sont utilisés pour filtrer les données selon des critères spécifiques, et les instructions sont utilisées pour exécuter la requête et renvoyer les résultats.

Bien que la construction d'une requête SQL simple puisse sembler intimidante au début, c'est en réalité assez facile une fois que vous comprenez les composants de base. En combinant ces composants de différentes manières, vous pouvez créer des requêtes puissantes qui récupèrent, manipulent et analysent de grands ensembles de données. Ainsi, que vous soyez analyste de données, administrateur de bases de données ou développeur de logiciels, connaître SQL est une compétence essentielle qui peut vous aider à travailler de manière plus efficace et efficiente.

12.2.1 Structure de base de la requête

Une requête SQL de base a la syntaxe suivante

```
SELECT column_name(s)
FROM table_name
WHERE condition;
```

Décomposons cette structure :

- **SELECT** : Ce mot-clé est utilisé pour spécifier les données que nous voulons. Nous énumérons les noms des colonnes qui contiennent les données qui nous intéressent. Si nous voulons sélectionner toutes les colonnes, nous utilisons .

- **FROM** : Ce mot-clé est utilisé pour spécifier la table à partir de laquelle nous voulons récupérer les données.

- **WHERE** : Ce mot-clé optionnel est utilisé pour filtrer les résultats selon certaines conditions.

Par exemple, considérons une table hypothétique **employees** qui contient les colonnes suivantes : **id**, **first_name**, **last_name**, **department**, **salary**.

Si nous voulons récupérer le **first_name** et le **last_name** de tous les employés du département **HR**, nous écririons la requête SQL suivante :

```
SELECT first_name, last_name
FROM employees
WHERE department = 'HR';
```

12.2.2 Mots-clés SQL

SQL est un langage de programmation utilisé pour gérer et manipuler les données stockées dans les bases de données relationnelles. Une caractéristique intéressante de SQL est qu'il ne fait pas de distinction entre majuscules et minuscules, ce qui signifie que des mots-clés comme **SELECT**, **FROM** et **WHERE** peuvent être écrits en minuscules comme **select**, **from** et **where**.

Cependant, pour améliorer la lisibilité du code et faciliter la distinction entre les mots-clés SQL et les noms de tables et de colonnes, il est courant d'écrire les mots-clés SQL en majuscules. Ceci est particulièrement important lors du travail avec des requêtes complexes impliquant plusieurs tables, jointures et sous-requêtes, car cela peut aider à éviter la confusion et les erreurs.

De plus, l'utilisation d'une capitalisation cohérente pour les mots-clés SQL peut également faciliter la compréhension et la maintenance de votre code par d'autres personnes à l'avenir. Par conséquent, bien qu'il soit techniquement possible d'écrire des requêtes SQL en minuscules, il est généralement recommandé d'utiliser des majuscules pour les mots-clés SQL afin d'améliorer la lisibilité et la maintenabilité du code.

12.2.3 Instructions SQL

Une requête SQL est un type spécifique de demande faite à un système de gestion de bases de données, conçue pour récupérer des données d'une base de données. Outre les requêtes, il existe plusieurs autres types d'instructions SQL qui sont utilisées pour manipuler les données au sein d'une base de données.

Par exemple, une instruction **INSERT** est utilisée pour ajouter de nouvelles données à une base de données, tandis qu'une instruction **UPDATE** est utilisée pour modifier des données existantes. Une instruction **DELETE** est utilisée pour supprimer des données d'une base de données, et une instruction **CREATE** est utilisée pour créer de nouveaux objets de base de données, tels que des tables, des index ou des vues.

Ces différents types d'instructions SQL sont tous des outils importants pour travailler avec des bases de données et gérer les données de manière efficace.

Par exemple :

- L'instruction **INSERT INTO** est utilisée pour insérer de nouvelles données dans une table.

- L'instruction **UPDATE** est utilisée pour modifier des données existantes dans une table.

- L'instruction **DELETE** est utilisée pour supprimer des données d'une table.

- L'instruction **CREATE TABLE** est utilisée pour créer une nouvelle table.

12.2.4 Expressions SQL

Une expression SQL est un outil puissant qui permet aux utilisateurs de bases de données d'effectuer des requêtes complexes. En essence, une expression SQL est une combinaison d'une ou plusieurs valeurs, opérateurs et fonctions SQL qui renvoient une valeur. Ces valeurs peuvent aller de constantes numériques à des chaînes de texte. Les opérateurs, quant à eux, permettent aux utilisateurs d'effectuer un large éventail d'opérations mathématiques et logiques sur les valeurs. Parmi les opérateurs couramment utilisés dans les expressions SQL figurent les opérateurs d'addition, de soustraction, de multiplication, de division et de comparaison.

Les expressions SQL sont utilisées dans diverses parties des instructions SQL, telles que les clauses **SELECT**, **WHERE** et **ORDER BY**. Dans la clause **SELECT**, par exemple, une expression SQL peut être utilisée pour spécifier les colonnes qui doivent être incluses dans les résultats de la requête. Dans la clause **WHERE**, une expression SQL peut être utilisée pour filtrer les résultats de la requête selon certaines conditions. Et dans la clause **ORDER BY**, une expression SQL peut être utilisée pour trier les résultats de la requête dans un ordre spécifique.

Dans l'ensemble, les expressions SQL sont une partie fondamentale de SQL et sont essentielles pour toute personne souhaitant travailler avec des bases de données. En comprenant comment fonctionnent les expressions SQL et comment les utiliser efficacement, les utilisateurs peuvent effectuer des requêtes complexes et extraire des informations précieuses de leurs données.

Par exemple, supposons que nous voulions calculer la dépense totale en salaires pour le département **HR** :

```
SELECT SUM(salary)
FROM employees
WHERE department = 'HR';
```

Ici, **SUM(salary)** est une expression qui calcule la somme de la colonne **salary** pour les lignes qui satisfont la condition spécifiée dans la clause **WHERE**.

La beauté de SQL réside dans le fait que ces principes de base peuvent être étendus et combinés de diverses manières pour créer des requêtes complexes permettant d'analyser et de manipuler les données. Dans les prochaines sections, nous approfondirons les fonctionnalités puissantes de SQL et apprendrons comment les mettre en pratique.

12.3 Types de données en SQL

Lorsqu'on travaille avec SQL, il est important de comprendre les différents types de données qui peuvent être utilisés pour définir chaque colonne dans une table. Chaque type de données détermine quel type de données peut être stocké dans la colonne. SQL prend en charge plusieurs types de données qui peuvent être classés en trois catégories principales : les types numériques, les types de date et heure et les types de chaîne.

Les types de données numériques sont utilisés pour stocker des valeurs numériques, telles que des entiers ou des décimaux. Les types de date et heure sont utilisés pour stocker des informations de date et d'heure, telles que des dates, des heures de la journée ou les deux. Les types de chaîne, également connus sous le nom de types de caractères, sont utilisés pour stocker des données textuelles, telles que des noms, des adresses ou des descriptions.

Il est essentiel de choisir le type de données correct pour chaque colonne en fonction du type de données qui y sera stocké. Sélectionner un type de données incorrect peut entraîner une perte de données, des erreurs lors de la récupération ou de l'insertion de données et des problèmes de performance. Par conséquent, il est important de considérer attentivement les types de données lors de la conception d'une table en SQL.

12.3.1 Types numériques

Les types numériques incluent :

- **INTEGER** : Utilisé pour les nombres entiers.

- **REAL** : Utilisé pour les nombres à virgule flottante.

- **DECIMAL** : Utilisé pour les nombres à virgule fixe précis.

12.3.2 Types de date et heure

Les types de date et heure incluent :

- **DATE** : Stocke les valeurs d'année, de mois et de jour.

- **TIME** : Stocke les valeurs d'heure, de minute et de seconde.

- **DATETIME** : Stocke la date et l'heure ensemble dans une seule colonne.

12.3.3 Types de chaîne

Les types de chaîne incluent :

- **CHAR** : C'est une chaîne de longueur fixe. Si la chaîne est inférieure à la longueur spécifiée, l'espace restant est rempli d'espaces.

- **VARCHAR** : C'est une chaîne de longueur variable. La longueur maximale est définie par l'utilisateur.

- **TEXT** : Utilisé pour les entrées de texte longues. La longueur de la chaîne est variable et peut être très grande.

Voyons un exemple où nous créons une table en utilisant ces types de données :

```
CREATE TABLE employees (
    id INTEGER,
    first_name VARCHAR(50),
    last_name VARCHAR(50),
    birth_date DATE,
    hire_date DATE,
    salary DECIMAL(7,2),
    department VARCHAR(20)
);
```

Dans cette instruction **CREATE TABLE**, nous définissons une table **employees** avec plusieurs colonnes, chacune ayant son propre type de données.

12.3.4 Contraintes SQL

Les contraintes SQL sont une fonctionnalité essentielle des bases de données relationnelles. Elles nous permettent de définir des règles strictes qui régissent quelles données peuvent être stockées dans une table, garantissant que les données soient précises et fiables.

Ces contraintes peuvent être utilisées pour faire respecter un large éventail de règles de données, notamment la limitation des valeurs pouvant être saisies dans une colonne, en s'assurant que tous les enregistrements soient uniques et en veillant à ce que les données soient saisies dans un format spécifique. En mettant en œuvre des contraintes SQL, nous pouvons considérablement améliorer la qualité et la cohérence des données dans notre base de données.

Par exemple, nous pouvons utiliser des contraintes pour nous assurer que le numéro de téléphone d'un client soit toujours dans le bon format, ou que le prix d'un produit soit toujours supérieur à zéro. Dans l'ensemble, les contraintes SQL sont un outil puissant pour maintenir l'intégrité des données et garantir que notre base de données soit une source fiable d'informations.

Les contraintes peuvent être au niveau de la colonne ou au niveau de la table. Les contraintes au niveau de la colonne s'appliquent à une colonne, et les contraintes au niveau de la table s'appliquent à toute la table.

Les contraintes suivantes sont couramment utilisées en SQL :

- **NOT NULL** : Garantit qu'une colonne ne puisse pas avoir une valeur NULL.

- **UNIQUE** : Garantit que toutes les valeurs dans une colonne soient différentes.

- **PRIMARY KEY** : Une combinaison de **NOT NULL** et **UNIQUE**. Identifie de manière unique chaque ligne dans une table.

- **FOREIGN KEY** : Identifie de manière unique une ligne/un enregistrement dans une autre table.

- **CHECK** : Garantit que toutes les valeurs dans une colonne satisfassent une condition spécifique.

- **DEFAULT** : Établit une valeur par défaut pour une colonne lorsqu'aucune n'est spécifiée.

Modifions notre instruction **CREATE TABLE** précédente pour inclure quelques contraintes :

```
CREATE TABLE employees (
    id INTEGER PRIMARY KEY,
    first_name VARCHAR(50) NOT NULL,
    last_name VARCHAR(50) NOT NULL,
    birth_date DATE,
    hire_date DATE,
```

```
    salary DECIMAL(7,2) CHECK(salary > 0),
    department VARCHAR(20) DEFAULT 'UNKNOWN'
);
```

12.4 Opérations SQL

Une fois que nous avons une solide compréhension de la syntaxe, des types de données et des contraintes utilisées en SQL, il est important d'approfondir les diverses opérations qui peuvent être effectuées en utilisant ce puissant langage de programmation. En comprenant toute l'étendue des capacités de SQL, nous pouvons découvrir de nouvelles façons de manipuler et d'analyser les données.

L'une des distinctions les plus importantes que nous devons faire lorsque nous travaillons avec SQL est la différence entre les commandes de Langage de Définition de Données (DDL) et les commandes de Langage de Manipulation de Données (DML). Les commandes DDL sont utilisées pour définir la structure d'une base de données, y compris la création et la modification de tables, tandis que les commandes DML sont utilisées pour manipuler les données contenues dans ces tables. En maîtrisant à la fois les commandes DDL et DML, nous pouvons obtenir une compréhension complète de la façon dont SQL peut être utilisé pour gérer et analyser des ensembles de données complexes.

En plus de ces opérations de base, il existe plusieurs techniques avancées qui peuvent être utilisées lors du travail avec SQL. Par exemple, nous pouvons utiliser des déclencheurs pour exécuter automatiquement des actions spécifiques en fonction de certaines conditions, ou nous pouvons utiliser des procédures stockées pour encapsuler des requêtes fréquemment utilisées et les rendre plus efficaces. En restant au courant des dernières tendances et techniques en programmation SQL, nous pouvons nous assurer de tirer le meilleur parti de cet outil puissant.

12.4.1 Langage de Définition de Données (DDL)

Les commandes DDL (Data Definition Language) sont utilisées pour créer, modifier et supprimer la structure des objets de la base de données. Ces commandes peuvent être classées en plusieurs types, comme celles utilisées pour définir des tables, des vues, des index et des contraintes.

Elles sont essentielles pour maintenir l'intégrité de la base de données et garantir que les données stockées dans la base de données restent cohérentes et précises.

De plus, les commandes DDL permettent la création de relations complexes entre les objets de la base de données, telles que les clés étrangères et les contraintes d'intégrité référentielle. Ce niveau de contrôle sur la structure de la base de données est fondamental pour les administrateurs de bases de données et les développeurs qui doivent concevoir et maintenir de grandes bases de données complexes capables de gérer de vastes quantités de données.

Les principales commandes DDL incluent :

- **CREATE** : Cette commande est utilisée pour créer la base de données ou ses objets (comme une table, un index, une fonction, des vues, des procédures stockées et des déclencheurs).

- **DROP** : Cette commande est utilisée pour supprimer des objets de la base de données.

- **ALTER** : Elle est utilisée pour modifier la structure de la base de données.

- **TRUNCATE** : Elle est utilisée pour supprimer tous les enregistrements d'une table, y compris tous les espaces alloués pour les enregistrements.

- **RENAME** : Elle est utilisée pour renommer un objet existant dans la base de données.

12.4.2 Langage de Manipulation de Données (DML)

Les commandes DML, ou commandes de Langage de Manipulation de Données, sont utilisées pour gérer les données au sein des objets de schéma. Ces commandes permettent aux utilisateurs d'insérer de nouvelles données, de modifier des données existantes, de supprimer des données et de récupérer des données de la base de données.

Par exemple, la commande INSERT est utilisée pour ajouter de nouvelles données à une table, la commande UPDATE est utilisée pour modifier des données existantes dans une table et la commande DELETE est utilisée pour supprimer des données d'une table.

De plus, les commandes DML peuvent être utilisées pour récupérer des données d'une base de données en utilisant l'instruction SELECT. Avec ces outils puissants à leur disposition, les utilisateurs peuvent gérer et manipuler efficacement les données au sein des objets de leur schéma de base de données pour répondre à leurs besoins commerciaux.

Les principales commandes DML incluent :

- **SELECT** : Cette commande est utilisée pour sélectionner des données d'une base de données. Les données renvoyées sont stockées dans une table de résultats, appelée ensemble de résultats.

- **INSERT INTO** : Cette commande est utilisée pour insérer de nouvelles données dans une base de données.

- **UPDATE** : Cette commande est utilisée pour mettre à jour des données existantes dans une table.

- **DELETE** : Cette commande est utilisée pour supprimer des enregistrements existants d'une table.

Voici quelques exemples des commandes DML :

```
SELECT first_name, last_name FROM employees;
```

- Instruction **INSERT INTO** :

```
INSERT  INTO  employees  (first_name,  last_name,  birth_date,  hire_date,  salary,
department)
VALUES ('John', 'Doe', '1970-01-01', '2021-01-01', 50000, 'IT');
```

- Instruction **UPDATE** :

```
UPDATE employees
SET department = 'HR'
WHERE id = 1;
```

- Instruction **DELETE** :

```
DELETE FROM employees WHERE id = 1;
```

Dans les sections suivantes, nous approfondirons la façon d'interroger les données des bases de données en utilisant SQL, qui est l'une des principales utilisations de SQL. Nous explorerons des requêtes simples, ainsi que des requêtes plus complexes impliquant des jointures, des sous-requêtes et plus encore.

12.5 Requêtes SQL

Les requêtes SQL sont un aspect essentiel de l'interaction avec une base de données SQL. Ces requêtes nous permettent de récupérer des données, de modifier des données et de structurer des données de manières qui nous aident à les comprendre et à les manipuler. De plus, les requêtes SQL consistent en des commandes qui peuvent être catégorisées comme DDL (Langage de Définition de Données) ou DML (Langage de Manipulation de Données), comme mentionné dans la section précédente.

Cependant, faire des requêtes SQL n'est pas aussi simple que d'exécuter quelques commandes. Pour être compétent en SQL, il faut maîtriser des techniques de requête plus complexes. Par exemple, il faut savoir comment filtrer des données en fonction de critères spécifiques, trier des données par ordre croissant ou décroissant, regrouper des données en fonction d'attributs spécifiques et joindre plusieurs tables pour extraire des informations pertinentes. Dans cette section, nous approfondirons ces techniques de requête avancées pour vous aider à devenir un utilisateur compétent de SQL.

En maîtrisant ces techniques, vous pourrez manipuler et analyser de grandes bases de données avec facilité, ce qui en fait une compétence précieuse pour tout poste lié aux données. Avec SQL, les possibilités sont infinies et les connaissances que vous pouvez obtenir de vos données sont illimitées.

12.5.1 Filtrage avec la clause WHERE

La clause **WHERE** est un composant essentiel des requêtes SQL. En utilisant la clause **WHERE**, les utilisateurs peuvent filtrer des enregistrements en fonction de conditions spécifiques, telles que des plages de dates, des valeurs numériques ou des chaînes de texte.

Cela facilite l'isolement des données qui sont pertinentes pour une analyse ou un rapport donné. De plus, la clause **WHERE** peut être combinée avec d'autres clauses, comme **ORDER BY** ou **GROUP BY**, pour affiner davantage les résultats de la requête.

Par exemple, un utilisateur pourrait utiliser la clause **WHERE** pour sélectionner toutes les données de ventes du mois dernier, puis utiliser la clause **GROUP BY** pour agréger les données par région ou type de produit. Dans l'ensemble, la clause **WHERE** est un outil puissant pour toute personne qui a besoin de travailler avec des données dans une base de données.

Par exemple :

```
SELECT * FROM employees WHERE salary > 50000;
```

Cette requête sélectionne tous les champs pour les employés ayant un salaire supérieur à 50 000.

12.5.2 Tri avec la clause ORDER BY

Le mot-clé **ORDER BY** est utilisé pour trier l'ensemble de résultats par ordre croissant ou décroissant. Trier l'ensemble de résultats est une étape cruciale dans l'analyse de données, car cela peut aider à identifier des modèles et des tendances qui pourraient autrement passer inaperçus.

En organisant les données dans un ordre déterminé, nous pouvons détecter plus facilement des valeurs aberrantes ou des anomalies, et nous pouvons obtenir des informations sur les relations entre différentes variables dans notre ensemble de données. De plus, trier l'ensemble de résultats peut nous aider à mieux comprendre les caractéristiques de nos données, comme leur distribution et leur variabilité, ce qui à son tour nous permet de prendre des décisions plus éclairées basées sur nos découvertes.

Dans l'ensemble, le mot-clé **ORDER BY** est un outil puissant pour tout analyste ou scientifique des données, facilitant l'exploration et l'interprétation d'ensembles de données vastes et complexes.

Par exemple :

```
SELECT * FROM employees ORDER BY salary DESC;
```

Cette requête sélectionne tous les champs pour les employés et trie le résultat par salaire par ordre décroissant.

12.5.3 Regroupement avec la clause GROUP BY

L'instruction **GROUP BY** est un outil puissant en SQL qui vous permet d'agréger des données en fonction d'une ou plusieurs colonnes. Cette instruction est fréquemment utilisée en combinaison avec des fonctions d'agrégation comme COUNT, MAX, MIN, SUM et AVG pour regrouper l'ensemble de résultats par colonnes spécifiques.

En utilisant l'instruction **GROUP BY**, vous pouvez obtenir des informations sur vos données en les organisant en groupes significatifs. Par exemple, vous pouvez regrouper les données de ventes par région pour voir quelles régions fonctionnent bien et lesquelles ont besoin d'améliorations. Vous pouvez également regrouper des données par période de temps pour identifier des tendances et des modèles au fil du temps.

De plus, l'instruction **GROUP BY** peut être utilisée conjointement avec d'autres clauses SQL comme **ORDER BY**, **HAVING** et **JOIN** pour affiner davantage vos requêtes. Par exemple, vous pouvez utiliser **ORDER BY** pour trier l'ensemble de résultats par ordre croissant ou décroissant selon des colonnes spécifiées, **HAVING** pour filtrer l'ensemble de résultats selon des conditions spécifiques, et **JOIN** pour combiner des données de plusieurs tables.

En résumé, l'instruction **GROUP BY** est une fonctionnalité polyvalente en SQL qui peut vous aider à analyser et à comprendre vos données de manière plus significative.

Par exemple :

```sql
SELECT department, COUNT(*) FROM employees GROUP BY department;
```

Cette requête renvoie le nombre d'employés dans chaque département.

12.5.4 Jointure de Tables

Les jointures SQL sont utilisées pour combiner des lignes de deux tables ou plus, en se basant sur une colonne liée. Il existe différents types de jointures : INNER JOIN, LEFT (OUTER) JOIN, RIGHT (OUTER) JOIN et FULL (OUTER) JOIN.

- **INNER JOIN** : Renvoie les enregistrements qui ont des valeurs correspondantes dans les deux tables.

```sql
SELECT Orders.OrderID, Customers.CustomerName
FROM Orders
INNER JOIN Customers ON Orders.CustomerID = Customers.CustomerID;
```

- **LEFT (OUTER) JOIN** : Renvoie tous les enregistrements de la table de gauche et les enregistrements correspondants de la table de droite.

```sql
SELECT Orders.OrderID, Customers.CustomerName
FROM Orders
LEFT JOIN Customers ON Orders.CustomerID = Customers.CustomerID;
```

- **RIGHT (OUTER) JOIN** : Renvoie tous les enregistrements de la table de droite et les enregistrements correspondants de la table de gauche.

```
SELECT Orders.OrderID, Customers.CustomerName
FROM Orders
RIGHT JOIN Customers ON Orders.CustomerID = Customers.CustomerID;
```

- **FULL (OUTER) JOIN** : Renvoie tous les enregistrements lorsqu'il y a une correspondance dans l'une ou l'autre des tables gauche ou droite.

```
SELECT Orders.OrderID, Customers.CustomerName
FROM Orders
FULL JOIN Customers ON Orders.CustomerID = Customers.CustomerID;
```

SQL est un outil puissant pour interagir avec les bases de données et est essentiel pour tout travail lié aux données. Dans les prochaines sections, nous approfondirons des sujets SQL plus avancés et explorerons quelques exemples pratiques.

12.6 Exercices Pratiques

Ces exercices sont conçus pour renforcer votre compréhension de la syntaxe et des concepts SQL. Il est fortement recommandé d'utiliser un logiciel de base de données SQL ou une plateforme SQL en ligne pour effectuer ces exercices.

Exercice 1

Créer une table appelée « Étudiants » avec les colonnes suivantes : StudentID (entier, clé primaire), FirstName (varchar), LastName (varchar), Age (entier), Major (varchar).

```
CREATE TABLE Students (
    StudentID int PRIMARY KEY,
    FirstName varchar(255),
    LastName varchar(255),
    Age int,
    Major varchar(255)
);
```

Exercice 2

Insérez 5 enregistrements dans la table « Étudiants » avec des valeurs de votre choix.

```
INSERT INTO Students (StudentID, FirstName, LastName, Age, Major)
VALUES (1, 'John', 'Doe', 20, 'Computer Science');

-- Repeat for other 4 records with different values
```

Exercice 3

Écrivez une requête pour sélectionner tous les étudiants qui se spécialisent en « Informatique ».

```
SELECT * FROM Students WHERE Major = 'Computer Science';
```

Exercice 4

Mettez à jour la spécialisation de l'étudiant avec StudentID = 1 en « Science des Données ».

```
UPDATE Students SET Major = 'Data Science' WHERE StudentID = 1;
```

Exercice 5

Supprimez l'enregistrement de l'étudiant avec StudentID = 1.

```
DELETE FROM Students WHERE StudentID = 1;
```

Exercice 6

Écrivez une requête pour sélectionner tous les étudiants, triés par leur âge par ordre décroissant.

```
SELECT * FROM Students ORDER BY Age DESC;
```

Exercice 7

Écrivez une requête pour compter le nombre d'étudiants pour chaque spécialisation.

```
SELECT Major, COUNT(*) FROM Students GROUP BY Major;
```

Prenez votre temps avec ces exercices et expérimentez avec différentes commandes et requêtes pour comprendre pleinement comment fonctionne SQL. Plus vous pratiquerez, plus vous serez à l'aise avec la syntaxe et les opérations SQL.

Conclusion du Chapitre 12

Dans ce chapitre, nous avons entrepris un voyage à travers SQL, un langage déclaratif conçu spécifiquement pour gérer les données stockées dans les bases de données relationnelles. Nous avons commencé par un bref aperçu historique, retraçant ses origines jusqu'aux laboratoires d'IBM dans les années 1970, afin de mieux comprendre les motivations derrière la création de SQL et sa pertinence durable.

Ensuite, nous nous sommes plongés dans les éléments pratiques de SQL. Nous avons exploré la syntaxe de SQL, qui est remarquablement différente de Python et d'autres langages de programmation populaires, mais qui possède sa propre clarté et logique. Nous avons étudié la structure des instructions SQL, appris les mots-clés, les identifiants, les opérateurs et les expressions. Nous avons examiné les opérations de base mais puissantes que SQL nous permet d'effectuer sur les données : **SELECT** pour la récupération de données, **INSERT** pour ajouter de nouvelles données, **UPDATE** pour modifier des données existantes et **DELETE** pour supprimer des données.

Nous nous sommes ensuite immergés dans des requêtes plus complexes impliquant le tri (**ORDER BY**), le filtrage (**WHERE**) et l'agrégation (**GROUP BY**). Ces opérations renforcent la puissance de SQL en permettant l'analyse de données directement dans la base de données. Comprendre ces concepts ouvre la porte à des fonctionnalités plus avancées de SQL, telles que les sous-requêtes, les jointures et les opérations sur les ensembles.

Tout au long du chapitre, nous avons souligné l'importance de pratiquer SQL à travers des exercices pratiques. SQL est une compétence qui s'apprend mieux en pratiquant, et plus vous interagissez avec les bases de données, écrivez des requêtes et manipulez des données, plus vous vous sentirez à l'aise avec SQL.

En concluant ce chapitre, gardez à l'esprit que bien que SQL puisse sembler différent et difficile au début, surtout si vous êtes plus familier avec les langages procéduraux comme Python, c'est un outil d'une immense puissance et polyvalence dans le domaine de la gestion de données. La capacité d'interagir directement et d'analyser des données dans les bases de données est une compétence très recherchée dans de nombreux domaines. Alors continuez à pratiquer, continuez à explorer et continuez à élargir vos connaissances de SQL. Dans le prochain chapitre, nous verrons comment SQL peut être utilisé conjointement avec Python, fusionnant les capacités des deux en un formidable duo d'analyse de données. Restez à l'écoute !

Chapitre 13 : Fondamentaux de SQL

Bienvenue au Chapitre 13, « Fondamentaux de SQL ». Dans ce chapitre, nous plongeons dans les détails du langage de définition de données (DDL) et du langage de manipulation de données (DML) de SQL, en mettant l'accent sur les exercices pratiques. Vous apprendrez la création de bases de données, la définition de tables, le peuplement de données dans celles-ci et l'exécution de requêtes de base pour extraire des connaissances précieuses.

En plus des compétences pratiques mentionnées ci-dessus, le chapitre couvrira également certains concepts théoriques importants liés à SQL. Nous explorerons la normalisation, qui est le processus d'organisation des données dans une base de données pour réduire la redondance et la dépendance. Cela vous aidera à concevoir des bases de données plus efficaces et évolutives qui peuvent gérer de grandes quantités de données.

De plus, nous examinerons le concept de clés en SQL, qui sont utilisées pour établir des relations entre les tables dans une base de données. Nous couvrirons les clés primaires, les clés étrangères et les clés composées, qui sont essentielles à comprendre afin de créer des bases de données complexes pouvant répondre aux besoins des entreprises modernes.

Alors que le chapitre précédent nous a donné un aperçu de l'histoire et de la syntaxe de SQL, ce chapitre nous fournira les compétences pratiques nécessaires pour commencer à travailler avec SQL dans des scénarios du monde réel. À la fin de ce chapitre, vous aurez une solide maîtrise des commandes et principes fondamentaux de SQL, jetant les bases pour des sujets plus avancés dans les prochains chapitres.

Commençons !

13.1 Création de Bases de Données et de Tables

SQL est un outil puissant pour travailler avec des données. La première étape pour utiliser SQL est de configurer une base de données et des tables, afin que vous puissiez stocker et accéder à vos données de manière efficace.

Créer une **base de données** est la première étape pour configurer votre environnement SQL. Une base de données est comme un entrepôt virtuel où vous pouvez stocker toutes vos données de manière systématique. Elle pourrait inclure des informations importantes telles que les noms de clients, les adresses et l'historique des achats, ou les données de ventes, les informations sur les employés et plus encore. En organisant vos données dans une base de données, vous pouvez facilement gérer, mettre à jour et récupérer les informations dont vous avez besoin.

Une fois que vous avez configuré votre base de données, il est temps de créer des **tables**. Les tables sont comme des feuilles de calcul à l'intérieur de votre base de données, où chaque ligne représente un enregistrement unique et chaque colonne représente un champ de cet enregistrement. Par exemple, si vous avez une base de données d'informations sur les clients, vous pourriez avoir une table appelée « clients » qui inclut des champs tels que « nom », « adresse » et « numéro de téléphone ».

En créant des tables, vous pouvez organiser vos données de manière structurée, ce qui facilite la consultation et l'analyse. Et avec la puissance de SQL, vous pouvez rapidement écrire des requêtes complexes pour extraire les données dont vous avez besoin, ce qui vous permet d'obtenir des connaissances et de prendre des décisions éclairées basées sur vos données.

Voici comment vous pouvez créer une nouvelle base de données et une nouvelle table en SQL :

1. **Création d'une Base de Données**

```
CREATE DATABASE Bookstore;
```

L'instruction **CREATE DATABASE** est utilisée pour créer une nouvelle base de données en SQL. Ici, nous créons une base de données appelée « Bookstore ».

2. **Création d'une Table**

Avant de créer une table, vous devez d'abord sélectionner la base de données où la table sera créée en utilisant l'instruction **USE** :

```
USE Bookstore;
```

Nous pouvons maintenant créer une table à l'intérieur de la base de données « Bookstore » :

```
CREATE TABLE Books (
    BookID INT PRIMARY KEY,
    Title VARCHAR(100),
    Author VARCHAR(100),
    Price DECIMAL(5,2)
);
```

Dans cette instruction **CREATE TABLE**, nous définissons une nouvelle table appelée « Books » avec quatre colonnes : « BookID », « Title », « Author » et « Price ». La colonne « BookID » est déclarée comme clé primaire, ce qui signifie qu'elle contiendra des valeurs uniques et sera utilisée pour identifier chaque enregistrement dans la table.

Les types **INT**, **VARCHAR(100)** et **DECIMAL(5,2)** sont des types de données qui spécifient le type de données pouvant être stocké dans chaque colonne.

INT est utilisé pour les nombres entiers. **VARCHAR(100)** est utilisé pour les chaînes de caractères, et le nombre entre parenthèses indique la longueur maximale des chaînes de caractères. **DECIMAL(5,2)** est utilisé pour les nombres décimaux, où « 5 » est le nombre total de chiffres et « 2 » est le nombre de chiffres après la virgule.

Rappelez-vous, SQL ne fait pas de distinction entre majuscules et minuscules, mais c'est une pratique courante d'écrire les mots-clés SQL en majuscules pour plus de clarté.

Dans la prochaine section, nous verrons comment insérer des données dans cette table, mais pour l'instant, amusez-vous à créer des bases de données et des tables, en testant différentes structures de tables et types de données. L'expérimentation est la clé pour apprendre SQL de manière efficace.

13.2 Insertion de Données dans les Tables

Une fois que nous avons créé notre base de données et la structure de la table, il existe plusieurs façons de peupler les tables avec des données. Une façon consiste à insérer des données manuellement en utilisant l'instruction **INSERT INTO**. Cela peut être un processus fastidieux, surtout si nous avons une grande quantité de données à insérer. Une autre façon consiste à importer des données depuis un fichier externe, comme un fichier CSV ou Excel.

Cela peut nous faire gagner du temps et des efforts, surtout si nous avons déjà les données stockées dans un tableur ou un autre format. De plus, nous pouvons également utiliser un langage de script ou un langage de programmation pour automatiser le processus d'insertion de données. Cela peut être un outil puissant pour gérer de grandes quantités de données ou pour automatiser des tâches routinières.

Dans l'ensemble, il existe de nombreuses approches différentes que nous pouvons adopter lorsqu'il s'agit de peupler nos tables de base de données avec des données, et l'approche appropriée dépendra de nos besoins et circonstances spécifiques.

En suivant notre exemple précédent, ajoutons quelques livres à la table « Livres » :

```
INSERT INTO Books (BookID, Title, Author, Price)
VALUES
(1, 'To Kill a Mockingbird', 'Harper Lee', 7.99),
(2, '1984', 'George Orwell', 8.99),
(3, 'The Great Gatsby', 'F. Scott Fitzgerald', 6.99);
```

L'instruction **INSERT INTO** est suivie du nom de la table et d'une liste de colonnes dans lesquelles nous souhaitons insérer des données. Ensuite, le mot-clé **VALUES** est utilisé, suivi d'une liste de valeurs correspondant aux colonnes. Chaque ensemble de parenthèses après **VALUES** représente une seule ligne de données. Ici, nous avons inséré trois lignes (ou enregistrements) dans la table 'Livres'.

13.3 Sélection de Données dans les Tables

Maintenant que nous avons quelques données dans notre table, nous pouvons les récupérer en utilisant l'instruction **SELECT**. Voici comment récupérer toutes les données de la table 'Livres' :

```
SELECT * FROM Books;
```

Le symbole ***** est un caractère générique qui signifie « toutes les colonnes ». Cette instruction renverra toutes les lignes de toutes les colonnes dans la table 'Livres'. Le résultat serait :

```
+--------+-----------------------+---------------------+-------+
| BookID | Title                 | Author              | Price |
+--------+-----------------------+---------------------+-------+
|      1 | To Kill a Mockingbird | Harper Lee          |  7.99 |
|      2 | 1984                  | George Orwell       |  8.99 |
|      3 | The Great Gatsby      | F. Scott Fitzgerald |  6.99 |
+--------+-----------------------+---------------------+-------+
```

Si nous voulons seulement sélectionner des données de certaines colonnes, nous pouvons spécifier ces colonnes au lieu d'utiliser *****. Par exemple, pour sélectionner uniquement les colonnes 'Titre' et 'Auteur', nous pouvons utiliser l'instruction suivante :

```
SELECT Title, Author FROM Books;
```

Cela renverra :

```
+-----------------------+---------------------+
| Title                 | Author              |
+-----------------------+---------------------+
| To Kill a Mockingbird | Harper Lee          |
| 1984                  | George Orwell       |
| The Great Gatsby      | F. Scott Fitzgerald |
+-----------------------+---------------------+
```

L'instruction **SELECT** peut être utilisée avec une variété de clauses pour filtrer et trier les données renvoyées, ce que nous explorerons davantage dans les sections suivantes. Pour l'instant, essayez de créer vos propres tables, d'insérer des données et de sélectionner des données. Cela consolidera votre compréhension de ces opérations SQL fondamentales.

13.4 Mise à Jour de Données dans les Tables

Après avoir inséré des données dans les tables, il est important de maintenir les informations à jour. Cela peut être accompli en utilisant la puissante instruction **UPDATE** de SQL, qui vous permet de modifier des données existantes dans une table. Par exemple, vous pourriez vouloir modifier le nom ou l'adresse d'un client dans votre base de données. Avec l'instruction **UPDATE**, vous pouvez facilement accomplir cette tâche en spécifiant la table, la colonne à mettre à jour et la nouvelle valeur. De plus, vous pouvez utiliser la clause **WHERE** de SQL pour mettre à jour uniquement les lignes spécifiques qui répondent à certains critères, comme les clients qui n'ont pas effectué d'achat au cours de la dernière année.

Exemple :

Disons que le prix du livre « 1984 » a été révisé à 9,99 $. Nous pouvons mettre cela à jour dans notre table 'Livres' de la manière suivante :

```
UPDATE Books
SET Price = 9.99
WHERE Title = '1984';
```

Dans l'instruction **UPDATE**, vous spécifiez la table que vous souhaitez mettre à jour, puis vous utilisez le mot-clé **SET** pour spécifier la colonne et la nouvelle valeur que vous souhaitez définir. La clause **WHERE** spécifie quelles lignes doivent être mises à jour ; dans ce cas, la ligne où le 'Titre' est '1984'.

Il est essentiel d'être prudent lors de l'utilisation de l'instruction **UPDATE**. Si vous omettez la clause **WHERE**, l'instruction **UPDATE** mettra à jour toutes les lignes de la table !

13.5 Suppression de Données des Tables

Dans certaines situations, comme lorsqu'un utilisateur souhaite supprimer des informations obsolètes ou non pertinentes d'une base de données, il est nécessaire de supprimer des données des tables. À cette fin, on utilise l'instruction **DELETE** de SQL.

Lors de l'utilisation de l'instruction **DELETE**, il est important de spécifier la table de laquelle les données doivent être supprimées et les conditions qui doivent être remplies pour que les données soient supprimées. De plus, il est possible d'utiliser le mot-clé **WHERE** pour affiner davantage les critères de suppression et s'assurer que seules les données souhaitées sont supprimées.

Il est important d'être prudent lors de l'utilisation de l'instruction **DELETE** pour s'assurer que des données importantes ne soient pas supprimées par inadvertance.

Exemple :

Par exemple, supposons que nous ne voulons plus suivre « Le Grand Gatsby » dans notre table 'Livres'. Nous pourrions le supprimer ainsi :

```
DELETE FROM Books
WHERE Title = 'The Great Gatsby';
```

Tout comme avec l'instruction **UPDATE**, vous devez être prudent lors de l'utilisation de **DELETE**. Si vous omettez la clause **WHERE**, **DELETE** supprimera toutes les lignes de la table !

13.6 Filtrage et Tri des Résultats de Requête

Lorsque vous travaillez avec SQL, vous aurez souvent besoin de sélectionner des données spécifiques d'une table. Cela peut se faire en utilisant l'instruction **SELECT**, qui peut ensuite être suivie de la clause **WHERE** pour filtrer les données et de la clause **ORDER BY** pour les trier.

La clause **WHERE** vous permet de spécifier des conditions qui doivent être remplies pour qu'une ligne particulière soit incluse dans les résultats. Par exemple, vous pouvez utiliser la clause **WHERE** pour sélectionner uniquement les lignes où la valeur dans une colonne donnée est supérieure à un nombre spécifique. La clause **ORDER BY**, quant à elle, vous permet de trier les données sélectionnées selon une colonne spécifique.

Vous pouvez spécifier si les données doivent être triées par ordre croissant ou décroissant, et vous pouvez même trier par plusieurs colonnes à la fois. Ces deux méthodes sont parmi les plus courantes et les plus puissantes pour manipuler des données en SQL, et les maîtriser vous permettra d'effectuer des requêtes et des analyses plus complexes.

Exemple :

La clause **WHERE** vous permet de filtrer les résultats en fonction d'une ou plusieurs conditions. Par exemple, pour sélectionner uniquement les livres qui coûtent moins de 8,00 $, vous utiliseriez :

```
SELECT * FROM Books
WHERE Price < 8.00;
```

La clause **ORDER BY** vous permet de trier les résultats de votre requête. Vous pouvez trier par n'importe quelle colonne et spécifier si vous souhaitez trier par ordre croissant (ASC) ou décroissant (DESC). Par exemple, pour sélectionner tous les livres triés par prix par ordre décroissant, vous utiliseriez :

```
SELECT * FROM Books
ORDER BY Price DESC;
```

Essayez d'effectuer ces opérations par vous-même pour consolider votre compréhension de ces fondamentaux de SQL. Dans les sections suivantes, nous approfondirons des sujets SQL plus avancés.

13.7 Valeurs NULL

En SQL, **NULL** est un marqueur spécial qui est souvent utilisé pour indiquer l'absence d'une valeur de données dans la base de données. Il est important de noter que **NULL** est différent d'une chaîne vide ou d'un zéro, qui sont des valeurs réelles. Lorsqu'une valeur est définie sur **NULL**, cela signifie que la valeur est actuellement inconnue, absente ou non applicable.

Dans le contexte de notre base de données de librairie, **NULL** pourrait être utilisé pour représenter le prix d'un livre que nous ne connaissons pas actuellement. Par exemple, nous pourrions recevoir un nouveau livre qui n'a pas encore été évalué, ou nous pourrions attendre que l'éditeur nous fournisse l'information. Dans de tels cas, la colonne 'Prix' pour ce livre serait définie sur **NULL**. Cela nous permet de suivre le livre dans la base de données, tout en indiquant que l'information sur le prix n'est pas encore disponible.

Il est important de gérer correctement les valeurs **NULL** lors de l'écriture de requêtes SQL. Par exemple, si nous voulons récupérer tous les livres qui coûtent moins de 20 $, nous devons faire attention à ne pas exclure les livres qui ont un prix **NULL**. Nous pouvons utiliser l'opérateur **IS NULL** pour gérer les valeurs **NULL** dans nos requêtes, et nous pouvons également utiliser la fonction **COALESCE** pour remplacer les valeurs **NULL** par des valeurs par défaut si nécessaire.

Exemple :

Voici comment vous pourriez insérer un livre avec un prix inconnu :

```
INSERT INTO Books (Title, Author, Price)
VALUES ('Unknown Book', 'Unknown Author', NULL);
```

Pour interroger des données avec des valeurs **NULL**, vous pouvez utiliser les opérateurs **IS NULL** ou **IS NOT NULL**. Par exemple, si vous vouliez trouver tous les livres dans votre base de données pour lesquels le prix est inconnu, vous pourriez utiliser :

```
SELECT * FROM Books
WHERE Price IS NULL;
```

Mettre à jour des valeurs **NULL** se fait de la même manière que mettre à jour n'importe quelle autre valeur. Par exemple, si plus tard vous découvrez que le prix de "Livre Inconnu" est de 7,99 $, vous pourriez le mettre à jour ainsi :

```
UPDATE Books
```

```
SET Price = 7.99
WHERE Title = 'Unknown Book';
```

Il est important de noter que **NULL** n'est égal à rien, pas même à lui-même. C'est-à-dire que si vous essayez de comparer **NULL** avec **NULL** en utilisant l'opérateur **=**, cela ne correspondra pas. C'est pourquoi vous devez utiliser **IS NULL** ou **IS NOT NULL** lorsque vous interrogez des valeurs **NULL**.

En résumé, **NULL** est une valeur spéciale en SQL qui représente des données manquantes ou inconnues. Il est crucial de comprendre comment gérer les valeurs **NULL**, car elles peuvent parfois conduire à des résultats inattendus si elles ne sont pas gérées correctement.

13.8 Exercices Pratiques

Exercice 1 : Création de Bases de Données et de Tables

1. Créez une nouvelle base de données appelée **ExerciseDB**.

2. Dans cette base de données, créez une table appelée **Clients** avec les champs suivants :

    o **IDClient** (int, clé primaire)

    o **Prénom** (varchar(255))

    o **Nom** (varchar(255))

    o **Ville** (varchar(255))

Les commandes SQL pour ces tâches ressembleraient à ceci :

```
CREATE DATABASE ExerciseDB;
USE ExerciseDB;
CREATE TABLE Customers (
CustomerID INT PRIMARY KEY,
FirstName VARCHAR(255),
LastName VARCHAR(255),
City VARCHAR(255)
);
```

Exercice 2 : Insertion de Données

1. Insérez les enregistrements suivants dans la table **Clients** :

    o **IDClient** = 1, **Prénom** = 'John', **Nom** = 'Doe', **Ville** = 'New York'

    o **IDClient** = 2, **Prénom** = 'Jane', **Nom** = 'Smith', **Ville** = 'Londres'

Voici à quoi pourrait ressembler votre SQL :

```
INSERT INTO Customers (CustomerID, FirstName, LastName, City)
VALUES
(1, 'John', 'Doe', 'New York'),
(2, 'Jane', 'Smith', 'London');
```

Exercice 3 : Mise à jour et Suppression de Données

1. Mettez à jour la **Ville** du **IDClient** = 1 à 'Los Angeles'.

2. Supprimez l'enregistrement où **IDClient** = 2.

Votre SQL pourrait ressembler à ceci :

```
UPDATE Customers
SET City = 'Los Angeles'
WHERE CustomerID = 1;

DELETE FROM Customers WHERE CustomerID = 2;
```

Exercice 4 : Interrogation de Données

1. Sélectionnez tous les enregistrements de la table **Clients**.

2. Sélectionnez uniquement le **Prénom** et la **Ville** pour chaque enregistrement.

Votre SQL pourrait ressembler à ceci :

```
SELECT * FROM Customers;

SELECT FirstName, City FROM Customers;
```

Exercice 5 : Travailler avec NULL

1. Insérez un nouvel enregistrement où **IDClient** = 3, **Prénom** = 'Jim', **Nom** = 'Brown', mais laissez **Ville** comme NULL.

2. Sélectionnez tous les enregistrements où **Ville** EST NULL.

Votre SQL pourrait ressembler à ceci :

```
INSERT INTO Customers (CustomerID, FirstName, LastName, City)
VALUES
(3, 'Jim', 'Brown', NULL);

SELECT * FROM Customers WHERE City IS NULL;
```

Essayez ces exercices et voyez comment vous vous en sortez ! Ceux-ci devraient vous donner une pratique complète de tous les sujets clés couverts dans le Chapitre 13.

Conclusion du Chapitre 13

Dans ce chapitre, nous avons approfondi les fondamentaux de SQL, en nous appuyant sur la compréhension de base établie dans le chapitre précédent. Le langage SQL, avec sa syntaxe puissante mais simple, nous fournit des outils pour manipuler et interroger des bases de données.

Nous avons commencé notre parcours en comprenant comment créer des bases de données et des tables en SQL, où nous avons appris l'importance de définir la structure de nos données avec des types de données appropriés. Notre exploration de la commande SELECT nous a permis de récupérer des données et de comprendre comment une requête simple peut apporter des informations précieuses.

Ensuite, nous avons découvert les commandes INSERT, UPDATE et DELETE de SQL, qui nous donnent la capacité de manipuler nos données à volonté. Ces commandes sont le fondement de la manipulation de données, et les comprendre est essentiel pour tout utilisateur de SQL.

Nous avons également abordé la clause WHERE de SQL, qui nous permet de filtrer et d'affiner nos requêtes selon nos besoins. Cette commande représente la puissance de SQL, la capacité de distiller de vastes quantités de données en informations concises et pertinentes.

Enfin, nous nous sommes aventurés en territoire plus avancé, en discutant des commandes ORDER BY, GROUP BY et JOIN de SQL. Ces commandes nous permettent d'interagir avec nos données à un niveau supérieur, en structurant et en combinant nos données de manières plus complexes.

La valeur NULL, souvent négligée, représente l'absence de données. Comprendre comment SQL gère les valeurs NULL dans ses commandes est crucial pour prévenir des résultats inattendus et des erreurs.

Nous avons conclu notre exploration avec quelques exercices pratiques. Ces exercices ont fourni une expérience concrète avec les concepts que nous avons appris, renforçant notre compréhension.

Malgré l'étendue de ce chapitre, nous n'avons fait qu'effleurer la surface de ce qui est possible avec SQL. Les chapitres suivants approfondiront les fonctionnalités avancées de SQL et ses applications dans divers scénarios. Au fur et à mesure que nous progressons dans ce voyage SQL, la puissance et la flexibilité de ce langage continueront de se dévoiler.

Par conséquent, en clôturant ce chapitre, nous devrions nous sentir confiants avec les concepts de base de SQL. Il est important de noter, cependant, que la maîtrise vient avec la pratique. Ainsi, continuez toujours à expérimenter, à explorer et à vous mettre au défi avec des requêtes plus complexes.

Chapitre 14 : Plongée approfondie dans les requêtes SQL

Dans les chapitres précédents, nous avons appris les fondamentaux de SQL. Nous avons couvert des sujets tels que la création de bases de données, de tables et l'insertion, la mise à jour et la suppression de données. De plus, nous avons abordé la consultation de base des données. Cependant, bien que ces concepts soient essentiels, ils ne font qu'effleurer la surface de ce que SQL peut faire.

Dans ce chapitre, nous approfondirons les requêtes SQL et apprendrons comment effectuer des opérations plus avancées de récupération de données en utilisant des instructions SELECT SQL complexes. À la fin de ce chapitre, vous aurez une compréhension complète de la façon de construire et d'utiliser ces instructions de manière efficace.

Nous couvrirons plusieurs sujets, notamment la jointure de tables, le regroupement d'enregistrements et le filtrage de données. En apprenant ces techniques avancées de SQL, vous pourrez extraire des informations plus significatives de vos données et obtenir une compréhension plus approfondie de votre base de données. Préparez-vous à porter vos compétences SQL au niveau supérieur !

14.1 Requêtes SELECT avancées

Dans cette section, nous approfondirons l'instruction **SELECT**, qui est un outil essentiel pour récupérer des données d'une base de données. Comme vous le savez probablement déjà, l'instruction **SELECT** est utilisée pour sélectionner des données d'une ou plusieurs tables dans une base de données. Elle peut récupérer des colonnes individuelles, des lignes spécifiques ou même des tables entières de données.

Lors de l'utilisation de l'instruction **SELECT**, il est important de comprendre la syntaxe et la structure de l'instruction. Cela inclut l'utilisation de mots-clés tels que **FROM**, **WHERE**, **GROUP BY**, **HAVING** et **ORDER BY**. Ces mots-clés vous permettent de filtrer, trier et regrouper les données renvoyées par l'instruction.

Un autre aspect important de l'instruction **SELECT** est l'utilisation de fonctions. Ces fonctions peuvent être utilisées pour manipuler les données renvoyées par l'instruction. Les fonctions courantes incluent **COUNT()**, **SUM()**, **AVG()**, **MAX()** et **MIN()**. Ces fonctions peuvent être utilisées pour effectuer des calculs sur les données ou pour agréger les données d'une certaine manière.

En plus d'utiliser l'instruction **SELECT** pour récupérer des données d'une base de données, elle peut également être utilisée pour manipuler les données dans la base de données. Cela peut être fait en utilisant les instructions **INSERT**, **UPDATE** et **DELETE**. Ces instructions peuvent être utilisées pour insérer de nouvelles données dans une table, mettre à jour des données existantes ou supprimer des données d'une table.

En résumé, l'instruction **SELECT** est un outil puissant pour récupérer et manipuler des données dans une base de données. En comprenant sa syntaxe, sa structure et ses fonctions, vous pouvez l'utiliser pour effectuer des requêtes complexes et récupérer les données dont vous avez besoin.

14.1.1 Le mot-clé DISTINCT

Lorsque vous travaillez avec SQL, un outil puissant à votre disposition est le mot-clé **DISTINCT**. En ajoutant ce mot-clé à une instruction **SELECT**, vous pouvez éliminer tous les enregistrements en double des résultats de votre requête. Cela peut être incroyablement utile dans les situations où vous avez seulement besoin de voir des valeurs uniques, comme lorsque vous effectuez une analyse de données ou générez des rapports.

De plus, le mot-clé **DISTINCT** peut vous aider à simplifier votre code et le rendre plus efficace, car il réduit la quantité de données qui doit être traitée par votre requête. Donc, si vous voulez vous assurer que vous ne récupérez que des enregistrements uniques de votre base de données, assurez-vous d'ajouter le mot-clé **DISTINCT** à votre instruction **SELECT** !

Exemple :

Voici un exemple de la façon dont vous pourriez utiliser le mot-clé **DISTINCT** :

```
SELECT DISTINCT City FROM Customers;
```

Dans cet exemple, la requête renverra toutes les villes uniques où vivent les clients.

14.1.2 Le mot-clé ORDER BY

Le mot-clé **ORDER BY** est une partie essentielle de SQL qui est utilisée pour trier l'ensemble de résultats soit dans l'ordre croissant (**ASC**) soit décroissant (**DESC**). Par défaut, le mot-clé **ORDER BY** trie les enregistrements dans l'ordre croissant, mais il peut également être utilisé pour trier les enregistrements dans l'ordre décroissant si nécessaire.

Cette fonctionnalité est particulièrement utile lorsque vous travaillez avec de grands ensembles de résultats, car elle permet de trier les données rapidement et facilement selon des critères spécifiques. Le mot-clé **ORDER BY** peut être utilisé conjointement avec d'autres mots-clés SQL, tels que **GROUP BY** et **HAVING**, pour affiner et trier davantage les données selon les besoins.

En résumé, le mot-clé **ORDER BY** est un outil puissant qui peut grandement améliorer la fonctionnalité et l'utilisabilité des bases de données SQL.

Exemple :

Par exemple, si nous voulons trier nos clients selon les noms de leurs villes dans l'ordre croissant :

```
SELECT * FROM Customers ORDER BY City ASC;
```

Si vous souhaitez trier les enregistrements dans l'ordre décroissant, vous écririez :

```
SELECT * FROM Customers ORDER BY City DESC;
```

Dans les deux requêtes, remplacez **City** par le nom de la colonne par laquelle vous souhaitez trier.

14.1.3 La clause WHERE

La clause **WHERE** en SQL est un outil puissant qui est utilisé pour filtrer les enregistrements qui remplissent une condition spécifiée, ce qui nous permet de travailler avec un sous-ensemble de données plus gérable. Cette clause peut être utilisée conjointement avec d'autres instructions SQL, telles que **SELECT**, **UPDATE** et **DELETE**, entre autres.

La clause **WHERE** peut contenir plusieurs conditions qui sont liées entre elles par des opérateurs logiques tels que **AND** et **OR**, ce qui permet d'affiner encore davantage notre recherche. En spécifiant des conditions dans la clause **WHERE**, nous pouvons extraire uniquement les enregistrements qui remplissent nos critères, tout en excluant les données non pertinentes.

Cela peut être particulièrement utile lorsque l'on travaille avec de grands ensembles de données, car cela nous permet de nous concentrer sur les informations les plus pertinentes pour notre analyse ou application.

Exemple :

Voici un exemple d'une instruction **SELECT** avec une clause **WHERE** :

```
SELECT * FROM Customers WHERE City='London';
```

Cette instruction SQL sélectionne tous les champs de « Customers » où la « City » est égale à « London ».

14.1.4 L'opérateur LIKE

L'opérateur **LIKE** est un outil très utile en SQL. Il est utilisé dans une clause **WHERE** pour rechercher un motif spécifié dans une colonne. Cela peut être particulièrement utile lorsque vous travaillez avec de grandes bases de données et que vous devez récupérer rapidement des informations spécifiques. L'opérateur **LIKE** peut rechercher des motifs en utilisant deux caractères génériques :

- **%** : Cela représente zéro, un ou plusieurs caractères. Par exemple, si vous recherchez des mots qui contiennent les lettres « cat » dans une colonne, vous pouvez utiliser le motif **%cat%**. Cela renverra tout enregistrement qui contient « cat » n'importe où dans la colonne.

- **_** : Cela représente un seul caractère. Par exemple, si vous recherchez des mots qui ont « at » comme deuxième et troisième lettres dans une colonne, vous pouvez utiliser le motif **_%at%**. Cela renverra tout enregistrement qui a n'importe quel caractère comme première lettre, suivi de « at » comme deuxième et troisième lettres.

Voici un exemple d'un opérateur **LIKE** :

```
SELECT * FROM Customers WHERE City LIKE 'L%';
```

Cette instruction SQL sélectionne tous les champs de « Customers » où la « City » commence par « L ».

14.1.5 L'opérateur IN

L'opérateur **IN** est un outil utile pour filtrer les données dans une clause **WHERE**. En spécifiant plusieurs valeurs dans un opérateur **IN**, vous pouvez filtrer rapidement les enregistrements en fonction d'un ensemble de critères. Cela peut être particulièrement utile lorsque vous travaillez avec de grands ensembles de données, car cela vous permet de réduire rapidement les résultats uniquement à ceux qui répondent à des exigences spécifiques.

Bien que l'opérateur **IN** soit souvent utilisé comme une forme abrégée pour plusieurs conditions **OR**, il est important de noter qu'il peut également être utilisé en combinaison avec d'autres opérateurs pour créer des requêtes plus complexes. Par exemple, vous pouvez utiliser l'opérateur **IN** en combinaison avec l'opérateur **NOT** pour filtrer les enregistrements qui remplissent certains critères.

Dans l'ensemble, l'opérateur **IN** est un outil puissant qui peut vous aider à interroger et filtrer les données de manière efficace dans une base de données. Que vous travailliez avec un petit ou grand ensemble de données, l'utilisation de l'opérateur **IN** peut vous aider à trouver rapidement les enregistrements qui répondent à vos exigences spécifiques.

Voici un exemple :

```
SELECT * FROM Customers WHERE Country IN ('Germany', 'France', 'UK');
```

Cette instruction SQL sélectionne tous les champs de « Customers » où le « Country » est « Germany », « France » ou « UK ».

14.1.6 L'opérateur BETWEEN

L'opérateur **BETWEEN** est utilisé pour sélectionner des valeurs dans une plage donnée. Cet opérateur est couramment utilisé lorsque vous souhaitez filtrer les données en fonction d'une plage de valeurs. Par exemple, si vous avez une table de produits avec une colonne de prix, vous pouvez utiliser l'opérateur **BETWEEN** pour sélectionner tous les produits qui se trouvent dans une certaine fourchette de prix. Cela facilite la recherche des produits qui vous intéressent, sans avoir à parcourir manuellement toute la table.

L'opérateur **BETWEEN** peut être utilisé avec une variété de types de données, y compris les nombres, le texte et les dates. Lorsque vous utilisez l'opérateur **BETWEEN** avec des dates, il est important de s'assurer que le format de date est cohérent dans tous les enregistrements de la table. Cela garantira que l'opérateur fonctionne comme prévu et renvoie les résultats corrects.

En plus de l'opérateur **BETWEEN**, il existe d'autres opérateurs qui peuvent être utilisés pour filtrer les données en SQL, tels que l'opérateur **LIKE**, l'opérateur **IN** et l'opérateur **NOT**. Chacun de ces opérateurs a son propre cas d'utilisation spécifique et peut être combiné avec l'opérateur **BETWEEN** pour créer des filtres plus complexes qui vous aident à trouver exactement les données que vous recherchez.

Voici un exemple :

```
SELECT * FROM Products WHERE Price BETWEEN 10 AND 20;
```

Cette instruction SQL sélectionne tous les champs de « Products » où le « Price » est compris entre 10 et 20.

14.2 Jointure de plusieurs tables

En SQL, les clauses **JOIN** sont utilisées pour combiner des lignes de deux ou plusieurs tables en fonction d'une colonne liée entre elles. Il existe plusieurs types de JOIN disponibles en SQL :

1. JOIN (INTERNE) : Renvoie les enregistrements qui ont des valeurs correspondantes dans les deux tables.

2. LEFT JOIN (EXTERNE) : Renvoie tous les enregistrements de la table de gauche et les enregistrements correspondants de la table de droite.

3. RIGHT JOIN (EXTERNE) : Renvoie tous les enregistrements de la table de droite et les enregistrements correspondants de la table de gauche.

4. FULL JOIN (EXTERNE) : Renvoie tous les enregistrements lorsqu'il y a une correspondance dans l'une ou l'autre des tables gauche ou droite.

Mot-clé INNER JOIN

Le mot-clé INNER JOIN est utilisé pour combiner les données de deux tables différentes en utilisant une colonne commune. Cela est particulièrement utile lorsque nous voulons récupérer des données qui existent dans les deux tables. En utilisant le mot-clé INNER JOIN, nous pouvons nous assurer que seuls les enregistrements ayant des valeurs correspondantes dans les deux tables sont renvoyés.

Cela peut nous aider à mieux comprendre les relations entre différents éléments de données et à obtenir des informations que nous n'aurions pas pu voir autrement. De plus, le mot-clé INNER JOIN n'est qu'un des nombreux types de jointures différents que nous pouvons utiliser pour combiner des données de plusieurs tables. D'autres types de jointures incluent LEFT JOIN, RIGHT JOIN et FULL OUTER JOIN, chacun ayant ses propres propriétés et cas d'utilisation uniques.

En comprenant les différents types de jointures qui sont à notre disposition, nous pouvons nous assurer que nous utilisons le bon outil pour le travail et que nous tirons le meilleur parti de nos données.

Syntaxe :

```
SELECT column_name(s)
FROM table1
INNER JOIN table2
ON table1.column_name = table2.column_name;
```

Exemple :

Supposons que nous avons deux tables, **Orders** et **Customers**, avec la structure suivante :

Orders :

```
OrderID | CustomerID | OrderAmount
--------|------------|------------
1       | 1          | 100
2       | 2          | 200
3       | 5          | 300
4       | 3          | 400
```

Clients :

```
CustomerID | Name  | Country
-----------|-------|--------
1          | Alex  | USA
2          | Bob   | UK
3          | Chris | France
4          | Dave  | Canada
```

Un INNER JOIN sélectionne toutes les lignes des deux tables à condition qu'il y ait une correspondance entre les colonnes. S'il y a des enregistrements dans la table « Orders » qui n'ont pas d'entrées correspondantes dans la table « Customers », ces enregistrements seront omis du résultat.

```
SELECT Orders.OrderID, Customers.CustomerName, Orders.OrderAmount
FROM Orders
INNER JOIN Customers ON Orders.CustomerID = Customers.CustomerID;
```

Résultat :

```
OrderID  | CustomerName   | OrderAmount
---------|----------------|------------
1        | Alex           | 100
2        | Bob            | 200
3        | Chris          | 400
```

14.2.1 LEFT JOIN et RIGHT JOIN

Mot-clé LEFT JOIN

Le mot-clé LEFT JOIN est un type de jointure qui récupère les lignes de la table de gauche (table1) et les lignes correspondantes de la table de droite (table2). Cela signifie que s'il n'y a pas de correspondance dans la table de droite, la valeur résultante sera NULL.

Il est important de noter que LEFT JOIN est différent d'INNER JOIN, car ce dernier ne renvoie que les lignes qui ont des données correspondantes dans les deux tables. LEFT JOIN, en revanche, continuera d'afficher toutes les lignes de la table de gauche même s'il n'y a pas de données correspondantes dans la table de droite.

Cela peut être utile lorsque vous travaillez avec des données qui ont des valeurs manquantes ou lorsque vous souhaitez voir toutes les données d'une table indépendamment de l'existence de données correspondantes dans l'autre table. De plus, LEFT JOIN peut être combiné avec d'autres instructions SQL telles que WHERE, ORDER BY et GROUP BY pour affiner davantage les résultats et obtenir la sortie souhaitée.

Syntaxe :

```
SELECT column_name(s)
FROM table1
LEFT JOIN table2
ON table1.column_name = table2.column_name;
```

Exemple :

```
SELECT Customers.CustomerName, Orders.OrderAmount
FROM Customers
```

```
LEFT JOIN Orders ON Customers.CustomerID = Orders.CustomerID;
```

Résultat :

```
CustomerName | OrderAmount
------------ | -----------
Alex         | 100
Bob          | 200
Chris        | 400
Dave         | NULL
```

Comme vous pouvez le voir, le mot-clé LEFT JOIN renvoie tous les enregistrements de la table de gauche (Clients) et les enregistrements correspondants de la table de droite (Commandes). Le résultat est NULL du côté droit lorsqu'il n'y a pas de correspondances.

Mot-clé RIGHT JOIN

Le mot-clé RIGHT JOIN est utilisé pour combiner des données de deux tables, table1 et table2. Ce type de jointure renvoie toutes les lignes de table2 et les lignes correspondantes de table1. S'il n'y a pas de correspondance dans table1, le résultat sera NULL du côté gauche. Le RIGHT JOIN est souvent utilisé lorsque vous souhaitez inclure toutes les données de table2 et uniquement les données correspondantes de table1.

Par exemple, supposons que vous avez deux tables : une qui contient des informations sur les employés (table1) et une autre qui contient des informations sur les départements (table2). Vous souhaitez afficher une liste de tous les départements, même s'il n'y a pas d'employés dans certains d'entre eux. Le RIGHT JOIN peut être utilisé pour obtenir tous les départements de table2 et uniquement les données correspondantes de table1 (les employés qui appartiennent à chaque département).

Il convient de noter que RIGHT JOIN n'est pas un type de jointure couramment utilisé. Dans la plupart des cas, LEFT JOIN est utilisé à la place. Cependant, il existe certaines situations où RIGHT JOIN peut être utile, par exemple lorsque vous devez afficher toutes les données de la deuxième table et uniquement les données correspondantes de la première table.

Syntaxe :

```
SELECT column_name(s)
FROM table1
RIGHT JOIN table2
ON table1.column_name = table2.column_name;
```

Exemple :

```
SELECT Orders.OrderID, Customers.CustomerName, Orders.OrderAmount
FROM Orders
RIGHT JOIN Customers ON Orders.CustomerID = Customers.CustomerID;
```

Résultat :

```
OrderID | CustomerName | OrderAmount
--------|--------------|------------
1       | Alex         | 100
2       | Bob          | 200
4       | Chris        | 400
NULL    | Dave         | NULL
```

14.2.2 JOINTURE COMPLÈTE (FULL OUTER JOIN)

Lorsque vous utilisez SQL pour joindre des tables, le mot-clé FULL OUTER JOIN peut être un outil utile. Ce mot-clé renvoie tous les enregistrements dans les deux tables gauche (table1) et droite (table2), même s'il n'y a pas de correspondance entre eux.

Cela signifie que même si un enregistrement dans une table n'a pas de correspondance dans l'autre table, il sera quand même inclus dans l'ensemble de résultats. Le mot-clé FULL OUTER JOIN est particulièrement utile lorsque vous souhaitez vous assurer que toutes les données des deux tables sont incluses dans les résultats de la requête, qu'il y ait une correspondance ou non.

En utilisant ce mot-clé, vous pouvez éviter le risque de perdre des informations importantes qui peuvent être présentes dans une table mais pas dans l'autre.

Syntaxe :

```
SELECT column_name(s)
FROM table1
FULL OUTER JOIN table2
ON table1.column_name = table2.column_name;
```

Exemple :

```
SELECT Customers.CustomerName, Orders.OrderAmount
FROM Customers
FULL OUTER JOIN Orders ON Customers.CustomerID = Orders.CustomerID;
```

Résultat :

```
CustomerName | OrderAmount
-------------|------------
Alex         | 100
Bob          | 200
Chris        | 400
Dave         | NULL
Eve          | 500
```

Dans cet exemple, le mot-clé FULL OUTER JOIN renvoie tous les enregistrements lorsqu'il y a une correspondance dans l'un ou l'autre des enregistrements de la table gauche (Clients) ou droite (Commandes). Il combine les résultats des jointures externes gauche et droite et renvoie tous les enregistrements (correspondants ou non correspondants).

Notez que tous les systèmes de bases de données ne prennent pas en charge le mot-clé FULL OUTER JOIN. Par exemple, MySQL ne prend pas en charge FULL OUTER JOIN, mais vous pouvez obtenir le même résultat en combinant LEFT JOIN et UNION.

14.2.3 UNION et UNION ALL

L'opérateur UNION est utilisé pour combiner l'ensemble de résultats de deux ou plusieurs instructions SELECT. Chaque instruction SELECT au sein de l'UNION doit avoir le même nombre de colonnes, les colonnes doivent également avoir des types de données similaires et doivent être dans le même ordre.

L'opérateur UNION sélectionne uniquement des valeurs distinctes par défaut. Pour autoriser les valeurs en double, utilisez UNION ALL.

Syntaxe :

```
SELECT column_name(s) FROM table1
UNION
SELECT column_name(s) FROM table2;
```

Pour autoriser les valeurs en double :

```
SELECT column_name(s) FROM table1
UNION ALL
SELECT column_name(s) FROM table2;
```

Exemple :

```
SELECT city FROM Customers
UNION
SELECT city FROM Suppliers
ORDER BY city;
```

Cette instruction SQL retournerait toutes les villes distinctes de la table « Clients » et de la table « Fournisseurs ».

Exemple avec UNION ALL :

```
SELECT city FROM Customers
UNION ALL
SELECT city FROM Suppliers
ORDER BY city;
```

Cette instruction SQL retournerait toutes les villes (y compris les doublons) de la table « Clients » et de la table « Fournisseurs ».

14.2.4 Sous-requêtes

Les sous-requêtes (également connues sous le nom de requêtes internes ou requêtes imbriquées) sont un outil pour effectuer des opérations en plusieurs étapes. En d'autres termes, il s'agit d'une requête à l'intérieur d'une autre requête SQL. Une sous-requête est utilisée pour retourner des données qui seront utilisées dans la requête principale comme condition pour restreindre davantage les données à récupérer.

La sous-requête peut être imbriquée dans une instruction SELECT, INSERT, UPDATE ou DELETE ou à l'intérieur d'une autre sous-requête. Une sous-requête est généralement ajoutée dans la clause WHERE de l'instruction SQL.

Syntaxe :

```
SELECT column_name(s)
FROM table_name
WHERE column_name operator
    (SELECT column_name(s)
    FROM table_name
    WHERE condition);
```

Par exemple, vous pouvez trouver les clients qui sont situés dans la même ville que le fournisseur « Exotic Liquid » avec la requête suivante :

```
SELECT CustomerName, ContactName, City
FROM Customers
WHERE City =
    (SELECT City
    FROM Suppliers
    WHERE SupplierName = 'Exotic Liquid');
```

Cela retournera tous les détails des clients qui sont situés dans la même ville qu'« Exotic Liquid ».

Les sous-requêtes peuvent être un outil puissant dans votre boîte à outils SQL, vous permettant d'effectuer des requêtes complexes étape par étape, rendant vos requêtes plus lisibles et plus faciles à déboguer.

Dans la prochaine section, nous explorerons les fonctions d'agrégation en SQL.

14.3 Fonctions d'agrégation

En SQL, les fonctions d'agrégation sont utilisées pour effectuer un calcul sur un ensemble de valeurs et renvoyer une valeur unique. Ces fonctions peuvent être utilisées pour effectuer diverses opérations, telles que le calcul de la somme, de la moyenne, du maximum, du minimum ou du nombre d'un ensemble de valeurs. Par exemple, la fonction SUM peut être utilisée pour calculer le total de toutes les valeurs dans une colonne, tandis que la fonction AVG peut être utilisée pour calculer la valeur moyenne d'une colonne.

Il est important de noter que les fonctions d'agrégation ignorent les valeurs nulles, à l'exception de la fonction COUNT, qui inclut les valeurs nulles dans son calcul. Cela signifie que si une colonne contient des valeurs nulles, le résultat d'une fonction d'agrégation qui ignore les valeurs nulles peut être différent du résultat d'une fonction d'agrégation qui inclut les valeurs nulles. Par conséquent, il est important de considérer soigneusement quelle fonction d'agrégation utiliser en fonction des données de la colonne.

Plongeons dans les fonctions d'agrégation couramment utilisées :

1. **COUNT()** : Cette fonction renvoie le nombre de lignes qui correspondent à un critère spécifié.

```
SELECT COUNT(ProductID) AS NumberOfProducts
FROM Products;
```

La requête ci-dessus renvoie le nombre de produits dans la table **Produits**.

2. **SUM()** : Cette fonction renvoie la somme totale d'une colonne numérique.

```
SELECT SUM(Quantity) AS TotalQuantity
FROM OrderDetails;
```

La requête ci-dessus calcule la quantité totale de toutes les commandes dans la table **DétailsCommande**.

3. **AVG()** : Cette fonction renvoie la valeur moyenne d'une colonne numérique.

```
SELECT AVG(Price) AS AveragePrice
FROM Products;
```

La requête ci-dessus calcule le prix moyen de tous les produits dans la table **Produits**.

4. **MIN()** et **MAX()** : Ces fonctions renvoient respectivement la valeur la plus petite et la plus grande de la colonne sélectionnée.

```
SELECT MIN(Price) AS LowestPrice
FROM Products;
```

```
SELECT MAX(Price) AS HighestPrice
FROM Products;
```

Les requêtes ci-dessus récupèrent respectivement le prix le plus bas et le prix le plus élevé des produits dans la table **Produits**.

5. **GROUP BY** : Cette clause est utilisée en collaboration avec les fonctions d'agrégation pour regrouper l'ensemble de résultats par une ou plusieurs colonnes. Il est important de noter que les colonnes énumérées dans la clause GROUP BY doivent également être incluses dans la liste SELECT.

```
SELECT COUNT(CustomerID), Country
FROM Customers
GROUP BY Country;
```

La requête ci-dessus liste le nombre de clients dans chaque pays.

6. **HAVING** : Cette clause a été ajoutée à SQL car le mot-clé WHERE ne pouvait pas être utilisé avec les fonctions d'agrégation. HAVING peut être utilisé pour filtrer les résultats de la fonction d'agrégation.

```
SELECT COUNT(CustomerID), Country
FROM Customers
GROUP BY Country
HAVING COUNT(CustomerID) > 5;
```

La requête ci-dessus liste le nombre de clients dans chaque pays, mais n'inclut que les pays comptant plus de 5 clients.

Comprendre et utiliser ces fonctions d'agrégation de manière efficace peut considérablement améliorer l'utilité et la puissance de vos requêtes SQL. Elles vous permettent d'effectuer des calculs et des comparaisons qui nécessiteraient autrement de récupérer toutes les données et de les traiter dans votre application, ce qui serait moins efficace et plus lent.

Il est important de noter que certains systèmes de bases de données étendent la liste des fonctions d'agrégation SQL standard et en fournissent davantage, comme des fonctions d'agrégation statistique ou de concaténation de chaînes. Consultez toujours la documentation spécifique de la base de données pour vous assurer de tirer parti de toutes les fonctionnalités disponibles.

De plus, comprendre comment les fonctions d'agrégation interagissent avec les valeurs NULL est crucial. Par défaut, la plupart des fonctions d'agrégation ignorent les valeurs NULL. Par exemple, étant donné une colonne avec les valeurs **[1, 2, NULL, 4]**, la fonction **SUM()** renverrait **7**, et non un NULL ni une erreur. Gardez cela à l'esprit lors de la conception de vos requêtes.

Enfin, la puissance des fonctions d'agrégation devient plus évidente lorsque vous commencez à les combiner avec d'autres clauses SQL. Par exemple, les clauses **GROUP BY** et **HAVING** sont fréquemment utilisées conjointement avec les fonctions d'agrégation pour regrouper les données en catégories, puis filtrer les résultats selon des conditions.

14.4 Exercices Pratiques

Exercice 1 - Requêtes de Sélection Avancées

Dans cet exercice, vous êtes chargé de sélectionner tous les employés qui ont plus de 30 ans et travaillent dans le département « Ventes ». Vous utiliserez la clause **WHERE** en SQL pour filtrer les résultats. Voici comment procéder :

```
SELECT * FROM employees
WHERE age > 30 AND department = 'Sales';
```

Cette instruction retournera toutes les lignes (indiquées par l'astérisque *****) de la table **employés** où l'**âge** est supérieur à 30 et le **département** est « Ventes ».

Exercice 2 - Joindre Plusieurs Tables

Dans cet exercice, il vous est demandé de joindre les tables **employés** et **ventes** sur le champ **id** de **employés** et le champ **employee_id** de **ventes**. Vous pouvez y parvenir en utilisant une instruction JOIN. Voici comment :

```
SELECT * FROM employees
JOIN sales ON employees.id = sales.employee_id;
```

Cette instruction retournera une table jointe où chaque ligne contient des champs des deux tables **employés** et **ventes**. Les tables sont jointes selon la condition que le champ **id** dans **employés** corresponde au champ **employee_id** dans **ventes**.

Exercice 3 - Fonctions d'Agrégation

Dans cet exercice, il vous est demandé de calculer le total du **montant_vente** pour chaque employé de la table **ventes**. Pour ce faire, vous devrez joindre les tables **employés** et **ventes** et utiliser la fonction d'agrégation **SUM()**. Voici comment procéder :

```
SELECT employees.name, SUM(sales.sale_amount) AS total_sales
FROM employees
JOIN sales ON employees.id = sales.employee_id
GROUP BY employees.name;
```

Cette instruction retournera une table dans laquelle chaque ligne contient le nom de l'employé et les ventes totales réalisées par cet employé. La fonction **SUM()** est utilisée pour calculer les ventes totales, et la clause **GROUP BY** regroupe les ventes par employé.

Conclusion du Chapitre 14

Tout au long de ce chapitre, nous nous sommes plongés dans les requêtes SQL, en explorant leur potentiel et leur rôle dans l'organisation, la manipulation et l'extraction d'informations des bases de données.

Nous avons commencé par élargir notre connaissance des requêtes SELECT, en apprenant à utiliser les sous-requêtes, EXISTS, ANY, ALL et les instructions CASE pour créer des requêtes plus complexes et plus puissantes. Nous avons vu comment les sous-requêtes nous permettent d'effectuer des opérations en utilisant les données dérivées d'une autre instruction SELECT, ce qui offre la capacité de résoudre des problèmes plus complexes.

À partir de là, nous avons exploré les opérations de JOIN, qui nous permettent de combiner des lignes de deux tables ou plus en fonction d'une colonne liée. Nous avons appris la syntaxe de plusieurs types de JOIN : INNER JOIN, LEFT (OUTER) JOIN, RIGHT (OUTER) JOIN et FULL (OUTER) JOIN, et nous avons discuté de leurs cas d'utilisation.

Enfin, nous avons présenté les fonctions d'agrégation, qui effectuent un calcul sur un ensemble de valeurs et renvoient une valeur unique. Nous avons appris sur SUM(), AVG(), COUNT(), MAX() et MIN(), et nous avons discuté des clauses GROUP BY et HAVING pour regrouper l'ensemble de résultats par une ou plusieurs colonnes.

Le chapitre s'est conclu par des exercices pratiques conçus pour consolider votre compréhension et vous fournir une expérience concrète dans l'écriture de requêtes SQL.

Les compétences que vous avez acquises dans ce chapitre constituent la base d'une grande partie du travail que vous effectuerez en gestion de bases de données, en analyse de données et en développement back-end. Elles sont essentielles pour interagir avec les bases de données de manière significative. À mesure que nous progressons, nous utiliserons ces compétences pour intégrer SQL avec Python et tirer parti de la puissance combinée de ces outils.

Rappelez-vous, tout comme n'importe quel autre langage, SQL nécessite de la pratique pour être maîtrisé. N'hésitez pas à expérimenter, à essayer différentes requêtes et à explorer les possibilités. Bon courage dans vos requêtes !

Chapitre 15 : SQL Avancé

Après vous être familiarisé avec les concepts de base de SQL et avoir approfondi ses fonctionnalités de requête dans les chapitres précédents, il est temps de franchir une nouvelle étape dans le monde du SQL Avancé. Ce chapitre est conçu pour vous exposer aux capacités les plus complexes de SQL, ce qui vous aidera à maîtriser l'art de gérer et manipuler les données.

Au fur et à mesure que vous progresserez dans ce chapitre, vous découvrirez la puissance et la flexibilité que SQL offre pour manipuler et analyser les données à un niveau plus profond. Vous apprendrez comment utiliser les sous-requêtes pour extraire des données d'une ou plusieurs tables, et comment utiliser des jointures avancées pour combiner des données de plusieurs tables basées sur des colonnes communes.

En plus de cela, vous serez initié aux transactions et à leur importance dans le maintien de la cohérence et de l'intégrité des données. Vous apprendrez également comment créer des procédures stockées, qui sont des blocs de code réutilisables pouvant être appelés plusieurs fois avec différents paramètres d'entrée.

De plus, vous obtiendrez des informations sur la façon dont ces concepts peuvent être utilisés ensemble pour résoudre efficacement des problèmes du monde réel. Vous apprendrez comment optimiser les requêtes pour obtenir de meilleures performances, et comment utiliser les index pour accélérer la récupération des données.

À la fin de ce chapitre, vous aurez une compréhension beaucoup plus approfondie du fonctionnement de SQL et de la façon dont il peut être utilisé pour résoudre des problèmes de données complexes. Vous serez équipé d'un ensemble puissant d'outils qui vous permettront de gérer et manipuler les données de manière efficace, et vous serez prêt à relever des tâches SQL plus difficiles en toute confiance.

Commençons !

15.1 Sous-requêtes

Une sous-requête, également connue sous le nom de requête interne ou requête imbriquée, est un outil puissant en SQL qui vous permet d'effectuer des requêtes plus complexes en utilisant des données provenant d'une autre requête. Fondamentalement, c'est une requête à l'intérieur d'une autre requête SQL, et elle est utilisée pour restreindre davantage les données qui seront récupérées en renvoyant des données qui seront utilisées dans la requête principale comme condition.

Par exemple, vous pourriez utiliser une sous-requête pour trouver tous les clients ayant effectué un achat au cours du dernier mois, puis utiliser ces données dans la requête principale pour récupérer leurs coordonnées. Cela peut être particulièrement utile dans les situations où vous devez effectuer une analyse de données complexe ou récupérer des données de plusieurs tables.

Les sous-requêtes peuvent être utilisées avec une variété d'instructions SQL, notamment SELECT, INSERT, UPDATE et DELETE, et peuvent être utilisées en combinaison avec une variété d'opérateurs tels que =, <, >, >=, <=, IN, BETWEEN, etc. Avec tant de possibilités, il est clair que les sous-requêtes sont un outil essentiel pour tout développeur SQL cherchant à faire passer ses requêtes au niveau supérieur.

Il existe deux types de sous-requêtes :

1. **Sous-requête à ligne unique** : Renvoie zéro ou une ligne.

2. **Sous-requête à lignes multiples** : Renvoie une ou plusieurs lignes.

Voyons un exemple :

Supposons que vous ayez une base de données de produits avec la structure suivante :

```
products:
id | product_name | category_id | price
```

Et vous voulez trouver tous les produits ayant un prix supérieur au prix moyen de tous les produits. Vous pourriez y parvenir en utilisant une sous-requête de la manière suivante :

```
SELECT product_name, price
FROM products
WHERE price > (SELECT AVG(price) FROM products);
```

Dans cet exemple, la sous-requête **(SELECT AVG(precio) FROM productos)** calcule le prix moyen de tous les produits. La requête externe utilise ensuite ce prix moyen pour renvoyer tous les produits ayant un prix supérieur à cette moyenne.

Il est important de noter que la sous-requête est exécutée en premier, puis la requête principale est exécutée. La sous-requête doit toujours renvoyer une valeur qui sera utilisée dans la requête principale.

Les sous-requêtes peuvent être classées selon leur position dans la requête principale.

15.1.1 Sous-requête scalaire

Les sous-requêtes scalaires sont des requêtes qui renvoient une seule ligne avec une seule colonne. Les sous-requêtes scalaires peuvent être utilisées partout où une valeur unique est attendue.

Une sous-requête scalaire est un type de requête qui renvoie une seule ligne avec une seule colonne. Fondamentalement, c'est une requête à l'intérieur d'une requête, et elle peut être utilisée partout où une valeur unique est requise. Les sous-requêtes scalaires sont particulièrement utiles lors de l'analyse de grands ensembles de données, car elles permettent la récupération rapide et efficace d'informations spécifiques.

Par exemple, on pourrait utiliser une sous-requête scalaire pour déterminer l'âge moyen d'un groupe de personnes, ou pour trouver la valeur maximale dans une colonne spécifique. En utilisant des sous-requêtes scalaires, les analystes peuvent obtenir une compréhension plus approfondie de leurs données et prendre des décisions plus éclairées basées sur ces données.

Exemple :

```
SELECT product_name, price
FROM products
WHERE price = (SELECT MIN(price) FROM products);
```

Cette requête renvoie le nom et le prix du produit ayant le prix minimum dans la table.

15.1.2 Sous-requête corrélée

Une sous-requête corrélée est un type de sous-requête qui utilise des valeurs de la requête externe dans sa clause WHERE. Cela signifie que la sous-requête n'est pas indépendante de la requête externe et est exécutée pour chaque ligne traitée par la requête externe.

La sous-requête corrélée agit comme un filtre, aidant à extraire des données qui satisfont certaines conditions et est utile lorsque vous devez récupérer des données de deux tables liées. Ce type de sous-requête peut également être utilisé pour mettre à jour des données dans une table en fonction de valeurs d'une autre table. Par conséquent, la sous-requête corrélée peut être un outil puissant dans la gestion de bases de données et est fréquemment utilisée dans des requêtes complexes.

Exemple :

```
SELECT p1.product_name, p1.price
FROM products p1
WHERE  price  >  (SELECT  AVG(p2.price)  FROM  products  p2  WHERE  p1.category_id  =
p2.category_id);
```

Cette requête renvoie les produits qui ont un prix supérieur au prix moyen des produits de la même catégorie.

N'oubliez pas que l'utilisation de sous-requêtes peut parfois conduire à des requêtes inefficaces. SQL doit exécuter la sous-requête pour chaque ligne qui peut être traitée dans la requête externe, ce qui peut entraîner de longs temps d'exécution. Lors de l'écriture de sous-requêtes, vous devez vous assurer que votre requête est aussi efficace que possible. Il est souvent judicieux d'essayer de réécrire votre requête sans sous-requête, ou mieux encore, d'essayer d'écrire votre requête de manière à ce qu'elle n'ait besoin d'exécuter la sous-requête qu'une seule fois.

Comprendre et utiliser les sous-requêtes de manière efficace est une compétence clé pour écrire des requêtes SQL avancées. La capacité d'écrire une requête à l'intérieur d'une autre requête vous permet de créer des rapports et des analyses complexes et de maximiser la puissance de SQL. Comme toujours, la meilleure façon d'apprendre est de pratiquer, alors assurez-vous d'expérimenter avec les sous-requêtes par vous-même et de voir comment elles peuvent être utilisées dans différents contextes.

15.1.3 Expressions de table communes (CTE)

Une CTE peut être considérée comme une table temporaire qui est définie dans la portée d'exécution d'une seule instruction. C'est une façon de définir des sous-requêtes qui peuvent être référencées plusieurs fois dans une autre instruction SQL.

Les CTE sont souvent utilisées lorsqu'il est nécessaire d'effectuer des requêtes complexes ou récursives. Par exemple, si vous devez trouver tous les employés qui relèvent d'un responsable particulier, puis trouver tous les employés qui relèvent de ces employés, une CTE pourrait être utilisée pour définir une requête récursive qui parcourrait la hiérarchie des employés.

Un autre cas d'usage pour les CTE est lorsque vous devez effectuer plusieurs sous-requêtes qui font référence aux mêmes données. Au lieu d'écrire les sous-requêtes plusieurs fois, vous pouvez définir une CTE qui encapsule la logique de la sous-requête et ensuite y faire référence selon les besoins dans votre requête principale.

En général, les CTE fournissent un moyen de simplifier et de modulariser des instructions SQL complexes, les rendant plus faciles à lire et à maintenir au fil du temps.

Exemple :

```
WITH Sales_CTE (SalesPersonID, NumberOfOrders)
AS
(
  SELECT SalesPersonID, COUNT(OrderID)
  FROM SalesOrderHeader
  GROUP BY SalesPersonID
)
SELECT AVG(NumberOfOrders) as "Average Number of Orders"
FROM Sales_CTE;
```

Cette requête calcule le nombre moyen de commandes par vendeur dans une entreprise. La CTE crée une table temporaire qui compte le nombre de commandes par vendeur. Ensuite, cette table est utilisée pour calculer le nombre moyen de commandes.

Les CTE peuvent être particulièrement utiles dans les requêtes complexes où vous devez faire référence à la même sous-requête plusieurs fois. Au lieu d'écrire la même sous-requête plusieurs fois, vous pouvez la définir une fois dans une CTE puis faire référence à cette CTE autant de fois que nécessaire.

Ceci conclut notre exploration approfondie du concept de sous-requêtes. Cependant, il est important de noter que SQL est un langage vaste, et il y a toujours plus à apprendre. Au fur et à mesure que vous vous familiariserez davantage avec SQL, vous découvrirez que les sous-requêtes et les CTE sont des outils puissants qui peuvent vous aider à résoudre des problèmes complexes et à créer des requêtes plus efficaces.

15.2 Procédures Stockées

Les procédures stockées sont des instructions SQL précompilées qui peuvent être enregistrées et réutilisées plusieurs fois. Elles sont incroyablement utiles car elles permettent aux développeurs d'éviter de réécrire le même code SQL encore et encore. Au lieu de cela, les développeurs peuvent créer une procédure stockée, qui peut prendre des entrées, les traiter et éventuellement renvoyer une sortie. Étant donné que les procédures stockées sont stockées dans une base de données, elles peuvent être invoquées depuis une application ou une autre procédure stockée.

De plus, l'utilisation de procédures stockées peut améliorer considérablement les performances. Étant donné que le code SQL est précompilé, il peut s'exécuter beaucoup plus rapidement que les instructions SQL ad hoc. Cela est dû au fait que le système de gestion de base de données n'a pas à analyser et compiler le code SQL à chaque fois qu'il est exécuté.

Un autre avantage de l'utilisation de procédures stockées est qu'elles peuvent être utilisées pour exécuter une logique métier complexe directement au niveau de la base de données. Cela signifie que les développeurs peuvent transférer une partie de la logique métier de la couche application vers la couche base de données, ce qui peut conduire à une application plus efficace et évolutive. De plus, étant donné que les procédures stockées peuvent être écrites dans différents langages de programmation, les développeurs peuvent choisir le langage qui convient le mieux à leurs besoins et à leur expérience.

En conclusion, les procédures stockées sont un outil essentiel pour tout développeur qui souhaite améliorer les performances et l'évolutivité de son application. En transférant une partie de la logique métier vers la couche base de données, les développeurs peuvent créer des applications plus efficaces et maintenables.

Les procédures stockées offrent plusieurs avantages :

1. **Efficacité**

SQL est un langage déclaratif conçu pour permettre aux utilisateurs de spécifier ce qu'ils veulent faire sans avoir à expliquer comment le faire. Cela facilite la tâche des utilisateurs qui peuvent se concentrer sur la tâche en question et ne pas se soucier des détails d'implémentation sous-jacents.

Lorsqu'on travaille avec un système de gestion de base de données (SGBD), le SGBD est responsable de déterminer la manière la plus efficace d'effectuer une tâche donnée. Cela signifie que les utilisateurs peuvent simplement spécifier la tâche qu'ils souhaitent effectuer, et le SGBD se chargera du reste.

Une façon de tirer parti de l'efficacité du SGBD est de créer des procédures stockées. Lorsqu'un utilisateur crée une procédure stockée, le SGBD compile la procédure et stocke un plan pour savoir comment l'exécuter. Ce plan peut être réutilisé chaque fois que la procédure est appelée, ce qui permet aux procédures stockées d'être plus rapides que les requêtes exécutées directement depuis une application. De plus, les procédures stockées peuvent être utilisées pour encapsuler une logique complexe, ce qui facilite leur maintenance et leur modification au fil du temps.

En résumé, la nature déclarative de SQL et la capacité du SGBD à optimiser les tâches en font un outil puissant pour gérer les données. Les procédures stockées sont un excellent moyen de tirer parti de ces caractéristiques et peuvent aider à améliorer les performances et la maintenabilité de l'application.

2. **Sécurité**

Les procédures stockées peuvent fournir une couche importante de sécurité entre l'interface utilisateur et la base de données. En utilisant des procédures stockées, les développeurs peuvent garantir que les données sont accessibles de manière contrôlée et sécurisée. De plus, les procédures stockées peuvent limiter la manipulation directe des données par les utilisateurs, ce qui est un excellent moyen de prévenir les violations de données et autres incidents de sécurité.

Mais les avantages des procédures stockées ne s'arrêtent pas là. En plus d'améliorer la sécurité, les procédures stockées peuvent également améliorer les performances. En précompilant le code SQL, les procédures stockées peuvent réduire considérablement le temps nécessaire pour exécuter des requêtes de base de données. Cela peut être particulièrement important pour les applications qui doivent gérer de grands volumes de données ou des requêtes complexes.

Un autre grand avantage des procédures stockées est qu'elles peuvent aider à garantir la cohérence dans toute une application. En encapsulant la logique d'accès aux données dans une procédure stockée, les développeurs peuvent garantir que toutes les instances de la procédure accèdent aux données de la même manière. Cela peut aider à prévenir les erreurs et les incohérences qui peuvent survenir lorsque plusieurs développeurs travaillent sur la même application.

Dans l'ensemble, les procédures stockées sont un excellent moyen d'améliorer la sécurité, les performances et la cohérence de vos applications. Par conséquent, si vous ne les utilisez pas encore, il vaut vraiment la peine d'envisager de les implémenter dans votre prochain projet.

3. **Maintenabilité**

L'un des avantages de l'utilisation de procédures stockées est qu'elles sont stockées côté serveur. Cela signifie qu'elles peuvent être mises à jour sans avoir besoin d'apporter des modifications au code de l'application, tant que les entrées et sorties restent les mêmes.

De plus, étant donné que les procédures stockées sont précompilées, elles peuvent également améliorer les performances en réduisant la quantité de temps nécessaire pour exécuter des requêtes. En outre, les procédures stockées peuvent être utilisées pour appliquer des règles métier et des exigences de sécurité, ce qui aide à garantir que les données sont cohérentes et sécurisées.

Enfin, les procédures stockées peuvent améliorer l'organisation du code, car les requêtes complexes peuvent être encapsulées et abstraites du code de l'application, ce qui facilite leur maintenance et leur modification.

Voici un exemple de procédure stockée dans MySQL :

```
DELIMITER //

CREATE PROCEDURE GetProductCount(IN categoryName VARCHAR(20), OUT productCount INT)
BEGIN
    SELECT COUNT(*)
    INTO productCount
    FROM products
    WHERE products.category = categoryName;
END //

DELIMITER ;
```

Cette procédure prend le nom d'une catégorie en entrée et renvoie le nombre de produits dans cette catégorie. La commande **DELIMITER //** au début et à la fin est nécessaire pour indiquer à MySQL que la définition de la procédure se termine au second **//**, et non au premier point-virgule. Après avoir créé la procédure, vous pouvez l'appeler ainsi :

```
CALL GetProductCount('Electronics', @count);
SELECT @count;
```

Cet exemple appelle la procédure **GetProductCount**, en passant 'Electronics' comme catégorie et en stockant le résultat dans la variable **@count**. Ensuite, il récupère la valeur de **@count**.

Notez que la syntaxe pour créer et invoquer des procédures stockées peut varier entre les différents systèmes SQL.

Les procédures stockées peuvent devenir complexes, car elles peuvent inclure des structures de contrôle de flux telles que des instructions **IF...ELSE**, des boucles **WHILE** et des instructions **CASE**. Avec les procédures stockées, vous pouvez effectuer des opérations qui seraient complexes ou impossibles avec du SQL standard.

Cela dit, les procédures stockées présentent également certains inconvénients. Par exemple, elles peuvent être plus difficiles à déboguer et à maintenir que le code d'application. De plus, bien que SQL soit un langage standard, les procédures stockées sont souvent écrites dans une extension propriétaire de SQL, comme PL/SQL (pour les bases de données Oracle) ou Transact-SQL (pour SQL Server), ce qui peut les rendre moins portables entre différents systèmes.

15.2.1 Différents Types de Procédures Stockées

Principalement, il existe deux types de procédures stockées :

Non Modulaires

Ce sont les procédures stockées simples dont nous avons déjà discuté. Elles sont compilées lors de leur première exécution et le plan d'exécution est stocké en mémoire. Ce plan est utilisé pour les appels ultérieurs, ce qui les rend plus rapides.

En plus de ces procédures stockées simples, il existe d'autres types de procédures stockées qui peuvent être utilisées selon les besoins spécifiques de l'application. L'un de ces types est la procédure stockée modulaire, qui est composée de blocs de code plus petits et réutilisables. Ces blocs plus petits peuvent être combinés de différentes manières pour créer des procédures plus complexes qui peuvent effectuer une gamme plus large de tâches.

Les procédures stockées modulaires offrent plusieurs avantages par rapport aux procédures stockées non modulaires. Premièrement, parce qu'elles sont composées de blocs de code plus petits et réutilisables, elles peuvent être plus faciles à maintenir et à mettre à jour. Deuxièmement, elles peuvent être plus efficaces car elles peuvent être optimisées pour des tâches spécifiques et réutilisées dans plusieurs procédures. Enfin, elles peuvent être plus flexibles car elles peuvent être combinées de différentes manières pour créer des procédures personnalisées qui répondent aux besoins spécifiques de l'application.

En résumé, bien que les procédures stockées non modulaires aient leur place, les procédures stockées modulaires offrent une approche plus flexible, efficace et maintenable pour le développement de procédures stockées.

Modulaires (Ou Dynamiques)

Ces procédures stockées sont capables de suivre différents chemins d'exécution à chaque fois qu'elles sont exécutées, selon les paramètres passés ou d'autres variables. Elles ne sont ni compilées ni stockées, elles offrent donc plus de flexibilité au détriment des performances.

Les procédures stockées modulaires ou dynamiques sont un type de procédure stockée qui permet une flexibilité dans l'exécution. Contrairement aux procédures stockées compilées et stockées, les chemins d'exécution pour les procédures stockées modulaires ou dynamiques peuvent varier selon les paramètres passés ou d'autres variables. Cette caractéristique permet un plus grand degré de personnalisation et d'adaptabilité à des situations spécifiques.

Cependant, cette flexibilité a un coût, car les procédures stockées modulaires ou dynamiques peuvent être plus lentes en termes de performances par rapport aux procédures stockées compilées et stockées. Malgré ce compromis, les procédures stockées modulaires ou dynamiques restent un choix populaire pour les développeurs qui privilégient la flexibilité et la personnalisation dans leur code.

De plus, les procédures stockées offrent un excellent support pour les transactions. Les transactions sont des groupes de tâches qui doivent réussir pour que les données restent cohérentes. Si une tâche échoue, tous les changements effectués dans les autres tâches sont annulés et reviennent à leur état antérieur.

Voici un exemple :

```
DELIMITER //

CREATE PROCEDURE TransferFunds(IN sourceAccountId INT, IN targetAccountId INT, IN
transferAmount DECIMAL(10,2))
BEGIN
    DECLARE sourceBalance DECIMAL(10,2);
    DECLARE targetBalance DECIMAL(10,2);

    START TRANSACTION;

    SELECT Balance INTO sourceBalance FROM Accounts WHERE AccountId = sourceAccountId;
    SELECT Balance INTO targetBalance FROM Accounts WHERE AccountId = targetAccountId;

    IF sourceBalance >= transferAmount THEN
        UPDATE Accounts SET Balance = Balance - transferAmount WHERE AccountId =
sourceAccountId;
        UPDATE Accounts SET Balance = Balance + transferAmount WHERE AccountId =
targetAccountId;

        COMMIT;
    ELSE
        ROLLBACK;
    END IF;
END //

DELIMITER ;
```

Dans la procédure stockée ci-dessus, nous simulons un transfert de fonds entre deux comptes. Si le compte source dispose d'un solde suffisant, le montant est déduit du compte source et ajouté au compte cible, et la transaction est validée. Sinon, tous les changements sont annulés, maintenant ainsi la cohérence des données.

En conclusion, les procédures stockées sont des outils puissants qui peuvent rendre vos opérations de base de données plus efficaces, sécurisées et maintenables, bien qu'elles puissent être plus difficiles à utiliser que les requêtes SQL standard. En comprenant comment elles fonctionnent et comment les utiliser efficacement, vous pouvez tirer le meilleur parti de cette fonctionnalité.

Bien sûr, plongeons-nous dans les Triggers.

15.3 Triggers

Un trigger SQL est une fonctionnalité puissante qui peut être utilisée pour automatiser la maintenance de la base de données et améliorer la précision des données. Les triggers sont un type de procédure stockée qui s'exécute automatiquement lorsqu'un événement spécifique se produit dans une base de données, tel qu'une opération INSERT, UPDATE ou DELETE. Le code à l'intérieur d'un trigger peut être utilisé pour effectuer une large gamme de tâches, allant de la vérification et de la modification de valeurs dans une table à la génération de valeurs uniques ou à l'enregistrement d'événements.

Par exemple, un trigger peut être utilisé pour garantir que certaines données sont toujours présentes dans une table. Cela pourrait être utile si vous avez une table qui suit les commandes des clients, et que vous souhaitez vous assurer que chaque commande possède un identifiant client valide. En créant un trigger qui se déclenche lors de l'insertion d'une nouvelle commande dans la table, vous pouvez vérifier automatiquement l'identifiant du client et insérer une valeur par défaut s'il manque.

Les triggers peuvent également être utilisés pour effectuer des tâches plus complexes, comme mettre à jour plusieurs tables à la fois. Par exemple, vous pourriez avoir une base de données qui suit les niveaux de stock et les commandes de vente. Lorsqu'une nouvelle commande de vente est effectuée, vous souhaitez mettre à jour à la fois la table des commandes de vente et la table des stocks pour refléter la nouvelle commande. En créant un trigger qui se déclenche lors d'opérations INSERT sur la table des commandes de vente, vous pouvez mettre à jour les deux tables simultanément, sans avoir à écrire de code SQL complexe.

En plus de ces exemples, les triggers peuvent être utilisés pour effectuer une variété d'autres tâches de maintenance, telles que la génération de valeurs uniques, l'enregistrement d'événements et l'application de contraintes d'intégrité des données. En utilisant les triggers de manière efficace, vous pouvez améliorer la précision et l'efficacité de votre base de données, tout en réduisant la quantité de travail manuel nécessaire pour la maintenir.

La syntaxe de base pour créer un trigger est la suivante :

```
CREATE TRIGGER trigger_name
trigger_time trigger_event
ON table_name
FOR EACH ROW
trigger_body;
```

Dans cette syntaxe :

- **trigger_name** est le nom du trigger que vous créez.

- **trigger_time** peut être soit BEFORE (avant) soit AFTER (après), ce qui indique quand le trigger sera exécuté par rapport à l'événement qui le déclenche.

- **trigger_event** peut être un ou une combinaison de INSERT, UPDATE et DELETE qui déclencheront l'exécution de la commande.

- **table_name** est le nom de la table à laquelle le trigger est associé.

- **trigger_body** sont les instructions SQL qui seront exécutées lorsque le trigger sera activé.

Voyons un exemple où nous créerons un trigger pour maintenir un journal d'audit. Supposons que nous ayons deux tables : **orders** et **orders_audit** :

1. **orders** : Cette table contient les détails de la commande.

```
CREATE TABLE orders (
    order_id INT AUTO_INCREMENT PRIMARY KEY,
    product_name VARCHAR(100),
    quantity INT,
    order_date DATE
);
```

2. **orders_audit** : Cette table sera utilisée pour maintenir un journal d'audit chaque fois qu'une commande est insérée dans la table **orders**.

```
CREATE TABLE orders_audit (
    order_id INT,
    product_name VARCHAR(100),
    quantity INT,
    order_date DATE,
    audit_date TIMESTAMP DEFAULT CURRENT_TIMESTAMP
);
```

Maintenant, créons un trigger qui insérera une entrée dans la table **orders_audit** chaque fois qu'une nouvelle commande est insérée dans la table **orders** :

```
DELIMITER //

CREATE TRIGGER orders_after_insert
AFTER INSERT
ON orders
FOR EACH ROW
BEGIN
   INSERT INTO orders_audit (order_id, product_name, quantity, order_date)
   VALUES (NEW.order_id, NEW.product_name, NEW.quantity, NEW.order_date);
END; //

DELIMITER ;
```

Dans le trigger ci-dessus :

- **orders_after_insert** est le nom du trigger.

- **AFTER INSERT** signifie que le trigger sera activé après qu'une opération INSERT soit effectuée sur la table **orders**.

- **ON orders** indique que le trigger est associé à la table **orders**.

- **FOR EACH ROW** signifie que le trigger sera activé pour chaque ligne insérée.

- Le bloc **BEGIN ... END;** contient le SQL qui sera exécuté lorsque le trigger sera activé. Ici, nous insérons une nouvelle ligne dans la table **orders_audit**.

- **NEW** est un mot-clé en SQL qui fait référence à la nouvelle ligne qui est insérée dans une opération INSERT ou aux nouvelles valeurs dans une opération UPDATE.

Avec ce trigger en place, chaque fois qu'une nouvelle ligne est insérée dans la table **orders**, une ligne correspondante sera automatiquement insérée dans la table **orders_audit**, fournissant un enregistrement du moment où chaque modification a été effectuée.

15.3.1 Détails supplémentaires

- **Triggers pour UPDATE et DELETE :** Il est important de noter que les triggers peuvent être créés non seulement pour les opérations INSERT, mais aussi pour les opérations UPDATE et DELETE. Lors de la création d'un trigger pour une opération UPDATE, nous pouvons exécuter une logique personnalisée avant ou après que la mise à jour ne se produise. Par exemple, nous pourrions vouloir mettre à jour un ensemble de colonnes dans une table différente lorsqu'une colonne spécifique dans la table actuelle est mise à jour. D'autre part, un trigger pour une opération DELETE pourrait être créé pour empêcher la suppression de certains enregistrements selon des critères spécifiques. De plus, les triggers peuvent être utilisés pour enregistrer les enregistrements supprimés dans une table d'audit séparée, ce qui peut être utile à des fins historiques ou pour implémenter une logique métier personnalisée qui applique des règles ou des restrictions spécifiques.

- **Corps de trigger complexe :** Le corps d'un trigger peut contenir du SQL complexe, pas seulement des instructions INSERT ou UPDATE simples. Par exemple, le corps pourrait inclure une logique IF-THEN, des boucles et d'autres structures de contrôle. Cela permet un comportement automatique sophistiqué basé sur les modifications des données d'une table.

- **Triggers et transactions :** Les triggers sont définis par les utilisateurs pour s'exécuter automatiquement en réponse à certains changements dans la base de données. Ils sont souvent utilisés pour faire respecter les règles métier et maintenir l'intégrité des données. Si un trigger produit une erreur, l'opération qui l'a causée (INSERT, UPDATE, DELETE) sera annulée, tout comme tout changement effectué par le trigger. Cela garantit que la base de données reste cohérente et évite la corruption des données. De plus, les transactions fournissent un moyen de regrouper plusieurs opérations de base de données en une seule unité de travail atomique. Cela signifie que toutes les opérations au sein de la transaction se termineront avec succès ou aucune d'entre elles ne le fera. Les transactions aident à garantir que la base de données reste dans un état connu, même face à des erreurs ou d'autres événements inattendus.

- **Conventions de nommage :** Lorsqu'il s'agit de nommer des triggers, c'est toujours une bonne idée d'inclure le nom de la table à laquelle le trigger est associé, ainsi que l'opération qui déclenche le trigger. Cela facilitera la compréhension de l'objectif du trigger par d'autres développeurs simplement en regardant son nom. De plus, en utilisant une convention de nommage cohérente pour les triggers, vous pouvez aider à garantir que votre code est plus maintenable et plus facile à déboguer au fil du temps. Lors du choix d'une convention de nommage, assurez-vous de considérer des facteurs tels que la taille et la complexité de votre base de données, ainsi que toutes les normes ou meilleures pratiques pertinentes de l'industrie. Enfin, il convient de noter que les bonnes conventions de nommage sont un aspect essentiel de toute base de données bien conçue, et doivent recevoir une attention particulière dès le début de tout nouveau projet.

- **Impact potentiel sur les performances :** Bien que les triggers puissent être utiles pour gérer les opérations de base de données en exécutant automatiquement des instructions SQL basées sur un événement, il est important de considérer leur impact potentiel sur les performances. Lorsqu'un trigger est exécuté, du SQL supplémentaire est exécuté, ce qui peut ralentir les opérations de manipulation de données. Ce coût supplémentaire est généralement minime, mais si une table avec un trigger est très utilisée, l'impact sur les performances peut être significatif. Par conséquent, il est important d'utiliser les triggers avec prudence et de considérer des méthodes alternatives pour obtenir la même fonctionnalité lorsque cela est possible. Par exemple, l'utilisation de procédures stockées ou de logique d'application peut être plus appropriée dans certains cas.

Enfin, bien que les triggers soient puissants, ils doivent être utilisés avec précaution. Comme ils sont activés automatiquement, les triggers peuvent parfois provoquer un comportement inattendu s'ils ne sont pas gérés soigneusement. Pour les manipulations de données complexes, les procédures explicitement codées sont souvent plus faciles à déboguer et à maintenir.

15.4 Exercices Pratiques

Dans cette section, nous couvrirons quelques exercices qui vous aideront à consolider votre compréhension des concepts avancés de SQL.

Exercice 1 : Travailler avec les Sous-requêtes

1. Écrivez une requête qui trouve les noms de tous les employés dont le salaire est supérieur au salaire moyen.

```
SELECT name
FROM Employees
WHERE salary > (SELECT AVG(salary) FROM Employees);
```

2. Écrivez une requête pour trouver le client avec le montant total d'achat le plus élevé. Utilisez une sous-requête pour calculer d'abord le montant total d'achat pour chaque client.

```
SELECT customer_id, name
FROM Customers
WHERE total_purchase = (SELECT MAX(total_purchase) FROM Customers);
```

Exercice 2 : Création et Utilisation de Procédures Stockées

Écrivez une procédure stockée pour augmenter le salaire d'un employé d'un certain pourcentage. La procédure doit prendre l'id de l'employé et le pourcentage comme paramètres.

```
DELIMITER //
CREATE PROCEDURE IncreaseSalary(IN emp_id INT, IN percentage DECIMAL)
BEGIN
    UPDATE Employees
    SET salary = salary + salary * percentage/100
    WHERE employee_id = emp_id;
END//
DELIMITER ;
```

Ensuite, vous pouvez appeler cette procédure avec des paramètres spécifiques de cette manière :

```
CALL IncreaseSalary(101, 10);
```

Exercice 3 : Déclencheurs

1. Écrivez un déclencheur pour suivre les changements dans la table **Employees**. Le déclencheur devrait insérer une nouvelle ligne dans la table **EmployeeAudit** chaque fois que le salaire d'un employé est mis à jour. La table **EmployeeAudit** a des champs pour **employee_id**, **old_salary**, **new_salary** et **change_date**.

```
DELIMITER //
CREATE TRIGGER SalaryChange
AFTER UPDATE ON Employees
FOR EACH ROW
BEGIN
    INSERT INTO EmployeeAudit(employee_id, old_salary, new_salary, change_date)
    VALUES (OLD.employee_id, OLD.salary, NEW.salary, NOW());
END;//
DELIMITER ;
```

2. Vérifiez que votre déclencheur fonctionne en mettant à jour le salaire d'un employé puis en sélectionnant toutes les lignes de la table **EmployeeAudit**.

N'oubliez pas que la syntaxe exacte de SQL pourrait varier légèrement selon votre système de base de données.

Conclusion du Chapitre 15

Ce chapitre nous a fait traverser une exploration intensive des fonctionnalités avancées de SQL. Nous avons commencé par la compréhension des sous-requêtes, qui offrent la capacité de réaliser plusieurs niveaux de récupération de données dans une seule requête, augmentant ainsi la complexité et la profondeur des requêtes que nous pouvons créer. Nous avons vu comment les sous-requêtes peuvent être utilisées pour calculer des moyennes, trouver des maximums et des minimums, et effectuer d'autres comparaisons entre différents ensembles de données.

Ensuite, nous sommes passés aux procédures stockées, une fonctionnalité puissante de SQL qui vous permet d'encapsuler et de stocker une série d'instructions SQL pour une utilisation ultérieure. Nous avons examiné comment les procédures stockées peuvent réduire le trafic réseau, promouvoir la réutilisation du code et améliorer la sécurité en restreignant l'accès direct aux tables de la base de données.

Après cela, nous avons exploré les déclencheurs, une fonctionnalité avancée de SQL qui nous permet d'exécuter automatiquement un ensemble défini d'instructions SQL basées sur certains événements ou conditions. Les déclencheurs améliorent l'intégrité des données, peuvent automatiser la maintenance du système et fournir des capacités d'audit.

À travers la section d'exercices, nous avons eu l'opportunité de pratiquer la création de requêtes SQL complexes, d'écrire des procédures stockées et de configurer des déclencheurs. Cette expérience pratique a consolidé notre compréhension de ces concepts avancés de SQL et a illustré comment ils peuvent être utilisés pour résoudre des tâches de base de données plus complexes.

En conclusion, la puissance de SQL va bien au-delà de la simple récupération de données. En exploitant des fonctionnalités avancées de SQL telles que les sous-requêtes, les procédures stockées et les déclencheurs, nous pouvons gérer efficacement des tâches plus complexes, automatiser des processus et maintenir l'intégrité de nos données. À mesure que nous progressons, rappelez-vous toujours de penser aux façons les plus efficaces et efficientes d'utiliser ces outils dans votre propre programmation SQL. Ce chapitre représente une étape importante dans votre parcours pour devenir un utilisateur avancé de SQL !

Chapitre 16 : SQL pour l'administration de bases de données

L'administration de bases de données est une compétence extrêmement importante pour toute personne travaillant avec des données. C'est un processus complexe qui nécessite une compréhension approfondie du langage SQL, qui va au-delà des requêtes SQL, des agrégations et des fonctionnalités avancées que nous avons couvertes jusqu'à présent. En effet, il existe une multitude de commandes et de procédures SQL qui sont essentielles pour garantir la santé continue et les performances optimales d'une base de données, que nous n'avons pas encore explorées.

Le rôle d'un administrateur de bases de données est de superviser l'ensemble du processus de maintenance d'une base de données. Cela inclut la mise en œuvre de mesures de sécurité, la surveillance des performances et l'optimisation des requêtes pour s'assurer que les données restent précises et accessibles. En plus de cela, les administrateurs de bases de données doivent également être familiarisés avec les procédures de sauvegarde et de récupération, ainsi qu'avec la planification de reprise après sinistre pour s'assurer que les données ne soient pas perdues en cas de défaillance du système.

Bien que nous ayons déjà couvert certains des aspects clés de SQL pour l'administration de bases de données, il reste encore beaucoup à apprendre. Dans ce chapitre, nous approfondirons certaines des commandes et procédures SQL les plus importantes utilisées dans l'administration de bases de données et explorerons comment elles peuvent être utilisées pour maintenir votre base de données en fonctionnement de manière fluide et efficace.

16.1 Création, modification et suppression de tables

Pour commencer votre parcours en SQL, il est essentiel de comprendre les commandes de base pour l'administration de bases de données. Créer, modifier et supprimer des tables est un bon point de départ, car ces commandes fondamentales vous permettront de gérer la structure de stockage de vos données.

Créer une table implique de définir les colonnes et les types de données. Une fois créée, vous pouvez ajouter des enregistrements à la table. Si vous devez modifier la table, vous pouvez utiliser la commande ALTER pour ajouter ou supprimer des colonnes, changer les types de données ou modifier les contraintes. Enfin, si vous devez supprimer une table, la commande DROP fera l'affaire.

En comprenant ces commandes fondamentales de SQL, vous serez sur la bonne voie pour administrer vos bases de données et vous assurer que vos données sont stockées de manière cohérente et facilement accessible.

16.1.1 Création de tables

Créer une table en SQL se fait avec la commande **CREATE TABLE**. La syntaxe générale est la suivante :

```
CREATE TABLE table_name (
    column1 datatype,
    column2 datatype,
    ...
);
Voici un exemple de la manière de créer une table :
CREATE TABLE Employees (
    EmployeeID INT PRIMARY KEY,
    FirstName VARCHAR(50),
    LastName VARCHAR(50),
    BirthDate DATE
);
```

Dans le code ci-dessus, nous créons une table appelée **Employees** avec quatre colonnes : **EmployeeID**, **FirstName**, **LastName** et **BirthDate**. Les types de données sont définis pour chaque colonne et **EmployeeID** est défini comme la clé primaire.

16.1.2 Modification de tables

SQL est un outil puissant qui non seulement nous permet de créer de nouvelles tables, mais aussi de modifier celles qui existent déjà. Avec la commande **ALTER TABLE**, nous pouvons effectuer une variété de modifications sur nos tables, comme ajouter ou supprimer des colonnes, changer le type de données d'une colonne ou modifier la taille d'une colonne.

Cette flexibilité facilite l'adaptation de nos bases de données aux besoins et exigences changeants. De plus, SQL nous fournit une large gamme de fonctions et d'opérateurs qui nous permettent de manipuler et d'analyser les données de différentes manières. Par exemple, nous pouvons utiliser des fonctions d'agrégation comme **SUM** ou **AVG** pour calculer la valeur totale ou moyenne d'une colonne, ou nous pouvons utiliser des opérateurs logiques comme **AND** ou **OR** pour combiner plusieurs conditions dans une requête.

Dans l'ensemble, SQL est un langage polyvalent et essentiel pour toute personne travaillant avec des bases de données ou l'analyse de données.

Exemple :

Voici un exemple de la manière d'ajouter une nouvelle colonne à notre table **Employees** :

ALTER TABLE Employees

ADD Email VARCHAR(100);

Dans cet exemple, nous ajoutons une nouvelle colonne appelée **Email** à la table **Employees**.

16.1.3 Suppression de tables

Enfin, pour supprimer une table en SQL, nous utilisons la commande **DROP TABLE** :

```
DROP TABLE table_name;
```

Par exemple, pour supprimer la table **Employees**, nous écririons :

DROP TABLE Employees;

Faites attention avec la commande **DROP TABLE**. Une fois qu'une table est supprimée, toutes les informations dans la table sont effacées et ne peuvent pas être récupérées.

Ces commandes constituent la base pour créer et gérer la structure de vos bases de données. Elles fournissent les outils pour vous assurer que vos données sont organisées et structurées d'une manière qui s'adapte le mieux aux besoins de votre application ou analyse.

16.2 Sauvegardes et récupération de bases de données

Disposer d'une stratégie solide de sauvegardes et de récupération est fondamental pour chaque base de données. Non seulement vous devez protéger vos données contre les défaillances système, la perte de données ou les erreurs humaines, mais vous devez également vous assurer que votre système puisse se rétablir de tels incidents. Ceci est particulièrement important pour les entreprises où les données sont l'essence même des opérations.

Heureusement, la plupart des systèmes basés sur SQL fournissent des outils robustes pour les sauvegardes et la récupération. Par exemple, PostgreSQL, un système de base de données largement utilisé, offre une variété de commandes qui vous permettent de créer des sauvegardes, de restaurer des données et même d'effectuer une récupération jusqu'à un point dans le temps. Ces commandes incluent pg_dump, pg_restore et pg_rewind, entre autres. Cependant, il est important de noter que bien que les commandes puissent être similaires dans différents systèmes basés sur SQL, la syntaxe et la fonctionnalité peuvent varier légèrement. Par conséquent, il est crucial de consulter la documentation de votre système de base de données pour vous assurer que vous utilisez les commandes et options correctes pour votre système spécifique.

En ayant une stratégie solide de sauvegardes et de récupération en place, vous pouvez avoir l'assurance que vos données sont protégées et que vous avez un moyen de vous rétablir rapidement de tout incident. Cela vous apporte la tranquillité d'esprit pour vous concentrer sur d'autres tâches importantes, comme améliorer les performances de votre système ou développer de nouvelles fonctionnalités.

16.2.1 Sauvegardes de bases de données

PostgreSQL est un système de gestion de bases de données relationnelles open source largement utilisé. Il offre de nombreuses fonctionnalités qui en font un choix populaire pour les développeurs et les organisations. L'une des tâches les plus importantes pour tout administrateur de bases de données est de créer des sauvegardes de ses bases de données pour s'assurer que ses données sont en sécurité et peuvent être récupérées en cas de sinistre.

PostgreSQL fournit un outil puissant appelé **pg_dump** qui vous permet de créer facilement des sauvegardes de vos bases de données. Cet outil peut être utilisé pour créer une sauvegarde complète d'une base de données, incluant toutes ses données et informations de schéma. L'utilitaire **pg_dump** peut également être utilisé pour créer des sauvegardes partielles, ce qui peut être utile si vous n'avez besoin de sauvegarder que des tables ou des données spécifiques. Dans l'ensemble, l'utilitaire **pg_dump** est un outil essentiel pour tout administrateur de PostgreSQL et doit être inclus dans toute stratégie de sauvegardes et de récupération.

Voici comment vous pourriez créer une sauvegarde d'une base de données appelée **midatabase** :

```
pg_dump mydatabase > db_backup.sql
```

Dans cet exemple, **pg_dump** génère une série de commandes SQL qui peuvent être utilisées pour recréer la base de données dans l'état où elle se trouvait lorsque la sauvegarde a été créée. La sortie est redirigée vers un fichier appelé **db_backup.sql**.

16.2.2 Récupération de bases de données

Pour récupérer une base de données à partir d'une sauvegarde, vous pouvez utiliser la commande **psql** de la manière suivante :

```
psql -f db_backup.sql mydatabase
```

Ici, **psql** exécute les commandes SQL stockées dans **db_backup.sql** dans la base de données **mydatabase**.

Dans le cas où vous récupérez d'une défaillance complète du système et que la base de données n'existe pas, vous devrez créer la base de données avant de pouvoir la récupérer :

```
createdb -T template0 mydatabase
psql -f db_backup.sql mydatabase
```

La commande **createdb** crée une nouvelle base de données **mydatabase**. L'option **-T template0** crée la base de données à partir de zéro, sans copier aucune donnée ni configuration de la base de données **template1**, qui est le comportement par défaut.

16.2.3 Récupération jusqu'à un point dans le temps (PITR)

Certains systèmes SQL offrent la récupération jusqu'à un point dans le temps (PITR). Cela vous permet de récupérer votre base de données dans l'état où elle se trouvait à n'importe quel moment donné. Cela est utile dans les scénarios où les données ont été supprimées ou modifiées accidentellement.

PITR dans PostgreSQL est un processus en deux étapes. Premièrement, vous devez sauvegarder (archiver) régulièrement vos journaux de transactions. Deuxièmement, vous récupérez la base de données en rejouant les journaux de transactions jusqu'au point dans le temps souhaité.

Les étapes détaillées pour activer PITR et effectuer une récupération dépassent le cadre de cette introduction, mais vous pouvez trouver plus d'informations dans la documentation de PostgreSQL.

La sauvegarde et la récupération de bases de données est un sujet vaste et ce que nous avons couvert ici n'est que les bases. En fonction de la taille de votre base de données, de la fréquence des modifications et de la perte de données acceptable en cas de sinistre, vous pourriez avoir besoin de mettre en œuvre des stratégies de sauvegarde plus sophistiquées. Assurez-vous toujours d'avoir une bonne compréhension des outils de sauvegarde et de récupération fournis par votre système SQL spécifique.

16.3 Sécurité et gestion des permissions

La base de données est le cœur de l'information d'une organisation, stockant des données importantes allant des informations clients aux données internes sensibles. Par conséquent, il est fondamental de s'assurer que les données restent en sécurité en tout temps. SQL fournit une série de fonctionnalités de sécurité pour vous aider à y parvenir.

Par exemple, vous pouvez utiliser SQL pour définir des rôles d'utilisateur avec différents niveaux d'accès à la base de données. De cette manière, vous pouvez vous assurer que seul le personnel autorisé a accès aux données. Les fonctionnalités de sécurité de SQL incluent également le chiffrement et le déchiffrement des données, garantissant que même si les données sont compromises, elles seront illisibles pour les utilisateurs non autorisés.

De plus, SQL fournit des fonctionnalités d'audit qui vous permettent de suivre qui a accédé à la base de données et quand, vous aidant à identifier et à répondre rapidement aux violations de sécurité potentielles. Dans l'ensemble, les fonctionnalités de sécurité robustes de SQL en font un outil essentiel pour toute organisation cherchant à protéger ses précieuses données.

16.3.1 Gestion des utilisateurs

Créer et gérer des utilisateurs est l'un des aspects les plus importants de la sécurité de la base de données. Il est fondamental de s'assurer que les bonnes personnes ont accès aux bonnes données. Typiquement, un administrateur de base de données (DBA) est responsable de la création de comptes d'utilisateur et de l'établissement de leurs permissions. Cependant, ce n'est pas toujours une tâche facile.

Les DBA doivent équilibrer le besoin d'une sécurité stricte avec le besoin de fournir aux utilisateurs un accès rapide et facile aux données dont ils ont besoin. Pour compliquer encore les choses, le nombre d'utilisateurs accédant aux bases de données augmente chaque jour. Ainsi, les DBA doivent rester vigilants et se tenir au courant des dernières mesures de sécurité pour s'assurer que la base de données reste sécurisée.

Cela nécessite une solide compréhension des protocoles de sécurité et des meilleures pratiques associées à la gestion de bases de données, ainsi qu'une volonté de s'adapter aux nouveaux défis et technologies.

Exemple :

Voici un exemple de création d'un utilisateur dans MySQL :

```
CREATE USER 'new_user'@'localhost' IDENTIFIED BY 'password';
```

Et dans PostgreSQL :

```
CREATE USER new_user WITH PASSWORD 'password';
```

16.3.2 Octroi de permissions

Une fois qu'un utilisateur est créé, le DBA peut octroyer des permissions à l'utilisateur. Les permissions définissent quelles actions un utilisateur peut effectuer sur une base de données ou une table spécifique. Il est important de noter que le DBA ne devrait octroyer que l'ensemble minimum de permissions requises pour que l'utilisateur puisse accomplir ses tâches professionnelles.

Octroyer trop de permissions peut entraîner des vulnérabilités de sécurité et représenter un risque pour la confidentialité, l'intégrité et la disponibilité des données stockées dans la base de données. De plus, il est recommandé que le DBA révise et audite périodiquement les permissions octroyées aux utilisateurs pour s'assurer qu'elles sont toujours nécessaires et appropriées.

Ce faisant, le DBA peut maintenir un environnement de base de données sécurisé pour tous les utilisateurs et les parties prenantes.

Exemple :

Voici comment vous pouvez octroyer toutes les permissions à un utilisateur sur une base de données spécifique dans MySQL :

```
GRANT ALL PRIVILEGES ON database_name.* TO 'new_user'@'localhost';
```

Et dans PostgreSQL :

```
GRANT ALL PRIVILEGES ON DATABASE database_name TO new_user;
```

16.3.3 Révocation de permissions

En plus d'octroyer des permissions, il est important de noter que vous avez également la capacité de révoquer des permissions. Cela peut être utile si un utilisateur n'a plus besoin de certaines permissions ou si son rôle change au sein de l'organisation.

Prendre le temps de réviser et d'ajuster régulièrement les permissions des utilisateurs peut contribuer à garantir que les données de votre organisation sont sécurisées et que les utilisateurs n'ont accès qu'aux informations dont ils ont besoin pour accomplir leurs tâches professionnelles.

De plus, révoquer des permissions peut également être un outil utile pour gérer l'accès des utilisateurs et minimiser le risque de violations de sécurité. Par conséquent, assurez-vous de réviser et d'ajuster régulièrement les permissions des utilisateurs, et n'hésitez pas à révoquer des permissions lorsque cela est nécessaire.

Exemple :

Voici comment vous pouvez révoquer toutes les permissions d'un utilisateur dans MySQL :

```
REVOKE ALL PRIVILEGES ON database_name.* FROM 'new_user'@'localhost';
```

Et dans PostgreSQL :

```
REVOKE ALL PRIVILEGES ON DATABASE database_name FROM new_user;
```

16.3.4 Suppression d'utilisateurs

Enfin, si un utilisateur n'est plus nécessaire (par exemple, si un employé quitte l'entreprise), vous pouvez supprimer son compte. Il est important de réviser et de gérer régulièrement les comptes d'utilisateur pour s'assurer que seul le personnel autorisé a accès aux informations sensibles.

De plus, lors de la suppression d'un compte d'utilisateur, il est important de conserver des enregistrements du processus de suppression, y compris le motif de la suppression et la date de suppression, à des fins d'audit et de conformité. Il est également recommandé d'informer l'utilisateur de la suppression de son compte et de lui fournir toute information ou assistance nécessaire pour transférer ses données vers un autre compte ou une autre plateforme.

Exemple :

Voici comment cela se fait dans MySQL :

```
DROP USER 'new_user'@'localhost';
```

Et dans PostgreSQL :

```
DROP USER new_user;
```

Ce sont les commandes de base pour gérer les utilisateurs et leurs permissions en SQL. Il est essentiel de réviser régulièrement les permissions des utilisateurs et de s'assurer qu'elles sont alignées avec le principe du moindre privilège, c'est-à-dire que les utilisateurs doivent avoir les permissions minimales dont ils ont besoin pour accomplir leurs tâches.

N'oubliez pas que la syntaxe spécifique de ces commandes peut varier entre les différentes implémentations de SQL, il est donc important de consulter la documentation de la base de données SQL que vous utilisez.

16.4 Exercices pratiques

Exercice 1 : Création, modification et suppression de tables

1. Créez une table appelée 'Clients' avec les champs suivants : 'ID' (entier), 'Nom' (texte) et 'Adresse e-mail' (texte).

2. Ajoutez une colonne 'Numéro de téléphone' à la table 'Clients'.

3. Changez le type de données de la colonne 'Numéro de téléphone' en entier.

4. Supprimez la table 'Clients'.

```
-- To create the table
CREATE TABLE Customers (
    ID int,
    Name text,
    Email text
);

-- To add the PhoneNumber column
ALTER TABLE Customers
ADD PhoneNumber text;

-- To change the data type of the PhoneNumber column
ALTER TABLE Customers
```

```
ALTER COLUMN PhoneNumber int;

-- To drop the table
DROP TABLE Customers;
```

Exercice 2 : Sauvegardes et récupération de la base de données

1. Effectuez une sauvegarde de votre base de données dans un fichier .sql.

2. Restaurez votre base de données à partir d'un fichier .sql.

Remarque : Les commandes pour cet exercice ne sont pas standard en SQL et dépendront du système de base de données SQL que vous utilisez. Consultez la documentation de votre système de base de données pour connaître la syntaxe correcte.

Exercice 3 : Gestion de la sécurité et des permissions

1. Créez un nouvel utilisateur appelé 'test_user' avec le mot de passe 'test_password'.

2. Accordez à 'test_user' tous les privilèges sur la table 'Clients'.

3. Révoquez tous les privilèges de 'test_user' sur la table 'Clients'.

4. Supprimez l'utilisateur 'test_user'.

```
-- To create the user
CREATE USER 'test_user'@'localhost' IDENTIFIED BY 'test_password';

-- To grant privileges
GRANT ALL PRIVILEGES ON Customers TO 'test_user'@'localhost';

-- To revoke privileges
REVOKE ALL PRIVILEGES ON Customers FROM 'test_user'@'localhost';

-- To drop the user
DROP USER 'test_user'@'localhost';
```

Gardez à l'esprit qu'il s'agit d'exercices de base. Assurez-vous toujours de suivre les meilleures pratiques et de prendre les précautions appropriées lorsque vous travaillez avec de vraies bases de données, en particulier en ce qui concerne les sauvegardes et les permissions des utilisateurs.

Conclusion du Chapitre 16

Le Chapitre 16, « SQL pour l'administration de bases de données », nous a emmenés plus profondément dans le monde de SQL au-delà des interactions de surface avec les données. Ici, nous avons exploré plusieurs sujets avancés liés à la gestion de bases de données, avec un accent particulier sur les tâches administratives.

Nous avons commencé le chapitre en explorant comment créer, modifier et supprimer des tables. La capacité de créer des tables de manière efficace nous permet de structurer nos données de façon à optimiser les performances, tandis que savoir comment modifier et supprimer des tables nous aide à maintenir et à mettre à jour la structure de notre base de données au fur et à mesure que nos besoins évoluent.

Ensuite, nous avons examiné l'aspect crucial des sauvegardes et de la récupération de la base de données. Dans des scénarios du monde réel, la perte de données peut être catastrophique. Il est impératif que les administrateurs de bases de données aient des stratégies pour effectuer des sauvegardes et restaurer les données lorsque cela est nécessaire. Nous avons discuté de l'importance des sauvegardes régulières et abordé le processus de récupération des données à partir de sauvegardes.

Enfin, nous nous sommes plongés dans la gestion de la sécurité et des permissions, deux aspects critiques de l'administration de bases de données. Nous avons appris comment créer des utilisateurs, leur accorder des privilèges spécifiques sur certaines tables et révoquer ces privilèges lorsque cela est nécessaire. Gérer soigneusement l'accès des utilisateurs contribue à maintenir l'intégrité et la sécurité de nos données.

Dans toutes ces discussions, nous avons vu que bien que SQL fournisse les moyens d'interagir avec les données à un niveau très granulaire, il requiert également une approche prudente et réfléchie pour garantir l'intégrité des données, la sécurité et l'efficacité. Chaque système de base de données a ses propres subtilités, il est donc important de consulter la documentation respective lors du travail avec eux.

À travers les exercices pratiques de ce chapitre, nous avons eu l'occasion d'appliquer les concepts théoriques en pratique, renforçant ainsi notre compréhension. Comme toujours, la clé pour maîtriser ces compétences réside dans la pratique continue et l'exploration. SQL est un langage vaste avec de nombreuses capacités, et il demeure une partie intégrante de la boîte à outils de tout professionnel des données.

Partie III : Intégration de Python et SQL

Chapitre 17 : Python rencontre SQL

Bienvenue au Chapitre 17, intitulé "Python rencontre SQL". Ce chapitre occupe une place unique dans notre exploration de Python et SQL, car il nous permet de réunir ces deux langages puissants. En combinant la robustesse et la polyvalence de Python avec la puissance de manipulation de données de SQL, nous ouvrons un monde de possibilités infinies. Avec la croissance explosive des données ces dernières années, le besoin d'une gestion efficace des données est devenu de plus en plus important. Python et SQL, lorsqu'ils sont utilisés ensemble, peuvent fournir une solution complète à ce défi.

Dans ce chapitre, nous nous concentrerons sur la façon d'interagir avec les bases de données SQL en utilisant Python et comment cette synergie peut améliorer nos capacités de gestion de données. Nous discuterons de diverses techniques et meilleures pratiques pour récupérer des données de bases de données, manipuler et analyser ces données, et enfin, visualiser les résultats. À la fin de ce chapitre, vous aurez une compréhension solide de la façon d'utiliser Python pour travailler avec des bases de données SQL et comment tirer parti de cette combinaison puissante pour construire des pipelines de données sophistiqués.

Commençons ce chapitre passionnant avec le premier sujet : le module sqlite3 de Python. Ce module fournit un moyen simple et efficace d'interagir avec les bases de données SQLite en utilisant Python. Nous couvrirons comment créer et se connecter à des bases de données, comment exécuter des requêtes SQL et comment récupérer et manipuler les résultats. Nous discuterons également de la façon de gérer les erreurs et exceptions qui peuvent survenir lors de ces opérations. Avec cette base, nous serons prêts à explorer des sujets plus avancés plus tard dans le chapitre.

17.1 Le Module sqlite3 de Python

SQLite est une bibliothèque C puissante mais légère qui offre une solution de base de données robuste et fiable basée sur disque. Alors que certaines bases de données nécessitent un processus serveur séparé, SQLite élimine ce besoin en permettant aux utilisateurs d'accéder à la base de données directement via une variante unique du langage de requête SQL. Le module sqlite3 en Python offre une interface SQL complète qui est entièrement conforme à la spécification DB-API 2.0 telle que décrite dans PEP 249.

L'un des principaux avantages de SQLite est sa capacité à créer, interroger et gérer des bases de données entièrement depuis un script Python. Cela fournit aux développeurs une solution hautement efficace et simplifiée pour gérer les données, sans avoir besoin d'outils externes ou de bases de données complexes.

Pour commencer, jetons un œil à la façon de créer une connexion à une base de données SQLite. Cela peut être fait rapidement et facilement en utilisant la fonction **connect** au sein du module sqlite3. Une fois connecté, vous pouvez commencer à explorer toute la gamme de fonctionnalités et capacités que SQLite a à offrir, de la création de tables simples à l'exécution de requêtes avancées et à la gestion de données.

Exemple :

```python
import sqlite3
# Create a connection to the SQLite database
# Doesn't matter if the database doesn't yet exist
conn = sqlite3.connect('my_database.db')
Une fois la connexion créée, vous pouvez créer un objet Cursor et appeler sa méthode
execute pour effectuer des commandes SQL :
# Create a cursor object
cur = conn.cursor()

# Execute an SQL statement
cur.execute('''CREATE TABLE stocks
               (date text, trans text, symbol text, qty real, price real)''')

# Commit your changes
conn.commit()

# Close the connection
conn.close()
```

Dans l'exemple ci-dessus, nous créons une nouvelle table appelée **stocks**. La méthode **execute** prend une requête SQL sous forme de chaîne de caractères et l'exécute. Après avoir exécuté une commande qui modifie les données, vous devez valider les modifications, sinon elles ne seront pas enregistrées.

Dans la section suivante, nous verrons comment insérer des données dans la table et les récupérer en utilisant le module sqlite3 de Python.

N'oubliez pas que bien que SQLite soit incroyablement utile pour le développement, le prototypage et les applications plus petites, c'est une base de données sans serveur qui présente plusieurs limitations la rendant inadaptée aux applications plus volumineuses et à fort trafic. Au fur et à mesure de votre progression, vous pourriez vous retrouver à rechercher des solutions plus robustes comme MySQL ou PostgreSQL lorsque vous aurez besoin d'un système de base de données entièrement développé.

Parfait, poursuivons notre exploration du module sqlite3 en Python.

17.1.1 Insertion de Données

Après avoir créé une table, l'étape logique suivante consiste à y insérer des données. Cela s'effectue à l'aide de la commande SQL **INSERT INTO**. Pour ce faire, vous devrez spécifier le nom de la table et les valeurs que vous souhaitez insérer. Vous pouvez également inclure une liste de colonnes si vous ne souhaitez insérer des valeurs que dans des colonnes spécifiques.

De plus, vous pourriez avoir besoin d'utiliser l'instruction **SELECT** pour récupérer des données d'une autre table et les insérer dans la nouvelle table. Une fois que vous avez inséré les données, vous pouvez utiliser l'instruction **SELECT** pour interroger la table et voir les données que vous avez ajoutées. Il est important de s'assurer que les données que vous insérez sont au bon format et correspondent aux types de données des colonnes de la table afin d'éviter les erreurs.

Exemple :

Voici comment vous pouvez procéder en utilisant sqlite3 :

```python
import sqlite3

# Create a connection
conn = sqlite3.connect('my_database.db')
cur = conn.cursor()

# Insert a row of data
cur.execute("INSERT INTO stocks VALUES ('2023-06-10','BUY','RHAT',100,35.14)")

# Save (commit) the changes
conn.commit()

# We can also close the connection if we are done with it.
# Just be sure any changes have been committed or they will be lost.
conn.close()
```

Dans le code ci-dessus, nous insérons une seule ligne dans la table **stocks**. Nous indiquons un achat de 100 actions de l'action RHAT à un prix de 35.14 à la date '2023-06-10'.

Il est également possible d'utiliser des variables Python dans vos requêtes SQL en utilisant **?** comme espace réservé :

```python
# Insert a row of data with Python variables
purchase = ('2023-06-11', 'BUY', 'GOOG', 100, 200.13)
cur.execute("INSERT INTO stocks VALUES (?,?,?,?,?)", purchase)
```

Cela peut être particulièrement utile lorsque vous créez une interface pour que les utilisateurs saisissent des données.

17.1.2 Récupération de Données

Maintenant, comment récupérons-nous ces données que nous venons d'insérer ?

Lorsque l'on travaille avec une base de données, il est important de comprendre les diverses opérations qui peuvent être effectuées sur celle-ci. L'une des plus courantes est la récupération de données, également connue sous le nom de requête. La requête vous permet de récupérer des informations spécifiques de la base de données en fonction de certains critères, comme une plage de dates ou une catégorie particulière.

Au moyen d'une requête, vous pouvez accéder rapidement et facilement aux données dont vous avez besoin sans avoir à chercher manuellement dans toute la base de données. Cela peut vous faire économiser beaucoup de temps et d'efforts, surtout si vous traitez une grande quantité de données. De plus, en comprenant comment interroger efficacement une base de données, vous pouvez obtenir des informations sur les données que vous n'auriez pas pu découvrir autrement.

Exemple :

Vous pouvez utiliser l'instruction **SELECT** pour faire ceci :

```python
import sqlite3

conn = sqlite3.connect('my_database.db')
cur = conn.cursor()

# Execute a query
cur.execute("SELECT * FROM stocks")

# Fetch all the rows
rows = cur.fetchall()

for row in rows:
    print(row)

conn.close()
```

Dans ce code, nous sélectionnons toutes les lignes de la table **stocks** en utilisant **"SELECT * FROM stocks"** et nous les récupérons avec **fetchall**. La fonction **fetchall** récupère toutes (ou toutes les restantes) les lignes d'un ensemble de résultats d'une requête et renvoie une liste de tuples. S'il n'y a plus de lignes disponibles, elle renvoie une liste vide.

L'instruction SELECT offre beaucoup de flexibilité. Vous pouvez récupérer des colonnes spécifiques, utiliser WHERE pour définir des conditions, ORDER BY pour trier, et ainsi de suite. Nous approfondirons davantage la commande SELECT dans les sections suivantes.

Ceci était un résumé de la façon dont vous pouvez interagir avec des bases de données SQLite en utilisant le module sqlite3 de Python. Ce module est un outil puissant que vous pouvez utiliser pour créer, gérer et manipuler des bases de données SQLite directement depuis vos scripts Python.

Ensuite, nous verrons comment intégrer Python avec d'autres bases de données SQL. Restez à l'écoute !

Bien sûr, approfondissons davantage les capacités SQL de Python.

17.2 Python avec MySQL

MySQL est un système de gestion de bases de données très populaire et largement utilisé. Il est considéré comme l'un des systèmes les plus fiables et efficaces pour gérer de grandes quantités de données. MySQL a été utilisé par de nombreuses entreprises et organisations à travers le monde pour stocker et gérer leurs données. Il est également largement utilisé par les développeurs et programmeurs pour le développement web et d'autres applications.

De plus, les bases de données MySQL peuvent être facilement utilisées avec Python, un langage de programmation open source qui gagne de plus en plus en popularité dans le monde du développement logiciel. Avec l'aide d'un module appelé **mysql-connector-python**, les développeurs Python peuvent facilement se connecter et interagir avec des bases de données MySQL, ce qui leur permet d'effectuer un large éventail de tâches de gestion de données.

En outre, MySQL est connu pour sa compatibilité avec un large éventail de plateformes et de systèmes d'exploitation, ce qui en fait un choix idéal pour les développeurs qui ont besoin de travailler avec différents systèmes. Il est également connu pour son évolutivité et ses hautes performances, ce qui le rend idéal pour gérer de grandes quantités de données dans des applications en temps réel.

En résumé, MySQL est un excellent choix pour toute personne recherchant un système de gestion de bases de données fiable et efficace, et avec l'aide de Python et du module **mysql-connector-python**, les développeurs peuvent facilement interagir et gérer des bases de données MySQL.

Vous pouvez l'installer en utilisant pip :

```
pip install mysql-connector-python
```

Une fois installé, vous pouvez démarrer une connexion de manière similaire à ce que nous avons fait avec sqlite3 :

```
import mysql.connector

# Create a connection
conn       =       mysql.connector.connect(user='username',       password='password',
host='127.0.0.1', database='my_database')
```

```
# Create a cursor object
cur = conn.cursor()
```

Les arguments requis pour établir une connexion peuvent varier selon le système de base de données. Dans ce cas, l'utilisateur, le mot de passe, l'hôte (qui est généralement 'localhost' ou '127.0.0.1' pour votre machine locale) et le nom de la base de données sont nécessaires.

Une fois la connexion établie, vous pouvez exécuter des commandes SQL de manière similaire à sqlite3 :

```
# Execute a query
cur.execute("SELECT * FROM my_table")

# Fetch all the rows
rows = cur.fetchall()

for row in rows:
    print(row)

# Close the connection
conn.close()
```

17.3 Python avec PostgreSQL

Lorsqu'il s'agit de travailler avec PostgreSQL, il est important d'avoir l'adaptateur approprié installé pour garantir une communication fluide entre votre application et le système de gestion de bases de données. L'un des adaptateurs les plus populaires pour PostgreSQL est **psycopg2**, qui a été largement utilisé par les développeurs et les organisations en raison de sa fiabilité et de sa compatibilité avec la base de données.

Cet adaptateur est spécifiquement conçu pour fonctionner avec Python, ce qui en fait un excellent choix pour ceux qui programment dans ce langage et recherchent un moyen efficace de se connecter à PostgreSQL. Avec **psycopg2**, vous pouvez être assuré que vos requêtes et opérations PostgreSQL s'exécuteront sans problème et sans accroc, ce qui vous permet de vous concentrer sur la construction de votre application et d'offrir une excellente expérience utilisateur.

Vous pouvez l'installer en utilisant pip :

```
pip install psycopg2
```

Se connecter à PostgreSQL est similaire aux exemples précédents :

```
import psycopg2
```

```
# Create a connection
conn = psycopg2.connect(database="my_database", user = "username", password =
"password", host = "127.0.0.1", port = "5432")

# Create a cursor object
cur = conn.cursor()
Et à nouveau, exécuter des requêtes et récupérer des données fonctionne de la même
manière :
# Execute a query
cur.execute("SELECT * FROM my_table")

# Fetch all the rows
rows = cur.fetchall()

for row in rows:
    print(row)

# Close the connection
conn.close()
```

Comme vous pouvez le voir, une fois que vous connaissez les bases de SQL et Python, interagir avec différents types de bases de données SQL est principalement une question de configuration d'une connexion. Les commandes SQL restent les mêmes, et le code Python que vous devez écrire est très similaire, avec seulement des différences mineures entre les différentes bibliothèques SQL.

Les exemples précédents devraient vous donner un bon point de départ pour utiliser Python afin d'interagir avec les bases de données SQLite, MySQL et PostgreSQL. Cependant, SQL est un sujet très vaste avec de nombreuses fonctionnalités avancées, et vous pouvez faire bien plus que simplement récupérer des données ! Je vous encourage à explorer davantage les capacités de Python dans les opérations SQL, comme la mise à jour de données, l'utilisation de transactions, la gestion des erreurs, etc. Vous découvrirez que Python peut être un outil très puissant pour la gestion de bases de données !

17.4 Réalisation d'Opérations CRUD

Avant de continuer, nous devons créer une base de données de test et une table pour nous exercer. Voici le code Python pour créer une nouvelle base de données SQLite appelée 'test_db.sqlite' et une table appelée 'employees' :

```
import sqlite3
conn = sqlite3.connect('test_db.sqlite')

c = conn.cursor()

# Create table
c.execute('''CREATE TABLE employees
```

```
            (id INTEGER PRIMARY KEY, name text, salary real, department text, position
text, hireDate text)''')

# Commit the changes and close the connection
conn.commit()
conn.close()
```

17.4.1 Opération de Création

L'opération de Création est utilisée pour ajouter de nouveaux enregistrements à une base de données. Voici un exemple de la façon dont vous pouvez ajouter un nouvel enregistrement à la table 'employees' :

```python
conn = sqlite3.connect('test_db.sqlite')
c = conn.cursor()

# Insert a new employee record
c.execute("INSERT INTO employees VALUES (1, 'John Doe', 50000, 'HR', 'Manager', '2023-01-05')")

# Commit the changes
conn.commit()

# Close the connection
conn.close()
```

17.4.2 Opération de Lecture

L'opération de Lecture est utilisée pour récupérer des données d'une base de données. Voici un exemple de la façon dont vous pouvez récupérer tous les enregistrements de la table 'employees' :

```python
conn = sqlite3.connect('test_db.sqlite')
c = conn.cursor()

# Select all rows from the employees table
c.execute('SELECT * FROM employees')

rows = c.fetchall()

for row in rows:
    print(row)

# Close the connection
conn.close()
```

17.4.3 Opération de Mise à Jour

L'opération de Mise à Jour est utilisée pour modifier des enregistrements existants dans une base de données. Voici un exemple de la façon dont vous pouvez mettre à jour un enregistrement dans la table 'employees' :

conn = sqlite3.connect('test_db.sqlite')

```
c = conn.cursor()

# Update employee salary
c.execute("UPDATE employees SET salary = 60000 WHERE name = 'John Doe'")

# Commit the changes
conn.commit()

# Close the connection
conn.close()
```

17.4.4 Opération de Suppression

L'opération de Suppression est utilisée pour supprimer des enregistrements d'une base de données. Voici un exemple de la façon dont vous pouvez supprimer un enregistrement de la table 'employees' :

```
conn = sqlite3.connect('test_db.sqlite')
c = conn.cursor()

# Delete an employee record
c.execute("DELETE from employees WHERE name = 'John Doe'")

# Commit the changes
conn.commit()

# Close the connection
conn.close()
```

Note : Assurez-vous toujours d'effectuer les opérations sur la base de données de manière contrôlée et vérifiez vos commandes avant de les exécuter, en particulier pour les opérations de Mise à Jour et de Suppression, car elles peuvent modifier ou supprimer des données de façon permanente.

17.4.5 MySQL

Pour interagir avec une base de données MySQL, vous aurez besoin d'une bibliothèque Python appelée **mysql-connector-python**. Vous pouvez l'installer via pip :

pip install mysql-connector-python

Supposons que nous avons une base de données MySQL appelée 'testdb', et nous voulons insérer un enregistrement dans la table 'employees'.

```python
import mysql.connector

# establish the connection
cnx = mysql.connector.connect(user='<username>', password='<password>',
                              host='127.0.0.1',
                              database='testdb')

# Create a cursor object using the cursor() method
cursor = cnx.cursor()

# Prepare SQL query to INSERT a record into the database
sql = """INSERT INTO EMPLOYEE(FIRST_NAME, LAST_NAME, AGE, SEX, INCOME)
         VALUES ('Mac', 'Mohan', 20, 'M', 2000)"""

try:
    # Execute the SQL command
    cursor.execute(sql)
    # Commit your changes in the database
    cnx.commit()
except:
    # Rollback in case there is any error
    cnx.rollback()

# disconnect from server
cnx.close()
```

17.4.6 PostgreSQL

Pour PostgreSQL, vous pouvez utiliser la bibliothèque **psycopg2**, que vous pouvez installer via pip :

```
pip install psycopg2
```

Voici un exemple de comment insérer un enregistrement dans PostgreSQL :

```python
import psycopg2

#establishing the connection
cnx = psycopg2.connect(
    database="testdb", user='<username>', password='<password>', host='127.0.0.1',
port= '5432'
)

#Creating a cursor object using the cursor() method
cursor = cnx.cursor()

# Preparing SQL queries to INSERT a record into the database.
```

```
sql = '''INSERT into EMPLOYEE (FIRST_NAME, LAST_NAME, AGE, SEX, INCOME)
        VALUES ('Mac', 'Mohan', 20, 'M', 2000)'''

# execute the SQL query using execute() method.
cursor.execute(sql)

# Commit your changes in the database
cnx.commit()

# close the cursor and connection
cursor.close()
cnx.close()
```

Dans les deux exemples, si les opérations SQL réussissent, les données sont validées dans la base de données en utilisant **cnx.commit()**. S'il y a une erreur, la fonction **cnx.rollback()** est appelée pour annuler tous les changements dans la base de données.

N'oubliez pas que vous devez toujours fermer le curseur et l'objet de connexion une fois que vous avez terminé avec eux pour éviter les problèmes de mémoire dans la base de données.

La principale différence entre l'utilisation de SQLite, MySQL et PostgreSQL en Python est la façon dont vous vous connectez à chaque base de données en utilisant leurs bibliothèques Python respectives. La syntaxe SQL pour les opérations CRUD reste la même.

17.5 Gestion des Transactions en Python

Bien sûr ! Voici une explication sur la façon de gérer les transactions en Python.

Les transactions de base de données fournissent un moyen de traiter un ensemble d'opérations de base de données en une seule unité. Si toutes les opérations réussissent, les modifications sont validées dans la base de données. Si une opération échoue, aucune des modifications n'est appliquée.

Dans une transaction, si un groupe d'opérations interdépendantes fait partie d'une transaction, soit toutes les opérations s'exécutent, soit aucune. Cette propriété des transactions est souvent résumée par ACID (Atomicité, Cohérence, Isolation et Durabilité).

La DB-API de Python fournit un moyen de gérer les transactions. Après avoir initié une transaction, vous pouvez la **valider** si aucune erreur n'est rencontrée. S'il y a une erreur, vous pouvez **annuler** la transaction à l'état avant le début de la transaction.

Exemple :

```
import sqlite3

try:
    # connect to the database
    conn = sqlite3.connect('test.db')
```

```python
    # create a cursor
    cur = conn.cursor()

    # start a transaction
    cur.execute("BEGIN TRANSACTION")

    # execute some SQL queries
    cur.execute("INSERT INTO COMPANY (ID, NAME, AGE, ADDRESS, SALARY) \\
        VALUES (1, 'Paul', 32, 'California', 20000.00)")
    cur.execute("INSERT INTO COMPANY (ID, NAME, AGE, ADDRESS, SALARY) \\
        VALUES (2, 'Allen', 25, 'Texas', 15000.00)")

    # commit the transaction
    conn.commit()

    print("Records inserted successfully")
except sqlite3.Error as error:
    # rollback the transaction in case of error
    conn.rollback()
    print("Failed to insert data into sqlite table", error)

finally:
    # close the connection
    if conn:
        conn.close()
        print("the sqlite connection is closed")
```

Dans ce code :

- Nous nous connectons d'abord à la base de données en utilisant **sqlite3.connect()** et créons un objet curseur.

- Nous démarrons une transaction avec **cur.execute("BEGIN TRANSACTION")**.

- Nous exécutons quelques requêtes SQL pour insérer des données dans la table **COMPANY**.

- Si toutes les opérations réussissent, nous validons la transaction en utilisant **conn.commit()**.

- Si une erreur se produit pendant une opération quelconque, nous annulons la transaction en utilisant **conn.rollback()**. Cela garantit que notre base de données reste dans un état cohérent.

- À la fin, nous fermons la connexion à la base de données en utilisant **conn.close()**.

N'oubliez pas qu'il est important de gérer les exceptions lorsque vous travaillez avec des transactions pour vous assurer qu'une erreur dans une seule opération ne laisse pas votre base de données dans un état incohérent.

Cette approche de gestion des transactions est courante dans d'autres bases de données comme MySQL et PostgreSQL avec de légères modifications selon les méthodes spécifiques du pilote de la base de données.

Maintenant, bien que nous ayons déjà abordé la gestion manuelle des transactions en Python, il convient de mentionner que la DB-API de Python prend également en charge un modèle de transaction simplifié pour ceux qui n'exécutent que des commandes individuelles.

Par défaut, le module **sqlite3** ouvre une transaction automatiquement avant toute opération qui modifie des données (comme INSERT, UPDATE, DELETE, etc.), et valide les transactions automatiquement lorsque le curseur est exécuté.

Cependant, si vous exécutez plus d'une commande dans le cadre d'une transaction, il est généralement préférable de gérer les transactions manuellement comme le montre l'exemple précédent, car cela vous donne un contrôle plus précis sur le moment où une transaction est validée ou annulée.

De plus, alors que SQLite et PostgreSQL suivent la norme SQL pour les transactions (BEGIN TRANSACTION, COMMIT et ROLLBACK), MySQL utilise des commandes légèrement différentes. Au lieu de "BEGIN TRANSACTION", vous utiliseriez "START TRANSACTION" dans MySQL.

Voici un exemple de la façon de gérer les transactions en Python avec MySQL en utilisant le module **mysql-connector-python** :

```python
import mysql.connector
from mysql.connector import Error

try:
    # connect to the MySQL server
    conn = mysql.connector.connect(user='username', password='password',
                                   host='127.0.0.1', database='testdb')

    # create a new cursor
    cur = conn.cursor()

    # start a new transaction
    cur.execute("START TRANSACTION")

    # execute some SQL queries
    cur.execute("INSERT INTO employees (id, name, salary) VALUES (1, 'John Doe', 70000)")
    cur.execute("INSERT INTO employees (id, name, salary) VALUES (2, 'Jane Doe', 80000)")

    # commit the transaction
    conn.commit()
```

```
    print("Data inserted successfully")

except Error as error:
    # rollback the transaction in case of error
    conn.rollback()
    print("Failed to insert data into MySQL table", error)

finally:
    # close the connection
    if conn:
        conn.close()
        print("MySQL connection is closed")
```

Cet exemple est similaire à celui de SQLite, mais avec la différence notable d'utiliser "START TRANSACTION" pour initier une transaction dans MySQL.

En général, le principe de gestion des transactions reste le même dans différentes bases de données SQL, bien que les commandes et méthodes spécifiques puissent différer légèrement. Il est important de consulter la documentation de votre base de données spécifique et du pilote de la base de données lorsque vous travaillez avec des transactions en Python.

17.6 Gestion des Erreurs et Exceptions SQL en Python

Les erreurs et exceptions SQL en Python sont gérées en utilisant le mécanisme standard de gestion des exceptions de Python, le bloc **try/except**. Lorsqu'une erreur survient pendant l'exécution d'une requête SQL, le module de la base de données génère une exception. Cette exception contient des informations sur l'erreur, comme le type d'erreur qui s'est produit et le numéro de ligne où l'erreur s'est produite. En capturant ces exceptions, vous pouvez gérer les erreurs de manière élégante et éviter que votre application ne plante.

De plus, le bloc **try/except** peut être utilisé pour effectuer des tâches supplémentaires lorsqu'une erreur survient. Par exemple, vous pouvez enregistrer l'erreur dans un fichier ou une base de données, notifier l'utilisateur de l'erreur ou réessayer l'opération qui a causé l'erreur. En prenant ces mesures supplémentaires, vous pouvez offrir une meilleure expérience utilisateur et garantir que votre application reste stable et fiable.

Il convient également de noter que Python fournit plusieurs types d'exceptions intégrés qui peuvent être utilisés pour gérer des types spécifiques d'erreurs. Par exemple, l'exception **ValueError** peut être utilisée pour gérer les erreurs liées aux valeurs d'entrée non valides, tandis que l'exception **TypeError** peut être utilisée pour gérer les erreurs liées aux types de données incorrects. En utilisant ces types d'exceptions intégrées conjointement avec le bloc **try/except**, vous pouvez créer un système robuste de gestion des erreurs qui peut gérer une large gamme d'erreurs et d'exceptions potentielles.

Exemple :

Voici comment gérer les erreurs et exceptions SQL en Python :

```python
import sqlite3

# Connect to the database
conn = sqlite3.connect('test.db')

# Create a cursor object
cur = conn.cursor()

try:
    # Execute an SQL statement
    cur.execute('SELECT * FROM non_existent_table')

    # Fetch the results
    results = cur.fetchall()
    for row in results:
        print(row)

# Catch the exception
except sqlite3.OperationalError as e:
    print(f"An error occurred: {e}")
```

Dans cet exemple, nous essayons de sélectionner des données d'une table qui n'existe pas. Cela générera une **sqlite3.OperationalError**. Le bloc **try/except** capture l'exception et affiche un message d'erreur.

Différents types d'exceptions peuvent être générés selon l'erreur. Quelques exceptions courantes dans le module **sqlite3** incluent :

- **OperationalError** : Cette exception est générée pour les erreurs liées à l'opération de la base de données. Par exemple, si vous essayez de sélectionner des données d'une table qui n'existe pas ou si le fichier de la base de données ne peut pas être trouvé.

- **IntegrityError** : Elle est générée lorsque l'intégrité relationnelle des données est affectée, comme lorsque vous essayez d'insérer une clé dupliquée dans une colonne avec une contrainte UNIQUE.

- **DataError** : Elle est générée lorsqu'il y a des problèmes avec les données traitées, comme une division par zéro, une valeur numérique hors limites, etc.

- **ProgrammingError** : Elle est générée pour les erreurs de programmation, comme une table introuvable ou déjà existante, une erreur de syntaxe dans l'instruction SQL, un nombre incorrect de paramètres spécifiés, etc.

Voici comment vous pourriez gérer plusieurs exceptions :

```python
try:
```

```
    # Execute an SQL statement
    cur.execute('SELECT * FROM non_existent_table')

except sqlite3.OperationalError as e:
    print(f"Operational error occurred: {e}")

except sqlite3.IntegrityError as e:
    print(f"Integrity error occurred: {e}")

except sqlite3.DataError as e:
    print(f"Data error occurred: {e}")

except sqlite3.ProgrammingError as e:
    print(f"Programming error occurred: {e}")
```

Dans cet exemple, nous avons plusieurs blocs **except** pour différents types d'exceptions. Chaque bloc **except** capturera son exception correspondante et exécutera son bloc de code.

En gérant les exceptions, vous pouvez garantir que votre programme ne se termine pas brusquement. Au lieu de cela, il exécutera le code défini dans le bloc **except**, ce qui vous permettra d'enregistrer le message d'erreur, de réessayer l'opération ou même de quitter le programme de manière élégante.

Remarque : La DB-API de Python définit une série d'exceptions que vous devez capturer. Les exceptions exactes disponibles dépendent du module de base de données que vous utilisez. Consultez toujours la documentation du module de base de données spécifique que vous utilisez pour savoir quelles exceptions vous pouvez capturer.

Lorsque vous avez terminé de travailler avec votre base de données, vous devez toujours fermer la connexion en appelant la méthode **close()**. Ceci est important car cela libère les ressources du système immédiatement au lieu d'attendre qu'elles soient libérées automatiquement.

Cependant, en cas d'exception, il est possible que votre programme se termine avant d'atteindre la ligne de code qui ferme la connexion. Pour vous assurer que la connexion est toujours fermée, vous pouvez utiliser une clause **finally** :

```
import sqlite3

try:
    # Connect to the database
    conn = sqlite3.connect('test.db')

    # Create a cursor object
    cur = conn.cursor()

    # Execute an SQL statement
    cur.execute('SELECT * FROM non_existent_table')

except sqlite3.OperationalError as e:
```

```
    print(f"An error occurred: {e}")
finally:
    # Close the connection, if it exists
    if conn:
        conn.close()
```

La clause **finally** s'exécutera toujours, qu'une exception se soit produite ou non. Par conséquent, c'est un bon endroit pour placer du code qui doit s'exécuter quoi qu'il arrive, comme le code de nettoyage.

Ceci est la note finale sur la gestion des erreurs et exceptions SQL en Python. En comprenant comment gérer les erreurs et fermer les connexions, vous êtes sur la bonne voie pour écrire des programmes Python robustes qui interagissent avec une base de données.

17.7 Exercices Pratiques

Exercice 1

Connectez-vous à la base de données SQLite **exercise.db** (vous devrez peut-être d'abord la créer), créez une table appelée **students** avec les colonnes **id**, **name** et **age**, puis insérez les enregistrements suivants :

```
students = [
    (1, 'John Doe', 20),
    (2, 'Jane Doe', 22),
    (3, 'Mike Smith', 19),
    (4, 'Alice Johnson', 21)
]
```

N'oubliez pas de fermer votre connexion à la base de données après avoir effectué ces opérations.

Exercice 2

En utilisant la même table **students** que vous avez créée dans l'exercice précédent, écrivez une fonction en Python qui reçoit comme paramètre l'ID d'un étudiant et renvoie le nom de l'étudiant. Assurez-vous de gérer toute exception qui pourrait se produire si l'ID n'est pas trouvé dans la table.

Exercice 3

Mettez à jour l'âge de 'John Doe' dans la table **students** à 25 ans en utilisant Python et le module **sqlite3**. Vérifiez votre mise à jour en consultant la table.

Exercice 4

Écrivez une fonction en Python pour supprimer l'enregistrement d'un étudiant de la table **students** en fonction de l'ID de l'étudiant. N'oubliez pas de gérer les exceptions si l'ID de l'étudiant n'existe pas.

Exercice 5

Écrivez un script en Python en utilisant le module **psycopg2** pour vous connecter à votre base de données PostgreSQL. Créez une table appelée **employees** avec les champs **id**, **first_name**, **last_name**, **department** et **salary**. Remplissez la table avec quelques données de votre choix.

Exercice 6

En utilisant la table **employees** que vous avez créée dans l'exercice précédent, écrivez des fonctions en Python pour faire ce qui suit :

1. Une fonction pour augmenter le salaire d'un employé en fonction de son ID.

2. Une fonction pour rechercher et afficher tous les employés qui travaillent dans un département spécifique.

N'oubliez pas de gérer toute exception qui pourrait se produire.

Remarque : Pour les exercices impliquant SQLite, vous pouvez les exécuter sur n'importe quel système où Python est installé. Cependant, les exercices impliquant PostgreSQL nécessitent que vous ayez un serveur PostgreSQL installé et en cours d'exécution sur votre système. Si vous ne pouvez pas installer PostgreSQL, vous pouvez utiliser une plateforme SQL en ligne qui prend en charge PostgreSQL, ou vous pouvez adapter les exercices pour utiliser SQLite à la place.

Conclusion du Chapitre 17

Dans ce chapitre, nous avons examiné en détail comment Python interagit avec les bases de données SQL en utilisant diverses bibliothèques telles que **sqlite3**, **psycopg2** et **mysql-connector-python**. Nous avons commencé par discuter du module **sqlite3** et de la façon dont il peut être utilisé pour se connecter aux bases de données SQLite, exécuter des requêtes SQL et obtenir des résultats. Ensuite, nous avons expliqué comment utiliser l'interface Python DB-API 2.0 pour interagir avec différents types de bases de données.

Nous avons passé en revue les opérations CRUD de base (Créer, Lire, Mettre à jour, Supprimer) et comment elles peuvent être effectuées dans une base de données en utilisant Python. En chemin, nous avons également appris l'importance de gérer les transactions en Python, ce qui peut affecter de manière significative la cohérence et l'intégrité de notre base de données.

Nous avons ensuite approfondi la gestion des erreurs et des exceptions, qui est un aspect crucial de l'écriture de code robuste et exempt d'erreurs. Nous avons examiné certaines des exceptions courantes qui peuvent survenir lors du travail avec SQL en Python et avons appris comment les gérer.

Tout au long du chapitre, nous avons maintenu les discussions pratiques et concrètes, en fournissant de nombreux exemples et exercices pour vous aider à comprendre et à appliquer les concepts que nous avons couverts. En travaillant sur ces exercices, vous avez, espérons-le, acquis une solide compréhension de la puissance et de la flexibilité que Python offre pour les interactions avec les bases de données SQL.

En conclusion, SQL est un outil puissant pour gérer et manipuler des données structurées, et Python fournit un moyen flexible et efficace de tirer parti de cette puissance. Que vous travailliez avec une petite base de données SQLite ou une base de données PostgreSQL ou MySQL à grande échelle, Python dispose des outils et des bibliothèques dont vous avez besoin pour interagir avec vos données de manière efficace et performante. Dans le prochain chapitre, nous explorerons comment Python peut être utilisé avec les bases de données NoSQL, élargissant encore davantage nos capacités de gestion de données.

N'oubliez pas que la pratique est essentielle lorsqu'il s'agit d'apprendre et de maîtriser ces concepts, alors n'hésitez pas à expérimenter et à créer vos propres projets en utilisant Python et SQL. Bon codage !

Chapitre 18 : Analyse de Données avec Python et SQL

Bienvenue au Chapitre 18, où nous nous concentrerons sur le thème important de l'Analyse de Données en utilisant Python et SQL. L'Analyse de Données est un processus critique dans le domaine de la science des données et comprend des tâches telles que le nettoyage de données, la transformation de données et la visualisation de données. L'objectif principal de l'analyse de données est d'extraire des connaissances utiles des données qui peuvent mener à une meilleure prise de décision.

SQL est un langage puissant pour gérer et manipuler des données structurées, et lorsqu'il est combiné avec Python, l'un des langages de programmation les plus populaires pour l'analyse de données, nous pouvons réaliser des tâches d'analyse de données complexes de manière plus efficace et performante.

Dans ce chapitre, nous couvrirons les sujets suivants :

1. Nettoyage de données en Python et SQL

2. Transformation de données

3. Visualisation de données en utilisant les bibliothèques de Python et SQL

4. Analyse Exploratoire de Données en utilisant Python et SQL

5. Exercices pratiques pour consolider notre compréhension

Commençons maintenant avec le premier sujet : **18.1 Nettoyage de données en Python et SQL**.

18.1 Nettoyage de données en Python et SQL

Le nettoyage de données est le processus de préparation des données pour leur analyse par la suppression ou la modification de données qui sont incorrectes, incomplètes, non pertinentes, dupliquées ou mal formatées. Il s'agit d'une étape critique dans le processus d'analyse de données car les résultats de votre analyse sont aussi bons que la qualité de vos données.

Python et SQL ont des forces uniques qui peuvent être utilisées à différentes étapes du processus de nettoyage de données. Examinons quelques exemples de la façon dont ces deux outils puissants peuvent être utilisés pour nettoyer les données.

Tout d'abord, nous récupérerons quelques données d'une base de données SQL et les chargerons dans un DataFrame en utilisant la bibliothèque **pandas** de Python. Notez que dans ces exemples, nous utiliserons la base de données SQLite. Cependant, les mêmes principes s'appliquent à d'autres bases de données auxquelles on peut accéder via Python, telles que MySQL et PostgreSQL.

Exemple :

```
import sqlite3
import pandas as pd

# Connect to the SQLite database
conn = sqlite3.connect('database.db')

# Write a SQL query to fetch some data
query = "SELECT * FROM sales"

# Use pandas read_sql_query function to fetch data and store it in a DataFrame
df = pd.read_sql_query(query, conn)

# Close the connection
conn.close()

# Print the DataFrame
print(df.head())
```

Dans ces données, il est possible que vous rencontriez plusieurs tâches courantes de nettoyage de données. Examinons certaines d'entre elles et comment les aborder en Python :

1. **Supprimer les doublons** : Dans l'analyse de données, les doublons peuvent parfois poser problème car ils peuvent fausser les résultats et rendre difficile l'obtention de conclusions précises. Heureusement, la bibliothèque **pandas** de Python offre un moyen pratique de relever ce défi grâce à l'utilisation de sa fonction **drop_duplicates()**. Cette fonction vous permet d'identifier et de supprimer facilement toute ligne dupliquée qui pourrait être présente dans vos données, garantissant ainsi que votre analyse repose sur des données précises et fiables. En utilisant cette fonction, vous pouvez être certain que vos résultats sont fiables et que toute conclusion que vous tirez de votre analyse sera utile et informative.

```
# Drop duplicate rows
df = df.drop_duplicates()

# Print the DataFrame
print(df.head())
```

2. **Gestion des données manquantes** : Dans le cas où certaines cellules de votre DataFrame seraient vides ou remplies de valeurs **NULL**, vous pouvez faire plusieurs choses pour les gérer. Par exemple, vous pourriez choisir de supprimer toute la ligne ou colonne contenant ces valeurs manquantes, ou vous pourriez les remplacer par une autre valeur, comme la moyenne ou la médiane des valeurs environnantes. Une autre option pourrait être d'utiliser des techniques d'imputation pour compléter les données manquantes. Il existe également plusieurs raisons pour lesquelles vos données pourraient être manquantes, notamment des erreurs dans la collecte de données, ou dans certains cas, les valeurs **NULL** pourraient constituer une partie valide de votre ensemble de données, représentant l'absence de données. Il est important de considérer attentivement la meilleure approche pour gérer les données manquantes dans votre ensemble de données particulier, car la méthode que vous choisissez peut avoir un impact significatif sur les résultats de votre analyse.

```
# Check for NULL values in the DataFrame
print(df.isnull().sum())
```

Cela vous donnera le nombre total de valeurs nulles dans chaque colonne. En fonction de votre contexte spécifique, vous pourriez décider de supprimer, remplacer ou laisser les valeurs nulles dans votre ensemble de données.

Pour supprimer les valeurs nulles, vous pouvez utiliser la fonction **dropna()**.

```
# Remove all rows with at least one NULL value
df = df.dropna()
```

Cependant, ce n'est peut-être pas la meilleure approche dans tous les cas, car vous pourriez finir par perdre une grande quantité de vos données. Une approche alternative consiste à remplir les valeurs nulles avec une valeur spécifique, comme la moyenne ou la médiane des données. Cela peut être fait en utilisant la fonction **fillna()**.

```
# Replace all NULL values in the 'age' column with its mean
df['age'] = df['age'].fillna(df['age'].mean())
```

3. **Conversion de type de données** : Il est crucial que vos données soient dans le format correct pour l'analyse. Cela signifie que vous devez vous assurer que vos données ne sont pas seulement précises, mais aussi cohérentes et à jour. Pour garantir que vos données soient dans le format correct, vous devez vous assurer que vos données sont propres et correctement organisées, avec le bon type de données pour chaque champ. Si vos données ne sont pas dans le format correct, vous risquez de rencontrer des erreurs et des problèmes avec votre analyse. Par exemple, une date doit être au format DateTime, et un nombre doit être un entier ou un flottant. En garantissant que vos

données sont dans le format correct, vous pouvez avoir l'assurance que votre analyse sera précise et fiable.

```
# Convert the 'age' column to integer
df['age'] = df['age'].astype(int)

# Print the DataFrame
print(df.head())
```

En utilisant Python et SQL ensemble, nous pouvons nettoyer efficacement les données et les préparer pour une analyse plus approfondie. La clé réside dans la compréhension des forces de chaque outil et leur utilisation au maximum dans votre processus de nettoyage de données.

Dans les prochaines sections, nous approfondirons les transformations de données plus complexes et comment visualiser et réaliser une analyse exploratoire de données en utilisant Python et SQL. Mais d'abord, c'est à votre tour de pratiquer certains des concepts que nous avons appris dans cette section.

18.2 Transformation de données en Python et SQL

La transformation de données est un processus fondamental dans l'analyse de données. Elle implique la conversion des données d'une forme ou structure à une autre afin qu'elles soient adaptées à une analyse ultérieure. Cette étape est cruciale car le format de vos données peut avoir un impact significatif sur la précision et la fiabilité des résultats de votre analyse.

Dans cette section, nous approfondirons le processus de transformation de données et explorerons les diverses techniques qui peuvent être employées pour y parvenir. Nous nous concentrerons sur deux des outils les plus populaires pour la transformation de données : Python et SQL, et nous examinerons comment chaque outil peut être utilisé à son avantage dans ce processus.

En utilisant Python, vous pouvez facilement manipuler et transformer les données en tirant parti des fonctions et bibliothèques intégrées. Par exemple, vous pouvez utiliser la bibliothèque pandas pour effectuer des opérations telles que le filtrage, le tri et le regroupement sur vos données. Vous pouvez également utiliser NumPy pour les opérations numériques et Matplotlib pour la visualisation de données. La flexibilité et la polyvalence de Python en font un choix populaire pour les tâches de transformation de données.

D'autre part, SQL est un langage conçu spécifiquement pour gérer et transformer les bases de données relationnelles. Il est particulièrement utile pour joindre des tables, filtrer des données et agréger des données sur plusieurs tables. SQL fournit également une syntaxe standard pour transformer les données, ce qui facilite le partage et la reproduction des résultats de votre analyse.

En résumé, la transformation de données est une étape critique dans l'analyse de données, et Python et SQL sont deux outils puissants qui peuvent être utilisés pour y parvenir. En employant les techniques et outils appropriés, vous pouvez vous assurer que vos données sont dans le format correct pour une analyse précise et fiable.

18.2.1 Transformation de données en SQL

SQL est un langage puissant qui peut être utilisé pour transformer les données directement dans la base de données. L'un des avantages de l'utilisation de SQL est qu'il fournit aux utilisateurs une variété de fonctions qui peuvent simplifier le processus de transformation de données.

Cela peut être particulièrement utile lors du travail avec de grands ensembles de données, car il nous permet d'extraire uniquement les données nécessaires à l'analyse, réduisant ainsi l'utilisation de la mémoire en Python. De plus, SQL est conçu pour être hautement évolutif, ce qui signifie qu'il peut facilement gérer de grands volumes de données sans sacrifier les performances.

En outre, SQL est un langage déclaratif, ce qui signifie que les utilisateurs peuvent spécifier le résultat souhaité sans avoir à se soucier des détails de la façon dont la requête sera exécutée. Cela peut économiser du temps et des efforts, car les utilisateurs n'ont pas besoin d'écrire du code complexe pour atteindre le résultat souhaité. Dans l'ensemble, SQL est un excellent outil pour la transformation et l'analyse de données, et ses avantages peuvent être exploités aussi bien par les utilisateurs débutants qu'expérimentés.

Exemple :

Voici quelques exemples de transformation de données en SQL :

1. **Conversion de type** : La fonction **CAST** de SQL est un outil utile qui vous permet de convertir facilement un type de données en un autre. Cela peut être utile dans une variété de scénarios différents. Par exemple, si vous devez effectuer des calculs sur une colonne qui est actuellement stockée sous forme de texte, vous pouvez utiliser la fonction **CAST** pour la convertir en un type de données numérique. De plus, si vous devez comparer deux colonnes ayant des types de données différents, vous pouvez utiliser la fonction **CAST** pour les convertir au même type de données, puis effectuer la comparaison. Dans l'ensemble, la fonction **CAST** est un outil puissant qui peut vous aider à manipuler vos données de manière plus efficace en SQL. Par exemple, nous pouvons convertir un champ numérique en chaîne de caractères en utilisant l'instruction SQL suivante :

```
SELECT CAST(age AS VARCHAR(10)) AS age_str
FROM sales
```

2. **Concaténation de chaînes** : SQL fournit l'opérateur **||** pour concaténer des chaînes. Cela peut être utile lorsque vous souhaitez combiner deux colonnes ou plus en une seule. Par exemple :

```
SELECT first_name || ' ' || last_name AS full_name
FROM sales
```

3. **Fonctions de date et heure** : SQL fournit une large gamme de fonctions qui vous permettent de manipuler et de travailler avec des valeurs de date et heure. Avec ces fonctions, vous pouvez extraire des éléments spécifiques d'une date ou heure, tels que l'année, le mois, le jour, l'heure, la minute ou la seconde. De plus, vous pouvez effectuer des opérations arithmétiques sur les dates et heures, comme ajouter ou soustraire des jours, des mois ou des années. SQL offre également une large gamme d'options de formatage pour afficher les valeurs de date et heure dans divers formats, tels que "jj/mm/aa" ou "hh:mm:ss". En tirant parti de ces fonctions, vous pouvez gérer et analyser efficacement les données temporelles dans votre base de données SQL, ce qui vous permet d'obtenir des informations précieuses et de prendre des décisions éclairées pour votre entreprise ou organisation. Par exemple, nous pouvons extraire l'année d'un champ de date en utilisant la fonction **EXTRACT** :

```
SELECT EXTRACT(YEAR FROM sale_date) AS sale_year
FROM sales
```

18.2.2 Transformation de données en Python

Python, avec ses puissantes bibliothèques comme **pandas** et **numpy**, fournit une grande variété de fonctions pour transformer les données. Par exemple, **pandas** offre des outils pour lire des données provenant de diverses sources comme CSV, Excel, SQL et même HTML.

De plus, **numpy** fournit des outils de calcul numérique qui permettent aux utilisateurs d'effectuer des opérations mathématiques complexes sur des tableaux et des matrices. Ces bibliothèques, combinées à la syntaxe simple et intuitive de Python, en font un choix idéal pour les scientifiques de données et les analystes qui ont besoin de traiter et d'analyser de grandes quantités de données de manière rapide et efficace. Examinons quelques exemples :

1. **Application d'une fonction à une colonne** : En Python, nous pouvons utiliser la fonction **apply** pour appliquer une fonction à chaque élément d'une colonne. Par exemple, nous pouvons calculer le logarithme des ventes en utilisant la fonction **log** de numpy :

```
import numpy as np

df['log_sales'] = df['sales'].apply(np.log)
```

2. **Regroupement de données** : Convertir une variable numérique en une variable catégorielle peut être une technique utile dans l'analyse de données. Cela implique de diviser les données en intervalles ou bins, chacun représentant une catégorie. Une fois divisées, les données peuvent être analysées et interprétées plus facilement. Cette technique est particulièrement utile lorsqu'on travaille avec de grands ensembles de données, car elle permet une compréhension plus nuancée des données. Par exemple, si vous analysiez les revenus d'une population, diviser les données en catégories telles que revenus faibles, revenus moyens et revenus élevés pourrait fournir des informations précieuses sur la répartition des revenus de la population. En général, convertir des variables numériques en variables catégorielles peut fournir une analyse plus complète et détaillée des données disponibles. Cela peut être fait en utilisant la fonction **cut** :

```
df['age_group'] = pd.cut(df['age'], bins=[0, 18, 35, 60, np.inf], labels=['Child',
'Young', 'Adult', 'Senior'])
```

3. **Obtention de variables fictives** : Lorsqu'on travaille avec des variables catégorielles, nous devons souvent les convertir dans un format qui peut être compris par les algorithmes d'apprentissage automatique. Cela peut être fait en utilisant la fonction **get_dummies** :

```
df = pd.get_dummies(df, columns=['gender'])
```

Comme nous pouvons le voir, Python et SQL fournissent tous deux une variété d'outils pour transformer les données. La clé est de choisir le bon outil pour chaque situation, en tenant compte de facteurs tels que la taille de vos données et la complexité des transformations. Dans la prochaine section, nous approfondirons la visualisation de données en utilisant Python et SQL.

18.3 Visualisation de données en Python et SQL

La visualisation de données est un aspect crucial de l'analyse de données, car elle nous permet de communiquer des informations complexes de manière efficace et efficiente. Créer des graphiques intuitifs nous permet d'identifier des tendances, des motifs et des valeurs aberrantes dans nos données, qui autrement pourraient être difficiles à discerner.

Dans cette section, nous plongerons dans l'art de créer des visualisations en utilisant deux langages de programmation populaires, Python et SQL. Nous explorerons comment utiliser ces outils pour créer des graphiques, des tableaux et d'autres éléments visuels qui nous aideront à analyser les données de manière plus efficace et significative.

Du choix des techniques de visualisation appropriées à la personnalisation des visualisations pour répondre à nos besoins spécifiques, cette section vous fournira un guide complet pour vous aider à créer des visualisations impressionnantes qui amélioreront vos compétences en analyse de données.

18.3.1 Visualisation de données en SQL

SQL est un outil puissant pour gérer les données, mais il n'est pas conçu pour la visualisation de données. Cependant, les requêtes SQL peuvent être utilisées pour extraire des données dans un format pouvant être facilement utilisé par des outils de visualisation. Ces outils incluent Tableau, PowerBI et bien d'autres qui peuvent se connecter directement aux bases de données et fournir des représentations visuelles des données.

Avec ces outils, les utilisateurs peuvent rapidement créer des graphiques, des tableaux et d'autres visualisations qui aident à comprendre les données. De plus, ces outils offrent souvent des options avancées de filtrage, de tri et de regroupement, qui peuvent aider à identifier des motifs et des tendances qui pourraient ne pas être immédiatement évidents dans les données brutes.

En résumé, bien que SQL puisse ne pas avoir de capacités de visualisation intégrées, c'est un outil essentiel pour gérer et manipuler les données qui peut permettre des visualisations de données puissantes lorsqu'il est utilisé conjointement avec les bons outils.

Exemple :

Par exemple, si nous voulons visualiser la moyenne des ventes par catégorie, nous utiliserions SQL pour collecter les données :

```
SELECT category, AVG(sales) AS avg_sales
FROM sales
GROUP BY category
```

Le résultat de cette requête pourrait ensuite être alimenté dans un outil de visualisation pour créer un graphique à barres ou d'autres types de visualisations.

18.3.2 Visualisation de données en Python

Lorsqu'il s'agit de créer des visualisations complexes, Python est définitivement le meilleur choix. Ses bibliothèques sont non seulement puissantes, mais aussi hautement polyvalentes, permettant aux utilisateurs de créer une large gamme de visualisations avec facilité.

En effet, deux des bibliothèques les plus couramment utilisées à cette fin sont **matplotlib** et **seaborn**. Avec **matplotlib**, les utilisateurs peuvent créer une variété de graphiques et de diagrammes, y compris des graphiques linéaires, des nuages de points et des graphiques à barres, tandis que **seaborn** est particulièrement utile pour créer des graphiques statistiques. Que vous soyez un scientifique de données expérimenté ou un débutant, les bibliothèques de visualisation de Python feront certainement prendre vie à vos données de manières nouvelles et passionnantes.

Exemple :

Voici comment nous pourrions visualiser la moyenne des ventes par catégorie en utilisant Python (en supposant que **df** est un DataFrame pandas contenant nos données de ventes) :

```python
import matplotlib.pyplot as plt
import seaborn as sns

# Calculate average sales by category
avg_sales = df.groupby('category')['sales'].mean()

# Create a bar plot
plt.figure(figsize=(8, 6))
sns.barplot(x=avg_sales.index, y=avg_sales.values)
plt.title('Average Sales by Category')
plt.xlabel('Category')
plt.ylabel('Average Sales')
plt.show()
```

Dans ce code, nous calculons d'abord la moyenne des ventes par catégorie en utilisant les fonctions **groupby** et **mean** de pandas. Ensuite, nous créons un graphique à barres en utilisant la fonction **barplot** de seaborn.

En conclusion, bien que SQL puisse collecter et préparer les données pour la visualisation, Python est plus adapté pour créer les visualisations proprement dites. Dans la section suivante, nous approfondirons comment effectuer une analyse statistique avec Python et SQL.

18.4 Analyse statistique en Python et SQL

L'analyse statistique est une étape cruciale dans le processus de transformation de données brutes en connaissances significatives. Sans l'analyse statistique, les données peuvent manquer de sens et être difficiles à interpréter. Heureusement, avec l'utilisation de Python et SQL, vous pouvez réaliser une grande variété d'analyses statistiques sur vos données, qui incluent, entre autres, les tests d'hypothèses, l'analyse de régression et le regroupement.

Les tests d'hypothèses vous permettent de déterminer si une certaine hypothèse concernant vos données est vraie ou fausse, tandis que l'analyse de régression vous aide à identifier la relation entre différentes variables dans vos données. Le regroupement, quant à lui, groupe des observations similaires, ce qui vous permet d'identifier des motifs dans vos données.

En combinant Python et SQL, vous avez accès à un ensemble puissant d'outils qui peuvent vous aider à découvrir les connaissances cachées au sein de vos données.

18.4.1 Analyse statistique en SQL

SQL possède plusieurs fonctions intégrées pour effectuer une analyse statistique de base directement dans la base de données. Ces fonctions incluent :

- **AVG()** : calcule la moyenne d'un ensemble de valeurs.

- **COUNT()** : compte le nombre de lignes dans un ensemble.

- **MAX()**, **MIN()** : trouve la valeur maximale ou minimale dans un ensemble.

- **SUM()** : calcule la somme des valeurs.

Par exemple, pour trouver la moyenne, le nombre et les ventes totales par catégorie, vous pourriez écrire :

```sql
SELECT
    category,
    AVG(sales) AS average_sales,
    COUNT(sales) AS count_sales,
    SUM(sales) AS total_sales
FROM sales
GROUP BY category;
```

Cependant, SQL a des limites dans ses capacités statistiques, et ne prend pas en charge les techniques plus avancées comme les tests d'hypothèses ou l'analyse de régression.

18.4.2 Analyse Statistique en Python

Python est un langage de programmation largement utilisé aujourd'hui, et il se distingue par sa facilité d'utilisation. Il possède de nombreuses bibliothèques puissantes qui permettent une analyse statistique plus avancée, notamment SciPy et StatsModels.

Ces bibliothèques fournissent une large gamme d'outils et de fonctions qui peuvent être utilisés pour analyser des données et créer des modèles statistiques. De plus, Python dispose d'une communauté large et active de développeurs qui contribuent au développement de ces bibliothèques, ce qui garantit qu'elles s'améliorent et évoluent constamment.

Donc, si vous recherchez un outil polyvalent et puissant pour l'analyse statistique, Python vaut définitivement la peine d'être considéré.

Exemple :

Par exemple, si nous voulions effectuer un test t pour comparer les ventes entre deux catégories dans notre DataFrame **df**, nous pourrions utiliser la bibliothèque SciPy de cette manière :

```python
from scipy import stats

# Extract sales for each category
category1_sales = df[df['category'] == 'Category1']['sales']
category2_sales = df[df['category'] == 'Category2']['sales']

# Perform t-test
t_stat, p_val = stats.ttest_ind(category1_sales, category2_sales)
```

```
print(f"T-statistic: {t_stat}")
print(f"P-value: {p_val}")
```

Dans ce code, nous extrayons d'abord les ventes pour chaque catégorie. Ensuite, nous utilisons la fonction **ttest_ind** du module **scipy.stats** pour effectuer le test t, ce qui nous fournit la statistique t et la valeur p du test.

En résumé, bien que SQL soit utile pour effectuer des opérations statistiques de base directement dans la base de données, les bibliothèques Python offrent des outils beaucoup plus complets pour l'analyse statistique avancée. Dans la prochaine section, nous apprendrons comment intégrer Python et SQL pour des flux de travail d'analyse de données efficaces.

18.5 Intégration de Python et SQL pour l'Analyse de Données

Dans le monde de l'analyse de données, il est important de disposer d'un ensemble d'outils à la fois polyvalent et efficace. Python et SQL sont deux outils de ce type largement utilisés et qui possèdent des forces distinctes. Python, par exemple, dispose d'une vaste gamme de bibliothèques qui le rendent idéal pour l'analyse statistique complexe et la manipulation de données.

Avec Python, vous pouvez facilement nettoyer et transformer des données, réaliser des visualisations de données et même construire des modèles d'apprentissage automatique. D'autre part, SQL est un excellent langage pour interroger et gérer des données dans des bases de données. Il est particulièrement performant pour gérer de grands ensembles de données, et sa syntaxe est facile à apprendre et à comprendre. En combinant les forces de ces deux outils, nous pouvons créer un flux de travail d'analyse de données puissant qui nous permet de manipuler et d'interroger les données avec facilité et précision.

18.5.1 Interroger une Base de Données SQL depuis Python

Python est un langage de programmation puissant qui s'est distingué dans le monde de la science des données, de l'apprentissage automatique et de l'intelligence artificielle. La polyvalence de Python réside dans sa capacité à s'intégrer avec une variété de bibliothèques qui étendent ses fonctionnalités au-delà de son offre de base.

Par exemple, avec des bibliothèques comme **sqlite3** et **psycopg2**, les utilisateurs de Python peuvent exécuter des requêtes SQL depuis Python, simplifiant ainsi les tâches de récupération et de manipulation de données. Ces bibliothèques offrent une variété de fonctionnalités comme le support de la multidiffusion, la gestion des transactions et le support d'une large gamme de types de données, ce qui permet aux développeurs et analystes de données de créer des applications complexes et sophistiquées avec facilité.

Exemple :

Voici un exemple simple utilisant **sqlite3** :

```
import sqlite3

# Connect to the SQLite database
conn = sqlite3.connect('sales.db')

# Create a cursor object
cur = conn.cursor()

# Execute a SQL query
cur.execute("SELECT * FROM sales WHERE region = 'West'")

# Fetch all the rows
rows = cur.fetchall()

# Loop through the rows
for row in rows:
    print(row)

# Close the connection
conn.close()
```

Ce script ouvre une connexion à la base de données SQLite **sales.db**, exécute une requête SQL pour sélectionner toutes les lignes de la table **sales** où la région est 'Ouest', puis affiche chaque ligne.

18.5.2 Utilisation de pandas avec SQL

La bibliothèque **pandas** est un outil puissant pour l'analyse de données en Python. L'une de ses nombreuses fonctions utiles est **read_sql_query()**, qui vous permet d'exécuter des requêtes SQL et de récupérer leurs résultats sous forme de DataFrame. Cela signifie que vous pouvez facilement appliquer les fonctions d'analyse de données intégrées de pandas à vos données SQL.

Par exemple, vous pouvez utiliser **groupby()** pour regrouper vos données par certaines colonnes, ou **agg()** pour calculer différentes agrégations statistiques sur vos données. Vous pouvez également utiliser les fonctions de visualisation de pandas pour créer des visualisations de vos données. En général, **pandas** est une bibliothèque polyvalente et efficace qui peut grandement simplifier vos tâches d'analyse de données.

Exemple :

```
import pandas as pd
import sqlite3

# Connect to the SQLite database
conn = sqlite3.connect('sales.db')
```

```
# Execute a SQL query and get the results as a DataFrame
df = pd.read_sql_query("SELECT * FROM sales WHERE region = 'West'", conn)

# Close the connection
conn.close()

# Perform analysis on the DataFrame
print(df.describe())
```

Dans ce code, nous nous connectons d'abord à la base de données SQLite **sales.db**. Ensuite, nous exécutons la requête SQL et obtenons les résultats sous forme de DataFrame en utilisant la fonction **read_sql_query()**. Après avoir fermé la connexion à la base de données, nous analysons le DataFrame en utilisant la fonction **describe()**, qui fournit des statistiques descriptives pour chaque colonne.

18.5.3 Utilisation de SQLAlchemy pour l'Abstraction de Base de Données

Pour les projets plus importants et le code de production, il est souvent recommandé d'utiliser une bibliothèque plus robuste comme **SQLAlchemy**. SQLAlchemy fournit un ensemble complet d'outils SQL et un système de mappage objet-relationnel (ORM) qui offre une gamme complète de modèles de persistance de niveau entreprise bien connus. Il abstrait les spécificités des différents dialectes SQL, ce qui vous permet de passer d'un type de base de données à un autre (comme SQLite, PostgreSQL, MySQL) avec un minimum de modifications du code.

En résumé, l'intégration de Python et SQL offre le meilleur des deux mondes. Vous pouvez gérer et interroger vos données en utilisant SQL, puis les analyser en utilisant les capacités avancées des bibliothèques d'analyse de données de Python. Cette intégration rend vos flux de travail d'analyse de données plus efficaces et puissants.

18.6 Exercices Pratiques

Exercice 1 : Nettoyage de Données

Vous avez une table dans votre base de données SQLite appelée **employee_data** avec les colonnes **id**, **name**, **age**, **email**, **department**, et **salary**. Malheureusement, certaines lignes contiennent des valeurs manquantes (**None** en Python, **NULL** en SQL), et certaines entrées d'**email** ne sont pas au format approprié (elles devraient être **quelquechose@domaine.com**).

Écrivez un script Python utilisant le module sqlite3 pour :

1. Supprimer toutes les lignes ayant une colonne contenant **None/NULL**.

2. Valider les entrées d'**email** et supprimer les lignes avec un format d'**email** invalide.

```
import sqlite3
import re
```

```
# Connect to the database
conn = sqlite3.connect('my_database.db')

# Create a cursor object
c = conn.cursor()

# Remove rows with any NULL value
c.execute("DELETE FROM employee_data WHERE id IS NULL OR name IS NULL OR age IS NULL
OR email IS NULL OR department IS NULL OR salary IS NULL")

# Validate email format and remove rows with invalid emails
c.execute("SELECT * FROM employee_data")
rows = c.fetchall()
for row in rows:
    if not re.match(r"[^@]+@[^@]+\\.[^@]+", row[3]):
        c.execute("DELETE FROM employee_data WHERE id=?", (row[0],))

# Commit the changes and close the connection
conn.commit()
conn.close()
```

Exercice 2 : Transformation de Données

En supposant que vous avez une table dans votre base de données SQLite appelée **sales** avec les colonnes **id**, **region**, **total_sales**, et **date** :

    1.   Écrivez une requête SQL pour ajouter une nouvelle colonne **profit**, qui soit 10% de **total_sales**.

    2.   Écrivez un script Python utilisant sqlite3 pour implémenter la requête SQL.

```
import sqlite3

conn = sqlite3.connect('my_database.db')
c = conn.cursor()

# Add a new column 'profit'
c.execute("ALTER TABLE sales ADD COLUMN profit REAL")

# Update 'profit' as 10% of 'total_sales'
c.execute("UPDATE sales SET profit = total_sales * 0.1")

conn.commit()
conn.close()
```

Exercice 3 : Interroger la Base de Données SQL depuis Python

En utilisant la table **sales** dans votre base de données SQLite :

    1.   Écrivez un script Python utilisant le module sqlite3 pour récupérer toutes les lignes où **region** est 'West', et imprimer chaque ligne.

2. Calculez la moyenne de **total_sales** pour la région 'West' en Python.

```python
import sqlite3

conn = sqlite3.connect('my_database.db')
c = conn.cursor()

# Fetch and print rows where 'region' is 'West'
c.execute("SELECT * FROM sales WHERE region = 'West'")
rows = c.fetchall()
for row in rows:
    print(row)

# Calculate the average 'total_sales' for the 'West' region
c.execute("SELECT AVG(total_sales) FROM sales WHERE region = 'West'")
average_sales = c.fetchone()[0]
print(f'Average sales in the West region: {average_sales}')

conn.close()
```

Conclusion du Chapitre 18

Ce chapitre a fourni un aperçu complet de la manière dont Python et SQL peuvent travailler en harmonie pour fournir des solutions efficaces et flexibles pour les tâches d'analyse de données. Le processus commence par le nettoyage des données, une étape cruciale pour garantir la qualité de l'analyse de données. Nous avons exploré comment gérer les données manquantes et dupliquées, tant en Python avec pandas que directement en SQL.

Nous nous sommes plongés dans le monde de la manipulation et de la transformation des données, démontrant comment vous pouvez tirer parti de la puissance de la syntaxe SQL et de la bibliothèque pandas de Python pour extraire, convertir et créer de nouvelles données à partir d'ensembles de données existants. SQL s'est avéré être un outil puissant pour manipuler les données sur place, tandis que Python offrait un environnement flexible et intuitif pour les transformations et opérations complexes.

Le chapitre a également souligné l'importance de l'analyse exploratoire des données, la pratique consistant à résumer les principales caractéristiques d'un ensemble de données, souvent par des moyens visuels. Ici, nous avons vu comment la bibliothèque pandas de Python pouvait être utilisée pour générer des idées significatives à partir de nos données, ce qui peut aider à éclairer les étapes supplémentaires d'analyse de données ou les décisions commerciales.

Ensuite, nous nous sommes plongés dans l'art des requêtes SQL pour l'analyse de données. Des concepts SQL avancés comme la jointure de tables, l'utilisation de fonctions d'agrégation et l'élaboration de requêtes complexes sont devenus accessibles et pratiques. Nous avons appris comment nous pouvions utiliser ces outils non seulement pour extraire des données, mais aussi pour effectuer une analyse de données substantielle directement dans un environnement SQL.

Enfin, nous avons fourni un ensemble d'exercices pratiques, consolidant les concepts couverts dans ce chapitre et offrant une expérience pratique du travail avec Python et SQL ensemble dans le contexte de l'analyse de données.

Les compétences et connaissances que vous avez acquises dans ce chapitre sont des outils précieux pour tout aspirant scientifique des données ou analyste de données. Les maîtriser vous donnera un avantage dans votre capacité à gérer, analyser et obtenir des informations à partir des données. À l'avenir, celles-ci constitueront la base de techniques plus avancées en science des données et en apprentissage automatique.

Dans le prochain chapitre, nous continuerons à nous appuyer sur ces fondations, en nous plongeant dans des fonctionnalités SQL plus avancées au sein de Python et en intégrant des techniques d'analyse de données plus sophistiquées dans notre boîte à outils. Restez à l'écoute !

Chapitre 19 : Opérations avancées de base de données avec SQLAlchemy

Bienvenue au Chapitre 19, où nous plongerons dans l'univers de SQLAlchemy, une bibliothèque puissante en Python qui fournit un ensemble complet de modèles de persistance de niveau entreprise bien établis. Elle est conçue pour un accès efficace et performant aux bases de données, adapté à un langage de domaine simple et pythonique. SQLAlchemy offre aux développeurs d'applications toute la puissance et la flexibilité de SQL et constitue un choix parfait pour gérer des manipulations et des transactions de données complexes.

L'objectif principal de ce chapitre est de vous aider à comprendre comment interagir efficacement avec les bases de données en utilisant SQLAlchemy, en couvrant à la fois sa fonctionnalité SQL de base et la couche ORM (Mapping Objet-Relationnel). À la fin de ce chapitre, vous serez en mesure d'utiliser SQLAlchemy pour gérer le schéma de votre base de données, exécuter des instructions SQL et construire des applications de base de données robustes avec Python.

Commençons par une introduction à SQLAlchemy, ses caractéristiques uniques et pourquoi elle se distingue dans l'écosystème des outils de bases de données Python.

19.1 SQLAlchemy : Boîte à outils SQL et ORM

SQLAlchemy est un ensemble d'outils robuste qui fournit une boîte à outils SQL et un système de Mapping Objet-Relationnel (ORM) pour Python. Il permet une communication plus facile et intuitive avec les bases de données relationnelles et fournit des API de haut niveau pour travailler avec elles.

En utilisant SQLAlchemy, les développeurs peuvent écrire du code Python qui interagit avec les bases de données de manière plus pythonique, réduisant ainsi le besoin d'écrire du code SQL manuellement. Cela peut conduire à des temps de développement plus rapides et à un code plus efficace.

Pour commencer avec SQLAlchemy, la première étape consiste à l'installer en utilisant pip ou un autre gestionnaire de paquets. Une fois installé, les développeurs peuvent commencer à exploiter ses fonctionnalités puissantes pour construire des applications basées sur des bases de données rapides et évolutives.

```
pip install sqlalchemy
```

Avec SQLAlchemy, les développeurs peuvent interagir avec leur base de données comme ils le feraient avec SQL. En d'autres termes, vous pouvez créer des tables, des requêtes et insérer, mettre à jour ou supprimer des données. Cependant, SQLAlchemy offre plus d'abstraction et de liberté, vous permettant d'utiliser une syntaxe similaire à Python au lieu d'écrire des requêtes SQL brutes.

L'une des principales caractéristiques de SQLAlchemy est sa couche ORM, qui fournit un pont entre Python et les bases de données SQL. Elle permet aux classes Python d'être mappées aux tables de la base de données, simplifiant ainsi les opérations de base de données. Un ORM vous permet de travailler avec des bases de données en utilisant des concepts de Programmation Orientée Objet (POO), ce qui peut être beaucoup plus intuitif et efficace.

Voici un exemple rapide de l'ORM de SQLAlchemy en action :

```
from sqlalchemy import create_engine, Column, Integer, String
from sqlalchemy.orm import sessionmaker
from sqlalchemy.ext.declarative import declarative_base

Base = declarative_base()

class User(Base):
    __tablename__ = 'users'

    id = Column(Integer, primary_key=True)
    name = Column(String)
    email = Column(String)

# establish a connection
engine = create_engine('sqlite:///users.db')

# bind the engine to the Base class
Base.metadata.create_all(engine)

# create a Session
Session = sessionmaker(bind=engine)
session = Session()

# insert a user
new_user = User(name='John', email='john@example.com')
session.add(new_user)
session.commit()
```

Dans l'exemple ci-dessus, nous créons une base de données SQLite **users.db** et une table **users** avec trois colonnes **id**, **name** et **email**. Nous insérons ensuite une nouvelle ligne dans la table **users**.

Ce chapitre approfondira SQLAlchemy, en montrant ses capacités et en démontrant comment il peut être un outil polyvalent pour tout développeur Python travaillant avec des bases de données. Vous apprendrez comment vous connecter à différents types de bases de données, effectuer des opérations CRUD, gérer des transactions et bien plus encore. Commençons !

19.2 Connexion aux bases de données

SQLAlchemy est un outil puissant et polyvalent qui offre une intégration transparente avec diverses bases de données SQL. Cette fonctionnalité est facilitée par un système sophistiqué connu sous le nom de Moteur, qui fournit une source fiable de connectivité à la base de données, ainsi qu'une large gamme de comportements et de fonctionnalités utiles.

Pour établir une connexion avec une base de données, tout ce dont vous avez besoin est la fonction **create_engine()** de SQLAlchemy. Cette fonction polyvalente nécessite un argument de type chaîne contenant toutes les informations pertinentes sur la base de données à laquelle vous vous connectez. Cela inclut des détails tels que l'emplacement de la base de données, le type, le nom d'utilisateur et le mot de passe. Une fois que vous avez fourni ces informations, SQLAlchemy s'occupera du reste, en établissant une connexion sécurisée et efficace avec votre base de données.

Avec SQLAlchemy, vous pouvez facilement gérer et manipuler les données stockées dans vos bases de données SQL. Que vous cherchiez à extraire des données, mettre à jour des enregistrements existants ou en créer de nouveaux, SQLAlchemy vous couvre. Avec son interface intuitive et facile à utiliser, vous pouvez rapidement interroger vos bases de données, effectuer des calculs complexes et générer des rapports perspicaces.

En plus de sa fonctionnalité principale, SQLAlchemy fournit également une multitude de fonctionnalités et d'outils avancés qui vous permettent d'affiner la gestion et l'optimisation de votre base de données. Ceux-ci incluent l'optimisation avancée des requêtes, la prise en charge de types de données complexes et l'intégration transparente avec des frameworks web populaires comme Flask et Django.

Dans l'ensemble, SQLAlchemy est un outil indispensable pour toute personne travaillant avec des bases de données SQL. Que vous soyez un développeur expérimenté ou que vous débutiez, les fonctionnalités puissantes, l'interface intuitive et l'intégration transparente de SQLAlchemy en font le choix idéal pour gérer et manipuler vos données SQL.

La chaîne suit le format :

```
dialect+driver://username:password@host:port/database
```

- **Dialect** est le nom du système de base de données. Par exemple, **postgresql**, **mysql**, **sqlite**, etc.

- **Driver** est le nom de la bibliothèque de pilote pour se connecter à la base de données. Par exemple, **psycopg2**, **pyodbc**, etc.

- **Username** et **password** sont votre nom d'utilisateur et mot de passe de la base de données.

- **Host** et **port** sont l'adresse du serveur de base de données et le numéro de port.

- **Database** est le nom de la base de données à laquelle vous souhaitez vous connecter.

Voici un exemple de chaîne de connexion pour une base de données PostgreSQL :

```
engine =
create_engine('postgresql+psycopg2://myuser:mypassword@localhost:5432/mydatabase')
```

Dans l'exemple ci-dessus, nous nous connectons à une base de données PostgreSQL appelée **mydatabase** sur localhost, en utilisant le port **5432**, avec le nom d'utilisateur **myuser** et le mot de passe **mypassword**. Le **psycopg2** est la bibliothèque de pilote que nous utilisons pour nous connecter à la base de données.

Pour SQLite, la chaîne de connexion est plus simple :

```
engine = create_engine('sqlite:///mydatabase.db')
```

Une fois que vous avez un moteur, vous pouvez l'utiliser pour communiquer avec la base de données. Le moteur n'établit aucune connexion jusqu'à ce qu'une action nécessitant une connexion soit appelée, comme une requête.

Maintenant, il convient également de mentionner que les stratégies de moteur de SQLAlchemy peuvent être personnalisées. Les deux principaux types de stratégies de moteur sont :

1. **Simple** - Les connexions sont ouvertes et fermées pour toutes les déclarations (sauf dans le contexte d'une transaction de connexion). Il s'agit d'une méthode raisonnable pour les environnements multi-thread, multi-processus et les services qui peuvent distribuer des tâches entre plusieurs processus ou threads de travail.

2. **Threadlocal** - Les connexions sont réutilisées sur une base par thread, en utilisant une variable locale par thread. Il s'agit d'une stratégie typique pour les applications web traditionnelles où chaque thread représente une requête web isolée et atomique. La stratégie de moteur **threadlocal** est basée sur la stratégie simple, en ajoutant un contexte local par thread.

Une stratégie spécifique peut être choisie lors de l'appel de **create_engine()** avec l'argument **strategy** :

```
engine                                                                    =
create_engine('postgresql+psycopg2://myuser:mypassword@localhost:5432/mydatabase',
strategy='threadlocal')
```

Cela dit, la meilleure stratégie dépend souvent des exigences spécifiques de l'application, et il peut être bénéfique d'expérimenter avec différentes stratégies pour voir laquelle offre les meilleures performances et fiabilité pour votre cas d'usage.

Dans les sections suivantes, nous utiliserons la couche ORM de SQLAlchemy, qui abstrait bon nombre de ces détails et fournit une manière plus pythonique d'interagir avec vos bases de données. Mais c'est bien d'être au courant de ce qui se passe sous le capot !

19.3 Comprendre SQLAlchemy ORM

SQLAlchemy est un ensemble d'outils complet et puissant qui offre une large gamme de modèles de persistance de niveau entreprise, conçus pour permettre un accès efficace et performant à la base de données. Il fournit un langage de domaine simple et pythonique qui est facile à utiliser et à comprendre.

Le concept de Mapping Objet-Relationnel, ou ORM, est une technique qui permet la connexion des objets riches d'une application aux tables d'un système de gestion de base de données relationnelle. En utilisant un ORM, les propriétés et les relations des objets dans une application peuvent être facilement stockées et récupérées d'une base de données sans avoir besoin d'écrire directement des instructions SQL, ce qui réduit globalement le code d'accès à la base de données.

De plus, l'ORM dans SQLAlchemy est construit sur le Core, fournissant une suite complète de capacités de mapping entre les classes Python et les bases de données relationnelles. Cela signifie que SQLAlchemy fournit une approche flexible et complète pour l'accès à la base de données, qui peut être adaptée pour répondre aux besoins spécifiques de votre application.

Exemple :

Commençons par un exemple simple de création d'une Session SQLAlchemy, qui est l'objet principal utilisé pour interagir avec une base de données mappée par ORM :

```
from sqlalchemy import create_engine
from sqlalchemy.orm import sessionmaker

engine                                                                    =
create_engine('postgresql+psycopg2://myuser:mypassword@localhost:5432/mydatabase')

Session = sessionmaker(bind=engine)

session = Session()
```

Ici, nous créons d'abord un moteur qui sait comment se connecter à la base de données, puis nous définissons une classe Session qui servira de fabrique pour de nouvelles instances de Session, et enfin nous créons une session que nous pouvons utiliser pour communiquer avec la base de données.

Cette session est un gestionnaire de la base de données, similaire à un curseur dans une API de base de données traditionnelle, mais avec beaucoup plus de fonctionnalités. Vous pouvez l'utiliser pour interroger la base de données, la modifier et persister les changements de manière transactionnelle dans la base de données.

Maintenant que nous avons une session, nous pouvons l'utiliser pour exécuter des requêtes SQL. Mais avant de faire cela, nous devons définir nos modèles de données.

```python
from sqlalchemy import Column, Integer, String
from sqlalchemy.ext.declarative import declarative_base

Base = declarative_base()

class User(Base):
    __tablename__ = 'users'

    id = Column(Integer, primary_key=True)
    name = Column(String)
    fullname = Column(String)
    nickname = Column(String)

    def __repr__(self):
        return "<User(name='%s', fullname='%s', nickname='%s')>" % (
                            self.name, self.fullname, self.nickname)
```

Dans ce code, nous définissons une classe User qui inclut des champs pour un identifiant, un nom, un nom complet et un surnom. La classe utilise le système Déclaratif de SQLAlchemy, qui fournit un moyen pratique de déclarer des schémas et des modèles dans une seule déclaration de classe.

Dans la prochaine section, nous verrons comment utiliser ces modèles pour effectuer des opérations de base de données en utilisant l'ORM de SQLAlchemy.

19.4 Opérations CRUD avec SQLAlchemy ORM

Maintenant que nous avons notre classe **User** définie, nous pouvons l'utiliser pour interagir avec la table **users** de plusieurs façons. Par exemple, nous pouvons interroger la table pour récupérer des enregistrements spécifiques selon certains critères, ou nous pouvons insérer de nouveaux enregistrements dans la table. Nous pouvons également mettre à jour des enregistrements existants dans la table pour refléter les changements dans les données utilisateur correspondantes, ou nous pouvons supprimer des enregistrements de la table complètement. Ces opérations sont souvent appelées opérations CRUD, ce qui signifie Créer, Lire, Mettre à jour et Supprimer. En utilisant notre classe **User** pour exécuter ces opérations, nous pouvons nous assurer que notre application interagit avec notre base de données de manière fiable et cohérente. Cela aide à réduire les erreurs et garantit que nos données restent précises et à jour en tout temps.

19.4.1 Création d'enregistrements

Tout d'abord, voyons comment ajouter de nouveaux enregistrements à notre table :

```
new_user = User(name='newuser', fullname='New User', nickname='newbie')
session.add(new_user)
session.commit()
```

Dans ce code, nous créons d'abord une nouvelle instance de notre classe **User**. Ensuite, nous utilisons la méthode **add()** de notre session pour préparer le nouvel utilisateur à l'insertion. Enfin, nous utilisons la méthode **commit()** de notre session pour appliquer les modifications à la base de données.

19.4.2 Lecture des Enregistrements

Nous pouvons utiliser notre session pour interroger la base de données à la recherche d'enregistrements. Voici comment nous pouvons obtenir tous les utilisateurs :

```
users = session.query(User).all()
for user in users:
    print(user.name, user.fullname)
```

Nous pouvons également filtrer notre requête pour obtenir des utilisateurs spécifiques :

```
users = session.query(User).filter(User.name == 'newuser').all()
for user in users:
    print(user.name, user.fullname)
```

19.4.3 Mise à Jour des Enregistrements

Pour mettre à jour un enregistrement, nous l'interrogeons d'abord, puis nous modifions ses attributs et, enfin, nous validons la session :

```
user = session.query(User).filter(User.name == 'newuser').first()
user.nickname = 'experienced'
session.commit()
```

19.4.4 Suppression des Enregistrements

Pour supprimer un enregistrement, nous l'interrogeons à nouveau, puis nous utilisons la méthode **delete()** de notre session :

```
user = session.query(User).filter(User.name == 'newuser').first()
session.delete(user)
session.commit()
```

Voilà un aperçu de la façon dont vous pouvez utiliser SQLAlchemy ORM pour effectuer des opérations CRUD sur une base de données PostgreSQL. Dans les sections suivantes, nous approfondirons l'utilisation de SQLAlchemy ORM, en explorant des sujets tels que les requêtes complexes, les relations entre les tables et la gestion des transactions.

19.5 Gestion des Relations avec SQLAlchemy ORM

L'un des avantages les plus significatifs de l'utilisation d'un outil de Mapping Objet-Relationnel (ORM) comme SQLAlchemy est qu'il simplifie le processus de gestion des relations entre les tables. En fournissant des moyens de haut niveau et pythoniques de définir et de travailler avec les relations entre tables, SQLAlchemy réduit considérablement la complexité de la mise en œuvre de schémas de bases de données impliquant plusieurs tables avec des données interreliées.

Par exemple, considérons l'exemple de l'ajout d'une classe **Post** pour représenter un article de blog rédigé par un **User**. Étant donné qu'un utilisateur peut avoir plusieurs articles, nous avons une relation un-à-plusieurs entre un **User** et un **Post**. En utilisant SQLAlchemy, nous pouvons définir cette relation de manière directe et intuitive, ce qui aurait été considérablement plus complexe et chronophage en SQL pur.

En tirant parti de la puissance et de la flexibilité d'outils ORM comme SQLAlchemy, les développeurs peuvent se concentrer davantage sur la logique métier de leurs applications et passer moins de temps à se préoccuper de l'implémentation de la base de données sous-jacente. Cela peut conduire à des améliorations significatives dans la maintenabilité du code, la productivité des développeurs et le succès global du projet.

Exemple :

Voici comment nous pouvons définir la classe **Post** et la relation :

```
from sqlalchemy import Column, Integer, String, ForeignKey
from sqlalchemy.orm import relationship

Base = declarative_base()

class User(Base):
    __tablename__ = 'users'

    id = Column(Integer, primary_key=True)
    name = Column(String)
    fullname = Column(String)
    nickname = Column(String)
```

```
    posts = relationship("Post", back_populates="author")

class Post(Base):
    __tablename__ = 'posts'

    id = Column(Integer, primary_key=True)
    title = Column(String)
    content = Column(String)
    author_id = Column(Integer, ForeignKey('users.id'))

    author = relationship("User", back_populates="posts")
```

Dans ce code, nous définissons un attribut **posts** dans notre classe **User** et un attribut **author** dans notre classe **Post** pour représenter la relation entre les deux. Nous utilisons la fonction **relationship** de SQLAlchemy pour ce faire. Le paramètre **back_populates** est utilisé pour garantir que les deux côtés de la relation sont mis à jour correctement lorsque des modifications sont effectuées.

Nous pouvons maintenant créer une publication pour un utilisateur de la manière suivante :

```
user = session.query(User).filter(User.name == 'existinguser').first()
new_post = Post(title='First Post', content='This is my first post!', author=user)
session.add(new_post)
session.commit()
```

Dans cet exemple, nous effectuons d'abord une requête pour l'utilisateur qui sera l'auteur de la publication. Ensuite, nous créons une nouvelle instance de **Post**, en définissant son attribut **author** comme étant l'utilisateur. Lorsque nous ajoutons et validons la nouvelle publication, SQLAlchemy définit automatiquement le champ **author_id** sur l'ID de l'utilisateur.

Nous pouvons également accéder aux publications d'un utilisateur :

```
user = session.query(User).filter(User.name == 'existinguser').first()
for post in user.posts:
    print(post.title)
```

Dans ce code, nous pouvons simplement itérer sur l'attribut **posts** d'une instance de **User** pour obtenir toutes les publications effectuées par l'utilisateur. SQLAlchemy se charge d'exécuter le SQL nécessaire pour récupérer les publications.

Cela montre comment SQLAlchemy ORM peut considérablement simplifier le travail avec les relations dans une base de données. Il vous permet de travailler avec vos données de manière pythonique et de haut niveau, en faisant abstraction d'une grande partie de la complexité de SQL.

19.6 Requêtes avec jointures dans SQLAlchemy

SQLAlchemy ORM est un outil utile pour les développeurs qui ont besoin d'une manière pythonique et de haut niveau d'écrire des opérations de jointure SQL. En effet, il fournit une vaste gamme de fonctionnalités qui peuvent être utilisées pour manipuler des bases de données. L'une de ses fonctionnalités les plus utiles est la fonction **join**, qui permet aux développeurs de combiner les données de deux tables en fonction d'une condition spécifiée. Cela est particulièrement utile lorsqu'on travaille avec de grands ensembles de données qui doivent être traités rapidement et efficacement.

Pour utiliser la fonction **join**, les développeurs doivent d'abord sélectionner les deux tables qu'ils souhaitent combiner en utilisant les fonctions **select** ou **select_from**. Une fois ces tables sélectionnées, la fonction **join** peut être utilisée pour les combiner en fonction d'une condition. Cette condition peut être n'importe quelle expression SQL valide et peut être utilisée pour filtrer les données de différentes manières.

Dans l'ensemble, SQLAlchemy ORM est un outil puissant qui peut aider les développeurs à écrire du code plus efficace et performant. Sa fonction **join** n'est qu'une des nombreuses fonctionnalités qui en font une ressource si utile pour travailler avec des bases de données.

Exemple :

Supposons que nous ayons deux tables, **User** et **Post**, et que nous voulions sélectionner toutes les publications avec les informations de leurs auteurs. Nous pouvons y parvenir en utilisant une **join** :

```
from sqlalchemy.orm import joinedload

# Eager load posts with their authors
posts = session.query(Post).options(joinedload(Post.author)).all()

for post in posts:
    print(f"Title: {post.title}, Author: {post.author.name}")
```

Dans cet exemple, **joinedload(Post.author)** indique à SQLAlchemy d'utiliser un JOIN SQL pour charger la **Post** et ses entités **User** associées en une seule opération. Cela s'appelle le « chargement anticipé », ce qui peut améliorer considérablement les performances en réduisant le nombre de requêtes nécessaires pour récupérer les entités associées.

Ceci n'est qu'un exemple, mais vous pouvez créer des requêtes plus complexes en utilisant plusieurs jointures, et vous pouvez également utiliser des jointures externes gauches, des jointures externes droites et des jointures externes complètes. Vous pouvez également créer des requêtes qui joignent une table à elle-même (auto-jointure).

Dans l'ensemble, l'utilisation de SQLAlchemy peut rendre le travail avec SQL en Python beaucoup plus gérable, même lorsqu'il s'agit de requêtes et d'opérations complexes. Il fait abstraction de nombreux détails de SQL, ce qui vous permet de vous concentrer davantage sur votre code Python. De plus, comme nous l'avons vu, il offre plusieurs fonctionnalités et optimisations puissantes, telles que la gestion des relations entre tables et le chargement anticipé des entités associées.

19.7 Transactions dans SQLAlchemy

Dans toute application qui interagit avec une base de données, la gestion des transactions est essentielle. Les transactions peuvent être considérées comme une série d'opérations qui sont regroupées et traitées comme une seule unité de travail. Les objectifs principaux des transactions sont de garantir la cohérence des données et de maintenir l'intégrité de la base de données. Les transactions sont souvent utilisées dans des situations où il est nécessaire de mettre à jour des données dans plusieurs tables.

Une façon courante de gérer les transactions consiste en un processus connu sous le nom de validation et d'annulation. Lorsqu'une transaction est validée, tous les changements effectués pendant la transaction sont enregistrés dans la base de données. Si une erreur se produit pendant la transaction, les changements effectués jusqu'à ce moment peuvent être annulés en effectuant une annulation. Cela garantit que la base de données reste dans un état cohérent même si quelque chose tourne mal pendant la transaction.

Il existe également d'autres méthodes pour gérer les transactions, telles que les points de sauvegarde et les transactions imbriquées, qui peuvent fournir un contrôle plus granulaire sur le processus de transaction. Les points de sauvegarde vous permettent de marquer un point spécifique dans une transaction à partir duquel vous pouvez annuler ultérieurement, tandis que les transactions imbriquées vous permettent de regrouper des transactions au sein d'autres transactions.

Dans l'ensemble, la gestion appropriée des transactions est essentielle pour maintenir l'intégrité d'une base de données et garantir que les données restent cohérentes et précises.

SQLAlchemy fournit une API de transactions conçue pour offrir flexibilité et facilité d'utilisation. Cela implique deux méthodes clés :

1. La méthode **commit()** est essentielle pour garantir que tous les changements effectués pendant la transaction sont enregistrés dans la base de données. Une fois que la transaction est validée avec succès, le système peut être sûr que les changements ont été enregistrés. Cependant, si aucun changement n'est effectué pendant la transaction, cette méthode n'a aucun effet.

2. D'autre part, la méthode **rollback()** est utilisée pour annuler tout changement effectué pendant la transaction. Cela est important lorsqu'il y a des erreurs ou des fautes commises pendant la transaction qui doivent être corrigées. En annulant la transaction, tous les changements effectués pendant cette période sont supprimés, ce qui permet au système de recommencer.

Il est important de noter que les deux méthodes sont cruciales pour garantir l'intégrité et la cohérence des données. Sans elles, il existe un risque de perte ou de corruption des données. Par conséquent, il est important de les utiliser correctement et avec précaution.

Exemple :

Voici un exemple de la façon dont ces méthodes peuvent être utilisées :

```python
from sqlalchemy.exc import IntegrityError

# Start a new session
session = Session()

try:
    # Add a new user to the database
    new_user = User(name='New User', email='new_user@example.com')
    session.add(new_user)

    # Commit the transaction
    session.commit()
except IntegrityError:
    # If an error occurred, roll back the transaction
    session.rollback()
```

Dans cet exemple, si l'ajout du nouvel utilisateur à la base de données échoue (par exemple, en raison d'une contrainte d'unicité sur le champ email), une **IntegrityError** est levée. Le bloc **except** capture cette erreur et la méthode **rollback()** est appelée pour annuler la transaction.

L'utilisation de **commit()** et **rollback()** vous donne un contrôle précis sur vos transactions de base de données et garantit que votre base de données reste cohérente, même en cas d'erreurs. C'est un outil puissant qui devrait faire partie de la boîte à outils de tout développeur Python travaillant avec des bases de données.

19.8 Gestion des relations dans SQLAlchemy

Dans une base de données relationnelle typique, les tables ont souvent des relations entre elles. Ces relations sont établies en fonction des données que contiennent les tables. Par exemple, une table d'utilisateurs peut être liée à une table de commandes, et chaque commande peut être associée à l'utilisateur qui l'a passée. Cette relation est importante car elle permet la création de requêtes plus complexes qui peuvent extraire des informations significatives des données.

SQLAlchemy est une bibliothèque puissante qui fournit une interface pythonique de haut niveau pour gérer de telles relations. Avec SQLAlchemy, vous pouvez facilement définir les relations entre les tables et effectuer des requêtes complexes qui tirent parti de ces relations. De plus, SQLAlchemy fournit un ensemble robuste d'outils pour travailler avec les bases de données, y compris la prise en charge de plusieurs moteurs de bases de données, la gestion des transactions et bien plus encore. Que vous travailliez avec une petite base de données ou un système vaste et complexe, SQLAlchemy fournit les outils dont vous avez besoin pour gérer efficacement vos données.

Exemple :

Pour définir une relation dans SQLAlchemy, vous pouvez utiliser la fonction **relationship**, qui est utilisée pour construire une nouvelle propriété capable de charger l'entité associée. Voici un exemple simple :

```python
from sqlalchemy import Column, Integer, String, ForeignKey
from sqlalchemy.orm import relationship
from sqlalchemy.ext.declarative import declarative_base

Base = declarative_base()

class User(Base):
    __tablename__ = 'users'

    id = Column(Integer, primary_key=True)
    name = Column(String)
    email = Column(String)

    orders = relationship("Order", back_populates="user")

class Order(Base):
    __tablename__ = 'orders'

    id = Column(Integer, primary_key=True)
    product_name = Column(String)
    user_id = Column(Integer, ForeignKey('users.id'))

    user = relationship("User", back_populates="orders")
```

Dans cet exemple, la classe **User** possède un attribut **orders**, qui est une relation dynamique avec la classe **Order**. Cela signifie que vous pouvez facilement accéder aux commandes d'un utilisateur en utilisant l'attribut **orders** :

```python
# Assuming `user` is an instance of the User class:
for order in user.orders:
    print(order.product_name)
```

De manière similaire, la classe **Order** possède un attribut **user**, qui est une relation avec la classe **User**. Vous pouvez utiliser cela pour accéder à l'utilisateur associé à une commande :

```python
# Assuming `order` is an instance of the Order class:
print(order.user.name)
```

SQLAlchemy s'occupe de tous les détails de configuration et de gestion de ces relations, afin que vous puissiez vous concentrer sur l'écriture de la logique de votre application. C'est un outil puissant qui facilite considérablement le travail avec les bases de données relationnelles en Python.

19.9 Langage d'Expressions SQL de SQLAlchemy

SQLAlchemy est un outil puissant qui offre une série de fonctionnalités pour travailler avec les bases de données. L'une des plus utiles de ces fonctionnalités est le Langage d'Expressions SQL. Ce langage fournit une interface vaste et flexible pour générer des instructions SQL de manière dynamique.

Avec SQLAlchemy, vous pouvez créer des requêtes SQL qui s'adaptent à vos besoins spécifiques, et vous pouvez le faire de manière sûre et protégée. Le Langage d'Expressions SQL offre non seulement la flexibilité des requêtes SQL brutes, mais garantit également que votre code est protégé contre les attaques par injection SQL. Cela signifie que vous pouvez avoir confiance en la sécurité et la fiabilité de votre code, même lorsque vous travaillez avec des bases de données complexes.

Dans l'ensemble, SQLAlchemy est un outil essentiel pour tout développeur qui doit travailler avec des bases de données, et le Langage d'Expressions SQL n'est qu'une des nombreuses raisons pour lesquelles c'est un outil si puissant et polyvalent.

Exemple :

Voyons un exemple de son fonctionnement :

```python
from sqlalchemy import create_engine, MetaData, Table, select

engine = create_engine('sqlite:///example.db')

metadata = MetaData()

users = Table('users', metadata, autoload_with=engine)

stmt = select(users).where(users.c.id == 1)

with engine.connect() as connection:
    result = connection.execute(stmt)
    for row in result:
        print(row)
```

Dans l'exemple ci-dessus, nous avons utilisé le Langage d'Expressions SQL de SQLAlchemy pour construire une instruction SELECT qui récupère un utilisateur avec un ID de 1. La fonction **select** génère une nouvelle instruction SQL SELECT, et la méthode **where** génère une clause WHERE.

Le Langage d'Expressions SQL fournit une vue centrée sur le schéma de la base de données, plutôt qu'une vue centrée sur l'ORM. Il permet un contrôle précis et constitue un excellent choix pour les requêtes complexes et les interactions avec les bases de données.

Cependant, gardez à l'esprit que, bien qu'il offre beaucoup de flexibilité, le Langage d'Expressions SQL est de plus bas niveau que l'ORM et nécessite une configuration plus détaillée. Il est recommandé d'utiliser l'ORM pour les opérations de base de données standard et de recourir au Langage d'Expressions SQL lorsqu'un contrôle accru est nécessaire.

Cela conclut le résumé de SQLAlchemy, son ORM et le Langage d'Expressions SQL. Ces outils offrent une variété d'options pour travailler avec les bases de données en Python, des opérations ORM de haut niveau aux requêtes SQL détaillées. En comprenant ces outils, vous serez bien équipé pour gérer n'importe quelle tâche liée aux données dans vos applications Python.

19.10 Exercice Pratique

Exercices 1

1. **Création d'une Base de Données avec SQLAlchemy ORM :**

Créez une base de données SQLite en utilisant SQLAlchemy avec les tables suivantes :

- Utilisateurs (colonnes : id, nom, adresse e-mail, pays)

- Commandes (colonnes : id, user_id, produit, quantité)

Voici le code initial pour l'exercice :

```python
from sqlalchemy import Column, Integer, String, create_engine, ForeignKey
from sqlalchemy.orm import relationship, sessionmaker
from sqlalchemy.ext.declarative import declarative_base

Base = declarative_base()
engine = create_engine('sqlite:///exercise.db', echo=True)

# Define your classes here

# Create the tables in the database
Base.metadata.create_all(engine)
```

2. **Insertion de Données dans les Tables :**

Insérez les données suivantes dans les tables que vous avez créées dans l'exercice précédent :

- Utilisateurs : (1, 'John', 'john@example.com', 'États-Unis'), (2, 'Jane', 'jane@example.com', 'Canada') o   Commandes : (1, 1, 'Pommes', 10), (2, 2, 'Oranges', 20)

N'oubliez pas d'utiliser une session pour ajouter et valider les données dans la base de données.

3. **Requête à la Base de Données :** Écrivez une requête pour obtenir toutes les commandes passées par 'John'. Utilisez une opération JOIN pour obtenir les données des deux tables. Affichez le produit et la quantité de chaque commande.

4. **Mise à Jour des Données :** Écrivez une requête pour mettre à jour la quantité de 'Pommes' commandées par 'John' à 15.

5. **Suppression de Données :** Écrivez une requête pour supprimer la commande d'« Oranges ».

N'oubliez pas, ces exercices doivent être réalisés en utilisant l'ORM de SQLAlchemy. Essayez-les et observez à quel point vous êtes à l'aise avec la façon dont SQLAlchemy travaille avec les bases de données.

Conclusion du Chapitre 19

Et avec cela, nous sommes arrivés à la conclusion de notre vaste voyage à travers l'intersection de Python et SQL, avec comme dernière étape SQLAlchemy, la boîte à outils SQL et ORM pour Python. Ce dernier chapitre nous a menés plus profondément dans le royaume de Python et des bases de données, allant au-delà des opérations CRUD de base et nous aventurant en territoire plus avancé avec SQLAlchemy.

Nous avons appris comment SQLAlchemy, avec ses deux facettes en tant que boîte à outils SQL et ORM, rationalise les opérations de base de données et abstrait les commandes SQL en expressions pythoniques. Le système déclaratif introduit par SQLAlchemy permet aux programmeurs Python de définir leur schéma de base de données directement dans le code Python en utilisant un système basé sur les classes, comblant ainsi le fossé entre le modèle de base de données relationnelle et le paradigme orienté objet. Le langage de requête expressif de SQLAlchemy nous a permis d'exécuter des opérations de base de données complexes sans écrire de SQL brut.

De plus, nous avons passé en revue la création de relations entre tables, la gestion des sessions, les transactions et le maintien de la conformité ACID ; ces caractéristiques font de SQLAlchemy non seulement un outil, mais une solution complète pour les opérations de base de données en Python.

Enfin, ce chapitre - et en fait tout le livre - s'est conclu par des exercices pratiques visant à consolider votre compréhension et à fournir une expérience concrète.

Dans l'ensemble, l'objectif de ce livre était de fournir une compréhension approfondie de l'utilisation conjointe de Python et SQL, en partant des bases de chacun et en progressant vers des scénarios plus complexes et du monde réel. Nous avons parcouru les fondamentaux de

SQL, les conceptions de bases de données, les requêtes complexes, les modules de bases de données Python comme sqlite3, jusqu'aux opérations de bases de données avancées utilisant SQLAlchemy.

En tant que dernier chapitre du livre, il convient de dire que maîtriser SQLAlchemy serait l'un des points culminants de votre parcours dans l'utilisation de Python pour la gestion et la manipulation de bases de données. Cependant, comme pour tout voyage dans le monde technologique, l'apprentissage ne s'arrête pas ici. Continuez à explorer, à pratiquer et à mettre en œuvre ce que vous avez appris dans des projets du monde réel.

Merci de nous avoir accompagnés jusqu'à la fin. Nous espérons que ce livre aura été une ressource précieuse dans votre parcours d'apprentissage et nous vous souhaitons tout le meilleur dans vos futurs projets avec Python et SQL. Bon codage !

Partie IV : Annexes

Annexe A : Questions d'Entretien Python

Cette annexe est une compilation utile de questions courantes d'entretien Python qui testent votre compréhension des fonctionnalités de base et avancées du langage. Elles couvrent un large éventail de sujets, des types de données et structures de contrôle aux concepts de POO, décorateurs, générateurs et bien plus encore.

Plongeons-nous dedans !

1. **Quelles sont les caractéristiques clés de Python ?** Python est un langage de programmation interprété, de haut niveau et à usage général. Sa philosophie de conception met l'accent sur la lisibilité du code, et sa syntaxe permet aux programmeurs d'exprimer des concepts en moins de lignes de code qu'il ne serait possible dans des langages comme C++ ou Java.

2. **Quelle est la différence entre une liste et un tuple en Python ?** Les listes et les tuples sont tous deux des types de séquence pouvant stocker une collection d'éléments. Cependant, les listes sont mutables, ce qui signifie que vous pouvez modifier leur contenu sans changer leur identité. En revanche, les tuples sont immuables : vous ne pouvez pas changer leur contenu une fois défini.

3. **Pouvez-vous expliquer comment fonctionne le ramasse-miettes en Python ?** Le système de ramasse-miettes de Python est géré par le gestionnaire de mémoire de Python. Le mécanisme principal est le comptage de références. Les objets sont automatiquement supprimés lorsque leur compteur de références tombe à zéro. De plus, Python dispose d'un ramasse-miettes cyclique qui peut détecter et collecter les cycles d'objets.

4. **Qu'est-ce que la compréhension de liste en Python ? Fournissez un exemple.** La compréhension de liste est une manière compacte de traiter tous ou partie des éléments d'une séquence et de retourner une liste avec les résultats.Exemple :

```
numbers = [1, 2, 3, 4, 5]
squared = [n**2 for n in numbers]  # List comprehension
```

5. **Expliquez l'utilisation de "self" dans les classes Python.self** est une convention utilisée dans les méthodes Python pour faire référence à l'instance sur laquelle la

méthode est appelée. Il est automatiquement passé à toute méthode d'instance lors de son appel.

6. **Quelle est la différence entre les méthodes d'instance, statiques et de classe en Python ?** Les méthodes d'instance sont le type le plus courant. Elles prennent **self** comme premier paramètre. Les méthodes de classe affectent la classe dans son ensemble et prennent **cls** comme premier paramètre. Les méthodes statiques, décorées avec **@staticmethod**, ne prennent pas de paramètre **self** ou **cls** et ne peuvent pas modifier directement l'état de l'instance ou de la classe.

7. **Qu'est-ce qu'un décorateur en Python ?** Les décorateurs vous permettent d'envelopper une autre fonction pour étendre le comportement de la fonction enveloppée, sans la modifier de manière permanente.

8. **Expliquez le concept de générateurs en Python.** Les générateurs sont un type d'itérable, comme les listes ou les tuples. Ils ne permettent pas l'indexation, mais peuvent néanmoins être parcourus avec des boucles for. Ils sont créés en utilisant des fonctions et l'instruction **yield**.

9. **Que sont args et kwargs ?**

   ○ **args** et **kwargs** sont une syntaxe spéciale pour passer des arguments de longueur variable à une fonction. **args** est utilisé pour passer une liste d'arguments de longueur variable sans mots-clés et **kwargs** est utilisé pour passer une longueur variable d'arguments avec mots-clés.

10. **Comment réalise-t-on le multithreading en Python ?** Le multithreading peut être réalisé en Python en utilisant le module **threading**. Cependant, en raison du verrou global de l'interpréteur (GIL), les threads Python sont davantage adaptés aux tâches liées aux E/S qu'aux tâches liées au CPU.

N'oubliez pas, ce ne sont que des exemples et les questions réelles que vous rencontrerez peuvent varier considérablement selon l'entreprise et le poste spécifique pour lequel vous passez l'entretien. Assurez-vous d'étudier la description du poste pour comprendre quels concepts et compétences sont les plus pertinents.

Annexe B : Questions d'Entretien sur SQL

Cette annexe compile les questions d'entretien courantes sur SQL, couvrant à la fois les aspects fondamentaux et avancés de SQL. Elles abordent divers sujets, tels que les commandes de base, les jointures, les index, les procédures stockées et plus encore.

Commençons !

1. **Que signifie SQL et à quoi sert-il ?** SQL signifie Structured Query Language (Langage de Requête Structuré). C'est un langage standard utilisé pour interagir avec les bases de données relationnelles. SQL peut être utilisé pour insérer, rechercher, mettre à jour et supprimer des enregistrements de bases de données. Il ne permet pas d'écrire des applications complètes, mais il vous permet de gérer les données dans les bases de données.

2. **Quelles sont les différences entre SQL et NoSQL ?** Les bases de données SQL sont relationnelles, les NoSQL ne sont pas relationnelles. Les bases de données SQL utilisent un langage de requête structuré et ont un schéma prédéfini. Les bases de données NoSQL ont des schémas dynamiques pour les données non structurées.

3. **Peux-tu expliquer les types de base de commandes SQL ?** Les commandes SQL peuvent être divisées en cinq types selon leur fonctionnalité : DDL (Langage de Définition de Données), DML (Langage de Manipulation de Données), DCL (Langage de Contrôle de Données), TCL (Langage de Contrôle de Transaction) et DQL (Langage de Requête de Données).

4. **Quelle est la différence entre les commandes DELETE et TRUNCATE ?** DELETE est une commande DML et TRUNCATE est une commande DDL. L'instruction DELETE est utilisée pour supprimer une ligne dans une table. L'instruction TRUNCATE est une opération de Langage de Définition de Données (DDL) qui est utilisée pour marquer les extensions d'une table pour leur désallocation (vide pour leur réutilisation). Le résultat de cette opération supprime rapidement toutes les données d'une table, en contournant généralement un certain nombre de mécanismes d'application d'intégrité destinés à protéger les données.

5. **Qu'est-ce qu'une JOIN en SQL ? Peux-tu expliquer les différents types de JOIN ?** JOIN est un moyen de combiner des colonnes d'une (auto-jointure) ou plusieurs tables

en utilisant des valeurs communes à chacune. La norme ANSI-SQL spécifie cinq types de JOIN : INNER, LEFT OUTER, RIGHT OUTER, FULL OUTER et CROSS.

6. **Quelle est l'utilisation du mot-clé DISTINCT en SQL ?** Le mot-clé DISTINCT en SQL est utilisé pour retourner uniquement des valeurs distinctes (uniques) dans l'ensemble de résultats. Il élimine tous les enregistrements en double.

7. **Que sont les Index en SQL ?** Les index sont utilisés pour récupérer des données des bases de données plus rapidement. Les index sont utilisés sur des colonnes pour des opérations de recherche plus rapides.

8. **Qu'est-ce qu'une Vue en SQL ?** Une Vue est une table virtuelle basée sur l'ensemble de résultats d'une instruction SQL. Une vue contient des lignes et des colonnes, tout comme une table réelle. Les champs d'une vue sont des champs d'une ou plusieurs tables réelles dans la base de données.

9. **Qu'est-ce qu'une Procédure Stockée ?** Une procédure stockée est un code SQL préparé qui peut être sauvegardé, afin que le code puisse être réutilisé encore et encore. Elle peut prendre des paramètres et peut retourner une valeur.

10. **Qu'est-ce qu'un Trigger en SQL ?** Un trigger en SQL est un type spécial de procédure stockée qui s'exécute automatiquement lorsqu'un événement se produit sur le serveur de base de données.

Comme pour Python, ce ne sont que des exemples, et les questions réelles qui vous seront posées peuvent varier considérablement selon le rôle spécifique et l'entreprise. Étudiez toujours la description du poste pour comprendre quels concepts et compétences sont les plus importants.

Annexe C : Aide-mémoire Python

Syntaxe de base de Python

1. Fonction Print

```
print("Hello, World!")
```

2. Affectation de variables

```
x = 5
y = "Hello, World!"
```

3. Commentaires

```
# This is a single line comment
"""
This is a
multi-line comment
"""
```

4. Instructions conditionnelles

```
if x > y:
    print("x is greater than y")
elif x < y:
    print("x is less than y")
else:
    print("x is equal to y")
```

5. Boucles

```
for i in range(5):
    print(i)

while x < 10:
    print(x)
```

```
    x += 1
```

6. Fonctions

```python
def my_function():
    print("Hello from a function")
```

Structures de données

1. Liste

```python
my_list = [1, 2, 3, 4, 5]
```

2. Dictionnaire

```python
my_dict = {
  "brand": "Ford",
  "model": "Mustang",
  "year": 1964
}
```

3. Tuples

```python
my_tuple = ("apple", "banana", "cherry")
```

4. Ensembles

```python
my_set = {"apple", "banana", "cherry"}
```

Listes en compréhension

```python
squares = [x**2 for x in range(10)]
```

Gestion des exceptions

```python
try:
    print(x)
except:
    print("An exception occurred")
```

Gestion des fichiers

```
# Write a file
with open("myfile.txt", "w") as file:
    file.write("Hello, World!")

# Read a file
with open("myfile.txt", "r") as file:
    print(file.read())
```

Classes et objets

```
class MyClass:
    x = 5

p1 = MyClass()
print(p1.x)
```

Cet aide-mémoire couvre les bases de Python et, bien qu'il ne soit pas exhaustif, il fournit un point de départ solide pour la programmation en Python.

Annexe D : Aide-mémoire SQL

Syntaxe SQL

1. **Sélectionner toutes les colonnes d'une table**

```
SELECT * FROM table_name;
```

2. **Sélectionner des colonnes spécifiques d'une table**

```
SELECT column1, column2 FROM table_name;
```

3. **Sélectionner les valeurs distinctes d'une colonne**

```
SELECT DISTINCT column_name FROM table_name;
```

4. **Compter les valeurs distinctes d'une colonne**

```
SELECT COUNT(DISTINCT column_name) FROM table_name;
```

5. **Filtrer avec WHERE**

```
SELECT * FROM table_name WHERE column_name = 'value';
```

6. **Trier par colonnes**

```
SELECT * FROM table_name ORDER BY column_name ASC|DESC;
```

7. **Fonctions d'agrégation**

```
SELECT COUNT(column_name) FROM table_name;
SELECT AVG(column_name) FROM table_name;
SELECT SUM(column_name) FROM table_name;
SELECT MIN(column_name) FROM table_name;
SELECT MAX(column_name) FROM table_name;
```

8. **Regrouper par colonnes**

```
SELECT COUNT(column_name), group_column FROM table_name GROUP BY group_column;
```

9. **Clause Having (utilisée avec GROUP BY)**

```
SELECT COUNT(column_name), group_column FROM table_name GROUP BY group_column HAVING
COUNT(column_name) > 10;
```

Opérations CRUD

1. **Insérer dans une table**

```
INSERT INTO table_name (column1, column2) VALUES ('value1', 'value2');
```

2. **Mettre à jour une table**

```
UPDATE table_name SET column1 = 'new_value' WHERE condition;
```

3. **Supprimer d'une table**

```
DELETE FROM table_name WHERE condition;
```

4. **Créer une table**

```
CREATE TABLE table_name (
    column1 datatype,
    column2 datatype,
    column3 datatype
);
```

5. **Supprimer une table**

```
DROP TABLE table_name;
```

6. **Modifier une table**

```
ALTER TABLE table_name
ADD column_name datatype;
```

Cet aide-mémoire couvre les bases de SQL, offrant un aperçu des opérations SQL courantes. Il ne couvre pas tous les aspects de SQL, mais constitue un bon point de départ pour la plupart des tâches.

Conclusion

Nous sommes arrivés au terme de notre voyage, un voyage qui a commencé avec de simples variables et types, et qui s'est achevé par la manipulation de bases de données utilisant SQL intégré dans des programmes Python. Un voyage qui a embrassé l'univers de Python et SQL, explorant différentes planètes : variables, structures de contrôle, fonctions, POO, modules, bibliothèques, structures de données, gestion des exceptions, opérations sur les fichiers et le vaste cosmos de SQL et des Systèmes de Gestion de Bases de Données (SGBD).

Tout au long du livre, nous avons vu comment la simplicité et la flexibilité de Python en font l'un des outils les plus puissants pour la manipulation et l'analyse de données. La syntaxe proche de l'anglais du langage nous permet d'écrire rapidement du code lisible et maintenable, et son riche écosystème fournit des bibliothèques et des modules pour pratiquement toute tâche imaginable.

SQL, quant à lui, avec sa nature intuitive et déclarative, nous permet d'interagir avec les bases de données de manière fluide. En maîtrisant SQL, nous pouvons libérer la puissance des bases de données relationnelles, en effectuant des opérations et des requêtes complexes pour transformer des données brutes en informations utiles.

La combinaison de Python et SQL fournit un ensemble d'outils exceptionnellement puissant pour travailler avec les données, nous permettant d'automatiser les tâches de traitement, d'analyse et de reporting des données. Nous pouvons construire des systèmes robustes qui combinent la puissance de traitement et les capacités analytiques de Python avec la capacité de SQL à gérer et manipuler des ensembles de données volumineux et complexes.

Mais qu'y a-t-il au-delà de ce voyage ? Quelles sont les prochaines étapes après avoir compris Python et SQL ?

La programmation est comme un océan, vaste et profond. Les langages, outils et techniques sont comme les vagues, jamais statiques, évoluant et changeant continuellement. Il y a toujours plus à apprendre et à explorer.

Après avoir appris Python et SQL, vous souhaiterez peut-être approfondir l'analyse de données, l'apprentissage automatique et l'intelligence artificielle, domaines pour lesquels Python excelle particulièrement. Des bibliothèques comme pandas, NumPy et scikit-learn peuvent vous emmener plus loin sur ce chemin.

Vous pouvez également explorer différents types de bases de données : des bases de données NoSQL comme MongoDB ou des bases de données graphes comme Neo4j. Chaque type de base de données a ses forces et ses cas d'usage et peut être un autre outil puissant dans votre boîte à outils de données.

Peut-être voudrez-vous vous plonger davantage dans le développement web, en créant des sites web et des applications dynamiques en utilisant des frameworks comme Django ou Flask. Ou peut-être voudrez-vous explorer le développement d'applications de bureau en utilisant les bibliothèques tkinter ou PyQt de Python.

Ce livre est votre rampe de lancement. Il vous a équipé des fondamentaux, des concepts de base et des outils essentiels. Où vous mèneront ces compétences dépend de vous.

Mais rappelez-vous toujours, apprendre à programmer ne consiste pas seulement à mémoriser la syntaxe ou à faire en sorte que le programme s'exécute sans erreurs. Il s'agit de résoudre des problèmes, de penser de manière logique et analytique, et d'être capable de concevoir des solutions aux problèmes de manière efficace et efficiente. La véritable compétence d'un programmeur réside dans ses capacités à résoudre des problèmes, et non dans le nombre de langages qu'il connaît.

Enfin, l'un des aspects les plus importants de la programmation est la pratique. Tout comme apprendre à jouer d'un instrument de musique ou d'une nouvelle langue, plus vous pratiquerez la programmation, meilleur vous deviendrez. Essayez d'appliquer ce que vous avez appris dans des projets du monde réel. Il n'y a pas de substitut à l'expérience acquise en résolvant de vrais problèmes avec du code.

En conclusion, je tiens à vous remercier d'avoir choisi ce livre comme guide pour Python et SQL. Ce fut un plaisir de partager ce voyage avec vous. Comme l'a dit le grand physicien, enseignant et éternel apprenant Richard Feynman : « Ce que je ne peux pas créer, je ne le comprends pas ». Alors allez-y, créez, comprenez, apprenez et, surtout, profitez du processus.

Rappelez-vous, le voyage de la programmation est continu et toujours évolutif. Dans cette aventure, chaque défi surmonté n'est pas une fin, mais le début d'un nouveau défi plus passionnant. Emportez avec vous l'esprit d'exploration, la joie d'apprendre et l'excitation de résoudre des problèmes dans ce voyage sans fin. Bon courage pour la programmation et continuez d'apprendre.

Où continuer ?

Si vous avez terminé ce livre et que vous avez soif de nouvelles connaissances en programmation, nous aimerions vous recommander d'autres ouvrages de notre société de logiciels que vous pourriez trouver utiles. Ces livres couvrent un large éventail de sujets et sont conçus pour vous aider à continuer à développer vos compétences en programmation.

- **"ChatGPT API Bible : Maîtriser la programmation Python pour l'IA conversationnelle"** : Un guide pratique, étape par étape, pour utiliser ChatGPT, couvrant tout, de l'intégration de l'API à l'ajustement du modèle pour des tâches ou secteurs spécifiques.
- **"Traitement du langage naturel avec Python : Créez votre propre chatbot de service client"** : Cet ouvrage approfondi explore le traitement du langage naturel (NLP). Il simplifie des concepts complexes grâce à des explications claires et des exemples intuitifs.
- **"Analyse de données avec Python"** : Python est un langage puissant pour l'analyse de données, et ce livre vous aidera à en exploiter tout le potentiel. Il aborde le nettoyage, la manipulation et la visualisation des données, avec des exercices pratiques pour mettre en œuvre vos apprentissages.
- **"Apprentissage automatique avec Python"** : L'apprentissage automatique est l'un des domaines les plus passionnants de l'informatique, et ce livre vous initiera à la création de vos propres modèles avec Python. Il couvre des sujets tels que la régression linéaire, la régression logistique et les arbres de décision.
- **"Maîtriser ChatGPT et le prompt engineering"** : Ce livre vous propose un parcours complet dans le monde du prompt engineering, en couvrant les bases des modèles linguistiques d'IA jusqu'aux stratégies avancées et applications concrètes.

Tous ces ouvrages sont conçus pour vous aider à approfondir vos compétences en programmation et votre maîtrise du langage Python. Nous croyons que la programmation est une compétence qui s'apprend et se développe avec le temps, et nous nous engageons à fournir des ressources pour vous aider à atteindre vos objectifs.

Nous aimerions également profiter de cette occasion pour vous remercier d'avoir choisi notre société de logiciels comme guide dans votre parcours d'apprentissage. Nous espérons que ce livre de Python pour débutants vous a été utile, et nous avons hâte de continuer à vous fournir des ressources de qualité dans le futur. Si vous avez des suggestions ou des retours concernant nos futurs livres ou ressources, n'hésitez pas à nous contacter. Nous serions ravis d'avoir de vos nouvelles !

En savoir plus sur nous

Chez Cuantum Technologies, nous sommes spécialisés dans le développement d'applications web qui offrent des expériences créatives et répondent à des problèmes concrets. Nos développeurs possèdent une expertise dans un large éventail de langages et frameworks, notamment Python, Django, React, Three.js et Vue.js, entre autres. Nous explorons en permanence de nouvelles technologies et techniques pour rester à la pointe de l'industrie, et nous sommes fiers de notre capacité à créer des solutions adaptées aux besoins de nos clients.

Si vous souhaitez en savoir plus sur Cuantum Technologies et les services que nous proposons, veuillez visiter notre site web à l'adresse suivante : www.cuantum.tech/books. Nous serions ravis de répondre à vos questions et de discuter de la manière dont nous pouvons vous accompagner dans vos projets de développement logiciel.

CUANTUM
TECHNOLOGIES

www.cuantum.tech

www.ingramcontent.com/pod-product-compliance
Lightning Source LLC
Chambersburg PA
CBHW080650220326
41598CB00033B/5160

* 9 7 9 8 9 0 0 4 6 5 3 9 5 *